आदिकालीन साहित्य : पुनःपाठ

आदिकालीन साहित्य : पुनःपाठ

प्रो. रामकिशोर शर्मा

पूर्व आचार्य एवं अध्यक्ष
हिन्दी विभाग
इलाहाबाद विश्वविद्यालय, प्रयागराज

वाणी प्रकाशन

प्रकाशन के उत्कृष्टतम 62 वर्ष

सजिल्द प्रथम संस्करण : 2025

vaniprakashan.com

वाणी प्रकाशन
4695, 21-ए, दरियागंज, नयी दिल्ली-110 002
फ़ोन : + 91 11 23273167, 23275710
शाखाएँ
अशोक राजपथ, पटना-800 004, बिहार
कॉफ़ी हाउस कैम्पस, महात्मा गांधी मार्ग, प्रयागराज-211 001, उत्तर प्रदेश
महात्मा गांधी अन्तरराष्ट्रीय हिन्दी विश्वविद्यालय, वर्धा-442 001, महाराष्ट्र
sales@vaniprakashan.in
vaniprakashan@gmail.com

Aadikaleen Sahitya : Punahpath
by Prof. Ramkishor Sharma

ISBN : 978-93-7112-381-5
Criticism

मूल्य : ₹ 695

जी.एस. ऑफ़सेट, दिल्ली-110 095 में मुद्रित

वाणी प्रकाशन का लोगो मक़बूल फ़िदा हुसैन की कूची से

अनुक्रम

भूमिका

हिन्दी साहित्य का आदिकाल नामकरण, भाषा, उपलब्ध रचनाओं की प्रामाणिकता आदि दृष्टियों से अति विवादित काल रहा है। विविध रचनाओं की उपलब्धता, विद्वानें द्वारा किये गये गहन चिन्तन-मनन के पश्चात् कुछ मत तथा धारणाएँ प्रतिष्ठित अवश्य हुईं किन्तु हिन्दी के बहुत कम अध्येता निष्पक्ष भाव से तथा पूर्ण मनोयोग से आदिकालीन साहित्य के अवगाहन में प्रवृत्त हुए। आदिकाल में प्रयुक्त काव्यभाषा अपभ्रंश, अवहट्ठ तथा पुरानी हिन्दी को सम्यक् रूप से समझना असम्भव नहीं तो कठिन अवश्य है। अपभ्रंश, अवहट्ठ आदि यद्यपि इस युग की जनभाषाएँ हैं जो संस्कृत भाषा के आभिजात्य के विरुद्ध जन संवेदना तथा लोक परम्परा को लेकर साहित्यिक क्षेत्र में प्रतिष्ठित हुई हैं। जैन, बौद्ध आदि धर्मों के नास्तिक स्वभाव के कारण जनता का वह वर्ग जो आस्तिक था, कम आकृष्ट हुआ। जैन धर्म से ज़्यादातर वणिक समाज का जुड़ाव था, उनमें आर्थिक सम्पन्नता भी थी, शास्त्र भण्डारों में उनके धर्म की अनेक रचनाएँ सुरक्षित रहीं, धीरे-धीरे इनका सम्पादन तथा प्रकाशन हुआ। डॉ. भयाणी, डॉ. हीरालाल जैन, डॉ. देवेन्द्र कुमार जैन आदि अनेक विद्वानों ने उनका विवेचन, विश्लेषण तथा सम्पादन किया। सिद्ध साहित्य बौद्धों की उत्तरवर्ती शाखा है जिसे वज्रयान या सहजयान कहा गया। इस शाखा में अनेक दलित वर्ग के रचनाकार समादरणीय रहे हैं। कुछ स्त्रियों ने भी लेखन कार्य किया है। आदिकाल में रामकाव्य, कृष्णकाव्य की भी रचनाएँ उपलब्ध हैं। उत्कृष्ट रामकाव्य पउमचरिउ का लेखक स्वयंभू जैन धर्म को मानने वाला है किन्तु कवित्व की दृष्टि वह अति प्रतिभाशाली है। उसे हिन्दी का प्रथम रामायणकार माना जाता है। पुष्पदन्त ने महापुराण में कृष्ण चरित को प्रस्तुत किया। राधा-कृष्ण के प्रेम के भाव को लेकर विद्यापति ने मिथिला में गेय पदों की रचना की। इन पदों के माधुर्य और लालित्य से बंगाल तक प्रभावित हुआ, पूरब से यह गेय शैली ब्रजभाषा में आयी और अत्यन्त लोकप्रिय हुई।

आदिकालीन साहित्य काव्यरूपों की दृष्टि से अति समृद्ध है। रासो, चरितकाव्य, कथाकाव्य, बारहमासा, चर्चरी, फागु, वेल्लि, पवांडा आदि रूपों में भावों की अभिव्यक्तियाँ हुई हैं। सूफी काव्य, खड़ी बोली (हिन्दवी) काव्य, शृंगारपरक, नीतिपरक दोहे इस काल की अन्य उपलब्धियाँ हैं।

आदिकाल का साहित्य हिन्दी प्रदेश के सीमान्तों में रचा गया है। इसीलिए पार्श्ववर्ती प्रान्तीय भाषाओं की प्रवृत्तियों को आत्मसात कर लिया है। सन्त साहित्य की रचनाएँ महाराष्ट्र में पहले लिखी गयीं।

आदिकाल में नाथों की अति लोकप्रियता थी। उनके द्वारा प्रवर्तित योग साधना को स्वीकार करने तथा उस साधना में प्रवृत्त होने की क्षमता सामान्य जन में नहीं थी लेकिन नाथों के त्याग, इन्द्रिय निग्रह, योगिक चमत्कार की कथाओं से वे उनके प्रति आदर का भाव अवश्य रखते थे। आगे चलकर मन को वशीभूत करने के लिए योग की भूमिका सन्तों ने अपना लिया। योग के थाले में भक्ति का बीज डाल कर प्रेम, स्नेह से सींचकर भक्ति का शीतल वटवृक्ष तैयार हुआ।

कुल मिलाकर आदिकाल की प्रमुख साहित्यिक प्रवृत्ति धर्म प्रधान परिलक्षित होती है। रासो शीर्षक जो दीर्घकाय रचनाएँ मिलती हैं, उनका आरम्भ भले ही आदिकाल में हुआ हो किन्तु दरबारी कवियों ने उनका संवर्धन भक्तिकाल तथा रीतिकाल में किया। राजस्थान में वीरभाव की रचनाओं का क्रम अटूट रहा है। वह आदिकाल तक सीमित नहीं है। अपभ्रंश को यदि पुरानी हिन्दी माना जाये तो सर्वाधिक मात्रा में आदिकाल में जैन साहित्य रचा गया है। अत: इस साहित्य के सम्पूर्ण अनुशीलन के बिना आदिकाल का सम्यक् चित्र निर्मित नहीं हो सकता है। प्रस्तुत आलोचनात्मक ग्रन्थ की निम्नलिखित विशेषताएँ हैं–

1. इसमें अपभ्रंश, अवहट्ठ तथा नव विकसित हिन्दी पिंगल (पूर्व ब्रजभाषा) खड़ी बोली, मैथिली, आरम्भिक अवधी आदि के साहित्य का अध्ययन व विवेचन किया गया है।
2. जैन, सिद्ध, नाथ साहित्य आदिकालीन सामन्ती भोगवृत्ति के लिए अंकुश के रूप में कार्य कर रहे थे। सिद्धों के प्रतीकों में तन्त्र के प्रभाव के कारण जो शृंगारिकता दिखायी देती है, वह प्रतीकात्मक भावों से युक्त है। राम, कृष्ण, काव्य के साथ प्रेमाख्यानक काव्य, सन्त काव्य का सूत्रपात इसी युग में नवीन भाव-भंगिमा के साथ हुआ है।
3. साहित्य की केन्द्रीय चिन्ता मानव मूल्यों तथा सांस्कृतिक आदर्शों की स्थापना है। प्रामाणिकता की दृष्टि से धार्मिक भाव की रचनाएँ प्रधान हैं।

4. आदिकाल की प्रमुख काव्य कृतियों का सम्यक् विवेचन तथा विश्लेषण किया गया है।

पुस्तक हर दृष्टि से पूर्ण और सुबोध है। आशा ही नहीं बल्कि विश्वास है कि यह पुस्तक अध्येताओं, छात्रों तथा शोध छात्रों के लिए उपयोगी होगी।

– प्रो. रामकिशोर शर्मा
408 ए/15जी, बक्शी खुर्द
प्रयागराज, 211006

आदिकाल

पूर्वापर सीमा : हिन्दी साहित्य के इतिहास लेखकों में आदिकाल की पूर्वापर सीमा के सम्बन्ध में मतभेद मिलता है। ग्रियर्सन तथा मिश्र बन्धुओं ने पुष्य या पुंड नामक हिन्दी के प्रथम कवि के समय सन् 713 से आदिकाल का आरम्भ माना है। ठोस प्रमाणों के अभाव में यह तिथि मान्य नहीं हो सकी। डॉ. रामकुमार वर्मा की धारणा है, "अपभ्रंश भाषा दसवीं शताब्दी तक प्रचलित रही। उसके बाद उसे भी साहित्य मरण के लिए बाध्य होना पड़ा और दसवीं शताब्दी से अपभ्रंश भाषा ने अनेक शाखाओं में विभाजित होकर नवीन नाम धारण किये। फलत: हिन्दी आदि भाषाओं का सूत्रपात हुआ। (हिन्दी साहित्य का आलोचनात्मक इतिहास, पृ. 48)" डॉ. वर्मा यहाँ भावावेश में भूल गये कि भाषा का साहित्यिक मरण नहीं बल्कि पद-च्युति होती है। दसवीं के बाद भी अपभ्रंश में रचनाएँ होती रहीं किन्तु लोकभाषाएँ जो साहित्यिक अपभ्रंश की आधारभूत भाषा से भिन्न थीं, साहित्यिक रचना के पद पर प्रतिष्ठित हो गयीं। वर्मा जी इसकी उत्तर सीमा सं. 1375 ई. मानते हैं। पण्डित रामचन्द्र शुक्ल का कथन है कि, "हिन्दी साहित्य का आदिकाल सं. 1050 से लेकर संवत् 1375 तक अर्थात महाराज भोज के समय से लेकर हम्मीरदेव के समय के पीछे तक माना जा सकता है।" जैसे शुक्ल जी को प्राकृतभास हिन्दी के आरम्भ का पता बौद्ध सिद्धों की रचनाओं से लग गया था किन्तु इन्हें विशुद्ध साहित्य के अन्तर्गत न मानने के कारण उन्होंने आदिकाल की आरम्भ तिथि करीब दो सौ वर्ष पीछे खिसका दी। आचार्य हजारीप्रसाद द्विवेदी आदिकाल की सीमा 1000 ई. से 1400 ई. तक निर्धारित करते हैं। इस काल में जो लिखित साहित्य उपलब्ध हुआ है उसमें अपभ्रंश से कुछ आगे बढ़ी हुई भाषा का रूप दिखायी देता है। "इसलिए दसवीं शताब्दी के उपलब्ध लोकभाषा साहित्य को अपभ्रंश से थोड़ी भिन्न भाषा का साहित्य कहा जा सकता है। वस्तुत: वह हिन्दी की आधुनिक बोलियों में से किसी-किसी के पूर्वरूप

के रूप में ही उपलब्ध होता है।" (हिन्दी साहित्य, पृ. 43,44) डॉ. गणपतिचन्द्र गुप्त बारहवीं शताब्दी के अन्त से हिन्दी साहित्य का आरम्भ मानते हैं।

हिन्दी साहित्य के आदिकाल की पूर्व सीमा का निर्धारण हिन्दी भाषा की उत्पत्ति तथा विकास के साथ अभिन्न रूप से जुड़ा हुआ है। इस काल में साहित्यिक अपभ्रंश तथा लोकभाषा में ढलती अपभ्रंश-काव्यभाषा के दो रूप स्पष्ट परिलक्षित होते हैं। साहित्य के इतिहास लेखकों में गुलेरी जी, राहुल सांकृत्यायन तथा रामचन्द्र शुक्ल ने अपभ्रंश को पुरानी हिन्दी या प्राकृतभास हिन्दी माना है। गुलेरी जी का मत है कि, "अपभ्रंश कहाँ समाप्त होती हैं और पुरानी हिन्दी कहाँ आरम्भ होती है। इसका निर्णय करना कठिन किन्तु रोचक और बड़े महत्त्व का है। इन दो भाषाओं के समय और देश के विषय में कोई स्पष्ट रेखा नहीं खींची जा सकती है। कुछ उदाहरण ऐसे हैं जिन्हें अपभ्रंश भी कह सकते हैं और पुरानी हिन्दी भी।" (पुरानी हिन्दी, पृ. 12) काशीप्रसाद जायसवाल ने नि:संकोच रूप से अपभ्रंश को पुरानी हिन्दी माना "काव्यगत भाषा अपभ्रंश प्राकृत से दूर और हिन्दी व्याकरण के निकट है। अत: उसे पुरानी हिन्दी कहने में हमें संकोच नहीं होता।" (नागरी प्रचारिणी पत्रिका, भाग 8, अंक 2) राहुल जी अपभ्रंश और हिन्दी में तद्भव और तत्सम शब्दों के प्रयोग बाहुल्य के अलावा कोई तात्विक भेद नहीं स्वीकार करते। (हिन्दी काव्यधारा, पृ. 11) राहुल जी के इस कथन में प्राकृत से सीधे हिन्दी के विकास की धारणा अन्तर्निहित है। भाषा वैज्ञानिक डॉ. हरदेव बाहरी भी उत्तरकालीन प्राकृतों से आधुनिक आर्यभाषाओं के विकास को निर्दिष्ट करते हैं।" (हिन्दी : उद्भव, विकास और रूप, पृ. 40)

वास्तव में किसी एक साहित्यिक भाषा से दूसरी साहित्यिक भाषा विकसित नहीं होती। भाषा के विकास का सही विश्लेषण जनता के बीच बोली जाने वाली भाषा से हो सकता है, लिखित साहित्य से नहीं। जबकि दुर्भाग्य से हमारे समक्ष भाषा के विकास को जानने के लिए प्रमुख रूप से साहित्यिक भाषा का ही साक्ष्य उपलब्ध है। कोई भी बोली व्यापक साहित्यिक भाषा की निर्माण प्रक्रिया में पारम्परिक भाषिक आदर्शों तथा लोकतत्वों को एक साथ ग्रहण करती है। इसमें भाषा का समसामयिक तथा प्राचीन दोनों रूपों का समाहार हो जाता है। ऐसी स्थिति में साहित्यिक रचना की समकालीन भाषा का स्वरूप निर्धारण बड़ा पेचीदा हो जाता है। जिस प्रकार साहित्यिक भाषा वैदिक के स्थान पर वैदिककालीन प्राकृत साहित्यिक भाषा संस्कृत बनी, संस्कृत के स्थान पर पालि तथा साहित्यिक प्राकृतें, प्राकृतों के स्थान पर

अपभ्रंशें प्रतिष्ठित हुईं। उसी तरह अपभ्रंशकालीन लोकभाषाएँ हिन्दी तथा अन्य भारतीय भाषाओं के रूप में प्रतिष्ठित हुईं। अपभ्रंश में लोकभाषा हिन्दी के तत्व सम्मिलित तो हैं पर अपभ्रंश ही हिन्दी है ऐसा नहीं कहा जा सकता। लोक में घटित होने वाले भाषिक परिवर्तनों को अपेक्षाकृत देर में मान्यता मिलती है। साहित्यिक भाषा अपने व्याकरणिक रूपों, उच्चारण आदि के प्रति सुनिश्चित मापदण्डों को जल्दी शिथिल नहीं करती, बल्कि क्षेत्रीय तथा वैयक्तिक प्रयोग की भिन्नताओं को एकरूपता के द्वारा अनुशासित करती है, लेकिन जब साहित्यिक तथा लोकभाषा में बड़ा अन्तराल उत्पन्न हो जाता है, अपने व्याकरणिक जकड़न से जब वह जनता के लिए दुर्बोध हो जाती है तो उसके स्थान पर बदली हुई जनभाषा प्रतिष्ठा प्राप्त करने लगती है। इस प्रकार साहित्य में प्रतिष्ठा प्राप्त करके धीरे-धीरे पूर्व प्रचलित भाषा को अपदस्थ कर देती है। नयी लोकभाषा का आरम्भ साहित्यिक साक्ष्य की आधारभूत रचना की तिथि से मानना नितान्त गलत है। क्योंकि साहित्य की माध्यम भाषा बनने के कई सौ वर्ष पहले इसके स्वरूप का निर्माण हो चुका होता है। साहित्यकार की भाषा तो सामाजिक भाषा की अपेक्षा धीमी गति से बदलती है। वह अपने रचनाकाल की जीवन्त भाषा की अपेक्षा कुछ पुरानी भाषा के रूपों को अपनाता है। अपभ्रंश या प्राकृतभास हिन्दी का अभिप्राय यह है कि वह उस समय की ठीक बोल-चाल की भाषा नहीं है, जिस समय की इसकी रचनाएँ मिलती हैं। यह उस समय के कवियों की भाषा है। कवियों ने काव्य परम्परा के अनुसार साहित्यिक प्राकृत के पुराने शब्द तो लिए ही हैं (जैसे पीछे की हिन्दी में तत्सम संस्कृत शब्द लिए जाने लगे) विभिक्तियाँ, कारक चिह्न और क्रियाओं के रूप आदि भी बहुत-कुछ अपने समय से कई वर्ष पुराने रखे हैं। बोल-चाल की भाषा घिस-घिसकर बिल्कुल जिस रूप में आ गयी थी, सारा वही रूप न लेकर कवि और चारण आदि भाषा का बहुत-कुछ वह रूप व्यवहार में लाते थे जो उनसे कई सौ वर्ष पहले से कवि परम्परा रखती आती थी।" (रामचन्द्र शुक्ल, हिन्दी साहित्य का इतिहास, पृ. 8)

आदिकाल के कुछ धार्मिक कवियों ने अपने उपदेश तथा विचार को सामान्य जनों तक पहुँचाने के लिए लोकभाषा का प्रयोग अपेक्षाकृत अधिक किया। इनकी भाषा से पुरानी हिन्दी के स्वरूप का अनुमान किया जा सकता है। योगीन्द्र, सरहपा, देवसेन, रामसिंह के द्वारा प्रयुक्त भाषा पुरानी हिन्दी या अपभ्रंशकालीन लोकभाषा के अधिक समीप है। इन धार्मिक कवियों को साहित्यिक लोकभाषा से बोलचाल की भाषा किंचित अधिक वियोगात्मक तथा ऋजु रही होगी ऐसी कल्पना बहुत असंगत

न होगी। लोक व्यवहार की इस भाषा का प्रयोग बारहवीं शताब्दी में साहित्यिक स्तर पर अधिक हुआ। सरह द्वारा लिखित चर्यागीत जो दोहा कोश में संगृहीत हैं भाषा की दृष्टि से वे बारहवीं सदी के पहले की नहीं लगती जबकि दोहा कोश के दोहों की भाषा नवीं सदी की है। प्राचीन हिन्दी के प्रयोक्ता योगीन्द्र तथा सरहपा के रचनाकाल आठवीं शताब्दी से आदिकाल का आरम्भ माना जा सकता है।

आठवीं शताब्दी के रचनाकार स्वयंभू के परिनिष्ठित अपभ्रंश में लिखित काव्य 'पउम चरिउ' में भी विकासमान हिन्दी का प्रयोग देखा जा सकता है–
राम कहा सरि एक सोहंती।

रोवइ लंकापुर परमेसरि हा रावण। तिहुयण जण केसरि।

हिन्दी का आदि कवि-जिस प्रकार हिन्दी साहित्य की आरम्भिक सीमा का निर्धारण जटिल है, आदिकवि का निर्धारण उससे कम जटिल नहीं है। ग्रियर्सन तथा मिश्रबन्धु संवत् 773 के पुष्य या पुंड नामक कवि को हिन्दी का प्रथम कवि मानते हैं। इस कवि, कविता के स्वरूप तथा जन्मादि के विषय में निश्चित प्रमाण उपलब्ध नहीं है। शिवसिंह ने अपने सरोज में इस कवि का थोड़ा-सा विवरण दिया है। विवरण का आधार जनश्रुति मात्र है। "संवत् सात सौ सत्तर विक्रमादित्य' में राजा 'मान' अवन्तिपुरी का बड़ा पण्डित और अलंकार विद्या में अद्वितीय था। उसके पास पुष्प भाट ने प्रथम संस्कृत ग्रन्थ पढ़ पीछे भाषा में दोहा बनाए। हमको भाषा की जड़ यही कवि जान पड़ती है।" हजारीप्रसाद द्विवेदी पुष्प को अपभ्रंश कवि पुष्पदन्त होने की सम्भावना व्यक्त करते हैं जिसका रचनाकाल दसवीं शताब्दी है। अगर यह पुष्पदन्त न भी हुए तो कोई अपभ्रंश कवि ही होगा ऐसा उनका दृढ़ विश्वास है।

हिन्दी के प्रथम महाकवि के दावेदार पृथ्वीराज रासो के प्रणेता चन्दबरदाई भी माने जाते हैं। रामचन्द्र शुक्ल तथा रामकुमार वर्मा आदि साहित्य-इतिहासकारों ने परम्परया चन्द को प्रथम कवि माने जाने का उल्लेख किया है। पृथ्वीराज रासो की प्रामाणिकता सन्दिग्ध हो जाने पर चन्द को धीरे-धीरे इस गौरव से हाथ धो लेना पड़ा। हजारीप्रसाद द्विवेदी ने मुनि जिनविजय द्वारा सम्पादित पुरातन प्रबन्ध संग्रह में चन्द के नाम से लिखित चार छप्पयों को तथा उसकी भाषा की प्रकृति, समकालीन काव्यों की कथानक रूढ़ियों को देखकर पृथ्वीराज के दरबार में चन्द का अस्तित्व स्वीकार किया है। किन्तु पृथ्वीराज रासो का मूल रूप अभी उपलब्ध नहीं हो सका है। ऐसी स्थिति में चन्द को प्रथम कवि असन्दिग्ध रूप से नहीं कहा जा सकता है। इधर विद्वानों का एक वर्ग अपभ्रंशकालीन लोकभाषा के प्रथम प्रयोक्ता सरहपा को

हिन्दी के प्रथम कवि होने का गौरव प्रदान करने का प्रबल समर्थक हो गया है। शुक्ल जी बौद्ध सिद्धों की रचनाओं को साहित्यिक कोटि में मानते ही नहीं इसीलिए प्राकृताभास हिन्दी के इन लेखकों को कवि के रूप में मान्यता देने पर उन्होंने विचार ही नहीं किया। उनका कथन है सिद्धों ने "बाह्य पूजा, जाति-पाँति, तीर्थाटन इत्यादि के प्रति उपेक्षा बुद्धि का प्रचार किया। रहस्यवादी बनकर शास्त्रज्ञ विद्वानों का तिरस्कार करने और मनमाने रूपकों के द्वारा अटपटी बानी में पहेलियाँ बुझाने का रास्ता दिखाया, घट के भीतर चक्र, नाड़ियाँ, शून्य देश आदि मानकर साधना करने की बात फैलाई।...आगे सन्त सम्प्रदाय इसी रास्ते पर चला।" शुक्ल जी की विशुद्ध पण्डित बुद्धि शास्त्रज्ञों की निन्दा करने वाले स्वानुभूति तथा आत्मिक साधना पर बल देने वाले काव्यभाषा, काव्य-वस्तु तथा काव्य-परिपाटी में नूतन क्रान्ति उपस्थित करने वाले सिद्धों की महिमा न स्वीकारती हुई भी उनके अवदान की निष्पक्ष व्याख्या प्रस्तुत करती है और उन्हें कवि मानने के लिए आधारभूमि भी तैयार कर देती है। अन्त में वे भले ही इनकी रचना को जीवन की स्वाभाविक सरणियों, अनुभूतियों और दशाओं से असम्बद्ध तथा साम्प्रदायिक शिक्षा मात्र कह देते हैं। बाह्य आडम्बरों तथा जाति-पाँति के दबाव से घुटता, शास्त्रीय ज्ञान के अभाव में उपेक्षित मानव का एक विशाल वर्ग यदि इन सिद्धों के आक्रोश, खण्डन-मण्डन तथा उपहास में वाणी पाता है तो इसे स्वाभाविक अनुभूति न कहा जाय तो क्या कहा जाय? शुक्ल जी के लिए यह भले ही स्वाभाविक नहीं था। राहुल सांकृत्यायन द्वारा निर्णीत तिथि को यदि प्रामाणिक माना जाय तो सरहपा ही हिन्दी के प्रथम कवि का स्थान ग्रहण कर लेते हैं।

डॉ. गणपतिचन्द्र गुप्त ने कई विद्वानों का हवाला देते हुए 'भरतेश्वर बाहुबली रास' के रचियता शालिभद्र सूरि को हिन्दी साहित्य का प्रवर्तक कवि माना है। प्रस्तुत कृति की भाषा अपभ्रंश के अधिक समीप है तथा रचना-तिथि स्पष्ट ही परवर्ती है। ऐसी स्थिति में सरहपा की तुलना में शालिभद्र का पक्ष कमज़ोर पड़ जाता है। डॉ. वासुदेव सिंह का मत है कि जिस प्रकार 'भरतेश्वर बाहुबली रास' में प्रारम्भिक हिन्दी के नमूने देखकर गुप्त जी ने उसे हिन्दी की प्रथम रचना और शालिभद्र को हिन्दी का प्रथम कवि स्वीकार किया है, उसी आधार पर योगीन्दु मुनि को हिन्दी का प्रथम कवि क्यों न माना जाय? (डॉ. वासुदेव सिंह : हिन्दी साहित्य का उद्भव काल, पृ. 44)

इस संक्षिप्त विवेचन से स्पष्ट हो जाता है कि हिन्दी का प्रथम कवि सरहपा

हैं जिसने मध्यकाल में विकसित होने वाले साहित्य (विशेषकर सन्त साहित्य) के वस्तु तथा शिल्प में क्रान्तिकारी परिवर्तन करके प्राचीनता से भिन्न नयी परम्परा की शुरुआत की।

आदिकाल के नामकरण का औचित्य : सर्वप्रथम जार्ज ग्रियर्सन ने हिन्दी साहित्य के इतिहास का काल-विभाजन करते हुए आदिकाल के लिए चारणकाल नाम का प्रयोग किया। ग्रियर्सन का ध्यान चारण जातीय रचनाओं के बाहुल्य की ओर अवश्य था किन्तु उन्होंने इस संज्ञा निर्धारण के कारणों की विस्तृत टिप्पणी नहीं दी। आगे चलकर डॉ. रामकुमार वर्मा ने ग्रियर्सन के अनुकरण तथा रामचन्द्र शुक्ल की प्रेरणा से आदिकाल के लिए इसी नाम का उल्लेख किया। इस नाम से धार्मिक साहित्य के रचनाकारों का बोध नहीं होता इसीलिए इसकी समीचीनता संदिग्ध जाती है। रामचन्द्र शुक्ल के वीरगाथाकाल की जो कमियाँ निर्दिष्ट की जाती हैं वे सभी इसके साथ भी हैं। मिश्र बन्धुओं ने इस युग के लिए आदिकाल का प्रयोग अनायास ही कर दिया। इसके लिए उन्होंने कोई तर्क प्रस्तुत नहीं किया। मिश्रबन्धुओं को यह नाम अनायास ही सूझ गया क्योंकि वे इसकी सार्थकता तथा संगति को समझ नहीं सके। उन्होंने प्रारम्भिकता के अर्थ में आदि शब्द को अपनाया है जैसा कि नामकरण के उपशीर्षकों से स्पष्ट है। पण्डित रामचन्द्र शुक्ल ने इस काल सापेक्ष नाम के बदले प्रवृत्ति सापेक्ष नाम देने की मौलिक चेष्टा की। उन्होंने वीरगाथात्मक ग्रन्थों की प्रचुरता के आधार पर इसे वीरगाथाकाल नाम से अभिहित किया। शुक्ल जी ने इस काल के उपलब्ध साहित्य को रचनात्मक विशुद्ध साहित्य तथा साम्प्रदायिक साहित्य के खानों में विभक्त कर दिया। साम्प्रदायिक साहित्य में प्रयुक्त भाषा को उन्होंने आलोच्य युग की भाषा का प्रतिनिधित्व करने वाली नहीं माना। शुक्ल जी का कथन है 'आदिकाल का नाम मैंने वीरगाथा काल' रखा है। उक्त काल के भीतर दो प्रकार की रचनाएँ मिलती हैं-अपभ्रंश की और देश भाषा (बोलचाल) की। अपभ्रंश की पुस्तकों में कई तो जैनों के धर्म तत्व निरूपण सम्बन्धी हैं जो साहित्य की कोटि में नहीं आती और जिनका उल्लेख यह दिखाने के लिए ही किया गया है कि अपभ्रंश भाषा का व्यवहार कब से हो रहा था। साहित्य कोटि में कुछ तो भिन्न-भिन्न विषयों पर फुटकर दोहे हैं जिनके अनुसार उस काल की कोई विशेष प्रवृत्ति निर्धारित नहीं की जा सकती।" (रामचन्द्र शुक्ल : हिन्दी साहित्य का इतिहास, पृ. 2) शुक्ल जी ने आदिकाल के लक्षण निरूपण तथा नामकरण के सन्दर्भ में बारह ग्रन्थों का उल्लेख किया है–

1. विजयपाल रासो
2. हम्मीर रासो
3. कीर्तिलता
4. कीर्ति पताका
5. खुमान रासो
6. बीसलदेव रासो
7. पृथ्वीराज रासो
8. जयचन्द्र प्रकाश
9. जयमयंक-जस-चन्द्रिका
10. परमाल रासो
11. खुसरो की पहेलियाँ
12. विद्यापति पदावली

इनमें से तीन रचनाओं खुसरो की पहेलियाँ, विद्यापति पदावली तथा बीसलदेव रासो को स्वयं शुक्ल जी ने ही वीरगाथा से अलग माना है। आरम्भिक चार अपभ्रंश भाषा में निबद्ध कृतियों को उन्होंने जानबूझकर ग्रहण कर लिया है। इस तथ्य के आधार पर शुक्ल जी को दोषी ठहराना उपयुक्त नहीं है। ऐसा करके उन्होंने आदिकालीन साहित्य को उसकी समग्रता में ग्रहण करने तथा मूल्यांकित करने की चेष्टा की। फिर अन्य दृष्टियों से इस नामकरण में कुछ न्यूनताएँ अवश्य परिलक्षित होती हैं–

1. शुक्ल जी ने आदिकालीन धार्मिक साहित्य को साम्प्रदायिक मानकर उसे साहित्य के क्षेत्र से बहिष्कृत कर दिया। धार्मिक भावना किसी रचना के साहित्यिक बनने में कहीं भी बाधक नहीं होती। जैन कवियों द्वारा रचित प्रबन्ध काव्य तथा मुक्तकों का वर्णन-कौशल, भाषा-शैली, भावाभिव्यक्ति तथा सम्पूर्ण रचना-विधान इस तरह का है कि उन्हें विशुद्ध काव्य के अन्तर्गत मानने में शायद ही किसी को आपत्ति हो। धार्मिक भावना को अधिकांशत: व्यंजना के स्तर पर ही निरूपित किया गया है। इस सन्दर्भ में हजारीप्रसाद द्विवेदी का मत उल्लेखनीय है 'केवल नैतिक और धार्मिक या आध्यात्मिक उपदेशों को देखकर यदि हम ग्रन्थों को साहित्य-सीमा से बाहर निकालने लगेंगे तो हमें आदिकाव्य से भी हाथ धोना पड़ेगा, तुलसी रामायण से भी अलग होना पड़ेगा और जायसी को भी दूर से दण्डवत करके विदा कर देना होगा। मध्ययुग के साहित्य की प्रेरणा धर्म साधना ही रही है।' (हिन्दी साहित्य का

आदिकाल, पृ. 11) आधुनिकतम अनुसंधानों के परिणामस्वरूप जैन, सिद्ध तथा नाथ साहित्य परिमाण की दृष्टि से ही नहीं काव्य की दृष्टि से भी पर्याप्त महत्वपूर्ण सिद्ध हो गया है। इस साहित्य अवहेलना करके हिन्दी साहित्य के इतिहास की समुचित अवधारणा का निर्माण नहीं हो सकता है। शुक्ल जी ने तुलसी-साहित्य की जिस लोक-मंगल की भावना की दृष्टि से भूरि-भूरि प्रशंसा की है उसी लोक-मंगल की भावना से ही आदिकालीन धार्मिक साहित्य सम्पृक्त है। भावना की इस प्रधान प्रवृत्ति के समक्ष वीरगाथाकाल नाम अनुचित लगता है। परम्परा निर्माण के आधार पर भी आदिकालीन साहित्य का अवदान श्लाघनीय है। यह साहित्य भाषा, शिल्प तथा काव्यरूप की दृष्टि से मध्यकालीन साहित्य को जितना अधिक प्रकाशित करता है, उतना वीरगाथा साहित्य नहीं। पौराणिक तथा लौकिक कथाओं को धार्मिक रंग में रंगना, कथानक की अद्‌भुत शक्ति के पीछे धर्म की प्रेरणा, आध्यात्मिक भाव-व्यंजना के लिए लौकिक जीवन के व्यापक दृश्यों, प्रसंगों तथा भाव द्वन्दों का चित्रण, दोहा-चौपाई शैली, मुक्तक दोहों में नायक-नायिका के प्रेम, विरह तथा सौन्दर्य का अतिशयोक्तिपूर्ण ऊहात्मक अंकन आदिकालीन तथा मध्यकालीन साहित्य की समान प्रवृत्तियाँ हैं। अत: आदिकालीन धार्मिक साहित्य को छोड़कर किया गया वीरगाथाकाल नाम अव्याप्ति दोष से ग्रस्त है।

शुक्ल जी द्वारा परिगणित बारह पुस्तकें जिनमें से तीन को उन्होंने स्वयं वीरगाथा से अलग माना है शेष पूर्णत: प्रामाणिक नहीं हैं। इनमें से खुमान रासो परवर्ती रचना है। हम्मीर रासो तथा परमाल रासो नोटिस-मात्र हैं। जयमयंक-जस-चन्द्रिका, जयचन्द्र प्रकाश, उपलब्ध नहीं हैं। पृथ्वीराज रासो की प्रामाणिकता सन्दिग्ध है। इस समय जिस लघुतम प्रति को प्रामाणिक माना जा रहा है उसका मूल भाव श्रृंगारिक है वीर भावात्मक नहीं है। मोतीलाल मेनारिया ने तो वीरगाथाओं को आदिकालीन साहित्य की प्रमुख धारा से बिल्कुल ही काट दिया है।

'इसके अतिरिक्त ये रासो ग्रन्थ जिनको वीरगाथाएँ नाम दिया गया है और जिनके आधार पर वीरगाथाकाल की कल्पना की गयी है, राजस्थान के किसी समय-विशेष की प्रवृत्ति को सूचित नहीं करते हैं। प्रभु भक्ति का भाव इन जातियों के खून में है और वे ग्रन्थ उस भावना की अभिव्यक्ति करते हैं। यदि इन रचनाओं के आधार पर कोई निर्णय लिया जाये, तब तो वीरगाथाकाल राजस्थान में आज भी ज्यों-का-त्यों बना हुआ है।' (राजस्थानी भाषा और साहित्य, पृ. 81) मेनारिया जी की यह दृष्टि कुछ पक्षपातपूर्ण लगती है। साहित्य की कोई विशेष प्रवृत्ति किसी

खास समय में अधिक प्रखर तथा महत्त्वपूर्ण होती है। कालान्तर में परिस्थितियों के बदलाव के साथ वह अपनी महत्ता खो बैठती है। किन्तु उसकी परम्परा बिल्कुल मिटती नहीं। चारण साहित्य का सम्बन्ध चूँकि जीविका तथा यश दोनों से जुड़ा था इसीलिए पुश्त-दर-पुश्त उसका चलते रहना तथा उसमें परिवर्तन-परिवर्धन होते रहना स्वाभाविक है। आदिकालीन सामाजिक-राजनीतिक परिस्थितियों के दबाव से यदि रूढ़ तथा आडम्बरपूर्ण धर्म से मुक्ति की कामना है तो विदेशी आक्रमण तथा स्वदेशी फूट के बीच अपनी जातीय गरिमा तथा मर्यादा की रक्षा के लिए शौर्यपूर्ण चेष्टा भी है। सामाजिक चेतना की अभिव्यक्ति धार्मिक साहित्य में तथा राजनीतिक चेतना की अभिव्यक्ति रासो साहित्य में हुई है। इसीलिए दोनों का निजी महत्व अक्षुण्ण है। निष्कर्ष रूप में कहा जा सकता है कि आदिकालीन उपलब्ध सामग्री के आलोक में शुक्ल जी द्वारा दिया गया नाम वीरगाथाकाल उपयुक्त नहीं है।

राहुल सांकृत्यायन ने काव्य की उत्प्रेरक राजनीतिक सामन्ती शक्ति तथा धर्म के चमत्कार से जन-जीवन मे अपनी विशेष महत्ता स्थापित करने वाले सिद्धों (उपलक्षणों से नाथ भी) के आधार पर इस काल का नाम सिद्ध-सामन्तकाल रखा। राहुल जी ने आदिकालीन राजनीतिक परिस्थितियों के अनुकूल काव्य की त्रिविध प्रवृत्तियों की ओर संकेत किया। रहस्यवाद या आध्यात्मिक भूल-भूलैया, निराशावाद और युद्धवाद या वीररस ये तीनों काव्य-भावनाएँ उस वक़्त के शासक समाज की आवश्यकता के बिल्कुल उपयुक्त थीं। इस नाम की संगति का समर्थन करते हुए हजारीप्रसाद द्विवेदी लिखते हैं, कि "विषयवस्तु को दृष्टि में रखकर इस काल के लिए राहुल जी ने एक और नाम सुझाया है जो बहुत दूर तक तत्कालीन साहित्यिक प्रवृत्ति को स्पष्ट करता है।" (हिन्दी साहित्य, पृ. 17) इस नाम से जैन साहित्य का बोध नहीं होता। साहित्यिक रचना की मूल प्रेरक शक्ति के रूप में सामन्तों का उल्लेख एकांगी दृष्टि का सूचक है। काव्य-रचना के लिए लोकजीवन की प्रेरणा कम महत्वपूर्ण नहीं होती।

हजारीप्रसाद द्विवेदी ने आदिकालीन साहित्यिक साम्रगी की गवेषणापूर्वक जाँच करते हुए कतिपय नूतन निष्कर्षों को प्रस्तुत किया। द्विवेदी जी इस काल को कामचलाऊ ढंग से आदिकाल कहना ठीक मानते हैं क्योंकि किसी और बेहतर वैकल्पिक नाम का अभाव है। इस नाम के साथ जो भ्रान्तियाँ सम्भावित हैं वे उनकी तरफ भी ध्यान आकर्षित करते हैं। "हिन्दी का 'आदिकाल' शब्द एक प्रकार की भ्रामक धारणा की सृष्टि करता है और श्रोता के चित्त में यह भाव पैदा करता है

कि यह काल कोई आदि मनोभावापन्न, परम्पराविनिर्मुक्त, काव्य-रूढ़ियों से अछूते साहित्य का काल है। यह ठीक नहीं है। यह काल बहुत अधिक परम्परा प्रेमी, रूढ़िग्रस्त और सजग और सचेत कवियों का काल है। यदि पाठक इस धारणा से सावधान रहें तो यह नाम बुरा नहीं है।" (हिन्दी साहित्य, पृ. 78)

डॉ. गणपतिचन्द्र गुप्त ने आदिकाल को प्रारम्भिक काल नाम दिया है। इस नामकरण में कोई मौलिकता नहीं है। इसके पहले मिश्रबन्धु 'प्रारम्भिक, संज्ञा का प्रयोग कर चुके थे।

डॉ. शम्भुनाथ सिंह आदिकाल के लिए उद्‌भव काल तथा संक्रान्ति काल दो वैकल्पिक संज्ञाओं का इस्तेमाल करते हैं। डॉ. वासुदेव सिंह ने उद्‌भव काल नाम का समर्थन किया है।

डॉ. रामखेलावन पांडेय बड़ा कलात्मक तथा शिलष्ट काल-विभाजन प्रस्तुत करते हुए आदिकाल (1400-1000) को संक्रमण काल नाम से पुकारते हैं। इस नाम से आदिकालीन भाषिक तथा साहित्यिक संक्रमण का बोध होता है किन्तु साहित्य की समग्र प्रवृत्तियों का निदर्शन नहीं हो पाता है। इसके अतिरिक्त महावीरप्रसाद द्विवेदी ने बीजवपन काल, गुलेरी जी ने पुरानी हिन्दी का काल, डॉ. मोहन अवस्थी ने आधार काल, डॉ. कमल कुलश्रेष्ठ ने अन्धकार काल नाम सुझाया है। अपने नामकरण की उपयुक्तता को सिद्ध करने के लिए इन विद्वानों ने अनेक तर्क दिए हैं। नित्य नये नामों का बखेड़ा यदि समाप्त कर दिया जाये तो अधिक उपयुक्त हो। आदिकाल के साथ परम्परा या प्रारम्भिक काल की प्रवृत्तियों का बोध जुड़ता गया है। इस काल में फिलहाल कोई भ्रान्ति भी नहीं है। मध्य और आधुनिक के साथ इसकी संगति भी बैठ जाती है। अत: इसी नाम को ग्रहण करना अधिक समीचीन है।

आदिकालीन परिवेश : हिन्दी साहित्य के आरम्भिक दौर में ही भारतीय जीवन के विविध क्षेत्रों में ज़ोरदार हलचल तथा बदलाव की स्थितियाँ दृष्टिगोचर होती हैं। हिन्दी साहित्य की प्रवृत्तियों के निर्धारण में इनका पर्याप्त योगदान है। प्राचीन भाषा तथा साहित्य की परम्पराएँ देशी भाषा (हिन्दी) के उत्थान के साथ नूतन सांस्कृतिक चुनौतियों के परिप्रेक्ष्य में ऐसी चेतना से सम्पृक्त होती हैं जो हिन्दी भाषा को राज्य की मुखापेक्षिता के बिना ही विकसित होने की शक्ति देती हैं।

राजनीतिक परिवेश : आठवीं शताब्दी से पन्द्रहवीं शताब्दी के आरम्भ तक राजनीतिक दृष्टि से विशृंखलता का काल है। 647 ई. में सम्राट हर्षवर्धन की मृत्यु के बाद देश की राज्यसत्ता, विकेन्द्रित हो गयी। भारतीय शासन सूत्र अनेक सत्ता केन्द्रों

जैसे-कश्मीर, अजमेर, दिल्ली, मालवा, ग्वालियर, बुन्देलखण्ड, गुज़रात आदि में बिखर गया। आठवीं शताब्दी के पूर्वार्ध में मौखरी शासक यशोवर्मन (कान्यकुब्ज) की वीरता से राजनीतिक दृढ़ता की जो सम्भावना बनी थी वह भी कश्मीर के राजा ललितादित्य की विजय से क्षीण हो गयी। अलग-अलग सत्ता केन्द्रों से सम्बद्ध राजवंशों में पारस्परिक अन्विति का अभाव तो था ही उल्टे आपस में छोटी-छोटी बातों के लिए उनमें संघर्ष चलता रहता था–देश को एक सूत्र में बाँधने वाली चक्रवर्तित्व शासन-पद्धति तो खत्म हो ही गयी। प्राचीन गणराज्यों की व्यवस्था भी समाप्त हो गयी। राजनीतिक व्यवस्था की विशृंखलता के परिणामस्वरूप सामन्ती प्रथा बलवती हो गयी। अब जनता के भाग्य विधाता यही सामन्त ही थे। सामन्तगण अपने छोटे-छोटे स्वार्थ तथा सुख की उपलब्धि के लिए सामान्य जनता की कल्याण भावना से विरत तो थे ही आपस में मिथ्या स्वाभिमान के लिए लड़ाई करने से भी नहीं चूकते थे। इतिहास में जिन सामन्तों की वीरता की कोई विशेष ख्याति नहीं है उन्हें कवियों की लेखनी ने अमर बना दिया। राजनीति में जनता की सीधी साझेदारी नहीं रह गयी। जनता में राजनीतिक चेतना का अभाव भारत के लिए बहुत दु:खदायी रहा है।

राजनीति के क्षेत्र में जनता की तटस्थता से देश बहुत निर्बल हो गया। चुपचाप सब-कुछ झेलनेवाली जनता की आवाज महत्वहीन थी। इसीलिए वह साहित्य में उभरती भी नहीं है। देश के राजनीतिक फफोले में जो सामन्ती व्यवस्था के रूप में उभरे थे उन पर विदेशी आक्रमणों ने घाव पर नमक का काम किया। मुस्लिम आक्रमण का सिलसिला हिन्दी साहित्य के आदिकाल के आरम्भ के साथ ही शुरू हो जाता है। आठवीं सदी के आरम्भ में सिन्ध में देवल के नौ सैनिकों ने अरब के कुछ जहाजों को लूट लिया था। अत: इराक शासक हज्जान ने अपने सेनापति मुहम्मद बिन कासिम को देवल नरेश दाहिल को दण्ड देने भेजा। अरब सेनापति ने सिन्ध पर विजय कर लिया। कुछ दिनों के लिए शासन प्रबन्ध भी कायम किया।

986 ई. तथा 991 ई. में गजनी का दास शासक सुबुक्तगीन ने पंजाब के राजा जयपाल पर आक्रमण किया। दूसरी बार सुबुक्तगीन विजयी हुआ। इसके पुत्र महमूद गजनवी (997 ई.-1060 ई.) ने भारत पर सत्रह आक्रमण किये। इसके आक्रमण का दायरा सिन्ध तथा पंजाब तक सीमित नहीं था बल्कि मध्य देश की सीमा में बहुत दूर तक फैला था। भारत पर महमूद के आक्रमण का मुख्य उद्देश्य मन्दिरों तथा शहरों को लूटना तथा राजाओं को संगठित होने से रोकना था। सोमनाथ के मन्दिर की अपार सम्पत्ति को इसने बिना किसी प्रतिरोध के लूटा।

1192 ई. और 1206 ई. तक गंगा/यमुना का दोआब तथा आसपास का क्षेत्र तुर्कों के अधिकार में आ गये और इसके बाद शीघ्र ही बंगाल और बिहार भी विजित हो गये। 1200-1400 ई. तक तुर्कों को अपने राज्य की सुरक्षा के लिए विदेशी आक्रमणों तथा आन्तरिक भेदों का सामना करना पड़ा। इस बीच राजपूत शासक अपने राज्य को पाने के लिए पूरी तरह सक्रिय तथा संघर्षशील थे। लगभग दो शताब्दियों तक गुलाम वंश, खिलजी वंश तथा तुगलक वंश का व्यापक राजनीतिक अधिकार रहा।

युद्ध तथा लूटपाट के माहौल में कविता में वीररस का उन्मेष बहुत स्वाभाविक है। पीछे उल्लेख किया जा चुका है कि सामान्य जनता की राजनीतिक उदासीनता के कारण उनकी इन संघर्षों में सीधी साझेदारी नहीं थी। पुरानी सामाजिक व्यवस्था के अनुसार रक्षा का दायित्व क्षत्रियों पर ही था। इस काल में शूरवीरों का एक ऐसा वर्ग बन गया था जो व्यावहारिक स्तर पर जीविकोपार्जन की भावना से युद्ध में प्रवृत्त होता था। आत्मरक्षा तथा देशरक्षा का संकट यद्यपि पूरे भारत पर था किन्तु पश्चिम से विदेशी आक्रमणकारियों का प्रवेश होने के कारण सीमावर्ती क्षेत्रों में यह संकट और भी गहरा था। इसीलिए वहाँ वीररस की कविता के लिए उचित अवसर तथा वातावरण बन गया। अपने आश्रयदाताओं को विदेशी आक्रमणों तता आन्तरिक आक्रमणों के विरुद्ध युद्ध के लिए प्रेरित करना तथा उनमें अदम्य जोश भरना कवियों का राष्ट्रीय दायित्व था। इस दायित्व का यथासम्भव निर्वाह आदिकालीन हिन्दी कवियों ने किया।

सामाजिक परिवेश : आदिकाल में भारतीय हिन्दू समाज की व्यवस्था में कोई उल्लेखनीय परिवर्तन दृष्टिगोचर नहीं होता। पुरानी वर्ण-व्यवस्था जाति-प्रथा के रूप में प्रतिष्ठित हो गयी थी। ब्राह्मण, क्षत्रिण, वैश्य तथा शूद्र चार मुख्य वर्णों के अलावा समाज अनेक जातियों, उपजातियों में विभक्त हो गया था। जन्म के आधार पर वर्ण निर्धारण का मापदण्ड मान्य हो जाने के कारण समान कर्मवालों को उच्च वर्ण में सम्मिलित नहीं किया जाता था। ब्राह्मणों की श्रेष्ठता इस काल में भी मान्य थी किन्तु अन्य व्यवसाय जैसे कृषि कार्य के लिए उन्हें औपचारिक स्वीकृति दे दी गयी थी। क्षत्रियों का कर्तव्य था धर्म और प्रजा की रक्षा। शूद्रों की स्थिति और बन्धनों में यथास्थिति बनी है। वेदों का पठन-पाठन उनके लिए अब भी निषिद्ध था। वे पुराणों का पठन-पाठन कर सकते थे। शूद्र के साथ भोजन करना ही नहीं बल्कि मकान में एक साथ रहना, एक ही गाड़ी में यात्रा करना तथा विद्वान् शूद्र से शिक्षा लेना

भी वर्जित था। चांडालों से मिलना-जुलना एकदम निषिद्ध था। खान-पान के साथ वैवाहिक सम्बन्धों में भी प्रतिबन्ध था। अन्तर्जातीय विवाह प्राय: निषिद्ध था। उच्च वर्ण के लोग विशेष परिस्थितियों में निम्न वर्ण की कन्या से विवाह कर सकते थे।

समाज में स्त्रियों की स्थिति बहुत अच्छी नहीं थी। बाल विवाह की प्रथा चल रही थी। पति की सेवा को स्त्री का परम धर्म माना गया था। विधवा विवाह निषिद्ध था। किसी पुत्र के न रहने पर विधवा सम्पत्ति की अधिकारिणी हो सकती थी। स्त्रियों में विशेषकर उच्च वर्ण की स्त्रियों में पर्दा-प्रथा का प्रचलन हो गया था। मुस्लिमों के प्रभाव के साथ यह प्रथा और भी प्रबल होती जा रही थी। असुरक्षा के साथ ही सामाजिक बड़प्पन की भावना भी इस प्रथा के लिए ज़िम्मेदार थी। सती प्रथा का प्रचलन था। विदेशी यात्रियों ने इस प्रथा का आँखों देखा हाल वर्णित किया है। इब्नबतूता ने नगाड़ों की ध्वनि के बीच एक स्त्री द्वारा अपने पति की चिता पर आरोहण का रोमांचकारी वर्णन किया है। सामन्ती व्यवस्था में नारी को भोग्य सामग्री समझने की भावना बढ़ती जा रही थी। स्त्री के लिए भी लड़ाई-झगड़े होते रहते थे। राजाओं तथा सामन्तों में बहु-विवाह प्रचलित था। स्त्रियों की दैहिक पवित्रता की रक्षा के लिए परिवार के किसी-न-किसी पुरुष का उस पर नियन्त्रण रहता था। घर के अन्दर उसका सम्मान था। पुरुषों का पहनावा आमतौर से धोती और स्त्री का पहनावा साड़ी थी। लोगों को उत्सव-प्रियता तथा आभूषणों से प्रेम था। समाज में पढ़ाई-लिखाई सीमित थी। गाँवो में पढ़ना-लिखना ब्राह्मण सिखाता था। बच्चे अधिकतर मन्दिरों में पढ़ते थे। विद्यार्थी शिक्षक के घर जाकर भी अध्ययन करते थे, शिक्षा मुख्यत: धार्मिक थी। आदिकाल के आरम्भिक समय में उच्च शिक्षा के केन्द्र के रूप में नालन्दा, विक्रमशिला का उल्लेख किया जा सकता है। शिक्षित वर्ग विशेषकर ब्राह्मणों की संकीर्णता का उल्लेख अलबेरूनी ने किया है। वे अपना ज्ञान वितरित करने में बड़े कंजूस थे। शिक्षा देने में जाति-पाँतिं का भी ध्यान रखते थे।

मुसलमानों के आगमन तथा सम्पर्क से भी सामाजिक व्यवस्था में परिवर्तन हुआ। तुर्कों के काल में मुस्लिम समाज भी हिन्दुओं की तरह ही नस्ल और जाति वर्गों में बँटा हुआ था। तुर्की, ईरानी, अफ़गानी तथा भारतीय मुसलमानों में परस्पर विवाह सम्बन्ध स्थापित नहीं होते थे। कुछ अपवादों को छोड़कर हिन्दू और ऊँचे मुस्लिम वर्गों में भी मेल-जोल का अभाव था। खान-पान की पाबन्दियों से मेल-जोल पर प्रभाव तो पड़ता था किन्तु राजनयिक संसर्ग के कारण पारस्परिक सम्पर्क की सम्भावनाओं को नकारा नहीं जा सकता।

इस युग में मल्लयुद्ध, शिकार, घुड़सवारी, जुआ, संगीत, नृत्य आदि मनोरंजन के साधन थे। समाज के कुछ वर्गों में मंदिरापान, भाँग तथा अफीम का सेवन भी होता था।

धार्मिक परिवेश : इस काल (आठवीं से बारहवीं) में बौद्ध तथा जैनधर्म का हरास हुआ। हर्ष के समय में ही बौद्ध की महायान शाखा हीनयान की अपेक्षा अधिक प्रबल हो गयी थी। बौद्ध धर्म में निर्वाण की अपेक्षा भक्ति पर अधिक बल दिया जाने लगा था। इसमें योग को भी महत्व प्राप्त हुआ। भगवान् बुद्ध की मूर्ति-पूजा प्रचलित हो गयी तथा उनमें अवतार भावना का समावेश कर दिया गया। चौबीस अतीत बुद्ध, चौबीस वर्तमान बुद्ध, चौबीस भावी बुद्धों की कल्पना की गयी। इसमें बोधिसत्त्वों तथा तान्त्रिक देवियों को भी सम्मिलित किया गया। बौद्ध भिक्षुओं ने संन्यास की अनिवार्यता को समाप्त करके गृहस्थाश्रम में रहते हुए भी भक्ति मार्ग द्वारा निर्वाण प्राप्ति को सम्भव सिद्ध किया। इन मान्यताओं के प्रसारक्रम में महायान हिन्दू धर्म के प्रभाव से आक्रान्त होता चला गया। धीरे-धीरे दोनों में इतनी अधिक समानता हो गयी कि दोनों में प्रचलित दन्तकथाओं को अलग करना कठिन हो गया। इसका परिणाम यह हुआ कि बौद्ध धर्म को छोड़कर लोग हिन्दू धर्म की ओर उन्मुख होने लगे। हिन्दू धर्म में बुद्ध को भी एक अवतार मानकर सम्मिलित कर लिया गया। इससे भी बुद्ध भक्तों को हिन्दू धर्म में आने में कोई हिचक नहीं हुई। ईश्वरवादी आर्य जाति बहुत दिनों तक अनीश्वरवादी नहीं रह सकती थी। वेदों के प्रति अनास्था का भाव भी काल के प्रभाव से चिरकाल तक टिक नहीं सका। कुमारिल तथा शंकर के दार्शनिक विचारों से भी बौद्ध धर्म को ज़ोरदार धक्का लगा। शंकराचार्य ने ज्ञानकाण्ड तथा अहिंसा के सिद्धान्तों का आश्रय लेकर वेदों का प्रचार किया। उनके द्वारा प्रतिपादित मायावाद तथा अद्वैतवाद बौद्धों के विज्ञानवाद के बहुत-कुछ समरूप होने के कारण बौद्धों को भी आकर्षित करने में सक्षम रहे।

हिन्दी साहित्येतिहास के आदिकाल में महायान से विकसित होने वाले मन्त्रयान, वज्रयान तथा सहजयान का स्वरूप प्रकट हो गया। वज्रयान में बोधिसत्वों की दशभूमि पारमिताओं की साधना के बजाय प्रज्ञोपाय साधना विकसित हुई तथा देवताओं की वृद्धि एवं उनकी शक्तिरूप देवियों की परिकल्पना समृद्ध हुई। अर्थात् इसमें तान्त्रिक पद्धतियों का समावेश हो गया। धीरे-धीरे दर्शन की अपेक्षा क्रिया, चर्या, अभ्यास, अनुष्ठान एवं रहस्य साधनाओं को अधिक महत्व मिल गया। इन्हीं क्रियाओं के आधार पर सिद्धि का प्रचार करने वाले सरहपा आदि सिद्धों का सम्बन्ध

इसी शाखा से है। सिद्धों में कुछ ऐसी उक्तियाँ मिलती हैं जिनमें तन्त्र-मन्त्र को छोड़कर सहज साधना का भी समर्थन किया गया है। इस सम्प्रदाय का प्रभाव पूर्वी भारत में अधिक था। सिद्धों की परम्परा शैवमत तथा योग परम्परा से प्रभावित होकर नाथ सम्प्रदाय में परिणत हो गयी।

छठीं से बारहवीं शताब्दी में जैन धर्म का प्रचार दक्षिणी भारत तथा हिन्दी प्रदेश के सीमान्तों पर था। जैनों में भी ब्राह्मण धर्म की पौराणिक प्रवृत्ति का समावेश हो गया था। उनमें मूर्ति-पूजा का प्रचार होने लगा था। दसवीं से बारहवीं के बीच दक्षिण तथा पूर्व में जैनधर्म का राज्याश्रय समाप्त होता गया। ब्राह्मण धर्म (शैव, वैष्णव) के प्रचार से इसका ह्रास होने लगा। जिस समय दक्षिण में इसका ह्रास हो रहा था उस समय पश्चिम में इसे समृद्धि का अवसर मिला। जैन धर्म की वृद्धि में जैनाचार्य हेमचन्द्र ने महत्वपूर्ण भूमिका निभाई। हेमचन्द्र का जन्म गुज़रात में 1084 ई. में हुआ था। गुज़रात के राजा जयसिंह (सिद्धराज) और कुमारपाल इससे बहुत प्रभावित थे।

बौद्ध तथा जैन धर्म के क्षीण होने से हिन्दू धर्म तीव्र गति से उन्नतशील हुआ। लेकिन इसके विकास के साथ ही इसमें अनेक मत तथा समुदाय भी बनते गये। विष्णु और शिव को आराध्य मानकर दो सम्प्रदाय विकसित हुए-वैष्णव और शैव। वैष्णव के चार प्रमुख सम्प्रदाय थे–श्रीसम्प्रदाय, ब्रह्मसम्प्रदाय, रुद्र-सम्प्रदाय, सनकादि सम्प्रदाय। शैव सम्प्रदाय अनेक शाखाओं में विभक्त मिलता है-पाशुपत, कापालिक, वीरशैव, लिंगायत आदि। कुल मिलाकर हिन्दू धर्म में वेदों का महत्व सामान्य जनता में प्राचीनकाल की अपेक्षा कम हो गया था। वेदों की जगह पुराणों का वर्चस्व स्थापित हो गया था। पौराणिक देवताओं की पूजा-उपासना बढ़ गयी थी। यज्ञों का प्रचार घट गया था। बौद्धों तथा जैनों की अनेक आचरण पद्धतियों को ब्राह्मण धर्म में स्वीकर कर लिया गया। मन्दिरों तथा मठों की स्थापना तो हुई ही अनेक व्रतों और उपवासों को भी धर्म का अंग मान लिया गया। साधारण सामाजिक नियमों को भी धर्म बना दिया गया। हिन्दू धर्म में अनेक संकीर्णताएँ भी आयीं जो क्रमश: बढ़ती गयीं।

विभिन्न धार्मिक सम्प्रदायों में मतभेद होना स्वाभाविक है किन्तु उनमें परस्पर सामंजस्य का एकदम अभाव नहीं था। ब्रह्मा, विष्णु और शिव पूजकों की पारस्परिक एकता के परिणामस्वरूप पंचायत पूजा शुरू हुई। विविध भारतीय धर्मों की अनेकता में एकता और एकता में अनेकता की समस्या तो चल ही रही थी, इस्लाम के आ जाने के कारण हिन्दू धर्म के लिए एक विकट चुनौती ही नहीं घोर संकट की स्थिति

भी पैदा हो गयी। विदेशियों के द्वारा हिन्दुओं के पूजा स्थल नष्ट किये गये। मन्दिरों को लूटा गया तथा उन्हें ध्वस्त किया गया। इससे उनकी शुद्ध आस्थामूलक भावना को गहरी चोट पहुँची। उन्हें धर्म के प्रतीकों पर पुनर्विचार करना पड़ा। आस्था और श्रद्धा के साथ ज्ञान और विवेक की भी ज़रूरत अनुभूत हुई। एक ओर जनसाधारण में बढ़ती हुई मूर्ति-पूजा की भावना, दूसरी ओर विधर्मियों के द्वारा मूर्तियों का विखण्डन। इन दो सीमान्तों के बीच उस विचार के स्वागत की तैयारी हो रही है जिसमें भगवान् के विग्रह की मानसिक परिकल्पना हो या निर्गुण ब्रह्म की उपासना हो। सिद्धों तथा नाथों की मानसिक साधना इस युग के अनुकूल थी। जनसाधारण के ईश्वरीय कृपा तथा आडम्बरहीन पूजा विधि की जो आवश्यकता महसूस की गयी, वह भक्तिकाल में पूरी हुई। आरम्भ में मुस्लिम आक्रमणकारियों के द्वारा मन्दिरों को तोड़ा गया तथा कुछ को मस्जिदों में परिवर्तित किया गया। धीरे-धीरे उनकी नीति में परिवर्तन हुआ। वे अलग मस्जिदें बनवाने लगे तथा मन्दिरों की मरम्मत आदि की छूट भी दे दी। जिन राजाओं ने मुस्लिम अधीनता स्वीकार कर ली थी, उनके राज्य में प्रत्येक हिन्दू को पूरी छूट थी। यद्यपि यह उदारता युद्धों के काल में नहीं बरती जाती थी। हिन्दुओं को इस्लाम में धर्मान्तरित किया जा रहा था। युद्ध बन्दियों को धर्म परिवर्तन कर लेने के बाद अपराधमुक्त कर दिया जाता था। कुछ हिन्दू तलवार के भय से और कुछ राजनीतिक और आर्थिक प्रलोभन से इस्लाम को स्वीकार कर रहे थे। इस्लाम ने निश्चित रूप से परम्परागत हिन्दू धर्म को संकट में डाल दिया था किन्तु इस उदार और सबल धर्म ने ऐसी करवट ली कि बहुत-से मुसलमानों के लिए भी इसमें महान आकर्षण पैदा हो गया। हिन्दू पुनर्जागरण का प्रभाव भक्तिकाल में विशेष रूप से परिलक्षित होता है। आदिकाल में सभी मत-मतान्तरों को एक मंच पर संगठित करके एक हिन्दू महाधारा के रूप में परिणत करने की बेचैनी दृष्टिगोचर होती है।

कला और साहित्य आठवीं से बारहवीं शताब्दी तक स्थापत्य एवं वास्तुकला में भारतीयों ने उल्लेखनीय उपलब्धियाँ कीं। दक्षिण के चोल, चालुक्य और होयसलों ने मन्दिर निर्माण तथा प्रतिमा निर्माण में विशेष रुचि प्रदर्शित की। इससे निरन्तर स्थापत्य तथा वास्तुकलाओं में निखार तथा सूक्ष्मता आयी। मन्दिरों में देवी-देवताओं के साथ रानियों की भी प्रतिमाएँ रखी जाती थीं। मूर्तियों के अलावा चित्रपट भी होते थे जिनमें नृत्य, संगीत, युद्ध और प्रणय के दृश्य अंकित होते थे। उत्तरी भारत में भी इस काल में बड़े-बड़े श्रेष्ठ मन्दरों के निर्माण कराए गये। खजुराहो, भुवनेश्वर,

पुरी, कोणार्क, मथुरा, वाराणसी, दिलवाड़ा में सुप्रसिद्ध मन्दिरों का निर्माण इसी काल में हुआ। दक्षिण और उत्तर के इन मन्दिरों में अपार धन-सम्पत्ति एकत्रित थी। ये मन्दिर सामाजिक और सांस्कृतिक केन्द्र भी थे। सोमनाथ मन्दिर का कई गाँवो पर शासन था तथा व्यापार में भी इसकी हिस्सेदारी थी। ये मन्दिर इसीलिए मुस्लिम आक्रमणकारियों की धन-लिप्सा की तृप्ति के साधन बन गये।

साहित्य-सृजन की दृष्टि से भी यह काल उल्लेखनीय है। इस काल में तीन साहित्यिक भाषाओं संस्कृत, प्राकृत तथा अपभ्रंश में रचनाएँ हो रही थीं। यद्यपि भाषा के विकास की दृष्टि से यह अपभ्रंश-अवहट्ठ तथा पुरानी हिन्दी का काल है किन्तु संस्कृत का वर्चस्व बना हुआ है। पौराणिक पुनरुत्थान तथा ब्राह्मण धर्म की महत्ता के साथ संस्कृत भाषा की महत्ता पुनः प्रतिष्ठित होती दिखायी देती है। इस काल में संस्कृत भाषा में विविध विधाओं में उत्कृष्ट रचनाएँ प्रस्तुत की गयीं। आठवीं शताब्दी में कविराज लिखित राघवपांडवीय, अभिनव कृत रामचरित (11वीं शती का पूर्वार्द्ध), अमरचन्द सूरि कृत बालभारत (13वीं शती) उल्लेख्य महाकाव्य हैं। कश्मीर के कई रचनाकारों ने भी संस्कृत महाकाव्य की सृजन परम्परा में मूल्यवान योग दिया है। हरविजय के रचियता रत्नाकर (800 ई.) कप्पिणाभ्युदय के रचयिता शिवस्वामी, रामायणमंजरी, वृहत्कथामंजरी आदि कुल उन्नीस ग्रन्थों के रचयिता क्षेमेन्द्र (1063-1089 ई.) श्रीकण्ठ चरित के रचियता मंखक, नैषधीय चरित के रचियता श्रीहर्ष (12वीं शती) नरनारायणानन्द के रचियता वस्तुपाल आदि महाकवियों का सम्बन्ध कश्मीर से रहा। इनमें से कुछ महाकवियों ने मध्यदेश के भूपालों के राजदरबार को अपनी काव्य-प्रतिभा से आलोकित किया था। अनेक जैन कवियों ने संस्कृत भाषा में कतिपय चरित काव्यों की भी सृष्टि की है, जैसे वीरनन्दीकृत चन्द्रप्रभा चरित (1025 ई.) असंग कृत शान्तिनाथ चरति, वादिराज कृत पार्श्वनाथ चरित, मुनिदेव सूरि रचित, शान्तिनाथ चरित, हरिश्चन्द्र कृत धर्म शर्माभ्युदय, अभयदेव सूरि कृत जयन्त विजय आदि।

इस युग में कवियों ने अपने आश्रयदाताओं की कीर्ति को अक्षुण्ण रखने के लिए उनके जीवन का प्रशस्तिमूलक चित्रण किया है। ऐतिहासिक काव्यसृजन की सशक्त परम्परा आदिकाल की एक प्रमुख विशेषता है। यह परम्परा संस्कृत और हिन्दी दोनों में मिलती है। पद्मगुप्त परिमल की 11वीं शती की रचना नवसाहसांक चरित, प्रथम ऐतिहासिक काव्य माना जाता है। विल्हण रचित-विक्रमांकदेव चरित, कल्हण रचित राजतरंगिणी, हेमचन्द्र रचित कुमारपाल प्रतिबोध, नयचन्द्र सूरि रचित

हम्मीर महाकाव्य, जयानक रचित पृथ्वीराज विजय आदि इस परम्परा के गौरवग्रन्थ हैं। सुभाषित, नीति-काव्य तथा श्रृंगारी काव्यों की रचनाएँ भी प्रभूत मात्रा में हुई हैं। क्षेमेन्द्र का कलाविलास देशोपदेश, विद्याधर का सुभाषित रत्नकोष, कल्हण का सूक्ति मुक्तावली उल्लेखनीय उपदेशात्मक तथा सुभाषित काव्य है। श्रृंगारी काव्यों में अमरुकशतक ने हिन्दी कवियों को ख़ूब प्रभावित किया है।

संस्कृत में गद्य काव्य का जो उत्कर्ष परिलक्षित होता है वह आदिकालीन हिन्दी में नहीं है। बाणभट्ट के गद्य काव्य की पद्धति का अनुकरण परवर्ती संस्कृत कवियों ने बड़ी कुशलता से किया। 10वीं शताब्दी में वर्तमान धनपाल की 'तिलक-मंजरी' एक श्लाघनीय गद्य रचना है। हिन्दी साहित्य के आदिकाल की सीमा में संस्कृत भाषा में अनेक चम्पू काव्य (गद्य-पद्य मिश्रित) लिखे गये। त्रिविक्रम भट्ट कृत उदयसुन्दरी कथा (11वीं शती) आदि प्रसिद्ध चम्पू काव्य हैं। महाभारत तथा रामायण की कथाओं के आधार पर अनेक चम्पू काव्य सृजित हुए हैं।

कथा काव्यों की पुरानी परम्परा इस काल में भी सक्रिय मिलती है। सोमदेव ने ग्याहरवीं शताब्दी के उत्तरार्ध में कथासरित्सागर की रचना की थी। पूर्णभद्र सूरि ने 1225 वि.स. में पंचतन्त्र का संशोधित संस्करण प्रस्तुत किया। नारायण ने हितोपदेश की रचना 11वीं शती के लगभग किया।

आदिकाल में संस्कृत भाषा में अनेक नाटकों की भी रचना हुई है। राजशेख़र कृत बालरामायण, बालभारत, जयदेव (12वीं शती) कृत प्रसन्नराघव, जयसिंह सूरि का हम्मीर मदमर्दन, रवि वर्मा कृत प्रद्युम्नाभ्युदय इसी काल की नाट्य कृतियाँ हैं।

साहित्यिक प्राकृतों का स्थान अपभ्रंश द्वारा ग्रहण कर लेने के बावजूद संस्कृत नाटकों में परम्परया प्राकृत का उपयोग चल रहा था। कर्पूरमंजरी नाम से राजशेख़र ने एक सट्टक की रचना (880-929 ई.) की। कौतूहल कृत 'लीलावई कहा' सुप्रसिद्ध प्राकृत कथाकाव्य है जिसकी रचना दसवीं शताब्दी में हुई। तेरहवीं शताब्दी में श्रीकृष्ण लीला शुक ने 'सिरिचिन्ध कव्व' शीर्षक 'द्वयाश्रय काव्य' की रचना की।

संस्कृत तथा प्राकृत की अपेक्षा अपभ्रंश भाषा और साहित्य का सम्बन्ध हिन्दी से कुछ अधिक रहा है। हिन्दी का स्पष्ट प्रयोग होने के पहले अपभ्रंश ही जनभाषा या लोकभाषा का प्रतिनिधित्व करती थी। राजदरबारों में भी इस भाषा की देश भाषा के रूप में प्रतिष्ठा थी। अपभ्रंश की भाषिक तथा साहित्यिक प्रवृत्ति लोकोन्मुखी अधिक है, इसीलिए इसमें तत्कालीन लोकभाषाओं का समुचित समावेश किया

गया है। परिनिष्ठित अपभ्रंश का प्रयोग बारहवीं शताब्दी तक हुआ। उसके बाद लोकभाषा के तत्वों के समावेश से इसका रूप काफ़ी बदल गया जिसे अवहट्ठ कहा गया। कतिपय विद्वानों ने अपभ्रंश री रचनाओं को हिन्दी की रचनाएँ मानने का आग्रह व्यक्त किया है। उनके इस आग्रह के मूल में उत्तरवर्ती अपभ्रंश (अवहट्ठ) की रचनाएँ ही मुख्य रूप से हैं। परिनिष्ठित अपभ्रंश को हिन्दी नहीं कहा जा सकता किन्तु अवहट्ठ में हिन्दी के तत्वों के अधिकाधिक समावेश के आधार पर उन्हें हिन्दी की रचनाएँ माना जा सकता है। अपभ्रंश भाषा में साहित्यिक रचनाओं का सिलसिला पन्द्रहवीं शताब्दी तक चलता रहता है। आरम्भ में हिन्दी अपभ्रंश से मिलकर काव्यभाषा बनी फिर धीरे-धीरे वह अपभ्रंश का साथ छोड़कर स्वतन्त्र हो गयी। हजारीप्रसाद द्विवेदी ने स्पष्ट रूप से लिखा है कि आधुनिक युग आरम्भ होने के पहले हिन्दी कविता के प्राय: छह अंग थे-डिंगल कवियों की वीर गाथाएँ, निर्गुणिया सन्तों की वाणियाँ, कृष्णभक्त या रागानुगा भक्तिमार्ग के साधकों के पद, रामभक्त या वैधी भक्ति मार्ग के उपासकों की कविताएँ, सूफी साधना से पुष्ट मुसलमान कवियों के तथा ऐतिहासिक हिन्दू कवियों के रोमान्स और रीतिकाव्य। हम इन छहों धाराओं की आलोचना अगर अलग से करें तो देखेंगे कि ये छहों धाराएँ अपभ्रंश कविता का स्वाभाविक विकास है। जैनों, बौद्ध सिद्धों की अधिकांश रचनाएँ अपभ्रंश-अवहट्ठ भाषा में निबद्ध हैं। नीतिपरक एवं शृंगारपरक उत्कृष्ट अपभ्रंश के दोहे मुक्तक काव्य परम्परा की अनुपम कड़ी के रूप में उपलब्ध हैं। शिथिल प्रबन्ध धर्मी रासक काव्यों में 'सन्देशरासक' अवहट्ठ भाषा की श्रेष्ठ रचना है। अपभ्रंश की रचनाओं का यथास्थान विस्तृत परिचय दिया गया है।

आदिकालीन साहित्य के विविध रूप

आदिकालीन में परम्परित काव्यरूपों की परम्परा का संरक्षण एवं लोकजीवन की प्रेरणा तथा परिवर्तनशील लोकरुचि के अनुकूल नवीन काव्यरूपों का विकास हुआ। डॉ. वासुदेव सिंह का मत है कि, 'हिन्दी साहित्य का उद्भवकाल काव्य-रूपों की दृष्टि से अत्यन्त उर्वर कहा जा सकता है। अनेक जातियों का संगम, नाना प्रकार की संस्कृतियों का समागम, भाषा की संक्रान्तिकालीन स्थिति दिखायी पड़ती है।' इन काव्यरूपों का नामकरण, विषय-वस्तु, राग, मूलभावना, छन्द, वर्ण, संख्या आदि के आधार पर हुआ। प्रमुख काव्यरूपों में रासो (रास,रासक), फागु, आख्यान, चर्चरी, बेलि, बारहमासा, झूलना, लावनी, बधावा, मंगल, अखरावट, ककहरा,

बावनी, शतक, छत्तीसी, अष्टक, पट्टावली, कलश, बीनती, दीपक, मंजरी आदि हैं। इनमें से प्रमुख काव्यरूपों का संक्षिप्त विवेचन इस प्रकार है–

1. **रासो (रास, रासक) :** रासो काव्यरूप में नृत्य, गीत, धर्म तथा रचना-शिल्प की एक व्यापक परम्परा अन्तर्लीन हो गयी है। ऐतिहासिक दृष्टि से यह काव्यरूप पर्याप्त प्राचीन है, भले ही समय-समय पर इसके स्वरूप में परिवर्तन होता रहा। भारतवर्ष के विभिन्न क्षेत्रों में इस काव्यरूप का प्रचलन किसी-न-किसी रूप में आज भी है। उत्तर भारतीयों की कृष्णचरित सम्बन्धी रासलीला, गुज़राती गरबा नृत्य, मणिपुरी राखालदास, बंगाली काठी नृत्य इसी के प्रमाण हैं। रासो की व्युत्पत्ति सम्बन्धी अनेक शब्द राजसूय, रसायण, रहस्य, रसिक आदि सुझाए गये हैं किन्तु इनसे रासो की सन्तोषजनक व्युत्पत्ति सिद्ध नहीं होती है।

डॉ. वासुदेव सिंह रस के समूह को रास कहते हैं जो भ्रान्तिमूलक ही है। इसकी तुलना में श्री मकंड का विचार अधिक ग्रहणीय है। 'रास' की व्युत्पत्ति रास धातु से हुई है जिसका अर्थ ज़ोर से चिल्लाना है, इसका सम्बन्ध उस काल के आदिम नृत्यों से जोड़ा जा सकता है जब संगीत की मात्रा और कलात्मक गति व्यवस्थित नहीं हुई थी। श्री विष्णुपुराण में गोपी-कृष्ण के रास-गोष्ठी तथा रास मण्डल का उल्लेख मिलता है–

ताभिः प्रसन्नचित्ताभिः गोपीभिस्सह सादरम्।
ररास रासगोष्ठीभिरुदारचरितो हरिः
हस्तेन गृह्य चैकैकां गोपीनां रासमण्डलम्।
चकार तत्करस्पर्श निमीलितदृशं हरिः।।

हरिवंश पुराण के एक श्लोक की टीका करते हुए नीलकंठ ने चक्रवाल के पर्याय में रासक्रीड़ा की व्याख्या की है–

चक्रवालैः मण्डलैः हल्लीसक क्रीडनम् एकस्यपुंसो बहुभिः स्त्रीभिः क्रीडनम् सैव रासक्रीड़ा। (हरिवंश, पृ. 199) श्रीमद्भागवत् में गीत-नृत्यपरक शृंगारिक रास का दृश्य अंकित मिलता है–

तत्राख्यत गोविन्दो रास क्रीडामनुव्रतैः।
स्त्री रत्नेरन्वतिः प्रीतैरनयोन्याबद्धवाहुभिः।।
रासोत्सवः सम्प्रवृत्तो गोपीमण्डलमंडितः। 10/2-3

आगे श्लोक छह, आठ में रास की परिश्रान्ति तथा तडित की उपमा से स्पष्ट है कि इसमें गीत-नृत्य का प्रबल आवेग रहता था। सातवीं शताब्दी तक रासक

को पर्याप्त लोकप्रियता मिल गयी थी। बाण के हर्षचरित में विटों द्वारा अश्लील रासक पदों के गाए जाने का उल्लेख है–"विटाना कर्णामृतन्यश्लील रासक पदानि गायन्त्य:।"

चौदहवीं शताब्दी तक नृत्य-गीत के साथ अभिनय का तत्व भी स्पष्ट हो गया था। साहित्य दर्पण में नाट्य रासक और रासक नाम के दो उपरूपकों के लक्षण मिलते हैं।

डॉ. कीथ ने नाट्य रासक को समूह नृत्य और ताल नृत्य के रूप में विवेचित किया है।

दसवीं शताब्दी के बाद रासकों के अन्तर्गत कथातत्व का भी समावेश हो गया। गीत-नृत्य की यह श्रृंगारिक शैली जैनों के द्वारा धार्मिक उपदेशों के लिए गृहीत हो जाने के बाद अनेक इतर विषयों से सम्पृक्त हो गयी। क्रमश: इसमें नृत्यगान का अंश होने लगा, कथा का अंश बढ़ने लगा। जनसाधरण के सुख-दु:ख, हर्ष-विलास, धर्म-कर्म और शौर्य को व्यक्त करने वाला रासक काव्यरूप एवं काव्यशैली छन्दवैविध्यपूर्ण हो गयी। विरहांक ने अपने वृत्त जाति समुच्चय में अडिल्ला, दोहा, मात्रा, रड्डा और ढोसा से युक्त रचना को रास कहे जाने का उल्लेख किया है–

अडिलाहि दुवह एहि व मत्ता 'रड्डहो' तहए ढोसाहि।
बहुएहि जो रज्जह सो भण्णइ रासओणामं।।

इस प्रकार गीत-नृत्यपरक तथा छन्द वैविध्यपरक रासो दोनों की परपराएँ विकसित होती रहीं।

आदिकाल के प्रमुख रासो ग्रन्थ अधोलिखित हैं ये कृतियाँ जैनों द्वारा रचित हैं।

1.	भरतेश्वर बाहुबली रास	शालिभद्र सूरि	1184 ई.
2.	बुद्धिरास	शालिभद्र सूरि	1200 ई.
3.	चन्दनबाला रास	आसगु	1200 ई.
4.	जीवदया रास	आसुग	1200 ई.
5.	स्थूलिभद्र रास	जिनधर्म सूरि	1209 ई.
6.	रेवन्तगिरि रास	विजयसेन सूरि	1231 ई.
7.	आबूरास	पल्हण	1232 ई.
8.	नेमिनाथ रास	सुमति गुणि	1238 ई.
9.	कच्छूली रास	प्रज्ञा तिलक	1306 ई.

10. गयसुकुमाल रास	देल्हण	14वीं शती
11. जिनपद्मसूरिपट्टाभिषेक रास	सारमूर्ति	1333 ई.
12. पंचपांडव-चरित रास	शालिभद्र सूरि	1353 ई.
13. गौतमस्वामी रास	उदयवन्त	1355 ई.

हिन्दी साहित्य के इतिहासकारों ने अप्रामाणिक, अर्धप्रामाणिक जिन रासो ग्रन्थों का उल्लेख किया है। उनके नाम इस प्रकार हैं–

1. खुमाण रासो	दलपति विजय?	?
2. बीसलदेव रासो	नरपति नाल्ह	तेरहवीं शताब्दी
3. पृथ्वीराज रासो	चन्दबरदाई	1200 ई. लगभग
4. परमाल रासो जगनिक		?
5. विजयपाल रासो नल्ल सिंह भट्ट		?

2. फागुकाव्य : आदिकालीन काव्यरूपों में रासो के समान ही फागुकाव्य रूप पर्याप्त लोकप्रिय था। फागु को रासो का ही दूसरा रूप माना जा सकता है। फागु का गायन बसन्त में तथा रास का शरद्ऋतु में किया जाता था। बसन्त की मनोहर, मादक ऋतु फाल्गुन के महीने में होलिकोत्सव तक गाये जाने वाले फागु की व्युत्पत्ति सम्भवत: फल्गु या फाल्गुन से मानी जा सकती है। इस गीत में बसन्त का उल्लास, मस्ती तथा माधुर्य मिश्रित हो जाता है। इसके मूलभाव राग तथा शिल्प को गढ़ने में वातावरण की विशेष भूमिका है। डॉ. हरीश का कथन है 'फूलों का मादक पराग, अलियों का गुंजन, सुरभित आम्रबल्लरियाँ, गुंजित कानन, बौरायी डालियाँ, कोयल की कूक तथा इठलाता मलयानिल सारे वातावरण को ही चंचल और दोलायमान कर देता है। नया जीवन तथा नयी प्राणधारा को लेकर कुंजों से झाँकने वाली तारुण्य की एक मीठी पीर से आलोड़ित बसन्त आता है और काव्यधारा को अपने प्रभाव की रंगीनी में डुबो देता है। ये अनंगपूजा, बसन्त महोत्सव, स्वागत गीत, नृत्य या उल्लास चित्रण तथा आह्लादकारी गान ही फागु हैं।' (डॉ. हरीश, आदिकालीन हिन्दी साहित्य शोध, पृ. 133) श्री के.एम.मुन्शी बसन्तोत्सव के समय गाये जाने वाले रास को फागु मानते हैं। (गुज़रात एंड इट्स लिट्रेचर पृ. 137)

फागुकाव्य परम्परा में-जिनचन्द सूरि फागु (रचनाकाल 1258 ई. लगभग), सिरिथुलिभद्द फागु (रचयिता जिन पद्मसूरि, रचनाकाल 1340 ई. लगभग), नेमिनाथ फागु (रचयिता राजशेख़र सूरि,1348 ई.) बसन्त विलासु फागु (1350 ई.) आदि उल्लेखनीय रचनाएँ हैं।

चर्चरी

फागु की तरह चर्चरी (चच्चरी, चर्चरिका, चाँचरि) भी बासन्ती समूह का गीत है, हरिभद्र सूरि कृत 'समराइच्च कहा' में इसके प्रयोग का प्राचीनतम साक्ष्य मिलता है। रास की तरह चर्चरी के साथ नृत्य का भी उल्लेख मिलता है। श्री अगरचन्द नाहटा का विचार है कि, 'रास की भाँति ताल एवं नृत्य के साथ विशेषत: उत्सव आदि में गायी जाने वाली रचना को चर्चरी की संज्ञा दी गयी' (नागरी प्रचारिणी पत्रिका, वर्ष 58, अंक 4, पृ. 432) जिनदत्त सूरि की 47 पदों की एक चर्चरी संज्ञक रचना उपलब्ध है।

बेलि

बेलि शब्द की व्युत्पत्ति सम्बन्धी अनेक सुझाव दिए गये हैं। डॉ. माताप्रसाद गुप्त ने देशज शब्द बेल्ल जिसका अर्थ विलास, काम-क्रीड़ा होता है, से इसे व्युत्पन्न माना है। कुछ विद्वान् इसे संस्कृत शब्द बेल्लि से विकसित मानते हैं। हिन्दी में प्राचीनतम बेलि काव्य रोडा कृत 'राउरबेल' है। इसका रचनाकाल 11वीं शती है। राजस्थान में उपलब्ध अधिकांश बेलि साहित्य पन्द्रहवीं शती या बाद का है। डॉ. वासुदेव सिंह ने पन्द्रहवीं शती में लिखी गयी सन्त हरि जी भाटी कृत रामदेव जी री बेलि, रूपान्दे री बेल, अज्ञात कवि रचित तोलान्दे री बेल, तेजो कृत रत्नादे री बेल तथा इसे अतिरिक्त सोलहवीं शताब्दी तक लिखी गयी कुछ अन्य रचनाओं का उल्लेख किया है। वास्तव में इन कृतियों का रचनाकाल आदिकाल की सीमा में नहीं आता है।

षड्ऋतु और बारहमासा

प्रकृति और मानव का आदिकाल सम्बन्ध है। नित्य परिवर्तनशील प्रकृति मनुष्य के भावों को प्रभावित करती है। प्रकृति की नैसर्गिक सुषमा से कभी वह झूम उठता है तो कभी प्रकृति के प्रचंड रूप से वह काँप उठता है। षड्ऋतु वर्णन तथा बारहमासा मनुष्य के इसी प्रकृति सान्निध्य की भावात्मक अभिव्यक्ति हैं। षड्ऋतु वर्णन में अधिकतर संयोग शृंगार का वर्णन किया जाता है और बारहमासा में वियोग शृंगार का। पृथ्वीराज रासो, ढोला-मारू-रा-दूहा, सन्देश-रासक में संयोग शृंगार वर्णन के लिए षड्ऋतु वर्णन की शैली अपनाई गयी है। नेमिनाथ चउपई, बारह नाऊँ बारहमासा परम्परा के काव्य हैं। नेमिनाथ चउपई के रचियता गुज़रात निवासी जैन मुनि विजयचन्द सूरि हैं। सौरीपुर के राजा समुद्र विजय के पुत्र नेमिनाथ उग्रसेन की

पुत्री राजुल के परिणय हेतु जब अपनी ससुराल पहुँचे तो अतिथियों के भोजन के लिए बँधे हुए पशुओं का चीत्कार सुनकर उनका हृदय करुणा से द्रवित हो गया। परिणामस्वरूप वे विवाह किये बिना कैवल्य की खोज में चले गये। अनुपम सुन्दरी नवयुवती राजुल विरह की अगाध वेदना में मग्न हो गयी। उसकी यही विरह वेदना बाहरमासा के रूप में चित्रित है। अन्त में वह जिन दीक्षा ग्रहण कर लेती है। इस प्रकार कृति का पर्यवसान निर्वेद में होता है। प्रकृति के उद्दाम चित्र, विलाप, तड़प और वेदना की विभिन्न स्थितियों के बीच नायिका की निष्ठा आदि इस काव्य को उत्कृष्ट बना देते हैं। एक सखी के कहने पर कि वह कायर था जो तुम्हें छोड़कर चला गया, राजुल उत्तर देती है–

कायरु किमी सखि! नेमि जिणंदु।
जिणि रणि जित्तउ लक्खु नरिदं।
फुरहि सासु जा अग्गलि नास।
ताव न मिलिहउँ नेमिहि आस।

युद्ध में लाखों राजाओं को जीतने वाला उसका पति कायर कैसे हो सकता है? ऐसे पति की आशा वह तब तक देखती रहेगी जब तक उसके शरीर में प्रण अवशिष्ट हैं।

पंवाड़ा

पंवाड़ा वंश कहानी को व्यक्त करने वाला विस्तृत गीतकाव्य रूप है। यह शब्द संस्कृत 'प्रवाद' से विकसित माना जाता है, जिसका अर्थ अत्यधिक विस्तारवाली कथा है। कुछ लोग पंवाड़ा का सम्बन्ध 'परमार' जाति से जोड़ते हैं। असाइत कवि रचित पंवाड़ा उल्लेखनीय है। इसका रचना-काल संवत् 1427 माना जाता है।

आदिकालीन साहित्य: प्रामाणिकता का सवाल

आधुनिकतम अनुसन्धानों के फलस्वरूप आदिकालीन साहित्य के परिमाण में उल्लेखनीय वृद्धि हई है किन्तु उपलब्ध साहित्य की असन्दिग्ध प्रामाणिकता अब भी सिद्ध नहीं हो सकी है। पं. रामचन्द्र शुक्ल को जिन्होंने सबसे पहले प्रामाणिक वैज्ञानिक इतिहास लिखने का यत्न किया जिनके साहित्यिक निष्कर्ष लगभग शत-प्रतिशत मान्य भी हो गये किन्तु उन्हें आदिकाल के अप्रमाणिक साहित्य के आधार पर नामकरण एवं प्रवृत्तियों का निर्धारण करना पड़ा। इसीलिए उनका आदिकाल

सम्बन्धी निष्कर्ष सर्वाधिक विवादास्पद रहा। आलोच्यकाल के अन्तर्गत मुख्यत: रासो साहित्य, जैन सिद्ध तथा नाथों की रचनाएँ, विद्यापति तथा अमीर खुसरो की रचनाएँ सम्मिलित की जाती हैं। खुमान रासो, हमीर रासो, विजयपाल तथा बीसलदेव रासो के सन्दर्भ में हजारीप्रसाद द्विवेदी का कथन है, ''यह विश्वास कर लिया गया था कि इन रचनाओं का सम्बन्ध जिन राजाओं के साथ है उन्हीं के समय में ये लिखी भी गयी थीं पर अब इस विश्वास को सन्देह की दृष्टि से देखा जाने लगा।''

खुमान रासो का रचना-काल द्वितीय खुमान का समय नवीं शताब्दी माना जाता था किन्तु पुस्तक में वर्णित महाराणा राज सिंह का रचना-काल 1652-1670 ई. है। इससे इसकी प्राचीनता सन्दिग्ध हो जाती है। श्री मोतीलाल मेनारिया ने इसका रचना-काल सं. 1730 से लेकर 1770 के मध्य माना है इसीलिए इसकी चर्चा हिन्दी साहित्य के आदिकाल में नहीं होनी चाहिए।

बीसलदेव रासो : नरपति नाल्ह रचित शृंगारिक काव्य बीसलदेव रासो का रचना-काल भाषा आदि विवादास्पद है। ग्रन्थ में रचनाकाल का उल्लेख इस प्रकार मिलता है–

बारह सो बहोत्तरहाँ मझारि
जेठ बदी नवमी बुधवारि
नाल्ह रसायन आरम्भइ
सारदा तूठी ब्रह्म कुमारि।

इसके आधार पर 1212 या 1272 रचना-काल निश्चित किया जाता है। किन्तु कुछ प्रतियों में 'संवत तेर सतोत्तरइ जाणि', 'संवत सहस तिहुत्तर जाणि' के भी उल्लेख मिलते हैं। डॉ. माता प्रसाद गुप्त ने इन उल्लेखों को पाठालोचन की दृष्टि से प्रक्षिप्त माना है। प्रतियों की पाठ परम्परा की दृष्टि से गुप्त जी ने इसका रचना-काल सं. 1400 माना है। अगरचन्द नाहटा के इस निष्कर्ष कि 'बीसलदेव रासो की भाषा सोलहवीं-सत्रहवीं शताब्दी की राजस्थानी भाषा है' को अस्वीकृत करते हुए गुप्त जी लिखते हैं 'प्रस्तुत संस्करण के पाठ की भाषा को सं. 1400 के आस-पास की किन्हीं भी राजस्थानी रचनाओं की भाषा से मिलाकर यह बात देखी जा सकती है कि 'बीसलदेव रासो' की भाषा लगभग उन्हीं के जैसी है। (बीसलदेव रासो, भूमिका, पृ. 58, 59)

परमाल रासो : जगनिक रचित परमाल रासो या आल्हखण्ड का प्रकाशन चार्ल्स इलियट ने 1825 ई. में कराया था। लोक में अत्यधिक प्रिय इसकी मौखिक परम्परा मिलती है। आल्हा के गायकों ने इसमें अपने ढंग से परिवर्तन-परिवर्धन भी किया। किसी प्राचीन हस्तलिखित प्रति के अभाव में इसके मूल रूप का पता लगाना कठिन है। डॉ. श्यामसुन्दर दास द्वारा सम्पादित परमाल रासो नागरी प्रचारिणी सभा से प्रकाशित हुआ है।

हम्मीर रासो : प्राकृत पैंगलम् में उद्धृत कुछ छन्दों के आधार पर हम्मीर रासो के अस्तित्व का अनुमान किया गया है। इसमें हम्मीर की वीरता का वर्णन है। रामचन्द्र शुक्ल बिना किसी ठोस प्रमाण के इस ग्रन्थ के रचियता के रूप में शाङ्र्गधर का नामोल्लेख करते हैं। राहुल सांकृत्यायन ने एक छन्द में आये 'जज्जल भणइ' के आधार पर इसे जज्जल कवि की रचना माना है। प्रामाणिक प्रति उपलब्ध न होने के कारण इसका अस्तित्व सन्दिग्ध बना है।

विजयपाल रासो : मिश्र बन्धुओं ने नल्ल सिंह कृत विजयपाल रासो का उल्लेख किया है। इसका रचनाकाल सं. 1335 निर्दिष्ट किया गया है। "इसकी भाषा और शैली पर विचार करने से मालूम होता है कि इसकी रचना बहुत बाद में हुई होगी।"

पृथ्वीराज रासो : चन्दबरदायी द्वारा रचित 'पृथ्वीराज रासो' नामक आदिकालीन महाकाव्य की प्राचीनता की पुष्टि तो होती है किन्तु अपने वास्तविक एवं समग्र रूप में यह महाकाव्य अभी सामने नहीं आ सका है। रासो के वृहत्तम संस्करण में उपलब्ध विषम ऐतिहासिक घटनाओं तथा भाषा के परवर्ती रूप के कारण विद्वानों के एक वर्ग द्वारा पृथ्वीराज रासो की आदिकालीन महाकाव्य के गौरव से वंचित कर दिया गया। इस कृति के दुर्भाग्य का चक्र 1875 ई. से शुरू हुआ जब डॉ. वूलर महोदय को कश्मीर यात्रा में जयानक कवि रचित 'पृथ्वीराज विजय' संस्कृत काव्य उपलब्ध हुआ। इसमें चित्रित घटनाओं की ऐतिहासिक प्रामाणिकता तथा इसकी तुलना में रासो की घटनाओं का ऐतिहासिक वैषम्य आलोच्य कृति की पूर्व स्वीकृत महत्ता को ध्वस्त कर दिया। कर्नल टाड के प्रयास के फलस्वरूप बंगाल की 'रायल एशियाटिक सोसाइटी' द्वारा इसके प्रकाशन का उपक्रम वूलर महोदय के निर्देश से बन्द कर दिया गया। ग़ौरीशंकर हीराचन्द ओझा ने शक्तिशाली युक्तियों द्वारा रासो को अप्रामाणिक सिद्ध करने को प्रयत्न किया।

ओझा जी का निष्कर्ष है कि रासो वर्तमान रूप में न पृथ्वीराज के समकालीन

है और न चन्द जैसे समकालीन कवि की कृति है। मोतीलाल मेनारिया इसका रचनाकाल सं. 1770-1732 के बीच मानते हैं। (राजस्थानी भाषा और साहित्य, पृ. 128) मुन्शी देवीप्रसाद का कहना है कि रासो में पृथ्वीराज की वीरता का परिचय देने के लिए रासोकार ने बहुत से राजाओं के झूठे नाम लिख रखे हैं। उन्होंने शिलालेखों से तुलना करके रासो की कपोल कल्पित तथा इतिहास विरुद्ध घटनाओं का विवरण प्रस्तुत किया है। (न.प्र.पत्रिका, भाग 10, पृ. 60)

कविराज श्यामलदान ने इसके अप्रामाणिक अंशों को निर्दिष्ट करते हुए कई शताब्दियों बाद किसी चारण अथवा भट्ट द्वारा अपनी जाति के महत्व एवं चौहान वंश की गौरव प्रतिष्ठा के लिए इसे रचित माना है। (जर्नल आफ रायल एशियाटिक सोसाइटी आफ बंगाल, जिल्द 55, भाग1, सन् 1886 ई.) पण्डित रामचन्द्र शुक्ल लिखते हैं 'इस सम्बन्ध में इसके अतिरिक्त और कुछ कहने की वजह नहीं कि पूरा ग्रन्थ वास्तव में जाली है। (हिन्दी साहित्य का इतिहास, पृ. 30) डॉ. रामकुमार वर्मा की सम्मति है कि 'इस समय तक रासो को प्रामाणिक ग्रन्थ कहना इतिहास और साहित्य के आदर्शों की उपेक्षा है। (हिन्दी साहित्य का आलोचनात्मक इतिहास, पृ. 172)

रासो को अप्रामाणिक मानने वाले विद्वानों की प्रमुख आपत्तियाँ इस प्रकार हैं–

1. रासो में परमार, चालुक्य और चौहान क्षत्रिय अग्निवंशी बताए गये हैं जबकि वे अन्य साक्ष्यों से सूर्यवंशी प्रमाणित होते हैं।

2. रासो में पृथ्वीराज की माँ कमला दिल्ली नरेश अनंगपाल की पुत्री बताई गयी है और अपने नाना के द्वारा पृथ्वीराज गोद लिए गये थे। ऐतिहासिक प्रमाणों तथा पृथ्वीराज विजय के उल्लेखानुसार ये तथ्य असत्य हैं। पृथ्वीराज की माँ कर्पूर देवी त्रिपुरि के राजा की लड़की थीं। पृथ्वीराज के गोद लिए जाने की घटना भी ऐतिहासिक नहीं है।

3. रासो के उल्लेखानुसार पृथ्वीराज दिल्ली का राजा है जबकि बीसलदेव पहले ही दिल्ली राज्य को अजमेर में मिला चुका था।

4. पृथ्वीराज की बहन पृथा का समरसिंह के साथ विवाह, पृथ्वीराज द्वारा गुज़रात के राजा भीमसिंह की हत्या इतिहास विरुद्ध है। समरसिंह पृथ्वीराज के बाद 109 वर्ष तथा भीमसिंह 50 वर्ष तक जीवित रहा।

5. रासो में वर्णित पृथ्वीराज के शब्दभेदो बाण के द्वारा मुहम्मद गोरी के मृत्यु को रोचक घटना की ऐतिहासिकता नहीं सिद्ध होती है। गोरी की मृत्यु गक्खरों के हाथों हुई थी।

6. रासो की प्रमुख और लोकप्रिय घटना जयचन्द तथा पृथ्वीराज की शत्रुता तथा संयोगिता स्वयंवर को पं. ग़ौरीशंकर हीराचन्द ओझा ऐतिहासिक नहीं मानते।

7. रासो में पृथ्वीराज के जन्म (संवत् 1115) गोद लिये जाने का समय (संवत् 1122) शहाबुद्दीन के साथ युद्ध (संवत् 1158) आदि से सम्बन्धित तिथियाँ ऐतिहासिक तिथियों से मेल नहीं खातीं।

8. रासो में अरबी, फारसी शब्दों की भरमार है जो चन्द के समय प्रयोग में शायद ही रहे हों। डॉ. धीरेन्द्र वर्मा भाषा के आधार पर इसे सोलहवीं शती की रचना मानते हैं। पण्डित रामचन्द्र शुक्ल की दृष्टि में रासो की भाषा व्याकरणिक अव्यवस्था, अनुस्वरान्त शब्दों की मनमानी भरमार कहीं-कहीं आधुनिक साँचे में ढ़ली और कहीं प्राचीन साहित्यिक रूपों के लक्षण से युक्त है।

रासो को फ्रमाणिक माणिक मानने वाले विद्वानों ने उपर्युक्त आपत्तियों का समुचित उत्तर देने का प्रयास किया है। विख्यात गुज़राती लेखक गोवर्धन शर्मा का विचार है 'महाकवि चन्द एक ऐतिहासिक पुरुष था, जो दिल्लीश्वर अन्तिम सम्राट् पृथ्वीराज चौहान की राजसभा का सम्मानित सामन्त, सखा और राजकवि के गौरवपूर्ण पद पर सुशोभित था। इसी पृथ्वीराज के यश को गाने के लिए 'पृथ्वीराज रासो' नामक महाकाव्य की उस समय की लोकभाषा अपभ्रंश प्राकृत (देशभाषा) में रचना की थी। उसमें वर्णित घटनाएँ सच्चे घटित इतिहास की सत्य घटनाएँ हैं, पर कालान्तर में अन्य चारण भट्ट आदि राज्याश्रित कवियों के अपने-अपने आश्रयदाताओं के गरिमा गान के क्षेपकों को जोड़ देने से उसका वर्तमान कलेवर एकदम सर्वथा भ्रष्ट बन गया है। फिर भी उनकी बुनियाद तो असली है।" डॉ. दशरथ शर्मा ने बीकानेर से प्राप्त रासो की लघुतम प्रति के आधार पर वृहत्तम प्रति से प्राप्त अशुद्धियों का खण्डन करने का प्रयत्न किया है। पृथ्वीराज रासो में घटना, पृथ्वीराज के सम्बन्ध, संयोगिता स्वयंवर आदि की जो गड़बड़ियाँ हैं, वे सब लघुतम प्रति में नहीं हैं। मुनि जिनविजय जी का विचार है कि रासो का मूलरूप अल्पकाय था और उसकी भाषा अपभ्रंश थी। डॉ. शम्भुनाथ सिंह के शब्दों में 'मेरा अनुमान है कि पृथ्वीराज की मृत्यु के 100 वर्ष के भीतर ही उस महान वीर के सम्बन्ध में नाना प्रकार की अनैतिहासिक और ऐतिहासिक अनुश्रुतियाँ और किम्बदन्तियाँ प्रचलित हो गयी थीं और उन्हीं के आधार पर पृथ्वीराज रासो के कथानक और घटनाक्रम का विकास होता है और उन्हीं मूल स्रोतों से प्रबन्ध संग्रहों और बाद में 'सुर्जनचरित' और 'आइने अकबरी' में भी पृथ्वीराज से सम्बन्धित बातें ग्रहण की

गयी।' (हिन्दी महाकाव्य का स्वरूप विकास-डॉ. शंम्भुनाथ सिंह) सी.वी.वैद्य मानते हैं कि 'कई महत्वपूर्ण बातों में विशेषत: मौलिकता और प्राचीनता के सम्बन्ध में रासो का महाभारत से बहुत कुछ सादृश्य है।' (हिन्दू भारत का उत्कर्ष या राजपूतों का प्रारम्भिक इतिहास)

काल वैषम्य के सामाधान के लिए मोहनलाल विष्णुलाल पांड्या ने 'अनन्द संवत् की परिकल्पना की है। अ=0, नन्द=9 अर्थात् 90 वर्ष जोड़ने से विक्रम संवत् के साथ तिथियों का सामंजस्य बैठ जाता है। जयानक के संस्कृत काव्य 'पृथ्वीराज विजय' की खण्डित प्रति जिसमें चन्दबरदायी का उल्लेख नहीं है, के आधार पर पृथ्वीराज के दरबार में चन्द का अस्तित्व न मानना उचित नहीं है। हो सकता है कि संस्कृत कवि जयानक ने ईर्ष्यावश ऐसा न किया हो। मेरी अपनी सम्मति है कि पृथ्वीराज विजय में जो चन्द्रराज नाम आया है। वह चन्द के वास्तविक नाम का ही द्योतक है। चन्द्र के पुत्र जल्हण या झल्हण या झल्ह नाम के स्वरूप से चन्द्र के भी कश्मीर से सम्बद्ध होने का अनुमान किया जा सकता है। पृथ्वीराज विजय में उल्लखित श्लोक इस प्रकार है–

तनयश्चन्द्रराजस्य चन्द्रराज इवाभवत्।
संग्रहं यस्सुवृत्तानां सुवृत्तानामिव व्यधात्।।

चन्द भट्ट ने कवि बनने के लिए देवी से वरदान पाकर बरद्दिया या बरदाई उपाधि धारण कर ली। पृथ्वीराज तथा अन्य राजाओं ने उसके बरदायी होने का कई बार परीक्षण किया है। रासो में प्राप्त अन्त:साक्ष्य से ज्ञात होता है कि चन्द ने अपने जीवन ने अन्तिम काल में देवी सरस्वती से चौहान के ऋण से उद्धार का वरदान माँगा। इसके बाद उसने पृथ्वीराज रासो के साथ हजार रूपकों की रचना की। ग्रन्थ की रचना करते समय उसने देवी के प्रति कृतज्ञता ज्ञापित करने तथा बरदायी होने के विशेष गौरव को पृथ्वीराज रासो में अधिक महत्त्व दिया। जीवन के परवर्ती काल में रासो की रचना करने के कारण उसने पृथ्वीराज के जीवन से सम्बन्धित कुछ घटनाओं एवं तिथियों के सम्बन्ध में अनुमान से काम लिया होगा। आगे आने वाली उसकी भट्ट सन्तानों ने प्रक्षेप करते समय अपनी जाति की गरिमा स्थापित करने के लिए चन्द के साथ भट्ट लगाने में विशेष तत्परता दिखायी। कवियों के नाम के साथ राज या राय जोड़ने की स्पष्ट परम्परा मिलती है। अत: चन्द्रराज (चन्दराय) चन्द्र भट्ट, या चन्दबरदायी को एक ही नाम मान लेने में कोई विशेष आपत्ति नहीं होनी चाहिए।

जहाँ तक रासो की भाषा में अरब-फारसी शब्दों के प्रयोग का प्रश्न है, उस समय तक मुसलमानों के आक्रमण शुरू हो गये थे। अत: लाहौर निवासी कवि चन्द के द्वारा अरबी-फारसी शब्दों का प्रयोग असम्भव नहीं है। इस प्रकार शब्दों का बाहुल्य परवर्ती प्रक्षेपों के कारण भी हुआ है। पं. रामचन्द्र शुक्ल ने इसकी भाषा में प्राचीन रूपों को निर्दिष्ट किया है। 'इसमें वैदिक संस्कृत, पालि, पैशाची, मागधी, अर्धमागधी, शौरसेनी, महाराष्ट्री, अपभ्रंश, प्राचीन राजस्थानी, प्राचीन गुज़राती, पंजाबी, ब्रज आदि भारतीय आर्यभाषाओं के शब्दों के अतिरिक्त अरबी, फारसी और तुर्की शब्दों की अनोखी खिचड़ी तैयार मिलती है तथा देशज शब्दों की भी एक संख्या है। परन्तु इस काव्य में कई शतियों के अवान्तर में प्रक्षेपों का घटाटोप होते-होते भाषा का रूप और अधिक विकृत हो गया। पुरातन प्रबन्ध संग्रह में आये छन्दों की भाषा के आधार पर पृथ्वीराज की भाषा का निर्धारण किया जा सकता है।

डॉ. हजारीप्रसाद द्विवेदी ऐतिहासिक काव्यों के सन्दर्भ में लिखते हैं कि, "परन्तु भारतीय कवियों ने ऐतिहासिक नाम भर लिया, शैली उनकी वही पुरानी रही जिसमें काव्य निर्माण की ओर अधिक ध्यान था, विवरण संग्रह की ओर कम। कल्पना विलास का अधिक मान था, तथ्य निरूपण का कम। सम्भावनाओं की ओर अधिक रुचि थी, घटनाओं की ओर कम; उल्लसित आनन्द की ओर अधिक झुकाव था, विलसित तथ्यावली की ओर कम।" इसीलिए "जायसी के रतनसेन, रासो के पृथ्वीराज में तथ्य और कल्पना का-फैक्ट्स और फिक्शन का-अद्‌भुत योग हुआ है। पुरातन प्रबन्ध संग्रह के छप्पय, आदिकालीन काव्य-रूप तथा कथानक रूढ़ियों पर विचार करके द्विवेदी जी ने रासो को अर्ध प्रामाणिक रचना स्वीकार किया।" उनका निष्कर्ष है कि 'मूल रासो शुकी-शुक के संवाद रूप में ही लिखा गया था।' पाठालोचन की दृष्टि से विचार करके माता प्रसाद गुप्त ने चन्द का समय सं. 1328 से पूर्व माना।

निष्कर्ष रूप में कहा जा सकता है कि पृथ्वीराज रासो एक प्रामाणिक कृति है। इसका मूल रूप अभी उपलब्ध नहीं हो सका। रासो के वृहत्तम संस्करण में प्रक्षेपों का बाहुल्य है। लघुतम संस्करण मूल रासो के अधिक समीप है। इसकी भाषा बारहवीं शती की देशी भाषा (अपभ्रंश मिश्रित) है।

जयचन्द्रप्रकाश एवं जयमयंक-जस-चन्द्रिका-इन कृतियों का उल्लेख बीकानेर के राज पुस्तक भण्डार के दयालदास कृत 'राठौण की ख्यात' में मिलता है। शिवसिंह सरोज में इनके रचियता भट्ट केदार और मधुकर को अलाउद्दीन का कवि

माना गया है। इन ग्रन्थों की कोई प्रति उपलब्ध न होने के कारण इसका अस्तित्व खतरे में है।

डॉ. गणपतिचन्द्र गुप्त ने अनेक इतिहासकारों द्वारा उल्लिखित आदिकालीन साहित्यिक सामग्री की जाँच करते हुए पूर्व वर्णित रचनाओं के अतिरिक्त भरतेश्वर बाहुबली रास, जीवदया रास, बुद्धिरास, रेवन्तगिरि रासु, श्री नेमिनाथ रास, आबूरास, कछूलीरास, समरा रासु, पंचपंडव-चरित रासु, श्री गौतम स्वामी रास, कुमारपाल रास, जिनचन्द सूरि फागु, सिरिथूलि भद्द फागु, श्री नेमिनाथ फागु, श्री बसन्त विलास फागु, महाराष्ट्रीय सन्त कवियों के हिन्दी पद आदि रचनाओं को आदिकाल की प्रामाणिक रचनाएँ शीर्षक ग्रन्थ में संगृहीत किया है। इनमें से अधिकांश रचनाएँ अधिक-से-अधिक पाँच-छह पृष्ठों की हैं। वास्तव में इन्हें एक विषय पर रची गयी एक लम्बी कविता माना जाय तो अधिक उचित है। एक ग्रन्थ के रूप में इन्हें मान्यता देने से किंचित संकोच होता है। इनमें कुछ रचनाएँ तो तीन-चार पृष्ठों में ही समाप्त हो जाती हैं। ये रचनाएँ अधिकतर जैन कवियों द्वारा लिखी गयी हैं। इनमें प्रक्षेप भी प्राय: नहीं है। भाषा की दृष्टि से इनका आदिकालीन स्वरूप सुरक्षित है।

व्याकरण के नियमों में जकड़ी सामान्यजन के बोध से परे, विशुद्ध साहित्यिक भाषा के बदले साधारण जन भाषा को धार्मिक भावना के प्रचार के लिए ग्रहण करना जैन मुनियों तथा कवियों की अक्षुण्ण परम्परा रही है। संस्कृत के स्थान पर प्राकृत-अपभ्रंश को माध्यम भाषा के रूप में ग्रहण करना इसी बात को प्रमाणित करता है। कालान्तर में जब उन्हें ज्ञात हुआ कि अपभ्रंश लोकभाषा नहीं है तो वे अपनी रचनाएँ हिन्दी में करने लगे। स्वयंभू, पुष्पदन्त, योगीन्द्र आदि कवियों की अपभ्रंश में तत्कालीन लोकभाषा के रूप निश्चित रूप से अन्तर्निहित हैं। आदिकालीन जैनकाव्यभाषा के विकास की प्रक्रिया का संकेत अपने अन्दर छिपाये हुए हैं। धार्मिक श्रद्धा तथा सम्मान के कारण जैन भण्डारों में इनका संरक्षण प्राय: मूलरूप में ही हुआ। धार्मिक सम्प्रदाय में गुरु की वाणी प्राय: आप्त वाक्य होती है। इसीलिए शिष्य उसकी व्याख्या तथा विस्तार तो करते हैं किन्तु मूलरूप की सुरक्षा की उन्हें विशेष चिन्ता होती है। यही कारण है कि पउमचरिउ, रिट्ठणेमिचरिउ, णायकुमारचरिउ, महापुराण, जसहरचरिउ, भविसयत्तकहा, करकंडचरिउ, सुदंसणचरिउ, णेमिनाथचरिउ, पाहुड दोहा, दोहा पाहुड, सावयधम्म दोहा आदि रचनाओं का असन्दिग्ध रूप से आदिकाल में स्थान प्राप्त हो जाता है।

महामहोपाध्याय हरप्रसाद शास्त्री, डॉ. शहीदुल्ला, डॉ. प्रबोधचन्द्र बागची, डॉ. सुकुमार सेन, महापण्डित राहुल सांकृत्यायन आदि विद्वानों ने अनुसन्धान तथा पाठ निर्धारण करके सिद्धों की अपभ्रंश तथा देशी भाषा की रचनाओं को प्रकाश में लाए। सिद्धों की रचनाएँ प्राय: दो रूपों में मिलती हैं–दोहा कोश तथा चर्यापद। सिद्धों की रचनाओं के प्रमुख सम्पादित संग्रह 'बौद्ध गान और दोहा' (हरप्रसाद शास्त्री), 'दोहा कोश' (बाग़ची), ओल्ड बंगाली टेक्स्ट्स (सुकुमार सेन), 'चर्यागीत कोश' (प्रबोधचन्द बाग़ची), 'दोहाकोश' (राहुल सांकृत्यायन) उल्लेखनीय हैं। सिद्धों की रचनाओं की पांडुलिपियों अधिकांशत: तिब्बत और नेपाल से उपलब्ध हुई हैं।

सिद्धों के दोहों की जो हस्तलिखित ताल पोथियाँ मिली हैं, उनमें प्रतिलिपि काल नहीं दिया गया है। राहुल जी ने कुटिला लिपि के आधार पर 10-11वीं शती इनका लिपिकाल अनुमानित किया है। चर्यागीतों से सम्बद्ध पोथियाँ सौ वर्ष से कुछ ही अधिक पुरानी हैं। सिद्धों का प्रचुर साहित्य तिब्बत (भोट) भाषा में अनूदित मिलता है किन्तु उसका मूलरूप ज्ञात नहीं हो सका है। ऐसी परिस्थिति में सिद्धों का रचनाकाल तथा काव्यभाषा असन्दिग्ध रूप से प्रमाणित नहीं हो पाती है। दोहों की भाषा से इनकी प्राचीनता का अन्दाज अवश्य लगाया जा सकता है। इसी से इनकी आदिकालीनता भी सिद्ध होती है।

अन्त:साक्ष्य के रूप में हेवज्र-पंजिका-योग-रत्नमाला की एक पंडुलिपि का उल्लेख किया जाता है। जिसमें स्पष्ट लिखा है कि यह राजा गोविन्द पाल के शासन के 39वें वर्ष में लिपिबद्ध की गयी। गोविन्द पाल का समय 1200 ई. माना जाता है। "कैम्ब्रिज यूनिवर्सिटी लाइब्रेरी में संगृहीत साधनाओं की एक पांडुलिपि जिसका समय 1956 ई. और जिसमें कंकड़पाद अथवा कोंकड़पाद की भी एक साधना संगृहीत है" के आलोक में सिद्धों का रचना-काल और रचनाओं की प्रामाणिकता की पुष्टि होती है।

जहाँ तक नाथ साहित्य का सवाल है सिद्धों की तरह इनकी भी प्रामाणिकता असन्दिग्ध नहीं कही जा सकती। गोरखनाथ तथा, अन्य नाथों की वाणियाँ 'नाथ सिद्धों की बानियाँ' (नागरी प्रचारिणी सभा) तथा 'गोरखबानी' क्रमश: हजारीप्रसाद द्विवेदी तथा डॉ. पीताम्बरदत्त बड़थ्वाल द्वारा संगृहीत होकर प्रकाशित हुईं। गोरखनाथ के नाम से जो प्रतियाँ प्राप्त हुई हैं, उनकी भाषा बदली हुई तथा परवर्ती है। हजारीप्रसाद द्विवेदी का मन्तव्य है कि, "गोरखनाथ के नाम पर चलने वाली रचनाओं की भाषा को देखते हुए उन्हें बहुत पुराना नहीं कहा जा सकता। कुछ की रचना तो बहुत बाद

में हुई है।" गोरखबानी के सम्पादक बड़थ्वाल जी का विचार भी इसी के समरूप है–"ये रचनाएँ जैसी हमें उपलब्ध हो रही हैं, ठीक उस समय की हैं, यह नहीं कहा जा सकता।" इसके कारणों का विश्लेषण करते हुए उन्होंने लिखा है, "एक ओर तो नाथ गुरुओं की बानी के प्रति उनके शिष्यों में जो प्रगाढ़ श्रद्धा और विश्वास की भावना होती है, वह उसे नष्ट होने से बचाती है और दूसरी ओर स्मृति के कारण उनमें कुछ परिवर्तन या छूट हो जाती है तथा साम्प्रदायिक उद्देश्य और मत विकास या परिवर्तन या स्पष्टीकरण की अभिलाषा गुरुओं के नाम से नयी रचनाओं के गढ़े जाने और पुरानी रचनाओं में परिवर्धन या परिवर्तन का कारण होती है।"

आदिकालीन साहित्य : विश्लेषण और मूल्यांकन

हिन्दी साहित्य का आदिकाल काव्यरूपों तथा काव्य-परम्पराओं की दृष्टि से अत्यन्त समृद्ध है। इस काल में धार्मिक, लौकिक, अनुभूतियों एवं विचारों को व्यक्त करने वाले कवि अपने मूल उद्देश्य एवं अभिव्यंजना की दृष्टि से स्पष्ट रूप से साहित्य की दो कोटियों का निर्धारण करते हैं–

1. धार्मिक साहित्य।
2. लौकिक साहित्य।

1. **धार्मिक साहित्य :** आदिकालीन साहित्य की श्रीवृद्धि करने वाले कवियों में जैन तथा नाथों का उल्लेखनीय स्थान है। इन्होंने अपने आध्यात्मिक विचारों तथा लौकिक आचारपरक भावनाओं, सामाजिक जीवन की नवीन परिस्थितियों के अनुकूल परम्परागत धार्मिक दृष्टि की नयी व्याख्याओं को अभिव्यक्त करने के लिए तत्कालीन जनभाषा को माध्यम के रूप में ग्रहण किया। परम्परित धर्म की परिभाषा को लोकजीवन की सहज आस्था में मिश्रित करने के लिए पौराणिक एवं लौकिक कथाओं, काव्यशैलियों तथा लोक रागों का अपनाया। काल के क्रम में वास्ताविक धर्म की प्रतिष्ठा करने के प्रयास में सभी धार्मिक कवि चाहे जिस सम्प्रदाय से सम्बद्ध हों कई प्रवृत्तियों में समान परिलक्षित होते हैं। धार्मिक साहित्य का अधोलिखित उपशीर्षकों के अन्तर्गत सुविधापूर्वक अध्ययन किया जा सकता है।

जैन धार्मिक साहित्य

लोकभाषाओं की प्रतिष्ठित करने की दृष्टि से जैन साहित्यकारों का विशेष महत्त्व है। ब्राह्मणधर्म की तथा ज्ञान-विज्ञान की पूर्व सम्मान्य भाषा संस्कृत के स्थान पर मागधी को धर्मभाषा स्वीकार करने के पीछे जैन मनीषियों की मुख्य चिन्ता जन साधारण के बीच अपने विचारों को बोधगम्य बनाने की थी। सर्वसाधारण के लिए जब संस्कृत समझना कठिन हो गया था तो जैनों ने लोकभाषाओं को माध्यम भाषा

स्वीकार किया। भाषिक विकास तथा परिवर्तन के क्रम में जैनों की भाषा में भी बदलाव दिखायी देता है। प्राकृतों के बाद अपभ्रंश तथा आधुनिक आर्यभाषाओं के व्यवहार को ध्यान में रखकर साहित्य सृजन का अनुक्रम जैनों में परिलक्षित किया जा सकता है। अपभ्रंश-अवहट् तथा पुरानी हिन्दी के विकास क्रम को जैन साहित्य के माध्यम से प्रामाणिक ढंग से रेखांकित किया जा सकता है। डॉ. रामसिंह तोमर का यह कथन एक सीमा तक सत्य कहा जा सकता है 'जिस समय जैन कवि काव्यरस की ओर झुकता है तो उसकी कृति सरस काव्य का रूप धारण कर लेती है और जब धर्मोपदेश का प्रसंग आता है तो वह पद्यबद्ध धर्म उपदेशात्मक कृति बन जाती है जो कभी-कभी नीरस भी हो जाती है।' वर्तमान युग में रस मात्र काव्य की श्रेष्ठता की कसौटी नहीं है। कथ्य का कुशल सम्प्रेषण, लोकमंगल की कामना, सामाजिक यथार्थ का प्रभावकारी चित्रण, अपने विचारों की प्रकृति के अनुसार भाषिक विधान आदि अनेक पक्ष हैं जो काव्य की श्रेष्ठता को प्रमाणित करते हैं। जैन (ललित) साहित्य के अनुशीलन के पश्चात् यही निष्कर्ष निकलता है कि जिन दृष्टियों से मध्यकालीन भक्ति साहित्य भारतीय साहित्य की मूल्यवान धरोहर सिद्ध होता है उन्हीं दृष्टियों से जैन साहित्य भी पुनर्जन्म, कर्म सिद्धान्त, अहिंसा परमो धर्मः, प्राणिमात्र के प्रति करुणा भाव, दान का महात्म्य, लोकेषणा की पूर्ति हेतु विविध जीवन संघर्षों, रीति-रिवाजों, आस्थाओं तथा मानव के विविध सद्-असद् आचरणों के वर्णन की दृष्टि से श्रेष्ठ है।

आधुनिक युग में अस्तित्ववादी विदेशी दर्शन में ईश्वर को नकारने की प्रवृत्ति को कुछ साहित्यकारों ने स्वीकार करके तथाकथित नवोन्मेष का साहित्य रचने का दावा प्रदर्शित किया है। जैन अनीश्वरवादी दर्शन है। हिन्दू परम्परा में भी आत्मा-परमात्मा को अभिन्न माना गया है। जैन साहित्य में आत्मा के ही तीन स्तर माने गये हैं–बहिरात्मा, अन्तरात्मा तथा परमात्मा। मनुष्य जो कर्म करता है उसका फल उसे अवश्य भोगना पड़ता है। पाप कर्म से नरक की यातनाएँ भोगनी पड़ती हैं। परस्त्री गमन घोर पाप है। कुकर्म करके पूजा-पाठ तथा भक्ति से मुक्ति नहीं मिलती है। अपने आस-पास के जीवों पर सदैव सद्भाव रखना चाहिए। घर की रखवाली करने वाला कुत्ता हो सकता है कि हमारा ही कोई पूर्वज या सगा-सम्बन्धी हो जो पुनर्जन्म के बाद कुत्ते के रूप में जन्म पाया है।

जैन काव्य में शृंगार, वीर, रौद्र, वीभत्स, तथा शान्त रस की प्रचुर व्यंजनाएँ हुई हैं। महाकाव्य, खण्ड काव्य, रासो काव्य, मुक्तक, चर्चरी, फागु आदि अनेक काव्य रूपों को समृद्ध करने का सतत प्रयास जैन कवियों ने किया है। आध्यात्मिकता

भारतीय साहित्य की प्रमुख विशेषता रहा है। वैदिक युग से लेकर वर्तमान काल तक आध्यात्मिक चेतना से सम्पृक्त काव्य-सृजन हुआ है। दर्शन को जीवन-दर्शन में परिणत करने का प्रयत्न काव्य के द्वारा ही किया गया है। नीरस उपदेशों को पात्रों, घटनाओं तथा मानवीय क्रिया-कलापों में घटित करके उन्हें जीवन्त तथा संवेदनात्मक बनाया गया है। जैन साहित्य के विविध रूपों का विश्लेषण करके उनके महत्त्व और काव्योत्कर्ष का उद्घाटन अपेक्षित है।

सभी धर्मों के प्रति सम्मान भाव होना चाहिए क्योंकि सभी में सत्य का बीज है। धर्महीन सामाजिक परिवर्तन मनुष्य को उन्नत नहीं अवनत करता है। आध्यात्मिकता ही भारतीयों की शक्ति का स्रोत है।

जैन प्रबन्धात्मक काव्य

जैनों ने पौराणिक तथा ऐतिहासिक महापुरुषों की कथाओं के आधार पर चरित काव्यों, रासो काव्यों तथा कथा काव्यों की रचना की है। डॉ. देवेन्द्र कुमार जैन का कथन है कि 'कथा कहकर कुतूहल जगाना या मात्र मनोविनोद करना उनका लक्ष्य न था। वे ऐसे कथा काव्य की रचना करना चाहते थे जिससे काव्यकला के विधान और उद्देश्य की पूर्ति के साथ नैतिकता और धार्मिक उद्देश्य प्रतिफलित हो जाये।' (अपभ्रंश भाषा और साहित्य, पृ. 86) प्रबन्धात्मक कृतियों में एक कथा से दूसरी कथा फूटती जाती है। कथानायक के विविध जन्म-जन्मान्तरों से मानव-जीवन ही नहीं पशु-पक्षियों के जगत् का भी सूक्ष्म चित्रण होता चलता है। जैन कवियों की रचनाओं का फलक जितना विस्तृत है, उतना विस्तृत फलक अन्य कवियों में नहीं मिलता है।

जैन रामकाव्य

रामकथा की लोकप्रियता ने विभिन्न युगों के साहित्यकारों को आकृष्ट किया है। दार्शनिकों, साहित्यकारों तथा धार्मिक सम्प्रदायों ने अपनी मान्यताओं, युगीन आदर्शों तथा भावनाओं के अनुसार इसे पुनर्सृजित किया है। जैन परम्परा की रामकथा वाल्मीकि रामायण से काफ़ी भिन्न है। जैनों की मान्यता है कि प्रत्येक कल्प में नौ बलदेव, नौ वासुदेव, नौ प्रतिवासुदेव जन्म लेते हैं राम, लक्ष्मण तथा रावण आठवें बलदेव, वासुदेव और प्रतिवासुदेव हैं। राक्षस तथा वानर विद्याधर जाति के हैं। राक्षसों का सम्बन्ध भी अयोध्या से है। विमल सूरि ने प्राकृत में 'पउमचरिउ' की रचना करके रामकथा को जैन धर्म के साँचे में ढाला था। स्वयंभू ने 'पउमचरिउ' शीर्षक से अपभ्रंश में पुन: रामकथा का सृजन किया।

महाकवि स्वयंभू रचित पउमचरिउ

स्वयंभू के रचनाकाल तथा जीवन के विषय में विस्तृत एवं प्रामाणिक सूचनाओं का अभाव है। उन्होंने स्वयं बताया है कि उनकी माता का नाम पद्मिनी था और पिता का नाम मारुयएव (मारुतदेव) था। स्वयंभू की दो पत्नियाँ थीं–अमियम्बा (अमृताम्बा), आइच्चम्बा (आदित्याम्बा)। दोनों विदुषी थीं और स्वयंभू के साहित्यिक क्रिया-कलापों में सहयोग करती थीं। कवि के छोटे बेटे का नाम त्रिभुवन था, उसने स्वयंभू की अपूर्ण कृति में कुछ सन्धियाँ जोड़कर पूर्ण किया था। विद्वानों का अनुमान है कि स्वयंभू उत्तर भारत के मूल निवासी रहे होंगे जो बाद में कर्नाटक प्रदेश में बस गये थे। स्वयंभू ने अपनी रामायण में रविषेण का उल्लेख किया है जिसने 'पद्मचरित' की रचना 677-678 ई. में की थी। स्वयंभू के बाद 959-60 में पुष्पदन्त ने महापुराण की रचना की थी। पुष्पदन्त ने स्वयंभू का नामोल्लेख किया है। अत: स्वयंभू का रचनाकाल 677-960 ई. के बीच रहा होगा। स्वयंभू ने पउमचरिउ की रचना धनंजय के राज्याश्रय में की थी और 'रिट्ठणेमि चरिउ' की रचना धवलइया के आश्रय में हुई। इन सामन्तों के समय की कोई सूचना नहीं है। अत: मोटे तौर पर कहा जा सकता है कि स्वयंभू आठवीं दसवीं शताब्दी के बीच के कवि है। इनके दो प्रबन्धात्मक चरित काव्य उपलब्ध हैं। स्वयंभू को अपभ्रंश का वाल्मीकि कहा जा सकता है। अपभ्रंश को कुछ विद्वान पुरानी हिन्दी मानते हैं, उस दृष्टि से पउमचरिउ हिन्दी का प्रथम रामायण माना जा सकता है।

पउमचरिउ का वस्तु-विन्यास तथा रचनात्मक कौशल

आठवीं-दशवीं सदी के महाकवि स्वयंभू ने जैन परम्परा से प्राप्त रामकथा के अनुसार पउमचरिउ (पद्म चरित) की रचना की है। कवि ने अपने पूर्ववर्ती कवियों का उल्लेख किया है जिन्होंने रामकथा से सम्बन्धित काव्यों का सृजन किया था। पूर्व में रविषेण ने 'पद्मचरित' लिखा था। कीर्तिधर, भद्र, गोचंद, चतुर्मुख जिनके अपभ्रंश नाम दिए गये हैं–कित्तिहर, भद्द, गोइर, चउमुह, इन कवियों ने पौराणिक महाकाव्यों का लेखन किया था। चउमुह स्वयंभू के लिए विशेष प्रेरक थे। कवि ने रामकथा के लिए सरिता का रूपक प्रस्तुत किया है। रामकथा रूपी सरिता में अक्षर का मनोहर वास है, अलंकार तथा छन्द रूपी मत्स्य हैं। दीर्घ समासों का प्रवाह है। संस्कृत और प्राकृत उसके दो तट हैं। देशी भाषा से उसके दोनों तट उज्ज्वल हैं। (सन्धि-1, 2) भक्त कवि तुलसीदास ने रामकथा को मानस-सरोवर से निकलने वाली सरयू नामक सरिता का रूपक प्रदान किया है। तुलसी का रूपक-विधान स्वयंभू की तुलना में

अधिक विस्तृत है। स्वयंभू विनम्रता प्रदर्शन करते हुए निषेधात्मक शैली में यद्यपि अपने अज्ञान की चर्चा करते हैं किन्तु प्रकारान्तर से अपने ज्ञान को ही अंकित कर देते हैं। जैन चरित काव्यों में विनम्रता प्रदर्शन की यह परिपाटी रूढ़ि बन गयी थी, तुलसीदास को यह परम्परा सुलभ हो गयी थी। स्वयंभू लिखते हैं–

बुहयण सयम्भु पइ विण्णवइ। मइ सरिसउ अण्णु णाहि कुकइ।
वायरणु कयावि ण जाणियउ। णउ वित्ति-सुत्तु बक्खाणियउ।
णउ पच्चाहारहो तत्ति किय। णउ सन्धिहे उप्परि बुद्धि थिय।।
णउ णिसुअउ सत्त विहत्तिउ। छव्विहउ समास-पउत्तियउ।।
छक्कारय दस लयार ण सुय। वीसोवसग्ग पच्चय बहुय।।
ण बलाबल धाउ णिवाय-गुण। पाउ लिंगु उणाइ वक्कु वयणु।।
छुड्डु होन्तु सुहासिय-वयणाण। गामिल्ल भास-परिहरणाइ।
एहु सज्जण-लोयहो किउ विणय। जं अवुहु पदरिसिउ अप्पणउ।।
जइ एम विरूसइ को वि खलु। तहो हत्थुत्थल्लिउ छलु।।

बुधजनो! यह स्वयंभू कवि आप लोगों से निवेदन करता है कि मेरे समान कोई दूसरा कुकवि नहीं है। मैंने कभी भी व्याकरणों को नहीं जाना, न वृत्तियों तथा सूत्रों की व्याख्या की। प्रत्याहारों में भी मैंने सन्तोष प्राप्त नहीं किया। सन्धियों के ऊपर मेरी बुद्धि स्थिर नहीं रही, सात विभक्तियाँ नहीं सुनी, न छह प्रकार की समास प्रकृत्तियाँ, छह कारक, दस लकार ही जाना, बीस उपसर्ग तथा बहुत से प्रत्यय सुने ही नहीं, निपात लिंग, काव्य-वचन पाँच महाकाव्य नहीं सुना। पिंगलशास्त्र, दण्डी, भामह के अलंकार निरूपण को नहीं समझा फिर भी रड्डाबद्ध काव्य रचना कर रहा हूँ। संप्राप्त सामान्य भाषा में कोई आगम युक्ति को गढ़ता है। मैं ग्राम्य भाषा को नहीं छोड़ना चाहता, भले ही इसके लिए मेरी हँसी हो। इस पंक्ति का दूसरा अर्थ है–ग्राम्य भाषा के प्रयोगों से रहित मेरी भाषा सुभाषित हो। अपभ्रंश स्वयंभू के समय में देशी भाषा की प्रतिनिधि काव्यभाषा थी अत: देवेन्द्र कुमार जैन द्वारा सुझाया गया यह अर्थ ग्राह्य नहीं प्रतीत होता। (पउमचरिउ सन्धि-1, कड़वक-3) डॉ. नामवर सिंह का कथन इस सन्दर्भ में उल्लेखनीय है 'वह सामान्य भाषा को छोड़ने में असमर्थ है।' गामेल्लभास को त्यागकर कुछ आगम युक्ति गढ़ने में उसे उत्साह नहीं है। (हिन्दी के विकास में अपभ्रंश का योग, पृ. 183) स्वयंभू की विनम्रता में भी कवि का स्वाभिमान झलकता है। जिस सन्धि से वह मुख्य कथा का आरम्भ करता है वहाँ भी अनुदार, अहंकारी ज्ञानी पाठक पर व्यंग्य करते हुए कहता है 'भट्टारिक 'जिन'

को नमन करके मैं काव्य के ऊपर अपना मन कर रहा हूँ। शब्दार्थ समूह से अच्छी तरह परिचित संसार में जो सज्जन और पण्डित हैं, और जिनके चित्त का अनुरंजन व्यास भी नहीं कर पाते, क्या वे इस काव्य को मन से ग्रहण करेंगे? अथवा व्याकरण और आगम से हीन हम जैसे लोगों का (काव्य का) ग्राहक कौन हो सकता है? फिर कवियों के अनेक भेद हैं और हजारों सज्जनों द्वारा आदरणीय हैं। मैं कुछ भी नहीं जानता, मन से मूर्ख हूँ तो भी लोगों के सम्मुख अपनी बुद्धि को प्रकाशित करता हूँ। तीनों लोकों में जो प्रसिद्ध है, मैं उस राघव चरित का आरम्भ करता हूँ।' (पउमचरिउ सन्धि-23, कड़वक-1)

'पउमचरिउ' का सम्पूर्ण कथानक पाँच काण्डों में विभक्त है–विद्याधर काण्ड, अयोध्या काण्ड, सुन्दर काण्ड, युद्ध काण्ड, उत्तर काण्ड। मगध के राजा श्रेणिक के प्रश्नों के उत्तर में तीर्थंकर महावीर स्वामी ने रामकथा पर प्रकाश डाला है। उनके अनुसार भारत में दो वंश थे। प्रथम इक्ष्वाकु वंश और दूसरा विद्याधर वंश। पहले ऋषभ के जन्म उनके लालन-पालन, शिक्षा-दीक्षा, गृहस्थ जीवन, तपस्या, केवल ज्ञान की उत्पत्ति आदि का विस्तृत वर्णन किया गया है। ऋषभ के पुत्र भरत का अयोध्या में शासन होता है। चक्रवर्ती होने के बावजूद वह बाहुबली (अपने सगे भाई) को अधीनता मानने के लिए कहते हैं। दोनों में युद्ध होता है। विद्याधर काण्ड में विद्याधरों की उत्पत्ति, राक्षस वंश का विकास, विद्याधर के एक अन्य वर्ग वानर वंश की स्वतन्त्र पहचान आदि पर प्रकाश डाला गया है। रावण, विभीषण, हनुमान, सुग्रीव आदि मुख्य रूप से विद्याधर जाति के हैं। अयोध्याकाण्ड से राम की कथा आरम्भ होती है। चूँकि विद्याधरों का वर्णन पहले है अत: कथा को उसी क्रम में प्रारम्भ करने की आवश्यकता थी। विभीषण को सागर बुद्धि ने बताया कि राजा जनक की कन्या को लेकर वासुदेव, बलदेव द्वारा रावण मारा जायेगा। विभीषण दशरथ तथा जनक को मरवाने का असफल प्रयत्न करता है। जनक और दशरथ प्राण रक्षा के लिए कौतुक मंगल नगर चले गये थे। वहाँ के शुभमति की कन्या कैकेयी ने दशरथ का वरण किया। वहाँ हुए युद्ध में कैकेयी ने सारथी बनकर सहयोग किया। दशरथ ने उसे दो वर दिए। दशरथ के चार पुत्र हुए–अपराजिता से राम, सुमित्रा से लक्ष्मण, कैकेयी से भरत और सुप्रभा से शत्रुघ्न। जनक के सीता और भामण्डल दो सन्तानें हुई। भामण्डल को बचपन में पिंगलदेव उठा ले गया। जनक के राज्य पर शबर, पुलिंद और म्लेच्छों ने आक्रमण कर दिया। राम-लक्ष्मण ने उन्हें खदेड़ दिया। जनक ने ख़ुश होकर राम को जानकी अर्पित कर दी। विवाह के पूर्व नारद द्वारा दिखाए चित्र से आकर्षित होकर भामण्डल सीता के लिए व्यग्र

हो उठा। उसके पालक यक्ष ने जनक से सीता का विवाह भामण्डल से करने को कहा। एक शर्त रखी गयी। चन्द्रगति के नगर में वज्रावर्त तथा समुद्रावर्त दो धनुष थे, उन्हें जो चढ़ाने में समर्थ होगा, उसी से सीता का विवाह होगा। हजारों यक्ष धनुष नहीं चढ़ा सके। राम और लक्ष्मण ने एक-एक धनुष उठाकर उस पर प्रत्यंचा चढ़ा दी। राम-सीता का विवाह हो गया। शशिवर्धन नामक राजा ने आठ लड़कियों का विवाह लक्ष्मण से कर दिया और दस कन्याओं को भरत-शत्रुघ्न से व्याह दिया। एक दिन दशरथ ने बूढ़े कंचुकी को देखकर अपनी दुर्दशा पर विचार करके संन्यास का विचार किया। वियोग व्यथित भामण्डल को जब वास्ताविकता का ज्ञान हुआ तो उसे बहुत पश्चाताप हुआ। दशरथ ने राम को राज्य सिंहासन सौंपना चाहा, कैकेयी को अत्यन्त सन्ताप हो गया। उसने दशरथ से भरत के लिए राजगद्दी माँग ली। राम ने सहर्ष स्वीकार कर लिया। भरत दशरथ से पहले ही तपस्वी बनना चाहते थे किन्तु पिता के समझाने पर मान गये। कैकेयी ने राम के लिए वनवास की माँग नहीं की थी। राम का यह तर्क है कि जैसे सूर्य के रहते चन्द्रमा प्रकाशित नहीं होता, उसी तरह मेरे रहते भरत प्रकाशित नहीं होगा। कवि ने राम की माँ की पीड़ा का अत्यन्त मार्मिक चित्रण किया है। धनुष बाण हाथ में लेकर उन्नतमान के राम-लक्ष्मण उस रोते हुए राजभवन से ऐसे चले गये मानो उसके प्राण ही चले गये-

चाव सिलीमुह हत्थ वेवि समुण्णयमाणा।
तहो मन्दिरहो रूयन्तहो णाइ विणिग्गय पाणा।

(पउमचरिउ-सन्धि-23,12)

सीता भी राम के साथ चल पड़ीं जैसे हिमालय से गंगा, छन्द से गायत्री, शब्द से विभक्ति, सत्पुत्र से कीर्ति या अपने स्थान से चूककर अप्सरा ही निकल पड़ी। सीता देवी इस तरह निकल आयीं मानो वह राम के लिए दुख की उत्पत्ति और रावण के लिए वज्र थीं। (पउमचरिउ सन्धि-23, 6) पउमचरिउ की सीता को जाने के लिए कोई तर्क-वितर्क, कोई प्रयत्न नहीं करना पड़ा। वह स्वेच्छा से पति का साथ देने के लिए चल पड़ीं। कवि ने सुन्दर कल्पना द्वारा सीता के प्रस्थान तथा भावी घटना की सूचना दे दी है। घटना को सुनकर लक्ष्मण तमतमा उठे और घोर प्रतिवाद करने लगे और भरत से राज्य छीनकर राम को देने का संकल्प कर बैठे। राम ने उनकी शक्ति की सराहना करके शान्त किया और उन्हें भी सोलह वर्ष के लिए वनवास के लिए तैयार कर लिया।

पउमचरिउ में राम का वन गमन मार्ग वाल्मीकि की परम्परा से काफ़ी भिन्न है। स्वयंभू गंगा नदी का ज़िक्र करना ही भूल गये हैं। लक्ष्मण के जब शक्ति लगी थी तो हनुमानजी अयोध्या आये थे , उन्हें बीच में गंगा मिली थीं। पउमचरिउ के राम परात्पर ब्रह्म या विष्णु के अवतार नहीं हैं। उनकी गणना जैन परम्परा के अनुसार महापुरुषों में की जाती है।

स्वयंभू के राम विशेष उदासीन तपस्वी के रूप में वनगमन नहीं करते। उन्हें नगर में जाने तथा रहने में कोई परहेज नहीं रहता। मार्ग में अनेक नदियों को पार करते हुए तथा अनेक नगरों के राजाओं से युद्ध करते हुए अग्रसर होते हैं। अयोध्या नगरी को छोड़कर जब राम लक्ष्मण और सीता आगे बढ़े तो नगरी भ्रष्ट कुनारी की तरह नहीं सो रही थी, पक्षियों ने बन्दीजन की तरह मंगलगान किया। आगे जाने पर गंभीर नामकी महानदी मिली। नदी का स्वाभाविक वर्णन किया गया है। सीता को राम ने बायें कन्धे पर बिठाकर पार किया। ऐसा लग रहा था जैसे मानो लक्ष्मी कमल पर चढ़ गयी है, या राम सीता को रावण को दिखा रहे हैं। काव्य में रावण प्रतिनायक के रूप में सीता की कामना करेगा, उसका पूर्वाभास कवि ने करवा दिया है। अयोध्या में उन्मादग्रस्त लोग अपने हर क्रिया-कलाप में लक्ष्मण का ही स्मरण करते हैं। मार्ग में पड़ने वाले नगरों में दसपुर, यक्ष द्वारा निर्मित मायानगरी रामपुर, क्षेमंजली नगर, नन्दावर्त नगर, किष्किन्ध नगर, दण्डक नगर, लंका नगरी आदि का वर्णन उपलब्ध है। कवि नदी और सरोवरों के सौन्दर्य वर्णन में विशेष लगाव रखता है। प्रकृति चित्रण में मानवीय वृत्तियों तथा कार्य व्यापारों को उपमान के रूप में प्रयोग करके कवि ने नूतन कल्पनाशक्ति का परिचय दिया है। प्रकृति और जीवन का बिम्ब प्रतिबिम्ब भाव काव्य की मौलिक सर्जना का द्योतक है। दसपुर के उद्यान मुनिवरों की तरह अच्छे फल देने वाले थे। शालि उपवन सुभक्त की तरह प्रणाम कर रहे थे, मानों जिन भक्ति से भरे हुए श्रावक हों।

दसपुर के राजा सिंहोदर के क्रोध की प्रभावशाली व्यंजना की गयी है। वह प्रलयाग्नि की तरह धधक रहा था, शरीर रोमांच से कटीला हो गया था। सेना तैयार थी, होंठ चबा रहा था। क्षयकाल के शनिदेवता की तरह क्रुद्ध था। (पउमचरिउ-पच्चीसवीं सन्धि-2) स्वयंभू ने सेना के प्रस्थान, योद्धा की वीरता को कुशलता से अंकित करके युद्ध के सम्पूर्ण परिदृश्य को साकार कर दिया है। घोड़े, हाथी की सज्जा, प्रहार-प्रतिहार से अंग-भंग होते सैनिक, त्वरित शर-संधान करते योद्धा, मारो-मारो की ध्वनि से गुंजायमान युद्ध स्थल, ध्वस्त होती ध्वजाएँ, शान्त होती हुई

दुन्दुभियाँ, रक्त-रंजित देह वाले धराशायी वीर तत्कालीन युद्ध के स्वरूप को प्रत्यक्ष करते हैं। लक्ष्मण और सिंहोदर के युद्ध में भी रौद्र रस, वीर रस तथा वीभत्स रसों की व्यंजनाएँ हुई हैं। स्वयंभू समुद्र सरोवर तथा सरिता के बिम्ब-विधान में अत्यन्त कुशल हैं। सिंहोदर की सेना को लक्ष्मण ने प्रलय समुद्र के रूप में देखा–

अहि सोहोयरु संचल्लिउ। पल्लय समुद्द णाइँ उत्थलिउ।।
सेण्णावत्त निन्तु गज्जन्तउ। पहरण तोय-तुसार मुहन्तउ।।
तुंग-तुरंग-तरंग समाउलु। मन्त महागय-घड वेणाउलु।।
उब्भिय-धवल-छत्त-फेणुज्लु। धय-कल्लोल-चलन्त महाबलु
रिउ समुद्द जं दिट्ठु भयंकरु। लक्खणु ढुक्कु णाणं गिरिगन्धरु

युद्ध की सक्रियता को कहीं उत्प्रेक्षा के द्वारा, कहीं सन्देह, भ्रान्तिमान अलंकार के द्वारा निरूपित किया गया है। युद्ध के बाद बज्रकर्ण और सिंहोदर ने लक्ष्मण को तीन सौ कन्याएँ समर्पित कर दीं।

स्वयंभू ने नगर-वर्णन के लिए एकदम नयी प्रविधि का प्रयोग किया है। किसी नगर को स्त्री के रूप में अंकित करने का प्रयत्न प्राय: उपलब्ध नहीं होता है। नगर के लम्बे पथ नारी के पैर, फूल-वस्त्र अलंकार, खाई तरंगित त्रिवली, गोपुर स्तन के अग्रमाग, विशाल उद्यान रोमावली, पहाड़ और सरिताएँ नगरी रूपी नारी की फैली भुजायें, जल और फेनावली चूड़ियाँ और नाभि, सरोवर नेत्र, मेघ, काजल और इन्द्रधनुष भौंहें थीं। मानो वह नगरी रूपी नववधू चन्द्रमा का तिलक लगाकर दिनरूपी दर्पण में अपना देवकुल रूपी मुख देख रही थी। (पउमचरिउ-सन्धि-अट्ठाईस-5)

क्षेमंजली नगर के प्रतापी एवं प्रचंड अरिदमन नामक राजा का आलंकारिक वर्णन के पश्चात् उसकी जितपद्मा नाम की लड़की का उल्लेख किया गया है। उसने हजारों भटों को मौत के घाट उतार दिया है। लक्ष्मण ने अरिदमन से जितपद्मा को ग्रहण करने की अपनी योग्यता प्रमाणित करने के लिए परमवीरता का परिचय दिया। वह तीनों भुवनों में अजेय, अजर, अमर, तैतीस कोटि देवों के रण में अजेय है। लक्ष्मण ने अरिदमन की शक्तियों को दाहिने हाथ पर धारण कर लिया। पाँच शक्ति-आघात झेलने के बाद लक्ष्मण ने जब प्रहार करना चाहा तो जितपद्मा ने रोक दिया और उसे अपना पति मान लिया।

वंशस्थ नगर की दशा अन्य नगरों से भिन्न दिखायी दी। वहाँ विनाश की लीला स्पष्ट परिलक्षित थी। विशाल पर्वत से तूफान, धूलि और निर्वात आ रहे थे। सब कुछ नष्ट हो रहा था। सीता इस भयानक दृश्य से काँप गयीं। पत्थरों से आच्छन्न

पर्वत के प्राकृतिक दृश्य को कवि ने जीवों के रूप में अंकित किया है। वहाँ वटवृक्ष दिखायी दिया जहाँ आदिनाथ को केवल ज्ञान मिला था। इन्द्र वृक्ष के नीचे सम्भव जिन को, प्रियंगु वृक्ष के नीचे सुमति नाथ को, शाल वृक्ष के नीचे पद्मप्रभ को, इसी तरह अन्य वृक्षों के नीचे अन्य तीर्थंकारों को केवल ज्ञान हुआ था। वहाँ सर्पसमूह देखकर राम गरुड़ बनकर बैठ गये। राम के प्रताप से सर्पों का नाश हो गया। वहाँ मुनियों से प्रार्थना करके राम वीणा बजाने लगे, लक्ष्मण शास्त्रीय संगीत गाने लगे तथा सीता नृत्य करने लगीं। सूर्यास्त के बाद वहाँ घोर उपसर्ग (उपद्रव) होने लगा। राक्षस आकाश में दिखायी देने लगे। राक्षस भिन्न-भिन्न जानवरों की आवाज कर रहे थे, अत्यन्त भयावह दिखायी दे रहे थे। साधना रत मुनियों का ध्यान भग्न हो गया। राम-लक्ष्मण ने धनुष चलाकर राक्षसों को प्रणष्ट कर दिया। मुनियों को केवल ज्ञान हो गया। सुर और असुर दोनों मुनि वन्दना के लिए आ गये। इन्द्र ऐरावत हाथी पर चढ़कर आया। स्वयंभू ने ऐरावत हाथी का भी शोभन वर्णन किया है। ऐरावत के चौंसठ आँखें, बत्तीस मुख, प्रत्येक मुख में आठ-आठ दाँत, एक-एक सरोवर, प्रत्येक सरोवर में कमलिनी, प्रत्येक कमलिनी पर मृणाल सहित बत्तीस कमल, प्रत्येक कमल में बत्तीस पत्ते, प्रत्येक पत्ते पर अप्सराएँ नृत्य कर रहीं थीं। जम्बूद्वीप के बराबर प्रमाण वाला वह गज अपने स्थान से चल पड़ा। इतने विशाल ऐरावत का बिम्ब आश्चर्यजनक है। मुनियों ने उपसर्ग की कहानी को विस्तार से बताया और भिल्लराज, कर्षक के अगले जन्मों के कर्मों और उनके फल को प्रकाशित किया। उन्होंने मुनियों का अपमान करने के फल को विशेष रूप से उद्घाटित किया। कथा के बीच में जैनधर्म की मान्यताओं तथा आचरणों को भी उजागर किया। इस तरह के वर्णनों से कथानक का स्वाभाविक प्रवाह अवरुद्ध हो जाता है। कवि अपने रचनात्मक हेतु को सिद्ध करने के लिए जहाँ भी अवसर मिलता है, वहाँ वह चूकता नहीं है। राम कथा के माध्यम से उसे जैन धर्म को जनसाधारण में प्रचारित करना था, इसलिए उसे कथानक के ठहरने की चिन्ता नहीं है। राम स्वयं पुण्य-पाप, धर्म-अधर्म आदि अनेक प्रश्नों को मुनि कुलभूषण से पूछते हैं।

इसके बाद राम, लक्ष्मण और सीता का प्रवेश दण्डकवन में होता है। दण्डकवन की अटवी को कवि ने विलासिनी स्त्री की तरह देखा। वह अटवी कवि को वाद्य, गीत के साथ नर्तन करती दिखायी दी। गुप्त-सुगुप्त ऋषियों के प्रभाव तथा राम-सीता के सद्भाव से देवों ने राम के आश्रम में रत्नों की वृष्टि कर दी। राम ने मुनियों को आहार दान दिया। पक्षिराज जटायु को अपना पूर्व जन्म याद आ गया, अत: उसने उसका वर्णन आरम्भ कर दिया। दण्डक राजा तथा भट्टारक का वाद-विवाद, मुनि

के गले में सर्प डालना, दण्डक का जैन धर्म ग्रहण करना, रानी का विरोध एवं छल, दण्डक द्वारा मुनियों को बन्दी बनाना, दो मुनियों के क्रोध से नगर का भस्म होना, दण्डक और उसकी रानी को यम द्वारा नरक यातना देना आदि के रोचक वर्णन उपलब्ध होते हैं। वंशस्थल में लक्ष्मण ने सूर्यहास तलवार प्राप्त की और अनजाने में वंशस्थल पर चोट की, फलस्वरूप शम्बूक का सिर कट गया। लक्ष्मण अपने को इस अपराध के लिए धिक्कारते हैं। सीता को लक्ष्मण के द्वारा किये गये युद्धों से बड़ा दुख होता है। उन्हें युद्धों से विरक्ति का भाव जागृत हो जाता है। कवि स्वयंभू ने चन्द्रनखा के विलाप का हृदय द्रावक वर्णन किया है। चन्द्रनखा राम-लक्ष्मण को देखकर मोहित हो गयी और दोनों में से किसी एक को विवाह करने के लिए निवेदन किया। दोनों के अस्वीकार करने पर उसने अपने कपड़े तथा स्तन क्षत-विक्षत करके राम-लक्ष्मण पर बलात्कार के प्रयत्न का आरोप लगाया। उसने रोते-बिलखते खरदूषण से बताया। पुत्र शोक से खर दुखी हुआ, खर ने लक्ष्मण और राम के ऊपर आक्रमण कर दिया। कवि ने बड़े विस्तार से सेना की मुठभेड़ का वर्णन किया है। खरदूषण की वीरता के कारण युद्ध देर तक चला। सभी युद्धों में लक्ष्मण अकेले ही प्रवृत्त होते हैं। लड़ाई में त्रिशिरा भी शामिल था। वह विद्या (राक्षसी विद्या, के द्वारा युद्ध कर रहा था। दूषण का लेख पाकर रावण भी वहाँ आ गया। लक्ष्मण की वीरता देखकर रावण ने उनकी सराहना की। उसे सन्देह हुआ कि जो चौदह हजार सेना को नष्ट कर सकता है, वह मुझे भी नष्ट कर देगा। इसी बीच रावण ने सीता को देख लिया। सीता के अपूर्व सौन्दर्य को देखकर रावण को उन्माद हो गया। वह वियोग की दसों दशाओं से पीड़ित हुआ। उसने अवलोकिनी विद्या का आह्वान किया। अवलोकिनी ने राम लक्ष्मण की अजेयता का वर्णन किया और रावण को सजग किया। सीता को ग्रहण करने के दुष्परिणामों से भी रावण को अवगत कराया। यहाँ मारीचि की कोई सहायता नहीं ली गयी। अवलोकिनी विद्या ने सिंहनाद किया। राम लक्ष्मण को आहत समझकर सीता को छोड़कर दौड़ पड़े। राम को अनेक अपशकुन दिखायी दिए लेकिन उन्होंने सब की उपेक्षा कर दी। सीता का हरण हो गया। रावण पुष्पक विमान से क्रंदन करती हुई सीता को ले जा रहा था। पक्षिराज जटायु उससे भिड़ गया। जब वह आहत होकर गिर गया तब सीता ने देवताओं की ख़ूब भर्त्सना की। बीच में भमण्डल का अनुचर उससे भिड़ गया। इसके बाद राम की वियोग व्यथा का मार्मिक चित्रण है। चारण ऋद्धिधारी मुनियों ने राम के समक्ष स्त्रियों की घोर निन्दा की। जैन धर्म की साधना में स्त्री को बाधक माना गया है। राम पर मुनियों के वचनों का कोई प्रभाव नहीं पड़ा।

वियोग-व्यथित राम ने मुनियों को उत्तर देते हुए कहा कि गाँव-पत्तन, उद्यान, अश्व, गज, स्वर्ण भोग के लिए वसुंधरा, शोभा-सम्पत्ति आदि सब मिल सकते हैं किन्तु हृदय से वांछित सुन्दरमुखी यह स्त्री रत्न नहीं मिल सकती, जीवन को नश्वरता, दुखमयता पर विचार करते हुए भी दूसरे क्षण राम रोते हुए संज्ञा-शून्य हो गये। वे वनदेवी, हाथी, मृग, नील कमल अशोक सभी से सीता का पता पूछते हैं। राम के वियोग वर्णन से आगे बढ़ते हुए कवि कहता है–अब उस राघव चरित को सुनो जो दशरथ के तप का कारण, सबका उद्धारक वज्रकर्ण के सम्यकत्व से पूर्ण, जिनवर के कीर्तन से शोभित और सीता के सतीत्व से पूर्ण है–

दसरह-तव-कारण सब्बुद्धारणु वज्जयण्ण सम्मय भरिउ।
जिणवर-गुण-कित्तणु सीय सइत्तणु ते णिसुणहु राहव चरिउ।।

(पउमचरिउ-सन्धि-40,1)

खरदूषण तथा लक्ष्मण के युद्ध काल में ही विराघित विद्याधर लक्ष्मण की शरण में आता है। खर-दूषण को मारकर लक्ष्मण ने जब राम को देखा तो वे वियोग से बेहाल थे। लक्ष्मण भी अति दुखी हो गये। उन्हें लगा कि राम मर जायेंगे। विराधित के तमलंकार नगर प्रस्थान को समुद्र के रूपक से बिम्बित किया गया है। राम ने जिन मन्दिर में अपभ्रंश भाषा में हजारों श्लोकों से स्तुति की। चन्द्रनखा की शिकायत पर रावण जीवन के बाद मृत्यु की अनिवार्यता बताकर उसे शान्त करता है, सीता को लेकर दुखी रावण को मन्दोदरी समझाती है, परन्तु वह सीता मोह त्याग नहीं पाता। मन्दोदरी सीता के सौन्दर्य से प्रभावित होकर उसे अद्भुत नारी का अवतार मानती है। वह सीता के मन में मारे जाने का भय पैदा करती है। सीता स्वयं मरने को तैयार है, क्योंकि दुष्ट रावण से वह मुक्त होना चाहती है। रावण सीता को अपनी ऋद्धि, वैभव, पराक्रम दिखाता है, विमान पर नगर भ्रमण कराता है किन्तु सीता निरन्तर उसकी अवहेलना तथा भर्त्सना ही करती हैं।

किष्किंधपुर का राजा सुग्रीव सहस्त्रगति द्वारा प्रताडित था। उसने माया सुग्रीव बनकर उस पर आक्रमण करके उसे राज्य-भ्रष्ट कर दिया था। खर-दूषण की सेना को मृत देखकर उसे पता चला कि राम-लक्ष्मण ने खर-दूषण को मार दिया है। उसे सम्पूर्ण घटनाओं का जब ज्ञान हुआ तो वह राम-लक्ष्मण की शरण में आ गया। हनुमान को सम्पूर्ण स्थितियों तथा घटनाओं से जब परिचित कराया गया तो वह अनैतिक रिश्तेदारों का साथ छोड़कर राम-लक्ष्मण के पक्ष में आ गये। स्वयंभू ने किष्किन्ध नगर को भी सरोवर के बिम्ब से चित्रित किया है। श्लेष अलंकार का

सुन्दर प्रयोग करते हुए वह अपना काव्य-कौशल प्रदर्शित करते हैं। लक्ष्मण ने माया सुग्रीव को युद्ध में मार दिया। सुग्रीव ने इसके पूर्व ही सीता की खोज का वादा किया था। राज्य पाने के बाद सुग्रीव ने सात दिनों तक कोई खोज-खबर नहीं ली तो लक्ष्मण ने उसके पास जाकर चेतावनी दी। स्वयंभू 'लक्खण' शब्द को लेकर सुग्रीव के सन्देह को काव्य और छन्दशास्त्र से जोड़कर अपनी काव्य-कला का प्रदर्शन करते हैं। सुकेशी विद्याधर ने सीता का पूरा पता बता दिया। सभी विद्याधर रावण से युद्ध न करने की सलाह देते हैं, जाम्बवान लंका की स्थिति, रावण की वीरता को उजागर करते हुए अपनी तेरह सुन्दर कन्याओं के साथ राम को विवाह करने की सलाह दी। राम ने सीता की तुलना में रम्भा और तिलोत्तमा को भी नगण्य माना। जाम्बवान और सुग्रीव भी रावण के साथ राम की बराबरी नहीं समझ पा रहे थे। उन्हें दोनों में ऐरावत-हिरन, कुलपावक-पाहन, समुद्र-सरोवर, गरुड़-साँप, विद्याधर-मनुष्य के अन्तर दीख रहे थे। सुग्रीव के आगे अपनी महावीरता का साक्ष्य प्रस्तुत करते हुए राम-लक्ष्मण ने कोटिशिला को संचालित कर दिया। शिला के चलित होने पर रावण का जीवन भी डोल उठा। जाम्बवान ने सम्पूर्ण घटनाओं को हनुमान को बताया तथा उन्हें अपने पक्ष में किया। खर-दूषण एवं शम्बूक के मारे जाने तथा चन्द्रनखा के अपमान से उन्हें जो क्रोध हुआ था, वह शान्त हुआ। हनुमान हनुद्वीप के श्रीनगर में रहते थे। यह नगर स्वर्ग का खण्ड प्रतीत होता था। विविध वृक्षों से युक्त उद्यानों से सुशोभित था। हनुमान की दो पत्नियों में से एक खर की लड़की और शम्बूक की बहन अनंगकुसुम, दूसरी सुग्रीव की लड़की अंगद की बहन पुष्परागा है। खर की मृत्यु की सूचना से अनंग कुसुम पीड़ा से मूर्छित हो गयी किन्तु सुग्रीव की विजय से पुष्परागा हर्षित हो गयी। जब हनुमान किष्किन्ध नगर में आये तो नगर की विशेष साज-सज्जा की गयी और हनुमान के स्वागत में बाज़ार सज़ाए गये। राम ने हनुमान को बड़े आदर से अपने आधे आसन पर बैठाया। पवनपुत्र के मिलने से उन्हें त्रिलोक ही मिल गया। जब हनुमान से सीता की खोज के लिए कहा गया तो उन्होंने कहा कि मैं रावण को यमपुरी भेज कर सीता को तुम्हारी हथेली पर रख दूंगा।' राम की अंगूठी लेकर हनुमान लंका गये। हनुमान नागपाश में बँधकर जब रावण के सामने प्रस्तुत हुए तो उसने अपना पक्ष छोड़कर राम वनवासी के साथ जाने के लिए धिक्कारा, हनुमान ने उसे जैन धर्म. का विस्तृत उपदेश दिया। परस्त्री गमन का महापाप और नरक यातना का भय प्रकट किया। रावण थोड़ा विचलित तो हुआ परन्तु रूप-लिप्सा के कारण वह सीता को लौटाने के लिए राजी नहीं हुआ। अन्ततः वह लक्ष्मण के

द्वारा मारा गया। अयोध्या पहुँचकर राम ने सीता की अग्नि परीक्षा ली। लक्ष्मण मरकर नरक चले जाते हैं और राम, सीता जैन शासन स्वीकार करके मुक्त हो जाते हैं।

पउमचरिउ एक तरह का यात्रा-वृत्तान्त लगता है। कवि ने युद्ध के प्रसंग में रोद्र रस, वीर रस तथा वीभत्स रस की व्यंजना की है। शृंगार रस के संयोग पक्ष की अपेक्षा वियोग वर्णन का अवसर अधिक उपलब्ध है। नायिकाओं में पूर्वराग के बाद या प्रत्यक्ष दर्शन जनित वियोग व्यथा का चित्रण अनेक स्थलों पर है। राम-लक्ष्मण तथा सीता के चले जाने पर कल्याणमाला मूर्छित हो जाती है। उसका यह वियोग सद्पुरूषों के सत्संग जनित प्रेम के कारण है। महीधर की पुत्री वनमाला का विवाह लक्ष्मण के साथ निश्चित था किन्तु उनके वनवास के कारण उसमें बाधा आ गयी थी। भरत के द्वारा प्रेषित पत्र से उसका पिता दुखी हो गया। वनमाला इस सूचना से विसूरने लगी। वह महानदी की तरह दुख से भर गयी। सिर में पसीना आ गया। मन धुक-धुक करने लगा। देह जलने लगी। वियोग के इसी क्षण में लक्ष्मण के उपवन में होने की सूचना मिल गयी। वह लक्षम्ण से न मिल पाने के कारण इतनी आकुल-व्याकुल हुई कि आत्महत्या का निर्णय कर लिया। जैसे ही उसने गले में फन्दा लगाया बड़े नाटकीय ढंग से लक्ष्मण ने उसका आलिंगन कर लिया। वियोग और संयोग दोनों भावों का ऐसा वर्णन निश्चित ही रोचक है। सीता ने हनुमान को दिए गये अपने सन्देश में वियोग जनित दुर्बलता का वर्णन संक्षिप्त किन्तु व्यापक अर्थ-व्यंजना के साथ किया है–

बल तुज्झ विओएं जणय-सुय थिय लीह विसेस ण कहवि मुअ।
झीण मयंक-लेह गह गहिय व। झीण सुरिन्द-रिद्धि तव रहिय व।
झीण कुदेस-मज्झे वासणिव। झीणाबुह-मुहे सुकइ सुवाणि व।
झीण दिवायर दंसणे रत्ति व। झीण कु-जणवए जिणवर भत्ति व।
झीण दुभिक्खे अत्थ सम्पत्ति व। झीण बुढत्तण वल सत्ति व।
झीण चरित विहूणहो कित्तिव। झीण कु-कुलहर कुलबहू व।

राम के वियोग में सीता रेखभर रह गयी हैं। क्षीणता के जितने कारण हो सकते हैं वे सभी उपस्थित हैं। राहुग्रस्त चन्द्रमा, तप से हीन इन्द्र, कुदेश में निवास, मूर्ख के मुँह में कवि की वाणी, सूर्यदर्शन के पश्चात् रात्रि, कुजनपद में जिनभक्ति, दुर्भिक्ष में अर्थ सम्पदा, चरित्रहीन की कीर्ति, खोटे (दुष्ट परिवार) घर में कुलवधू जैसे क्षीण होती है, सीता उसी तरह क्षीण हो रही हैं। पुत्र वियोग में नारी (माँ) की व्यथा का स्वयंभू मार्मिक ढंग से अभिव्यंजित करते हैं। राम अपनी माँ से विदा लेने गये हैं। माँ

ने राम की स्थिति का विपर्यय देखा। राम ने जब बताया कि राज्य भरत को दे दिया गया। अपराजिता इस पीड़ा को सह न सकीं, वह तुरन्त संज्ञाहीन होकर गिर पड़ी। दण्डाहत नागिन की तरह म्लान उसकी आँखे नीली और आँसुओं से डबडबायी थीं। राम के सुख, वैभव तथा क्रियाकलापों को एक-एक करके बयान करते हुए वह करुण-क्रन्दन करने लगीं। फिर तो पूरा अन्त:पुर ही दहाड़ मारकर रोने लगा। (पउमचरिउ-सन्धि-23, कड़वक-3, 4) स्वयंभू ने चन्द्रनखा के चरित्र के कई आयामों में मातृत्व के सकारात्मक पक्ष को निरूपित किया है। उसका पुत्र शम्बूक सूर्यहास तलवार के लिए तप कर रहा था। बारह वर्ष बीत चुके थे। चार दिन और भी व्यतीत हुआ था। दूसरे दिन तलवार आकाश से गिरकर उसके बेटे के पास आ जाती वह प्रसन्नता से गद्-गद थी। बेटे का तप फलित होने वाला था। इसी बीच वह जब उसके पास गयी तो कुमार का मुकुट-कुण्डल सहित कटा सिर दिखायी दिया। रोती हुई वह मूर्छित हो गयी। दोनों हाथों से सिर और छाती पीटने लगी। उसका रुदन मातृत्व की ऐसी चीत्कार है जो हृदय को दहला देता है। लड़का प्रौढ़ है फिर भी माँ एक विक्षिप्त की तरह उसके आरम्भिक शिशुवत आचरण की इच्छा व्यक्त करती है।

मृत बालक को गोद में चढ़ने, मुख से मुख लगाने, स्तनपान करने तथा आलिंगन करने के लिए कहती है। (पउमचरिउ-सन्धि-36, 7-8) वह साधारण स्त्री नहीं है, रावण की बहन, खर की पत्नी तथा स्वयं शक्तिमती है। उसने अतिशय क्रोध से पुत्र के हत्यारे के जीवन हरण का संकल्प कर लिया। राम-लक्ष्मण को देखकर पुत्र-वियोग की पीड़ा चली गयी, वह कामासक्त होकर दोनों में किसी एक से विवाह की कामना करने लगी। वह सुर-सुन्दरी के नये रूप में प्रकट हुई। उस सच्ची निशाचरी के लिए मुक्त भोग की कामना ही प्रबल थी, विवाह तो बहाना था। त्रिया-चरित की वास्ताविक तस्वीर चन्द्रनखा में दिखायी देती है। वह अत्यन्त रौद्ररूप धारण करके अपनी छाती को विदीर्ण करके राम-लक्ष्मण पर बलात्कार का प्रयत्न करने का आरोप लगा देती है। (सन्धि-37, 2, 3)

पुरुष पात्रों में भी रूप दर्शन, सौन्दर्य मूलक गुण श्रवण से उत्पन्न काम के आवेग का अत्यन्त उद्दीप्त चित्रण स्वयंभू ने किया है। सीता के चित्रदर्शन से भामण्डल कामासक्त हो जाता है। कवि शास्त्रीयता का निर्वाह करते हुए दसों दशाओं को क्रमश: त्वरित गति से दिखाता चला जाता है। प्रथम में चिन्ता, द्वितीय में मुख देखने की अभिलाषा, तीसरे में लम्बी साँसें, चौथी में ज्वर, पाँचवीं में जलन, छठीं में स्वादहीनता, सातवीं में भोजन की अनिच्छा, आठवीं में संचालन तथा जम्हाई लेना बन्द, नवीं में प्राणों के बचने का संदेह, दशवीं में मृत्यु जैसी स्थिति। (सन्धि-

21, 10) राम का वियोग वर्णन संक्षिप्त किन्तु अत्यधिक मार्मिक है। उनके अन्तर्मन की पीड़ा और सीता के प्रति अत्यन्त आसक्ति को व्यंजित करने के लिए कवि ने वन की छवि को विपरीत प्रदर्शित किया है। मृत जटायु को देखकर उनका साहस टूट गया, वे हाथ ऊपर उठाकर डाढ़ मारकर विलाप करने लगे। मुनियों ने राम को स्त्री निन्दा करके बहुत समझाया परन्तु वह विट की तरह कामातुर होकर 'हा सीता' कहते हुए घूमने लगे। पशुओं, पक्षियों को देखकर उन्हें सीता के अंगों के सौन्दर्य का स्मरण हो आता है। गज की गति वाली सीता को गज ने देखा होगा। नीलकमल में वह अपनी पत्नी की आँख देखते हैं, अशोक वृक्ष को हिलता देखकर वह समझते हैं कि सीता के कर-पल्लव हिल रहे हैं। हनुमान ने सीता को राम की वियोग व्यथित दशा वर्णन करते हुए कहा है कि राम जीवित है, पर रेखा की तरह अवशिष्ट है, तपस्वी की तरह उनके अंग सूख गये हैं, कृष्णपक्ष की चन्द्रमा की तरह क्षीण, दसमी के चन्द्र की तरह दुर्बल और अशक्त हैं। (पउमचरिउ-सन्धि-50, 2) रावण सीता के विरह में विचित्र दशा को प्राप्त हो गया है। जुआरी की तरह वह गिरता पड़ता कभी अपना सिर घुनने लगता, कभी हाथ मरोड़ता, कभी अंग-अंग झुकाकर काँप उठता। कभी काम के स्वर में बोल उठता, बार-बार मूर्छित होकर वह मरण दशा को पहुँच गया। (पउमचरिउ-सन्धि-42, 10) स्वयंभू ने विरह-वर्णन को केवल स्त्रियों के ही पक्ष में नहीं रखा है बल्कि पुरुषों को भी सम्मिलित किया है।

जीवन में ऐसे अवसर भी आते हैं जब सुख-दुख एक साथ भोगने पड़ते हैं। लक्ष्मण ने खर दूषण को युद्ध में मार दिया। खर तथा चन्द्रनखा के बेटे शम्बूक की भी अनजाने में हत्या कर दी। चन्द्रनखा ने अपने साथ बलात्कार के प्रयत्न की भी सूचना दी। हनुमान जी की पत्नी अनंग कुसुम पिता तथा भाई की मृत्यु से अति दुखी हुई। कवि ने शोक की अभिव्यंजना बड़ी स्वाभाविक रीति से की है। प्राण छोड़ने वाले व्यक्ति के गुणों का स्मरण करके उसके प्रियजन विलाप करते हैं। अनंग कुसुम उसी प्रकार से विलाप करते हुए कहती है 'हे तात, तुम्हें किसने मार दिया। विद्याधर होकर भी तुम्हारा घात हो गया। हनुमान की दूसरी पत्नी को ठीक उसी समय सुग्रीव के राज्य-प्राप्ति की खबर मिली थी। दोनों महिलाओं के सुख-दुख को स्वयंभू एक साथ चित्रित करते हैं।

एक्कहे णं बज्जासणि पडिय। अण्णेक्कहँ रोमावली चडिय।
एक्कहे मण णाइँ पलेवणउ। अण्णेक्कहुँ पुणु बद्धावणउ।।
एक्केहे सरीरु णिच्चेणउ। अण्णेक्कहे ववगय-वेयणउ
एक्कहे हियवउ पलु पलु ल्हसिउ। अण्णेक्कहे पत्नु पलु ओससिउ।।

एक के ऊपर मानो वज्र गिर पड़ा, दूसरी पुलकित हो गयी। एक के मन में प्रलाप उठा तो दूसरी के मन में बधाई की बात आयी। एक का शरीर निश्चेतन हो गया तो दूसरे की समस्त वेदना चली गयी (पउमचरिउ-सन्धि-50, 11) हनुमान का आधा भाग आँसुओं से आर्द्र हो रहा था, आधा भाग हर्ष से पुलकित। पत्नियाँ अर्धांगिंनी कही जाती हैं, दो पत्नियाँ अलग-अलग मानसिकता से गुज़र रही हैं। पति के रूप में हनुमान की अन्तर्दशा का चित्रण अनुभाव के माध्यम से करने की चेष्टा की गयी है।

राम-लक्ष्मण का युद्ध होने वाला है। दोनों ओर के योद्धा तैयार होकर जा रहे हैं। कवि ने योद्धाओं की पत्नियों की मन: स्थिति की विविधताओं को अंकित किया है। सभी स्त्रियों की सोच समान नहीं होती है। कोई अपने पति को युद्ध में सहर्ष जाने की अनुमति देती है, उसे सज़ाकर भेजती है और हाथियों की झालर में लगे मोतियों को पाने की इच्छा रखती है। कोई स्त्री अनिश्चित भविष्य से भयभीत विदा के समय ही रात्रि सुख पाने की तैयारी करने लगती है। कोई रणवधू से ईर्ष्या करती हुई मरणव्रत की माँग करती है। कोई स्पष्ट कहती है कि तुम्हारे मरने पर मैं जीवित नहीं रह पाऊँगी। (पउमचरिउ-सन्धि-59, 3) युद्ध में वीर मारे जाते हैं किन्तु जीवन पर्यन्त युद्ध के दुष्परिणामों को स्त्रियों को ही भोगना पड़ता है। स्वयंभू जैसे विरले कवि हैं जिन्होंने योद्धाओं की पत्नियों की भावनाओं को समझने का प्रयास किया है।

कवि ने स्वामिभक्ति के भी कई दृश्य प्रस्तुत किये हैं। एक सैनिक अपनी पत्नी से कहता है कि तुमने रावण द्वारा दिए गये स्वर्ण उच्च आसन, मत्तगजों के कंधे पर चढ़ने का अवसर, मूल्यवान वस्त्र, अपने हाथ से फूल-पान (सम्मान) को भुला दिया। वीर कहता है कि उसके उपकार का प्रतिदान युद्ध में चुकाऊँगा। (सन्धि-62, 5) स्वयंभू ने राम-रावण के युद्ध की भयंकरता, विराटता का जीवन्त एवं बिम्बात्मक वर्णन किया है। ध्वनि के बिम्बों के सहारे युद्ध पूर्णत: प्रत्यक्ष हो जाता है। आपातस्थिति में महिलाओं की दुर्दशा के साथ रावण की वीरता पर सन्देह पैदा करने वाली स्थिति लक्ष्मण ने पैदा कर दी है। एक स्त्री जिसके वस्त्र ढीले-ढाले हैं, बाल बिखरे हैं, आँखे गीली हैं। दोनों हाथों से मुख ढककर अपने प्रिय के सम्मुख रो रही है और रावण के द्वारा की गई पूर्व साहसिक उपलब्धियों पर सन्देह व्यक्त कर रही है। उसे आश्चर्य है कि वही रावण आज भी मौजूद है या कोई दूसरा रावण है। रावण के अन्त:पुर में व्याप्त भय और भगदड़ को कवि ने बड़े मार्मिक ढंग से चित्रित किया है। स्त्रियों की घबराहट, उनके नख-शिख, रूप सौन्दर्य की अपूर्व छवि अंकित करते हुए कोमल नारी के ऊपर पड़ने वाले युद्ध के प्रभाव को व्यंजित

करने की चेष्टा की गयी है। अन्त:पुर से कोई अंगना ऐसे निकल रही है जैसे श्रेष्ठ लता उद्यान से अलग की जा रही है, उसके श्याम शरीर पर बिखरा हार ऐसा लगता था जैसे पावस ऋतु में बगले की पंक्तियाँ बिखरी हों। किसी के नूपुर की चमक ऐसी थी जैसे सरोवर की शोभा कमलों पर फिसल पड़ी हो। कोई अपने स्तन युगल का भार वहन करती हुई ऐसे जा रही थी मानो सौन्दर्य के प्रवाह में तिर रही थी, कोई अपने कर कमल पीटती जा रही थी। युद्ध के भयंकर प्रसंगों के बीच कवि कुछ ऐसी अवान्तर कथाएँ प्रस्तुत कर देता है कि पाठक कुछ क्षणों के लिए रौद्र, वीर एवं बीभत्स रसों से बाहर शृंगार रस में अवगाहन करने लगता है। युद्ध काण्ड में पुंडरीकिणी नगर की अनंगसरा का वर्णन इसी प्रकार है। अनंगसरा ने तप करके मरण को प्राप्त किया, एक विद्याधर ने उसका अपहरण कर लिया था, वही तप करके लक्ष्मण हुआ। यही अनंगसरा दूसरे जन्म में विशल्या नामक कन्या हुई। इसी के स्नान-जल से लक्ष्मण की शक्ति शरीर से निकल कर बाहर हो गयी। लक्ष्मण और विशल्या का विवाह हो गया। पउमचरिउ में हनुमान जी किसी तरह की संजीवनी नहीं लाते हैं। एक तपस्विनी नारी का देह-जल ही संजीवनी का काम करता है। शक्ति के हटने का प्रसंग जितना रोचक है, उससे कई गुना हृदय विदारक है लक्ष्मण का शक्ति से मरणासन्न होना। शक्ति लगने से राम, सीता, भरत, राम और लक्ष्मण की माताएँ विलख-विलखकर रोती हैं। स्वयंभू ने भरत को लक्ष्मण को बचाने का श्रेय दिया। वह समाचार सुनकर अपनी सेना सज़ाकर आक्रमण के लिए निकलने को तैयार हो रहे थे तभी भाममण्डल ने उन्हें रोक दिया और विशल्या के स्नान जल की व्यवस्था करने को कहा। विशल्या द्रोण घन की पुत्री थी जो कैकेयी का भाई था, कैकेयी ने स्वयं उससे निवेदन किया कि विशल्या को वह तुरन्त भेज दे। यहाँ कवि ने कैकेयी को भी उपकार करने का अवसर प्रदान कर दिया है।

लक्ष्मण को शक्ति लगने की घटना रामायण की अतिशय मार्मिक घटना है। स्वयंभू ने इस मार्मिक प्रसंग को बहुत विस्तार दिया है तथा परिवार के लोगों को अपने शोक के प्रभाव-क्षेत्र में लाकर भारत के आदर्श संयुक्त परिवार की छवि अंकित की है। लक्ष्मण ही रावण का संहार करेंगे ऐसा मुनि की भविष्यवाणी थी। शक्ति लगने के बाद ऐसा लग रहा था कि लक्ष्मण का जीवित रहना ही सम्भव नहीं है तो मुनि की भविष्यवाणी गलत हो जायेगी। राम ने भी कई बार यही कहा है, सीता को लक्ष्मण पर ही भरोसा था। हनुमान को सन्देश देते समय उन्होंने यही कहलवाया था कि लक्ष्मण तुम्हारे ही हाथों रावण मारा जायेगा। इस महायुद्ध में लक्ष्मण ही एक तरह से महानायक हैं, युद्ध के मैदान से उनका हट जाना पराजय का कारण बनता

अत्यन्त दुखी विलाप करते हुए राम क्षयकाल की इच्छा करने लगते हैं, कालकूट विषपान कर लेना ही उचित मानते हैं। यम की दाढ़ में समा जाने की कामना करते हैं। वह बड़वानल वज्रपात, हाथी दाँत के नोकों से मरने को उद्यत दिखायी देते हैं। इस दुखद समाचार से तो सीता मूर्छित होकर गिर गयीं। जागृत होने पर उन्हे रावण का भय व्यथित करने लगा। वह अपने को दुनिया की सबसे बड़ी अभागिनी स्त्री मानती हैं। (सन्धि-67, 8-9) व्यक्तियों के अलावा प्रकृति भी लक्ष्मण की दुर्दशा से पीड़ित दिखायी गयी है। कवि कहता है कि लक्ष्मण के वियोग से दुखी सूर्य धीरे-धीरे अस्त हो गया। दुख की रात कितनी डरावनी होती है कवि ने लिखा है–

दिणयरें णह-कुसुमें व्व गलीणए। दिणे णिसि वइरिए व्व बोलीणए।
संज्झा रक्खसि व्व अल्लीणए। तमे मसि सज्जए व्व विक्खिण्णए।
कञ्चुव सयणें व सोआउण्णए। चक्क जुवले मिहुण व्व परुण्णए।

जब आकाश कुसुम के समान सूर्य का अस्त हो गया और रात्रि रूपी दुष्टा दिन का अतिक्रमण कर गयी, सन्ध्या रूपी निशाचरी सब ओर फैल गयी। अन्धकार स्याही के समूह की तरह बिखर गया। कंचुकी और स्वजन आकुल हो गये। चक्रवाक पक्षियों का जोड़ा रो रहा था। (सन्धि-67, 2) स्वयंभू रोदन का सामूहिक वर्णन न करके एक-एक वीर का नाम लेकर बताते हैं कि भाममण्डल, हनुमान, अंगद, सुसेन, गवय, गवाक्ष सभी रोये।

निराशा के गहन अन्धकार को विदीर्ण करने का कार्य विशल्पा ने किया। पूर्व जन्म की तपस्या का ही प्रति फल था कि वह इस जन्म में अमृत बन गयी। विशल्या का स्नान जल संजीवनी-गंध-जल बन गया। उससे लक्ष्मण को लगी शक्ति तो निकलकर भागी ही, उस जल का लेप राम तथा अन्य सैनिकों को भी किया गया अत: सभी जीवित हो उठे। भागती हुई ज्वलन्त शक्ति को हनुमान ने जब पकड़ लिया तो उसने कहा कि मैं विशल्या के तेज से जल रही हूँ, मुझे छोड़ दो। तप से प्राप्त शक्ति को जैन रामकथा परम्परा में तपोबल से प्राप्त वास्ताविक नारी शक्ति से सम्मानित दिखाया गया है।

'पउमचरिउ' की कथा में परम्परागत स्वरूप में कई भिन्नताएँ हैं। इसमें रावण के दस सिर नहीं हैं वह ऐसी मणियों की माला पहनता है जिससे दस सिर प्रतिबिम्बित होते हैं। वह महाराक्षस नामक प्रतापी राजा की वंश परम्परा में है, इसीलिए राक्षस कहा जाता है। वह बहुत बड़ा वीर तथा जैन धर्म का अनुयायी है। युद्ध के समय उसने लंका में बने भव्य पार्श्वनाथ मन्दिर में उपासना की थी। उसके चरित्र में

उज्ज्वलता है, केवल एक अपराध पर स्त्री अपरहण के कारण वह युद्ध में मारा गया। हनुमान जी की दो पत्नियाँ हैं, वह हनुद्वीप के श्रीनगर के निवासी हैं। सुग्रीव, हनुमान आदि कपि ध्वजी वंश के हैं वानर नहीं हैं। हनुमान चन्द्रनखा के पक्ष से रावण के करीबी रिश्तेदार हैं। चन्द्रनखा और रावण के अनैतिक आचरण से रुष्ट होकर वह राम के साथी बने हैं। इस काव्य में सीता जनक की औरस पुत्री हैं। उनके भामण्डल नामका एक भाई भी है। विभीषण रावण का सच्चा हित चिन्तक है। रावण के प्रति उसका आद्यन्त प्रेमभाव है। सीता को लंका के विनाश का कारण मानकर वह रावण को बार-बार समझाता है, लेकिन रावण उसकी उपेक्षा करता है। पउमचरिउ के सभी पात्र जिनभक्त हैं। राम लक्ष्मण से इतना अधिक प्रेम करते हैं कि लक्ष्मण के मरने के बाद विक्षिप्त की तरह उनकी लाश लिए हुए घूमते हैं। उसका दाह-संस्कार बहुत समझाने बुझाने पर करते हैं। वह सीता से अतिशय प्रेम करते हैं लेकिन अन्त में सीता के प्रति उनका व्यवहार बड़ा क्रूर हो जाता है। सीता राम को निर्दोष मानते हुए अन्त में तपस्विनी साध्वी बन जाती है और तप के द्वारा अगले जीवन में स्त्रीत्व का त्याग करने का उपक्रम करती हैं। राम भी जैन-साधना के द्वारा मुक्त हो जाते हैं। लक्ष्मण को हिंसा के कारण नरक में जाना पड़ता है। स्त्री अपहरण के पाप के कारण रावण को भी नरक-यातना सहनी पड़ती है। कृति में जैनधर्म के आदर्शों, अहिंसा, व्रत, उपवास, पुनर्जन्म, कर्म-फल आदि पर रोचक प्रकाश डाला गया है। कथा की प्रस्तुति में पौराणिक शैली का पर्याप्त प्रभाव है। मुख्य कथानक के बीच-बीच में प्रासंगिक कथाओं को नियोजित किया गया है। कवि के उपदेश में नीरसता नहीं है बल्कि रस का प्रवाह है, अलंकारों की मोहक छटा है। कल्पना का सौन्दर्य है। प्रकृति चित्रण में मानवीय छवि नारी के सुन्दर अंगों तथा भावों का बिम्ब-प्रतिबिम्ब दृश्य उपस्थित किया गया है। कुल मिलाकर 'पउमचरिउ' अपभ्रंश का उत्कृष्ट महाकाव्य है। यदि अपभ्रंश को पुरानी हिन्दी माना जाये तो यह हिन्दी का प्रथम रामायण है।

अपभ्रंश महाकवि स्वयंभू के राम और लक्ष्मण

स्वयंभू ने जैन परम्परा के अनुसार अपभ्रंश भाषा में पउमचरिउ (पद्म चरित) की रचना की। स्वयंभू के समय में अपभ्रंश देशी भाषा थी। अत: जनसाधारण के बीच रामकथा के माध्यम से जैन धर्म की प्रमुख मान्यताओं को प्रचारित-प्रसारित करने के लिए उन्होंने अपनी उत्कृष्ट काव्य-प्रतिभा के द्वारा 'पउमचरिउ' नामक महाकाव्य का सृजन किया। जैन परम्परा में राम और लक्ष्मण को क्रमश: बलदेव और वासुदेव

माना गया है। रावण प्रति वासुदेव है। प्रत्येक काल में बलदेव, वासुदेव और प्रति वासुदेव का जन्म होता है। राम आठवें बलदेव, लक्ष्मण आठवें वासुदेव और रावण आठवें प्रतिवासुदेव हैं। इन महापुरुषों में अतिशय बल होता है। बलदेव के रूप में महान पुण्यात्मा का जन्म होता है। अयोध्या नरेश दशरथ के प्राकृतिक तरीके से चार पुत्र हुए। बड़ी रानी अपराजिता से राम, सुमित्रा से लक्ष्मण, कैकेयी से भरत और सुप्रभा से शत्रुघ्न। जनकपुर के राजा जनक के ऊपर बर्बर, शबर, पुलिंद और म्लेच्छों ने आक्रमण कर दिया। जनक ने सहायता के लिए दशरथ के पास पत्र भेजा। दशरथ ने कहा कि तुम लोग अभी बच्चे हो। राम ने कहा–

किं तम हणइ ण बालरवि किं बालु दवग्गि ण डहइ वणु।
किं करि दलइ ण बालु हरि किं बालु ण डंकइ उरगमणु।।

क्या बाल रवि अन्धकार नहीं हरता? क्या बाल दावाग्नि जंगल नहीं जलाती? क्या बाल सिंह हाथी का दमन नहीं करता? क्या बाल (छोटा) साँप डंसता नहीं? राम के इस तर्क से दशरथ घर लौट आये। राम-लक्ष्मण ने दोनों म्लेच्छों से लड़कर उन्हें खदेड़ दिया। शबरों की सेना नष्ट होने पर जनक की धरती स्वतन्त्र हो गयी। जनक दोनों का आदर-सत्कार करके अपनी बेटी सीता को राम को अर्पित करने का संकल्प कर लिया।

विद्याधर चन्द्रगति ने नारद की सूचना पर जनक का अपहरण करा लिया। चन्द्रगति ने सीता का विवाह भामण्डल से करने को कहा। जनक ने सारी वस्तुस्थिति बता दी। चन्द्रगति ने ही अपने नगर में रखे दो धनुष वज्रावर्त और समुद्रावर्त को चढ़ाने वाले व्यक्ति से सीता का विवाह करने की बात कही। इसमें केवल भामण्डल तथा राम की ही श्रेष्ठता की परीक्षा होनी थी लेकिन स्वयंवर में अनेक राजा तथा यक्ष शामिल हुए। कोई भी व्यक्ति धनुष की प्रत्यंचा नहीं चढ़ा पाया। राम ने सामान्य धनुष की तरह डोरी चढ़ा दी। राम के साथ सीता का विवाह हो गया। राम ने सपत्नीक अयोध्या आकर जिनेन्द्र का अभिषेक किया। राम जिन के परम भक्त हैं। पउमचरिउ के राम किसी शिवधनुष को नहीं तोड़ते। स्वयंवर में रावण भी सम्मिलित नहीं होता।

वह जैनधर्म के आदर्शों और मूल्यों के न केवल पालक हैं बल्कि उनके प्रति उनकी भक्तिपरक निष्ठा है। वृद्ध दशरथ ने जैन धर्म में दीक्षा लेने की तैयारी कर ली और राम को राज्य सौंप दिया लेकिन कैकेयी को उनके इस संकल्प से बड़ा दुख हुआ। कैकेयी ने सिंहासन पर बैठ दशरथ से पूर्व में दिए वरदान माँग लिए। दशरथ ने बिना किसी द्वन्द्व के तुरन्त वरदान दे दिए और राम-लक्ष्मण को बुलाकर उन्हें

भी यही आदेश दिया 'यदि तुम मेरे पुत्र हो तो इस आज्ञा को मानो, छत्र सिंहासन और सारी धरती भरत को सौंप दो।' दशरथ को आशंका है कि लक्ष्मण पूरे कुल का विनाश कर सकता है। राम एक आज्ञाकारी पुत्र की तरह कुल की मर्यादा की रक्षा के लिए प्रतिबद्ध रहते हैं। राम ने स्वयं वन जाने की इच्छा जाहिर की। कैकेयी ने राम के लिए वनवास नहीं माँगा था। भरत की रुचि तपश्चर्या के प्रति थी। राम के रहते राज्य पट्ट भरत को बाँधा जाये, भरत इसके विरुद्ध थे। उन्होंने अपनी माँ को धिक्कारा और साथ ही पिता एवं उनके राज्य को भी धिक्कारा। दशरथ प्रव्रज्या के लिए प्रस्थान करते हैं। राम ने परितोष पूर्वक स्वयं भरत को राजपट्ट बाँध दिया। राम-लक्ष्मण के वनवास के लिए प्रस्थान करने पर राजा दशरथ से माताएँ तथा पूरी अयोध्या खिन्न हो गयी। रोती-बिलखती माँ को राम बताते हैं कि 'सूर्य की किरणों के रहते जैसे चन्द्रमा शोभा नहीं पाता उसी तरह मेरे रहने से भरत की शोभा नहीं होगी। केवल इसीलिए वनवास के लिए जा रहा हूँ।' चूँकि राम का वनवास स्वैच्छिक है इसीलिए उनके ऊपर जीवन यापन की कोई शर्त नहीं है जैसा कि तुलसीदास के मानस में उल्लेख है–मानस में कैकेयी ने भरत के लिए राजगद्दी और राम के लिए चौदह वर्ष का वनवास उदासीन तपस्वी के आचरण की शर्त पर माँगा था।

राम के साथ सीता भी सासुओं से पूछकर बाहर निकल आयीं। राज्य भरत को दिए जाने की राजाज्ञा सुनकर लक्ष्मण अत्यधिक क्रुद्ध हो गये। राम ने उन्हें वर्जित करके वनवास में साथ चलने के लिए कह दिया।

मार्ग में जहाँ भी जिनेश्वर के मन्दिर पड़ते हैं जिनभक्त राम वहाँ बड़ी निष्ठा से उनकी प्रार्थना करते हैं। वह निर्भीक होकर रात्रि में भी यात्रा करते हैं। आधी रात में उन्होंने बाज़ारू स्त्रियों के रति-युद्ध (रतिक्रीड़ा) को देखा। मार्ग में प्रथम गम्भीर नाम की नदी थी। वहाँ से राम ने सेना को लौटा दिया और कहा कि तुम लोग अब भरत के सैनिक बनो। नदी पार करने के लिए उन्होंने सीता को अपने बायें हाथ पर (कन्धे पर) चढ़ा लिया। अयोध्यावासी राम की तुलना में लक्ष्मण को अधिक याद कर रहे हैं। उनके हर क्रिया-कलाप में लक्ष्मण ही उपस्थित दिखायी देते थे। राम-लक्ष्मण सीता के वियोग में दशरथ प्राण नहीं त्यागते बल्कि नगाड़े और दुन्दुभि, शंख, डमरू घंटे की ध्वनि के साथ संन्यास ग्रहण कर लेते हैं। भरत राम को मनाकर लेने जाते हैं किन्तु राम राज्य के प्रति अनासक्ति व्यक्त करते हैं और अपने हाथ से भरत के सिर पर राज्यपट्ट बाँध देते हैं। राम भीलों, ग्वालों तथा अन्य ग्राम्य क्षेत्रों से होते हुए नगरों में राजाओं का आतिथ्य स्वीकार करते हुए अग्रसर होते हैं। वाल्मीकि रामकथा की परम्परा में राम वन में ऋषियों-मुनियों की यज्ञ की रक्षा करते हैं और असुरों का संहार

करते हैं किन्तु स्वयंभू के राम (जिन) के विरोधियों को ध्वस्त करते हैं। जिन भक्त राजा वज्रकर्ण के पक्ष में तथा सिंहोदर के विरोध में राम, लक्ष्मण दोनों खड़े हो गये। दोनों में समझौता कराने का प्रयास किया लेकिन सिंहोदर ने युद्ध करना ठान लिया। मंदराचल की तरह लक्ष्मण ने शत्रुसेना रूपी समुद्र को मथ डाला। लक्ष्मण ने सिंहोदर को जीवित ही पकड़ लिया। अन्त:पुर की स्त्रियों के निवेदन पर बाद में उसे लक्ष्मण ने जीवित छोड़ दिया। वज्रकर्ण और सिंहोदर को दशपुर का आधा-आधा राज्य बाँट दिया। दोनों राजाओं ने तीन सौ कन्याओं को लक्ष्मण को समर्पित कर दिया। लक्ष्मण ने दक्षिण से लौटने के बाद उनसे विवाह का आश्वासन दिया।

वसन्त पंचमी के दिन नलकूबर नरेश वन क्रीड़ा के लिए आया था। लक्ष्मण के रूप-सौन्दर्य को देखकर वह काम से व्यथित हो गया। दोनों भाइयों ने उसका आतिथ्य सत्कार ग्रहण किया, सभी ने एक साथ जलक्रीड़ा की। रात्रि में ही नर्मदा नदी को पार करके तीनों जन विंध्याचल की पहाड़ियों को देखते आगे बढ़े। आगे रुद्रभूति राजा सीता को देखकर मोहित हो गया और सीता को छीन लाने का आदेश दिया। लक्ष्मण ने यहाँ भी वीरता का परिचय दिया, उनकी धनुष की टंकार से प्रलय का दृश्य पैदा हो गया। सुभुक्ति नामक मन्त्री ने बलभद्र और नारायण के लक्षणों से युक्त राम-लक्ष्मण के विषय में रुद्रभूति को बताया। वह राम के चरणों में नतमस्तक हो गया, यद्यपि इससे लक्ष्मण का क्रोध शान्त नहीं हो रहा था। क्षमा मूर्ति राम ने लक्ष्मण को शान्त किया। लक्ष्मण के कहने पर उसने बालखिल्य को मुक्त कर दिया।

राम, लक्ष्मण को वटवृक्ष के नीचे सोता देखकर यक्षराज ने रामपुरी नामकी एक नगरी का निर्माण कर दिया। यह नगरी दूसरी अयोध्या लग रही थी। राम को उसने वीणा, मुकुट, आभरण, विलेप, मणि, कुण्डल, कटिसूत्र प्रदान किया। राम ने यहाँ बड़े दान-उत्सव का आयोजन किया। राम से एक ग़रीब ब्राह्मण दान पाकर जैन धर्म को स्वीकार करने के लिए कटिबद्ध हो गया। वनमाला विवाह के लिए लक्ष्मण की प्रतीक्षा कर रही थीं, अयोध्या से भरत ने सूचना दी कि राम-लक्ष्मण वनवास के लिए गये हैं, राजा इससे सन्न रह गया। वनमाला वियोग की आग में जलने लगी। वह व्यथित होकर जब लक्ष्मण के ध्यान में मग्न होकर आत्महत्या करने के लिए गले में कपड़े का फन्दा डालने जा रही थी, तभी लक्ष्मण ने उसका आलिंगन कर लिया। राम ने वनमाला सहित लक्ष्मण को आते देख ख़ूब प्रसन्नता प्रकट की। रक्षक सैनिकों ने लक्ष्मण के ऊपर आक्रमण कर दिया। राजा महीधर भी युद्ध में कूद पड़ा। लक्ष्मण ने जैसे अपना कुल गोत्र बताया महीधर ने धनुष-बाण फेंक दिया। वनमाला और लक्ष्मण का विवाह हो गया। अनन्तवीर्य नामक राजा भरत पर आक्रमण करने

की तैयारी कर रहा था, अनेक राज्यों के राजा उसकी सहायता के लिए इकट्ठे हो गये थे। राम स्त्री वेश में लक्ष्मण भाट और गायक के वेश में राजा के दरबार में गये। राम ने अपने गाने में भरत की भूरि-भूरि सराहना की। अनन्तवीर्य जब तलवार लेकर आगे बढ़ा तो राम ने उसे पकड़ लिया, स्त्री वेश में राम के साहस को देखकर सभी लोग आश्चर्यचकित थे। अनन्तवीर्य ने भरत के आगे सिर झुकाने की शर्त न मानकर तपश्चरण में जाने का संकल्प किया। उसके तप से प्रभावित भरत ने उसकी वन्दना भक्ति की।

क्षेमंजली नगर में राजा अरिदमन की पुत्री जो साक्षात डाकिनी थी, जिसके लिए कई योद्धा प्राण गँवा चुके थे। लक्ष्मण ने अरिदमन के मायावी युद्ध में विजय प्राप्त की और अपने पौरुष से जितपद्मा को विवाह के लिए उपलब्ध किया। क्षेमंजली नगर से अग्रसर होने पर उन्हें वंशस्थ नगर मिला, वह नगर सिसकता हुआ दिखायी दिया। सारे जन नष्ट हो रहे थे। वहाँ तूफान, धूलि और दुर्वात आ रहे थे। वहाँ सर्पों का समूह दिखायी दिया। राम और लक्ष्मण दोनों गरुड़ की तरह वहाँ साँपों के विनाश के लिए बैठ गये। सर्पों का नाश होने के बाद मुनियों की भक्ति से प्रेरित होकर राम वीणा बजाने लगे। लक्ष्मण शास्त्रीय संगीत गाने लगे और सीता चौंसठ हस्त कलाओं का प्रदर्शन करती हुई नृत्य करने लगीं। राम-लक्ष्मण वीर एवं भक्त ही नहीं हैं बल्कि ललित कला में पारंगत भी हैं। राम-लक्ष्मण और सीता ने मुनि से जैन शासन का विस्तार से श्रवण किया। सीता ने शीलव्रत और राम ने भी व्रत ग्रहण किया लेकिन बालुकप्रभ नरक में जाने वाले लक्ष्मण ने एक भी व्रत ग्रहण नहीं किया। गुप्त-सुगुप्त मुनि के प्रभाव तथा राम-सीता के सद्भाव से राम के आश्रम में देवों ने रत्नों की वृष्टि कर दी। वन में भी राम ने मुनियों को आहार कराया। अन्नदान से आश्चर्यजनक रत्नों की प्रप्ति हुई। लक्ष्मण ने अपने हाथों से सुन्दर रथ बनाया। लक्ष्मण रथ के सारथी बन गये, राम-सीता अन्दर बैठ गये। वंशस्थल नगर में तप करते हुए शम्बूक कुमार की लक्ष्मण ने भूल से हत्या कर दी और सूर्यहास तलवार प्राप्त कर लिया। शम्बूक वध से लक्ष्मण ने बहुत पश्चाताप किया। लक्ष्मण ने सुलक्षणा स्त्री के लक्षणों के तथा सामुद्रिक शास्त्र के ज्ञाता हैं। इसी आधार पर चन्द्रनखा की कुलक्षणी कहा है। लक्ष्मण ने सूर्यहास तलवार दिखा कर चन्द्रनखा को डरा दिया उसकी नाक, कान नहीं काटे। चन्द्रनखा ने रोती-बिलखती, अपने स्तनों को नाखून से क्षत-विक्षत करके राम-लक्ष्मण पर बलात्कार के प्रयत्न का मिथ्या आरोप लगाया। राम-लक्ष्मण ने उसे स्पर्श भी नहीं किया था। खर के साथ युद्ध में लक्ष्मण की वीरता देखकर रावण ने उनकी सराहना की और स्वयं के लिए संकट की आशंका जतायी। विद्या ने युद्ध

स्थल से सिंहनाद सुना और राम सीता को छोड़कर लक्ष्मण के पास चले गये यह घटना वाल्मीकि रामायण परम्परा से बिल्कुल विपरीत है। राम जब आश्रम में लौटे तो सीता को न पाकर वियोग की पीड़ा से तड़पने लगे। युद्ध की समाप्ति कर लक्ष्मण भी आ गये। इधर-उधर तलाश करने पर सीता का कोई पता न चला। इसी बीच माया सुग्रीव ने वास्ताविक सुग्रीव पर आक्रमण करके उसके राज्य एवं स्त्री आदि पर अधिकार जमा लिया। सुग्रीव स्वयं एक विद्याधर की सलाह से राम-लक्ष्मण की शरण में आया। सुग्रीव की रक्षा के लिए जाम्बवान ने राम-लक्ष्मण से निवेदन किया। राम ने अपने बाणों से कपट-सुग्रीव का बध कर दिया। माया-सुग्रीव सहस्त्रगति राक्षस था। सीता को रावण उठा ले गया है। जाम्बवान ने रावण की वीरता का परिचय कराते हुए राम को युद्ध करने से वर्जित किया। उसने अपनी तेरह कन्याओं से विवाह करके भोग करने का प्रस्ताव रखा। राम ने इस प्रस्ताव को अस्वीकार कर दिया। वह कहते हैं, कि सीता की तुलना में रम्भा और तिलोत्तमा जैसी अप्सराएँ भी उन्हें प्रिय नहीं हैं। राम ने शत्रु को मारने की प्रतिज्ञा की। सुग्रीव भी रावण तथा राम की कोई बराबरी नहीं देख रहा है। लक्ष्मण ने कहा कि–

अंगअंगय-णल सुग्गीवहो बाहु सहेज्जा होहु छुडु।
हउँ लक्खणु एक्कु पहुच्चमि जो दहगीवहो जीव-खुडु।।

फिर जाम्बवन्त लक्ष्मण के द्वारा पूर्व में किये गये वीरता पूर्ण कार्यों की गणना करते हुए बखान करता है। सुग्रीव राम-लक्ष्मण की परीक्षा लेने के लिए उन्हें कोटिशिला ले गया। लक्ष्मण ने कोटिशिला को संचालित कर दिया। हनुमान को दूत के माध्यम से सम्पूर्ण घटनाओं से अवगत कराकर राम के पक्ष में कर लिया गया। हनुमान राम का सन्देश लेकर सीता के पास लंका जाते हैं। स्वयंभू ने राम-लक्ष्मण के चरित्र के मानवीय पक्ष को ही विशेष रूप से उजागर किया है। उनका दक्षिण का अभियान धर्म रक्षा से अधिक राज्य विस्तार का है। लक्ष्मण पराजित राजाओं की बेटियों से विवाह करके राजनीतिक सम्बन्धों को दृढ़ करने का प्रयत्न करते हैं। राम की रुचि युद्ध की नहीं है, वे लक्ष्मण की तुलना में बहुत कम युद्ध करते हैं। जिन शत्रुओं पर उन्होंने प्रहार किया, उन्हें यथा सम्भव मृत नहीं होने दिया। भयभीत करके या पराजित करके छोड़ दिया। वह परात्पर ब्रह्म या विष्णु के अवतार नहीं माने गये हैं। राक्षसों के संहार का उनका कोई पूर्व संकल्प नहीं है। वह जिस धर्म को स्थापित या प्रोत्साहित करते हैं, वह जैनधर्म है। यज्ञ-यजन की रक्षा करना उनके कर्तव्य के अन्तर्गत नहीं है। कुल मिलाकर राम लक्ष्मण का एक भिन्न चरित्र पउमचरिउ में

परिलक्षित होता है। राम ने लंका से सीता को लाने के लिए विभीषण को भेजा किन्तु सीता ने अस्वीकार कर दिया। फिर राम और लक्ष्मण स्वयं सीता को ससम्मान लाने गये। पुष्पक विमान से सभी लोग अयोध्या लौटकर आये। राम-लक्ष्मण लंका में छह महीने ठहर गये थे। नारद के सन्देश देने पर कि राम की माँ उनके वियोग से अत्यधिक दुखी हैं। इस समाचार के बाद वे अयोध्या लौटे। लौटने की तैयारी करते समय विभीषण ने अपने विद्या-बल से अयोध्या को भी स्वर्ण नगरी बना दिया। राम को एक दिन सीता के प्रति वैराग्य भाव जागृत हुआ। उसी समय कुछ अयोध्यावासी राम के पास आये और कहने लगे कि अयोध्या की स्त्रियाँ पर-पुरुषों के संपर्क में आ रही हैं। वर्जित करने पर वे कहती है कि सीता भी तो रावण के घर रही है क्या रावण ने उनका आलिंगन न किया होगा। सीता ने राम के पास जाकर अपने एक स्वप्न का बयान किया जिससे राम ने समझ लिया कि वह गर्भवती है। दोहद की इच्छा जानने पर सीता ने कहा कि वह मुनि के आश्रम में कुछ दिन रहना चाहती है। राम ने सीता को वनवास दे दिया। वहीं सीता की दो सन्तानें हुई। बाद में सीता की राम ने अग्नि परीक्षा ली। राम और लक्ष्मण का परस्पर अनुराग अनुपम था। दो देवताओं ने अयोध्या में राम के मरने की झूठी खबर फैला दी। लक्ष्मण इसकी पीड़ा सह न सके और उनका देहान्त हो गया। राम उनके पूर्व गुणों का स्मरण करके रोते-बिलखते रहे। उन्होंने लक्ष्मण का दाह-संस्कार करने से मना कर दिया। उनकी स्थिति एक विक्षिप्त सदृश हो गयी थी। वह लक्ष्मण को नहलाकर, सुगन्धित पदार्थ लगाकर सुन्दर भोजन कराने की चेष्टा करते थे। इस तरह छह महीने तक वे लक्ष्मण की लाश लेकर घूमते रहे। अन्त में उन्हें जब ज्ञान हुआ तो उनमें वास्ताविक वैराग्य जगा। उनको वास्ताविकता से अवगत कराने में नागरिकों, मुनि तथा कृतान्त की भूमिका रही। अन्त में वे तप करके मुक्त हो गये। लक्ष्मण ने काफ़ी हिंसा की थी, इसलिए उन्हें नरक जाना पड़ा। राम सीता निर्वासन तथा अग्नि परीक्षा के लिए निरन्तर आत्मग्लानि में डूबे रहे। वह कभी दोष मढ़ने वाले अयोध्यावासियों पर अमर्ष करते हैं, कभी अपनी गलती पर दुख व्यक्त करते हैं। राम के चरित्र में मानवीय पक्ष की प्रबलता है। स्वयंभू ने बड़े कौशल से राम और लक्ष्मण के चरित्र को मूर्त्त किया है।

हनुमान : हनुमान अंजना तथा पवनंजय के पुत्र हैं। अंजना तथा पवनंजय का विवाह तय होने के बाद एक महिला विद्युत्प्रभ से पवनंजय को हीन बता रही थी जिससे पवनंजय क्रुद्ध हो गये। दबाव से उन्होंने अंजना से विवाह किया और मन में ठान लिया कि 12 वर्ष तक पत्नी से नहीं मिलेंगे। उसी बीच मानसरोवर वरुण के युद्ध में चले गये, वहाँ पक्षियों, भ्रमरों तथा प्रकृति को देखकर उन्हें प्रतीत हुआ कि पत्नी

को विरह की पीड़ा में डालकर मैंने अच्छा नहीं किया। रातों-रात वह उड़कर अंजना के पास आये और समागम किया। मिलन के प्रमाण स्वरूप कुछ आभूषण भी दे गये। अंजना की सास ने उन पर कलंक का आरोप लगाकर घर से निकाल दिया। अंजना किसी प्रकार अपने पिता महेन्द्र के भवन में पहुँची लेकिन महेन्द्र ने कलंकित बताकर बेटी को शरण नहीं दी। अंजना जंगल में भटक रही थी। एक शेर से किसी तरह बचायी गयीं। अत: जंगल में ही हनुमान का जन्म हुआ। हनुमान की देह में कई शुभ लक्षण थे। बड़े होकर हनुमान हनु द्वीप के महराजा हुए। उनका सम्बन्ध कपि ध्वजी वंश से था। रावण की तरह हनुमान को भी अनेक मायावी विद्याओं की सिद्धि थी। हनुमान के साथ सुग्रीव तथा खर-चन्द्रनखा की एक, एक बेटी ब्याही गयी थी। हनुमान भी विद्याधर थे। जब सीता का हरण हो गया और लंका जाकर सीता की खोज का प्रश्न उठा तो सुग्रीव, जाम्बवन्त आदि ने हनुमान को अपने पक्ष में लाने के लिए राम-लक्ष्मण से आग्रह किया। राम-लक्ष्मण के पराक्रम से माया सुग्रीव (सहस्त्रगति विद्याधर) से सुग्रीव को राजपाठ मिला था किन्तु चन्द्रनखा (शूर्पनखा) के साथ कुछ अनहोनी हो गयी थी। उसका बेटा शम्बूक लक्ष्मण के द्वारा मारा गया था। चन्द्रनखा ने बलात्कार की झूठी कहानी बनाकर प्रचारित की थी। रावण ने सीता का हरण करके घोर अनैतिक कार्य किया था। राम-लक्ष्मण की वीरता, सत्यनिष्ठा से प्रभावित होकर हनुमान उनके पक्षघर बने। रावण के सदृश हनुमान के पास भी विमान है रावण को जैन धर्माचरण का लम्बा उपदेश दिया। परस्त्री अपहरण से होने वाले नरक की घोर यातनाओं से अवगत कराया। मार्ग में अनेक वीर महिलाओं यथा लंका सुन्दरी, आसाली विद्या आदि से संघर्ष किया। मार्ग में अपने नाना महेन्द्र से घोर युद्ध करके अपनी माँ के अपमान का बदला लिया। बाद में क्रोध शान्त होने पर बड़ी विनम्रता से अपना परिचय दिया और महेन्द्र को भी राम के पक्ष में खड़ा होने के लिए निवेदन किया। पउमचरिउ के हनुमान वाल्मीकि रामायण परम्परा के हनुमान की अपेक्षा तनिक भी कमज़ोर नहीं है, बल्कि विशेष बलशाली, ज्ञानी तथा धर्मज्ञ हैं। हनुमान बन्दर नहीं हैं अत: उनकी पूँछ में आग लगाकर जलाने का प्रश्न ही नहीं है। हनुमान ने सीता की खोज के लिए लंका की यात्रा विमान से की। मार्ग में उन्होंने दधिमुख राजा की तीन अति सुन्दरी कन्याओं को आग में जलने से बचाया। वन-जीवों की भी सुरक्षा की। हनुमान के द्वारा रावण का पक्षधर अश्वमुख वज्रायुध मारा गया। कवि ने लंका सुन्दरी की वीरता तथा साहस का प्रभावकारी चित्रण किया है। उसकी अवतारणा नारी-शक्ति के प्रदर्शन के लिए ही हुई है। लंका सुन्दरी के प्रहार से हनुमान कई बार आहत होने से बचे। उन्हें कभी-कभी लगा कि वह पराजित हो

जायेंगे। सूर्य को उन्होंने कहा कि 'एक जिनवर को छोड़कर दूसरा कौन है जो गरजा हो और साथ ही महिला से पराजित न हुआ हो।' (पउमचरिउ-सन्धि-48, 11) जब लंका सुन्दरी पराजित होने लगी तो उसने हनुमान की ख़ूब सराहना की और विवाह का प्रस्ताव किया। दोनों का विवाह हो गया। लंका नगरी में हनुमान सीधे विभीषण के घर गये और कुशल क्षेम बताया। केवल रावण की अकुशलता की बात कही और पहले राम का सन्देश विभीषण को ही सुना दिया। विभीषण के रहते रावण मूर्खता करके अहंकारवश परस्त्री को रखे हुए है। विभीषण ने वचन दिया कि युद्ध शुरू होते ही वह राम के पक्ष में हो जायेगा। सीता के पास मौजूद मन्दोदरी को हनुमान ने कड़ी फटकार लगाई, मन्दोदरी ने भी हनुमान को खरी-खोटी सुनाई। रावण की निन्दा पर मन्दोदरी ने उन्हें बँधवाने की धमकी भी दी। सीता को हनुमान ने राम का सन्देश तो दिया ही उन्हें वास्तविक रामदूत होने का विश्वास दिलाया। विलासिनी के यौवन की तरह हनुमान ने उपवन को ध्वस्त कर दिया। इस कार्य के द्वारा वह रावण में क्रोध उत्पन्न करना चाहते थे। रोकने पर अनेक योद्धाओं को मार गिराया। मन्दोदरी ने रावण को हनुमान का पारिवारिक परिचय कराया। अक्षय को हनुमान ने युद्ध करते मार दिया। अन्ततः हनुमान ने इन्द्रजीत का नागपाश नहीं तोड़ा क्योंकि वह रावण के सम्मुख पहुँचना चाहते थे। रावण ने हनुमान को राम का पक्ष छोड़ने और अपने साथ आने का बड़ा प्रलोभन दिया किन्तु हनुमान ने बड़े तर्क से जैन धर्म की मान्यताओं एवं आदर्शों को केन्द्र में रखकर रावण का उद्‌बोधन किया। हनुमान ने सीता को अपने कन्धे पर बिठाकर राम के पास ले चलने का प्रस्ताव किया किन्तु सीता ने लोक निन्दा से बचने के तर्क से उस प्रस्तावित अस्वीकार कर दिया। राम-लक्ष्मण के युद्ध में हनुमान की महत्त्वपूर्ण भूमिका रही।

प्रतिनायक रावण

भारत में दो वंश परम्परा है। प्रथम इक्ष्वाकुवंश परम्परा जिसमें आदि तीर्थंकर ऋषभनाथ का जन्म हुआ। इनका जन्म अयोध्या में हुआ था और इन्होंने साधना प्रयाग में की थी। दूसरी परम्परा में विद्याधर हुए। ऋषभनाथ के पुत्र भरत ने विद्याधर राजा सहस्राक्ष की कन्या तिलकेशी से विवाह किया। सहस्राक्ष ने अपने पिता के वैरी विद्याधर मेघवाहन को मार दिया। उसका पुत्र तोयदवाहन अजित मेघवाहन को मार दिया। उसका पुत्र तोयदवाहन अजित नाथ की शरण में आया। वहाँ सगर के भाई भीम, सुभीम, तोयद वाहन को राक्षस विद्या प्रदान की और लंका व पाताल लंका में आवास बनाने को कहा। यहीं से राक्षसवंश की परम्परा चलती है, इसी

वंश में रावण का जन्म हुआ। रावण राक्षस नहीं था बल्कि राक्षस विद्या जानने वाले पूर्व पुरुष महाराक्षस की परम्परा का वीर पुरुष था। तोयदवाहन की पाँचवीं पीढ़ी में कीर्तिधवल हुआ, उसने अपने साले श्रीकण्ठ को वानरद्वीप भेंट किया जिससे वानरवंश का विकास हुआ। 'कपि' इनके वंश का प्रतीक चिह्न था, इसी से इन्हें कपिध्वजी भी कहते हैं। दोनों वंशों में मैत्री थी किन्तु श्रीमाला के स्वयंवर के समय दोनों में शत्रुता हो गयी। राक्षसवंश की दशा अच्छी नहीं थी। रावण की माता कैकशी तथा पिता रत्नाश्रव थे। रावण एक दिन भण्डार से एक नवरत्नों का हार उठा लेता है, उसको पहनने के बाद उसके नौ मुख प्रतिबिम्बित होने लगे, इसी कारण उसका नाम दशानन रख दिया गया। उसने शत्रु विद्याधरों से बदला लेकर अपने वंश की खोई प्रतिष्ठा को पुन: स्थापित किया। उसने विद्याधर राजा इन्द्र को पराजित किया, मौसेरे भाई वैश्रावण से उसका पुष्पक विमान छीन लिया। खरदूषण ने उसकी बहन चन्द्रनखा का अपहरण कर लिया था। मन्दोदरी के मना करने पर वह उनसे बदला नहीं लिया। बाली को वह अपने अधीन रखना चाहता था किन्तु वीर बाली ने अस्वीकार कर दिया। रावण ने उस पर आक्रमण किया किन्तु विजयी नहीं हुआ। बाली ने बाद में दीक्षा ग्रहण कर लिया।

रावण को प्रतिवासुदेव माना गया है। वह परमवीर है। वह घोर तप करके हजारों मायावी विद्याएँ प्राप्त की थीं। तीनों भाई रावण, भानुकर्ण और विभीषण एक साथ भीम वन में तप करने गये थे। यक्षिणी के सौन्दर्य एवं भ्रूविलास से वे अप्रभावित रहे। यक्ष द्वारा किये गये भयंकर उपसर्ग जिसमें विषधर साँपों का प्रसार था, आकाश से पत्थर गिर रहे थे, वर्षा, आँधी चल रही थी, आत्मीय जन- माता, पिता, बहन पीटे जा रहे हैं, वे रक्षा के लिए पुकार रहे थे। अन्तत: यक्ष ने कृत्रिम रावण का सिर काटकर दोनों भाइयों के आगे गिरा दिया, उसे देखकर दोनों थोड़ा विचलित हुए, उनकी आँखें थोड़ी गीली हुईं अन्त में उनके अडिग एवं साहसिक तप से हजार विद्याएँ सिद्ध हो गयीं। स्वयंभू ने इन्द्र की बराबरी करने वाले विद्याधर इन्द्र को अवतरित किया है। वायु, अग्नि, अनल, यम, चन्द्रमा, सूर्य आदि उससे सम्बद्ध लोगों के नाम हैं। पराजित इन्द्र के पिता सहस्रार के द्वारा पुत्र के प्राणों की भीख माँगने पर रावण ने यम को कोतवाल, प्रभंजन को सफाई करने वाला, वनस्पति पुष्प प्रदाता, अग्नि वस्त्र प्रक्षालक, सरस्वती को गायिका, चन्द्र को प्रकाश व्यवस्थापक, दिवाकर को मद्धिम ताप करने के लिए नियुक्त करने की शर्त रखी। सहस्रार ने मान लिया। ऐसा प्रतीत होता है कि उपर्युक्त व्यक्ति वास्ताविक प्राकृतिक शक्तियों को प्राप्त करने

वाले प्रतिलिपि (डुप्लीकेट) हैं। यद्यपि कवि ने आगे सुरवर शब्द का प्रयोग करके रामकथा की वाल्मीकि परम्परा का ही समर्थन कर दिया है।

रावण जिन का परम भक्त है। लक्ष्मण की शक्ति का निवारण होने के बाद उसे प्रतीत हुआ कि वह लक्ष्मण के समक्ष कमज़ोर पड़ सकता है। उसने शान्तिनाथ के मन्दिर में पूजा अर्चना की। नगर में हिंसा बन्द करवा दी, आठ दिनों तक इन्द्रियों के निशाचर के शमन का आदेश दिया। आठ दिनों तक महादान, ध्यान, गुणव्रतों का प्रयोग, प्रिय सम्भाषण, उपवास के लिए नागरिकों को सलाह दी गयी। रावण शान्तिनाथ मन्दिर में प्रवेश किया। एक विशाल मण्डप बनाया, पताकाएँ सज़ायी गयीं और विभिन्न वाद्य की ध्वनि, नृत्य-गीत के आयोजन के साथ रावण ने जिन भगवान् का अभिषेक किया। स्वयंभू ने मन्दिर के सौन्दर्य तथा पूजा-विधि का विस्तार से वर्णन किया है। रावण ने जितनी स्त्रियों को अपनी अपनी पत्नी बनाया था, वे सभी अपने पिता की इच्छा से ब्याही गयीं थीं, उसने सीता का अपहरण करके अपनी सम्पूर्ण कीर्ति का विध्वंस कर डाला। उसकी सीता के सौन्दर्य पर घोर आसक्ति का साक्ष्य यही है कि सम्पूर्ण राज-पाट, सम्पूर्ण पृथ्वी मण्डल, सम्पूर्ण धन- वैभव देकर भी वह सीता को पाने की इच्छा रखता है। उसने राम के आगे इसी शर्त पर प्रस्ताव भेजा कि वे उसका सर्वस्व ले लें लेकिन सीता के लिए युद्ध न करें। मुनि की भविष्यवाणी के अनुसार वह सीता के कारण ही लक्ष्मण के हाथों मारा गया।

विभीषण : पउमचरिउ का विभीषण रावण के ही समान वीर है। वह एक अच्छे भाई की तरह रावण का शुभचिन्तक है। एक दिन विभीषण ने सागर बुद्धि भट्टारक से पूछा कि जयलक्ष्मी के प्रिय रावण की विजय, जीवन और राज्य कितने समय तक अविचल रहेगा। भट्टारक ने बताया कि दशरथ के पुत्रों वासुदेव और बलदेव द्वारा तथा जनक की कन्या सीता के कारण रावण मारा जायेगा। विभीषण ने उसी समय दशरथ और जनक के सिर तुड़वा देने का फैसला किया। उसके द्वारा प्रेषित विद्याधर दोनों की लेपमयी मूर्तियाँ ही तोड़कर चले आये थे। अत: दशरथ और जनक बचे रह गये। रावण के साथ विभीषण ने भी घोर जंगल में जाकर तप किया था। रावण को जो मायावी विद्याएँ प्राप्त हुईं, उनमें उसका भी योगदान था। लंका में सीता से विभीषण ने परिचय पूछा और उसके प्रति पूरी सहानुभूति व्यक्त की। रावण को विभीषण ने अनेक बार अधर्म के मार्ग पर न चलने की सलाह दी। विभीषण ने कभी परस्त्री तथा परधन का अपहरण नहीं किया। हंसद्वीप में राम की सेना आगमन पर उसने रावण से कहा 'सीता तुम्हारी अपकीर्ति और अमंगल का कारण है, वह

विष की बेल है, क्या तुम चाहते हो कि तुम्हारे ऊपर वज्र गिरे। रावण अपनी निन्दा सुनकर विभीषण के ऊपर टूट पड़ा, विभीषण ने भी खंभा उखाड़ लिया और उससे भिड़ गया। मन्त्रियों के समझाने पर दोनों शान्त हुए। रावण ने जब उसे लंका से निकलने का आदेश दिया तो वह राम के पास चला गया। राम ने सहयोगियों से जब सलाह माँगी तो हनुमान ने कहा 'विभीषण विनयशील, सत्यवादी है और जिन का परम भक्त है। पूरी निष्ठा से राम के साथ रावण के विरुद्ध संघर्ष किया। विभीषण में भ्रातृत्व प्रेम की कमी नहीं आयी। रावण की मृत्यु से वह बहुत व्यथित हुआ।

पउम चरिउ के नारी पात्र

पउमचरिउ के नारी-पात्र पुरुष पात्रों की तुलना में कम तेजस्वी नहीं हैं। पद्म कथा में उनकी उल्लेखनीय भूमिका है। सीता नारी पात्रों में महत्त्वपूर्ण चरित्र है। सीता जनक की औरस पुत्री हैं। भामण्डल नामका उनका एक भाई भी है। राम ने जनक के राज्य को पुलिन आदि से बचाया था, इसलिए उन्होंने सीता का विवाह उनसे करने का संकल्प किया था। एक यक्ष जो भामण्डल को बचपन में उठा लिया था ने बाधा डाली। वह भामण्डल का विवाह सीता से कराना चाहता था। किन्तु यक्ष द्वारा दिए धनुष को तोड़कर राम ने सीता से विवाह किया। कैकेयी के वर-याचना के फलस्वरूप राम के स्थान पर जब भरत राम को अयोध्या का राज्य मिल गया तो सीता भी राम के साथ स्वेच्छा से वनवास चली गयी। सीता पतिव्रता नारी के रूप में प्रतिष्ठित की गयी हैं। उनमें जगह-जगह पर स्त्रियोंचित भीरुता भी है। युद्ध तथा उपसर्ग (निशाचरों द्वारा किये मायावी उपद्रव) से वह भयभीत होती हैं। सीता के अद्‌भुत सौन्दर्य का कवि ने अनूठी कल्पना के साथ चित्रण किया है। सीता सम्पूर्ण भारतीय नारियों के समग्र सौन्दर्य की मूर्त रूप हैं। उनके चरण पउनारी स्त्रियों की तरह, नख सिंघलनियों की तरह, अँगुलियाँ बेउल्ल की स्त्रियों के सदृश, कटि करहाटाकियों के सदृश, श्रोणी कांचीकीयों की तरह, भुजशिखर पश्चिम देशी स्त्रियों के सदृश, बाहु द्वारवती स्त्रियों के सदृश हैं। मणिबन्ध सिन्ध देश, ग्रीवा कच्छ देश, ठुड्ढी गोरग्गड़ देश, दाँत कर्नाटक देश, भाल चित्तौड़ देश, कपोल काशी देश, कान कन्नौज देश, केश काओली देश की महिलाओं के समान हैं। विनम्रता दक्षिण देश के महिलाओं के सदृश है। विधाता ने एक-एक वस्तु लेकर सीता को रचा है (पउमचरिउ-सन्धि-49, 8) रावण को सीता चन्द्र ज्योत्स्ना की तरह अकलंक, अमृत की तृष्णा रहित, जिन प्रतिमा की तरह निर्विकार, रतिविधि की तरह विज्ञान कौशल से निर्मित, छहों निकायों के जीव-दया की भाँति दृष्टिगत हुईं। उनकी मनोवृत्ति भोग

की नहीं त्याग की है। वह रावण को भी जैन शासन का उपदेश देने से नहीं चूकतीं। पराये पुरुष के वरण के स्थान पर वह मृत्यु को श्रेयस्कर मानती हैं। अति सुन्दरी मन्दोदरी भी सीता के सौन्दर्य की सराहना करती है। सीता प्रत्युत्पन्नमति हैं। जब हनुमान उनके पास पहुँचते हैं तो वह उनकी बुद्धिमानी से जाँच-पड़ताल करती हैं, उन्हें सन्देह होता है कि कोई रावण के पक्ष का विद्याधर तो नहीं उपस्थित हुआ है। हनुमान की वीरता तथा साहस का भी साक्ष्य माँगती हैं। सीता में पारिवारिकता बोध है। जितना वह राम की चिन्ता करती हैं, उतनी ही लक्ष्मण की।

रावण ने सीता को भोग-विलास के न जाने कितने प्रलोभन दिए, पुष्पक विमान पर बैठाकर सम्पूर्ण लंका में फैले अपने वैभव का प्रदर्शन किया, ख़ूब डरवाया धमकाया भी, मन्दोदरी आदि के द्वारा सिफारिश भी करवाई किन्तु सीता पतिव्रत से डिगी नहीं। हनुमान ने जब सीता को अपने कंधे पर बिठाकर लंका से लाने का प्रस्ताव किया था, उनका कथन लोक मर्यादा के अनुपालन की दृष्टि से कितना महत्त्वपूर्ण था–

चडु महु तणएँ खन्धे परमेसरि। णोमि तेत्थु जहिं राहव केसरि।।
मिलहो वेवि पूरन्तु मणोरह। फिट्टउ जणवए रामायण कह।।
तं णिसुणेवि देवि गंजोलिय। साहुक्कारु करन्ति पवोल्लिय।
सुन्दर णिय-घरु गय-गुण-बहुअहे? एह ण णित्ति होइ कुल बहुअहे।
गम्मइ बच्छ जइ वि णिय-कुलहरु। विणु भत्तार गमणु असुन्दरु।
जणवइ होइ दुगुच्छण-सीलउ। खलसहाउ णिय-चित्ते मइलउ।।
जहिं ज अजुत्तु तहिं जें आसंकइ। मणु रंजेवि सक्को विण सक्कइ।
णिहए दसाणण जय-जय सद्दे। मइं जायेवउ सहुँ बलहद्दे।।

साधुवाद के साथ सीता ने हनुमान से कहा कि गतगुण बहू के लिए इस तरह अपने घर जाना ठीक है परन्तु कुलवधू के लिए नहीं। अपने कुलघर में भी पति के साथ जाना चाहिए। जनपद के लोग निन्दाशील होते हैं? उनका स्वभाव दुष्ट तथा मनमलिन होता है। जहाँ जो बात अयुक्त होती है, वे आशंका करने लगते हैं। उनके मन का रंजन इन्द्र भी नहीं कर सकता। दशानन के वध के बाद जय-जय शब्द के पूर्वक श्रीराम के साथ जाऊँगी। (पउमचरिउ-सन्धि-50-12) युद्ध समाप्ति के बाद वह विभीषण के साथ राम-लक्ष्मण के पास नहीं आयीं बल्कि राम-लक्ष्मण को उन्हें सादर लाने के लिए स्वयं जाना पड़ा। जन अपवाद तथा मिथ्यादोषारोपण से राम ने गर्भवती सीता को वन में छोड़ दिया। नारी के प्रति शंकालु होने की पुरुष-भावना का

ज़िक्र पहले कर चुकी थीं। वन में सीता व्यथित होकर कहती हैं 'जन्म से ही मैं दुखों का पात्र बनती आ रही हूँ। मुझ पापिन ने पिछले जन्म में कोई पाप किया होगा। कोई भी स्त्री मेरे तरह अभाग्य, निराशा और दुख की पात्र न बने।' सीता के इस कथन में समाज में नारी के शोषण और उत्पीड़न की गहन व्यंजना होती है। वह सम्पूर्ण प्रकृति को साक्षी रूप में उनके चरित्र की पवित्रता को उद्घोषित करने की अपेक्षा करती है। वह धरती, सूर्य, वरुण, पवन, आग, सुमेर सभी को सम्बोधित करके अपने प्राणों की हानि की ज़िम्मेदारी उन पर डालती हैं। यदि मेरी हत्या हुई तो स्त्री हत्या पाप तुम सब पर पड़ेगा। सीता के भय से देवताओं ने पुण्डरीक नगर के राजा वज्रजंघ को भेजा, वह सीता को डोली में बिठाकर ले गये, वहीं सीता के दो बेटे हुए-अनंग लवण और मदनांकुश दोनों बड़े वीर, सुन्दर तथा कलाओं में पारंगत थे। लवण ने कनकमाला तथा अंकुश ने तरंगमाला से विवाह किया। कन्याओं के पिता ने दोनों के अज्ञात कुल गोत्र पर प्रश्न उठा दिया था, अत: दोनों युवकों ने उन्हें युद्ध करके परास्त किया। नारद की सूचना पर उन्हें राम, लक्ष्मण की जानकारी मिली। वे अयोध्या पहुँच गये। राम, लक्ष्मण से युद्ध हुआ, उसमें उनकी विजय होने वाली थी किन्तु नारद ने राम को उनका परिचय बता दिया। सीता को लेकर राम का द्वन्द्व बराबर बना था। वे कभी सीता के सतीत्व की सराहना करते हैं कभी शंका करते हैं। ऐसा लगता है कि उनकी मन:स्थिति सामान्य नहीं रही। राम के सभी साथियों ने सीता के विषय में कहा कि जन अपवाद विश्वास के योग्य नहीं होता। त्रिजटा तथा लंका सुन्दरी को बुलाया गया। उनका कहना था कि यदि कोई आग को जला सके, हवा को पोटली में बाँध सके, सूर्य पश्चिम में निकल जाये, मेरु पर्वत पर सागर रहने लगे सारे प्रकृति विरुद्ध कार्य हो जायें लेकिन सीता शील तथा सतीत्व के कलंक की आशा नहीं की जा सकती। राम ने विश्वास करके सीता को ले आने के लिए पुष्पक विमान भेजा, साथ में विभीषण, हनुमान, सुग्रीव आदि गये। उन्होंने सीता से अयोध्या लौटने का निवेदन किया। सीता ने जो उत्तर दिया, वह अत्यन्त मार्मिक है 'पत्थर हृदय राम का नाम मत लो, उनसे मुझे कभी सुख नहीं मिला। रोती हुई मुझे डायनों, राक्षसों, भूतों, जंगली जानवरों, खूंखार शवर, पुलिंद से भयंकर जंगल में छोड़ दिया। चुगलखोरों के कहने से उन्होंने मुझे जो आघात पहुँचाया है, उसकी जलन सैकड़ों मेघों की वर्षा से भी शान्त नहीं हो सकती।

णिट्ठुर हियहो अ-लइय णामहो।
जाणमि तत्ति ण किज्जइ रामहो।।

घल्लिय जेण सवन्ति वणन्तरे। डाइण रक्खस भूय भयंकरे।।
जहि सद्दूल सीह, गय-गण्डा। बब्बर सवर पुलिन्द पयण्डा।।
जहि बहु तच्छ-रिच्छ-रुरु-सम्बर। स डरग खग मिग-विग-सिब सूयर।।

(सन्धि-83-6)

फिर भी मैं आप लोगों के साथ चलती हूँ। सीता के आगमन पर अयोध्या हर्षोल्लास से भर गयी किन्तु राम ने हँसकर कहा 'स्त्री चाहे जितनी कुलीन और अनिन्द्य हो, वह बहुत निर्लज्ज होती है। भय से वह कटाक्ष तिरछे दिखाती है पर उसकी मति कुटिल होती है और उनका अहंकार बढ़ा होता है...अपने कुल में दाग लगाने से भी नहीं हिचकती। इस बात से त्रिभुवन में उनके अयश का डंका बज सकता है। अंग समेटकर पति को धिक्कारने वाली कैसे अपना मुँह पति को दिखाती है।' सीता ने निडर होकर तुरन्त उसका उत्तर दिया 'आदमी चाहे कमज़ोर हो या गुणवान स्त्रियाँ मरते दम तक उसका साथ नहीं छोड़तीं। नर-नारी में यही अन्तर है कि लता पेड़ का साथ कभी नहीं छोड़ती। श्वान-गंगा, चन्द्रमा-प्रभा, मेघ-बिजली, कीचड़-कमलमाला, दीपक-शिखा इन युग्मों में श्वान, चन्द्रमा, मेघ, कीचड़, दीपक पुरुष के प्रतीक हैं। सभी दोष युक्त हैं। गंगा, प्रभा, बिजली, कमलमाला, शिखा सभी स्त्रीवाची हैं जो निर्दोष हैं। प्रकारान्तर से सीता ने राम से अपनी तुलना करके समस्त स्त्री जाति को पुरुषों से श्रेष्ठ बताया। इसे स्त्री-विमर्श का प्राचीन स्वरूप समझा जा सकता है। सीता ने अग्नि-परीक्षा देने का स्वयं (सन्धि-83, 8-9) प्रस्ताव रखा। अग्नि कुंड बनाया गया, सीता जब उसमें बैठने को तैयार हुई तो सभी लोग रो पड़े। उनकी दृढ़ विश्वासभरी वाणी से सभी उनके चरित्र की उज्ज्वलता के प्रति आश्वस्त थे। केवल राम पुन: शंकाग्रस्त हो गये थे। आग में प्रवेश करने पर सारी दुनिया में धुँआ फैलने लगा। सीता ने स्वयं आग से कहा कि यदि मैं चरित्रहीन होऊँ तो मुझे जला दो, जला दो, जला दो। इसी बीच अग्नि कुंड में सरोवर बन गया। कमल के ऊपर मणि और स्वर्ण का सिंहासन प्रकट हुआ। सीता उसी पर विराजित हो गयीं। सरोवर का जल इतना बढ़ने लगा कि राम के डूबने की नौबत आ गयी। राम ने सीता से बार-बार क्षमा याचना की। सीता ने कहा कि इसमें आपका कोई दोष नहीं। यह मेरे पूर्व जन्म के कर्म का ही फल था। आग से सीता स्वर्ण की तरह दीप्त होकर निकली थीं लेकिन स्त्री-जीवन में उनका अनुभव सुखद नहीं रहा, इसलिए उन्होंने दीक्षा लेने का निर्णय लिया। तप करके अगले जन्म में वह स्त्री जीव से मुक्त होना चाहती थीं। उन्होंने राम के सामने ही केश लुंचन कर दिया। इस दृश्य से राम बेहोश

हो गये। बाद में अपने तपोबल से सीता ने भोगमय जीवन को त्यागकर 'इन्द्रपद' को प्राप्त कर लिया। सीता को जीवन से वैराग्य पहले हुआ और तपस्या में भी राम की तुलना में अग्रसर रहीं।

अन्य नारी पात्र : कैकेयी, अपराजिता, मन्दोदरी, चन्द्रनखा, अन्य नारी पात्र हैं। कैकेयी वीरांगना है। उसने भरत के लिए राजगद्दी माँगी है, राम को वनवास नहीं। राम-वन गमन से वह दुखी हुई। अपराजिता में वात्सत्य भाव प्रमुख है। उसके चरित्र का विस्तार नहीं है। मन्दोदरी पति परायण नारी है। वह रावण को परस्त्री अपहरण से होने वाले अमंगल से बार-बार सावधान करती है। चन्द्रनखा रावण की बहन है और हनुमान जी की सास है। वह स्वेच्छाचारिणी निर्भीक तथा नीति कुशल महिला है। शम्बूक की हत्या की पीड़ा से ग्रस्त होकर भी वह राजकुमारों पर आसक्त होकर विवाह का प्रस्ताव देती है। राम लक्ष्मण पर बलात्कार का झूठा आरोप लगाती है। खरदूषण को युद्ध के लिए ललकारती है और उनकी मृत्यु का कारण बनती है।

अलंकरण की प्रवृत्ति : स्वयंभू अलंकारवादी कवि के रूप में अपनी छवि निर्मित करते हैं। सुख या दुख के अनुभवों तथा संवेदनाओं को वे अलंकार का सहारा लिए बिना नहीं कहते हैं। नगर वन, उपवन, नदी, व्यक्ति, सरोवर, सागर सभी के वर्णनों में वे सादृश्यमूलक अलंकारों का विधान करते हैं। रूपसाम्य, गुणसाम्य हो न हो किन्तु वे सादृश्य दृष्टान्त, रूपक को अपनी निजी कल्पना से सृजित कर लेते हैं। पउमचरिउ में मानवीकरण के अनेक स्थल दृष्टिगत् होते हैं। निशा का वर्णन कवि ने निशाचरी के रूप में किया है। उसने धरती-आकाश सब कुछ लील लिया। ग्रह नक्षत्र उसके लम्बे और नुकीले दाँत हैं, समुद्र जीभ, पर्वत भयंकर दाढ़, मेघ नेत्र और चन्द्रमा उस निशा-निशाचरी का तिलक है। साँझ की अरुणिमा से वह ऐसी उद्दीप्त हो रही थी, मानो वह सूर्य शव को त्रिभुवन के मुख कमल के लिए दिखाकर लील कर सो गयी है। निशा को महानिशाचरी का यह बिम्ब कवि की काव्य प्रतिभा तथा कल्पना वैभव का प्रमाण है–

ताव दिवायरु गउ अत्थवणहो। लोय पढुक्कउ णिय णिय भवणहो।
णिसि णिसियरि दस दिसहि पधाइय। महिगयणो डसेवि संपाइय।
गह-णक्खत्त-दन्त उद्दन्तुर। उवहि जीह गिरि-दाढ़ा-भासुर।।
घण लोयण ससि तिलय विहूसिय। सज्झा लोयण दित्त पदीसिय।
तिहुयुण-वयण कमल दरिसेप्पिणु। सन्तु णाइँ रवि मंडउ गिलेप्पिण।

(पउमचरिउ-सन्धि-26, 19)

विन्ध्याचल का वर्णन करते हुए श्लेष अलंकार का प्रभावशाली प्रयोग हुआ है। जिस-जिस उपमान का चयन किया गया है, उसमें श्लेष के द्वारा दोहरी अर्थवत्ता सिद्ध होती है, फलस्वरूप उपमान का औचित्य प्रमाणित हो जाता है। विन्ध्याचल मृदंग की तरह ताल से युक्त, बैल की तरह सश्रृंग, कामदेव की तरह महानल से जलता हुआ, मेघ की तरह सजल, योद्धा की तरह व्रण युक्त था। ताल, श्रृंग, महानल, सजल व्रण आदि शब्दों में श्लेष अलंकार है। ताल वृक्ष, लय श्रृंग चोटी तथा सींग, महानल दावाग्नि, शिव के तृतीय नेत्र की आग, व्रण-घाव और वन दो अर्थों के सूचक हैं। वर्षा तथा ग्रीष्म दोनों ऋतुओं की मुठभेड़ को दो राजाओं के युद्ध के रूप में अंकित किया गया है। रूपक और उत्प्रेक्षा के माध्यम से कवि ने ग्रीष्म राजा पर पावस नृप की विजय प्रदर्शित की है। ध्वनि बिम्बों के द्वारा पावस तथा युद्ध दोनों का दृश्य साकार हो जाता है। पावस की भयंकरता की ऐन्द्रिक अनुभूति प्रखर होकर प्रस्तुत होती है। उत्प्रेक्षा के द्वारा ग्रीष्म राजा के पराजय का जीवन्त चित्र द्रष्टव्य है। जल के बाणों से आहत होकर ग्रीष्म राजा जब धराशायी हो गया तो मेढ़क सज्जनों की भाँति रोने लगे। दुष्टों की तरह मयूर नाचने लगे, आक्रन्दन से नदियाँ भर उठीं, मानो कवि आनन्द से किलकिला उठा हो, मानो कोयल कूक उठी हो, मानो गिरवर हर्षित हो गया हो, मानो वियोग का दावानल नष्ट हो गया हो, मानो धरावधू विविध विनोद से नाच उठी हो।' (पउमचरिउ सन्धि-29, 3)

स्वयंभू ने उपमानों के रूप में नारी के अंगों तथा चरित्र का व्यवहार अनेक प्रसंगों में किया है। कहीं कुलवधू, कहीं कुलटा, कहीं वैश्या उपमान तथा दृष्टान्त बनकर आये हैं। सुन्दर मलय पर्वत का वर्णन करते हुए कवि कहता है कि उस पर्वत पर युवतीजनों के पैरों और जाँघों को जीतने वाले रक्तकमल और करली वृक्ष हैं। सुन्दरियों के चाल का अभास देने वाले हंसकुल हैं। भौहों की छाया से भी कुटिल कड़वे नीमदल हैं। बालों की शोभा क्षीण करने वाले मयूरों का नृत्य है। (पउमचरिउ सन्धि-71, 4) उपमा अलंकार के अलावा यमक, तद्गुण, अपह्नुति, अनन्वय आदि अलंकारों के प्रचुर प्रयोग कवि कहीं चमत्कार पैदा करता है और कहीं भाव-व्यंजना को विशेष प्रखर बनाता है। अयोध्या के अन्त:पुर का वर्णन करते हुए कवि स्त्रियों के अंगों का वर्णन उपमेय का प्रतिषेध करते हुए उपमान की स्थापना करता है–

किं चलण तलग्गइ कोमलाइ। णं णं अहिणव-रत्तुप्पलाइ।
किं आणणु णं णं चंद बिंब। किं अहरउ णं णं पक्क बिंबु।।

अपह्नुति अलंकार का अत्यन्त उत्कृष्ट प्रयोग रावण की मृत्यु पर विभीषण के विलाप में हुआ है। भ्रातृ-प्रेमी विभीषण एक-एक शब्द से रावण की गौरव-गाथा

का संकेत कर देता है। वह रावण के पूर्व गुणों का व्यंजक स्मरण करके अपनी आन्तरिक पीड़ा को उजागर करता है। प्रतिष्ठित आलोचक नामवर सिंह ने अलंकार-प्रयोग के सन्दर्भ में उसकी बड़ी सराहना की है। रावण धरती पर शान्त पड़ा है। उसका मुकुट टूटकर पास में गिरा है। गले का हार टूट गया है। हृदय विदीर्ण हो गया है। विभीषण इस हृदय विदारक दृश्य को देखकर फफक-फफक कर रो पड़ता है। उसके रुदन में गुण-कथन का समावेश स्वाभाविक ढंग से हो जाता है। तुम अकेले नहीं जी रहे थे बल्कि तीन लोक तुम्हारे अधीन जी रहा था। तुम ही नहीं मरे बल्कि तुम्हारे प्रशंसक मृत हो गये, तुम नहीं पड़े हो बल्कि पुरद्वार (इन्द्र) पड़ा है। तुम्हारा मुकुट नहीं टूटा बल्कि पर्वत की कन्दरा टूट गयी। दृष्टि नहीं नष्ट हुई बल्कि लंकापुरी नष्ट हुई। वचन नहीं नष्ट हुआ बल्कि उसको प्रेम से सुनने वाली मन्दोदरी नष्ट हुई। तुम्हारा हार नहीं टूटा बल्कि तारे टूट गये, हृदय नहीं भिन्न हुआ बल्कि गगनांगन टूट गया। छन्द की अंतिम दो पंक्तियाँ अत्यन्त प्रभावशाली हैं–

जीउ ण गउ, गउ आसा पोट्टल
तुहु ण सुत्तु सुत्तउ महिमण्डल।

तुम्हारा जीव ही नहीं गया आशा की पोटली चली गयी। तुमसे कितने लोगों की जीवन आशाएँ बँधी थीं, तुम्हारे प्राणों के साथ वे सभी निराश हो गये।

संस्कृति बोध : स्वयंभू प्रखर सांस्कृतिक बोध के कवि हैं। भारतीय संस्कृति मुख्य चेतना धर्म प्रवणता है। जैन मूल्यों तथा आदर्शों के अनुयायी कवि ने काव्य के माध्यम से सिद्धान्तों के दुर्बोध विवेचन के चक्कर में नहीं पड़ता बल्कि उन व्रतों की प्रस्तुति में रुचि रखता है जिनसे मानव जीवन मंगलमय हो। सामाजिकता को सुदृढ़ तथा सौमनस्यपूर्ण बनाने के लिए नैतिक आचरण की महती आवश्यकता है। भारतीय संस्कृति में त्याग, दान, आत्मसंयम, व्रत, उपवास, जीवों पर दया, सम्पूर्ण प्रकृति के साथ आत्मीय संवेदना को विशेष महत्त्व प्राप्त है। पुनर्जन्म का सिद्धान्त प्राय: सभी धर्मों में मान्य है। जिस व्यक्ति या पशु को हम अपने से अलग मानकर अत्याचार करते हैं, सम्भव है वह पूर्व जन्म में हमारा कोई निकट सम्बन्धी रहा हो। पूर्व जन्म के कर्मों को भोगने के लिए ही पुनर्जन्म होता है। कर्म फल के प्रति स्वयंभू की गहरी आस्था है। लक्ष्मण ने पूर्व जन्म में यक्ष के रूप में जिस कन्या का अपहरण किया था, वह तप के बल पर विशल्या नाम की ऐसी नारी के रूप में जन्म लिया है जिसके स्नान के पश्चात् गन्धजल से लक्ष्मण शक्ति के मारक प्रभाव से युक्त हो गये। लक्ष्मण यद्यपि तेजस्वी हैं, अत्यन्त बलशाली हैं, रावण से परस्त्री अपहर्त्ता को

वध करने वाले हैं किन्तु धर्म में उनकी विशेष आस्था नहीं है। वे हिंसारत रहते हैं, इसीलिए उन्हें नरक में जाना पड़ा। परस्त्री अपहरण के कारण ही जिनभक्त रावण को भी नरक की यातना सहनी पड़ी। नरक, स्वर्ग भले ही धर्माचार्यों की परिकल्पना हो किन्तु उसके भय या आकर्षण से मनुष्य सद्कर्मों में प्रवृत्त होता है। कोई दुकानदार किसी निरीक्षक के भय से कम सामान नहीं तौलता बल्कि अधर्म के भय से सही तौल करता है। पउमचरिउ में बड़ी-बड़ी दुखद घटनाओं के प्रभाव से कोई पात्र कम ही रोता-कलपता है, उसका प्रमुख कारण है पूर्व जन्म के कर्म का फल। सीता की जब अग्निपरीक्षा ली गयी तो झुलसी सीता ने राम से यही कहा कि इसमें आपका कोई दोष नहीं है, यह सब मेरे ही पूर्व जन्म के कर्म का फल है। नारी को अंगों में प्रकृति के उपादानों का सौन्दर्य आरोपित किया गया है। विशल्या के देखकर लक्ष्मण को उसके चरण कमल नये-नये पत्ते वाले कमल जैसे लगे, जाँघें कदली-खम्भे तथा पेट की त्रिवली कामदेव के आग की धूम्ररेखा एवं स्तन सोने के कलश प्रतीत हुए। नेत्र कामबाण, भाल अर्धचन्द्र सदृश, सिर पर बालों के रूप में जैसे भौंरे मड़रा रहे हों। पारम्परिक उपमानों का अनूठा प्रयोग काव्य में नवीन चमत्कार उत्पन्न करता है। (सन्धि-69, 21) मानवीय भावों तथा दशाओं का दृष्टान्त के लिए प्रयोग करना कवि की रचनात्मक प्रतिभा का परिचायक है। ज्योतिष, काव्य-व्याकरण सभी तो उपमानों के दायरे में लाए गये हैं। रत्नाकर के लिए कवि कहता है कि वह दुर्जन पुरुष की तरह स्वभाव से खारा है ग़रीब की प्राकार की भाँति अप्रमेय है, ज्योतिष की भाँति शब्दों से गम्भीर है। तुंगभद्रा नदी ऐसी लगती थी जैसे सन्ध्या की असह्य किरणों को सहन न कर पाने के कारण समुद्र की ओर प्यास के कारण जीभ फैला दी है। (सन्धि-69, 5) सेना ने गोदावरी को पार किया, ऐसा लगा जैसे किसी आदमी ने कुटिल स्वभाव की स्त्री को वश में कर लिया है। स्वयंभू स्थूल रूपसाम्य के स्थान पर भावसाम्य पर अधिक बल देते हैं। राम की शक्ति हाथी के बराबर, एक वीर का डील-डौल भारी-भरकम होता है। इसी आधार पर उन्हें महागज का रूपक प्रदान किया गया। राम रूपी महागज के दो तुणीर कुंभस्थल था, पुंखावली भ्रमरमाला व्याप्त थी, करधनी घंटियों की तरह झंकृत थी, विशाल बाण ही गजदन्त थे। स्थूल तथा लम्बी बाहु सूंड़ थे। जानकी रूपी हथिनी से वह विभूषित था। (सन्धि-26, 13) कवि का आरोपण सरोवर पर कर दिया गया है। भ्रमर उसके ग्रहमण्डल थे, मीन-मकर आदि उछलते हुए बिजली के समान थे, नानाविध विहंगरूपी मेघों से शोभित था, जलकण वर्षा की बौछारें थीं, जलतरंगें इन्द्रधनुष, सेना तारामण्डल थे। (सन्धि-26, 14) लंका नगरी के वर्णन में कवि ने प्राचीन वास्तुकला का निदर्शन किया है।

नगर में समय की सूचना देने के लिए घण्टा बजता था। युद्ध में बजने वाले वाद्य जैसे- भेरी, काहल, धुमुक्क, मृदंग, दड़ा, दर्दुर, त्रिबिला, झल्लरी, भम्म, कंसल, ढक्क, हुहुक्क, पणव, शंख, नगाड़ा युद्ध में प्रयुक्त वाहन–हाथी, घोड़े, सिंह, रथ तथा प्रयुक्त हथियार–धनुष, बाण, तलवार, भल्ल से युद्ध की पुरातनता प्रत्यक्ष हो जाती है। पउमचरिउ में मायावी विद्याओं से युद्ध की आयोजना की गयी है। विद्या से नगर रचे जा सकते थे, विद्या से जादुई सेनाएँ खड़ी की जा सकती थीं। सैनिकों की इकाइयों का गठन इस प्रकार था। व्यूह रचना की प्रणाली पर भी कवि ने प्रकाश डाला है। एक रथी, एक गजवर, तीन अश्व सवार, पाँच पैदल से एक पंक्ति बनती थी। तीन पंक्ति से सेना, तीन सेना-पंक्ति से सेनामुख, तीन सेनामुख से गुल्म, तीन गुल्मों से वाहिनी, तीन वाहिनी से पृतना, तीन पृतना से चमू, तीन चमू से अनीकिनी, दस अनीकिनी से अक्षौहिणी बनती थी। जिसके पास एक हजार अक्षौहिणी सेना होती, उसका नाम चमक जाता था। (सन्धि-6, 8-9) राजा अपने पक्ष के योद्धाओं की मानसिकता तथा मनोबल जानने के लिए गुप्त रूप से रात्रि में घूमते थे। रावण ने युद्ध के समय ऐसा ही किया। मान-सम्मान के लिए पुरुषों को भी कंठा, हार, कुण्डल, करधनी, वस्त्र-रत्न तथा पान दिया जाता था।

स्वयंभू ने आयु के क्षरण के सन्दर्भ में अपने समय की काल गणना की छोटी इकाई से लेकर बड़ी इकाई तक का उल्लेख किया है। एक हजार आठ सौ छियासी उच्छ्वासों के बराबर एक नाड़ी होती है। दो नाड़ियों से एक मुहूर्त बनता है। दो मुहूर्तों से आधा पहर, एक दिन में चार पहर होते हैं। नाड़ी-नाड़ी से घड़ी बनती है। चौंसठ घड़ियों से दिन-रात बनता है। भारत में सपने के भी तात्पर्य बताने वाले होते हैं। लोग अपनी मानसिकता के अनुसार भी स्वप्न के तात्पर्य का निर्धारण करते हैं। प्रभात बेला में देखा गया सपना प्राय: सत्य होता है। त्रिजटा ने सपना देखा था, सखियों ने अपने-अपने तरीके उसका भाव स्पष्ट किया (सन्धि पचासवीं-8-9)

स्वयंभू ने दक्षिण भारत में प्रचलित अपने समय के भोजन के नामोल्लेख किया है–शक्कर, खीर, दूध, लड्डू, नमक, गुड़, इक्षुरस, मिठाई, सेवई, घेवर, मूंग की दाल, माइण फल, चिरमटा, कचोर, वासुत्त, पेउअ, पापड़, केला, नारियल, जम्वीर, करमर, करौंदा, कढ़ी, कारेल्ल, मही, दही, कांजीर, सौवीर आदि। राम की वनयात्रा में नगरों, वनों तथा नदियों के वर्णन से भारत का भूगोल प्रत्यक्ष हो उठा है। कवि ने नगरों तथा युद्ध का वर्णन अपेक्षाकृत अधिक किया है। वनवासियों के रहन-सहन का चित्रण करते हुए स्वयंभू लिखते हैं 'धानुष्क वन के निवासी मृगचर्म और कांबली से अपने को ढके थे, उनके हाथ मोर पंखों से सजे थे। कंदमूल तथा

वनफल उनका भोजन था। सिर पर वट की माला, गले में गुंजे की माला थी। वहाँ युवतियों का विवाह बचपन में हो जाता है। उनके हाथों में हाथी दाँत की चूड़ियाँ थीं, मूसलों से वे चावल कूट रहीं थीं। काम से उत्तेजित होकर वे शीघ्र मुँह चूम लेती थीं। गोष्ठ (घोष, ग्वालों का गाँव) के वर्णन में पशुओं की ढेक्कार, बछड़े, दधि, मट्ठा बिलोने के कार्य में लगीं सुन्दरियों की मधुर ध्वनि, पालने में झूलते बच्चे, माताओं की सुन्दर लोरियाँ, इस दृश्य को देखकर राम, लक्ष्मण और सीता को अपना बचपन याद आ गया। कुछ वर्षों पूर्व बड़े-बड़े सरोवर हुआ करते थे। मध्य प्रदेश में तो सरोवरों का विशेष महत्त्व था। स्वयंभू ने सरोवरों का अत्यन्त जीवन्त और आकर्षक वर्णन किया है।

लोक जीवन में शुभ और अशुभ शकुनों की मान्यता अति प्राचीन काल से रही है। स्वयंभू ने कई स्थानों पर शकुनों का वर्णन करके इसी लोक परम्परा को निर्दिष्ट किया है। रावण युद्ध के लिए प्रस्थान कर रहा है। उसका उत्तरीय उड़ गया। आतपत्र मुड़ गया, काला नाग रास्ता काट गया। इससे अपशकुन से उसके पक्ष के लोग घबड़ा गये। (सन्धि-74, 2)

पउमचरिउ में अहिंसा परमो धर्म: की ही काव्यात्मक निष्पत्ति है। धार्मिक आचरण से मनुष्य को स्वर्ग की ही नहीं बल्कि ऐहिक जीवन में भी सुख-समृद्धि प्राप्त होती है। राम वन में भी मुनियों तथा भूखों में भोजन तथा दान देते हैं। उनके धर्माचरण के कारण आकाश से रत्नों की वर्षा हो जाती है।

भारतीय समाज में संयुक्त परिवार की लम्बी परम्परा रही है। परिवार में एक दूसरे का सहयोग अपेक्षित रहता है। स्वार्थ प्रधान होने पर परस्पर संघर्ष भी होता है। रामकथा में दोनों ही प्रवृत्तियाँ देखी जा सकती हैं। कवि संघर्ष का चित्रण तो करता है किन्तु उसका समर्थन नहीं करता। भरतेश्वर-बाहुबली सगे भाइयों का युद्ध दिखाया गया है किन्तु अन्ततः राज्यभोग की नि:सारता ही व्यंजित हुई है। कैकेयी ने भरत के लिए राजगद्दी तो माँगी किन्तु वनवास नहीं माँगा। राम यह कहकर वन गये कि सूरज के रहते चन्द्रमा शोभा नहीं पाता है। वनवास में सीता राम के सदृश लक्ष्मण का भी ख्याल रखती है और उनकी वीरता की सराहना करती हैं।

नारी की गरिमा की रक्षा करना भारतीय संस्कृति की मुख्य विशेषता है। स्वयंभू के राम चन्द्रनखा की नाक नहीं काटते। एक स्त्री सीता का अपमान करने के कारण ही विभीषण भाई रावण का साथ छोड़कर शत्रु पक्ष में आ जाते हैं। नारियाँ भी पति परायण होती हैं। उनके मन में अनेक पतियों की चाह नहीं रहती। बहुपत्नीत्व प्रथा तो थी किन्तु बहुपतित्व प्रथा प्राय: नहीं थी। पतिव्रता नारी का समाज में बहुत आदर

था। वह पराए पुरुष के धन-वैभव, सौन्दर्य, शौर्य किसी भी चीज़ पर सम्मोहित नहीं होती थी। सीता के इसी तरह के चरित्र को आलोकित किया गया है।

ग्राम तथा नगर में इष्ट-देवता के मन्दिर का होना तथा वहाँ पूजा-अर्चना के इकट्‌ठे होना, इसकी भी पुरानी परम्परा है। स्वयंभू ने प्राय: सभी नगरों में जिन मन्दिर को प्रतिष्ठित दिखाया है। किसी कार्य के शुभारम्भ से पूर्व इष्ट का स्मरण तथा प्रार्थना हर भारतवासी का स्वभाव बन गया है। संकटकाल में तो विशेष पूजन होता है।

स्वयंभू की धार्मिक चेतना

पउमचरिउ की रचना राम की पवित्र कथा के माध्यम से जैन धर्म की प्रमुख मान्यताओं को जन साधारण के बीच प्रचारित-प्रसारित करने के लिए की गयी है। धर्म के प्रति पूर्ण निष्ठावान तथा समर्पित रहते हुए स्वयंभू अपनी काव्य-प्रतिभा की उत्कृष्ट प्रस्तुति करते हैं। उनका महाकाव्य बहुत कुछ पौराणिक शैली में लिखा गया है, इसका दूसरा नाम रामायण पुराण भी निर्दिष्ट है। स्वयंभू मुनि नहीं हैं बल्कि जैन आस्था से जुड़े कवि हैं। चूँकि रावणादि को जैन परम्परा में विद्याधर माना गया है, इसलिए उनके प्रति कवि की भावना अधिक उदार एवं सकारात्मक है। विद्याधरों के आदि पुरुष ऋषभ की सौ सन्तानों में से है। कवि महाकाव्य के आरम्भ में जिन की काव्यात्मक प्रार्थना की है, मुनियों तथा चौबीस तीर्थकारों–(आदिनाथ, अजितनाथ, सम्भवनाथ, अभिनन्दन जी, सुमतिनाथ, पद्मप्रभु, सुपार्श्वनाथ, चंदाप्रभु, सुविधिनाथ, शीतलनाथ, श्रेयांसनाथ, वासुपूज्य, विमलनाथ, अनन्तनाथ, धर्मनाथ, शांतिनाथ, कुथुनाथ, अरनाथ, मुनिसुव्रत, नमिनाथ, अरिष्टनेमि, पार्श्वनाथ, महावीर स्वामी) को प्रणाम करके रामायण काव्य को प्रकट किया है। मगध के श्रेणिक को महावीर स्वामी जब राम कथा सुनाते हैं तो वहाँ श्रोता के रूप में श्रेणिक (राजा) के साथ उसके श्रेष्ठ राज्याधिकारी, सभी प्रकार के देवता, मनुष्य और बड़े जानवर इकट्‌ठे हो जाते हैं। महावीर चौदह कुलकरों की उत्पत्ति से कथा आरम्भ करते हैं। इसी क्रम में स्वयंभू ने ऋषभदेव के जन्म, उनकी महिमा, तपस्या, कैवल्य, उपदेश आदि पर बड़े विस्तार से प्रकाश डाला है। ऋषभ को विष्णु का आठवाँ अवतार माना जाता है। उनके पिता नाभि और माँ मेरुदेवी थीं। ऋषभ और शिव में कई समानताएँ हैं। स्वयंभू ने भरत और बाहुबली के कथानक को भी जोड़ दिया है। रामकथा से उनका कोई सम्बन्ध नहीं बनता। दोनों भाईयों के युद्ध के माध्यम से कवि ने युद्ध की निरर्थकता को निरूपित किया है। संसार में विजय पा लेने के बाद भी ईर्ष्या के कारण कैवल्य नहीं मिलता।

कवि ने ऋषभ की साधना तथा उनकी लोकोत्तर उपलब्धियों, उनके द्वारा दिए जैन धर्म के उपदेशों के व्यापक प्रभाव को दर्शाया है। उनके द्वारा दिए गये उपदेशों को बहुत कुछ सांकेतिक ढंग से प्रस्तुत किया है। ऋषभ ने बन्धन, मोक्ष, काल, धर्म-अधर्म के महाफल, पुदगल, जीव-अजीव, आस्रव, संवर, निर्जरा, संवर, नियम, दान, शील, उपवास, सम्यक्, दर्शन-ज्ञान, चरित्र, स्वर्ग, मोक्ष, संसार, कर्मफल आदि पर प्रकाश डाला। इन विषयों पर उक्त परम मुनि की वाणी सुनकर श्रोताओं का सांसारिक भय दूर हो गया। सभी लोग उपसम को प्राप्त हो गये, किसी ने पंचानुव्रत लिया किसी ने प्रव्रज्या ली, किसी ने गुण व्रत, किसी ने शिक्षाव्रत लिया।

हनुमान जब सीता को खोज करने लंका पहुँचते हैं तो वहाँ उद्यान उजाड़ने के क्रम में उनकी भिड़त्त अक्षयकुमार तथा मेघनाथ से होती है। अक्षयकुमार तो मारा जाता है लेकिन मेघनाथ नागपाश से हनुमान को बाँध देता है। हनुमान नागपाश को तोड़ सकते थे, उनके मन में कोई मर्यादा बोध नहीं था बल्कि सोचा कि मैं कितना और शत्रु संहार करूँ, इससे अच्छा बँधकर रावण के पास जाऊँ और उससे मुलाकात करूँ। हनुमान के बँध जाने की खबर से सीता कर्मफल तथा विधि-विधान को कोसती हैं। पहले रावण ने हनुमान को फटकारा कि तुमने कुल, बल, जाति से विहीन, फलभोजी, दीन-हीन तापस की सेवा स्वीकार की। देव भयंकर रावण को छोड़कर तूने राम की शरण ली। चूँकि हनुमान रावण की बहन चन्द्रनखा (शूर्पनखा) के दामाद (जामाता) थे, और वीर थे इसलिए उनका चूड़ामणि, कटक, मुकुट और कटिसूत्र द्वारा सम्मान किया गया (पउमचरिउ-सन्धि-54) रावण कहता है मुझ जैसे उत्तम स्वामी को छोड़कर कुस्वामी की सेवा के कारण इस कुफल को प्राप्त किया। रावण का प्रत्युत्तर देते हुए हनुमान परस्त्री के अपहरण के दुष्परिणामों को निरूपित करते हैं। सीता लंका का विनाश और जन्मान्तर का अकल्याण है। परधन परदारा और मद्य व्यसन का आदर मूर्ख व्यक्ति भी नहीं करता है। मुनिसुव्रत के चरणों का भ्रमर होते हुए भी तुमने क्या अनित्य अनुप्रेक्षा को नहीं सुना। हनुमान के उपदेश में भी उपमाओं का प्रचुर प्रयोग है। सम्पत्ति समुद्र की लहर के समान, लक्ष्मी बिजली की रेखा की तरह चंचला, यौवन पहाड़ी नदी की तरह प्रवाहमान, प्रेम स्वप्नदर्शन की तरह मिथ्या हैं, शरीर छीज रहा है और आयु गल रही है। केवल धर्म स्थिर है शेष सब अस्थिर। इसी तरह अशरण अनुप्रेक्षा, त्रिलोक अनुप्रेक्षा (संसार), एकत्व, अन्यत्व, अशुचि, आस्रव, संवर, निर्जरा, लोक, बोधि, दुर्लभ आदि बारह अनुप्रेक्षाओं पर विचार प्रकाशित किये गये हैं। जिन धर्म की सर्वश्रेष्ठता को प्रतिपादित करते हुए स्वयंभू कहते हैं–

जणु कज्जवसेण मुह रसियउ पिय जम्पणउ।
जिण धम्म मुएवि जीवहो को विण अप्पणउ।

(चौवनवीं सन्धि-10)

जल-थल, पाताल, आकाश तल में स्वर्ग, नरक, तिर्यंच और मनुष्य ये चार गतियाँ हैं। जीव मनुष्य, जीव-जन्तु पक्षी आदि रूपों में जन्म लेता है। मरता, पिटता, जीता, शरीर को छोड़ता है, इस तरह पाप फल को भोगता है। कभी स्त्री माँ, बहन, लड़की, पत्नी बनती है। शत्रु मित्र तथा मित्र शत्रु बन जाते हैं। यहाँ सुख कहाँ है? परनारी के ग्रहण से नरक में जाना पड़ता है। हनुमान आगे कहते हैं कि हे रावण! इस संसार में तुमने सैकडों भोगों का अनुभव किया है, परन्तु तुम्हें तृप्ति नहीं मिली। त्रिलोक अनुप्रेक्षा के विषय में ध्यान से सुनो। आकाश के बीच तीनों लोक प्रतिष्ठित हैं। रावण के मन में सीता की देह के प्रति विरक्तिभाव पैदा करने के लिए देह का वीभत्स चित्र अंकित किया गया है–

माणुस देहु होइ घिणि विट्टलु। सिरेहिँ णिवद्धउ हड्डइ पोट्टलु।
चलु कुजन्तु मायमउ कुहेडउ। मलहो पुञ्जु किमि-कीडहुँ मूडउ।।
पूअगन्धि रुहिरामिस-भण्डउ। चम्प रुक्खु दुगन्ध करण्डउ।।
एइएँ असुइन्तें अहो लंकाहिव भुवण रवि।
सीयहें वरि तो वि हूउ विरत्तीभा ण वि।।

रावण की आसक्ति सीता के प्रति यथावत देखकर पुन: हनुमान जी दशमुख को आस्रव अनुप्रेक्षा बताते हैं। दुष्कर्म करने पर जीव को पाँच प्रकार के पाप लगते हैं। पाँच प्रकार का ज्ञानावरणीय, नौ प्रकार का दर्शनावरणीय, दो प्रकार का वेदनीय, अट्ठाईस प्रकार का मोहनीय, चार प्रकार का आर्यकर्म, नौ प्रकार का नामकर्म, दो प्रकार का गोत्रकर्म और शुभ-अशुभ पाँच प्रकार का अन्तराय कर्म। इन कर्मों से जीव आच्छन्न होता है। वह बन्धन में पड़ा रहता है। हे रावण! अपने मन में संवर-तत्त्व का ध्यान करो। राग रहित होकर इस जीव को रागरहित रहना चाहिए। जो जिसका प्रतिद्वन्दी है उससे उसकी रक्षा करो। काम से अकाम की, पाप से अपाप की, दम्भ से अदम्भ की, मोह से अमोह, रोष से अरोष, मिथ्यात्व से सम्यक् की रक्षा करनी चाहिए। निर्जरा तत्त्व में व्रत, उपवास, ध्यान, अर्चन, पूजन, तप और जैन नियमों के पालन की सलाह दी गयी है। हनुमान ने रावण को बारहों अनुप्रेक्षा के अनुपालन की सलाह दी किन्तु दशरथ जब संन्यास ले रहे थे तो भरत ने भी राज भोग से अपने

को अलग करके जैन धर्म के अनुपालन की इच्छा प्रकट की, इस पर दशरथ रुष्ट होकर उन्हें डाँटते हैं। 'अभी तुम राज्य और विषय-सुख का भोग करो, ताम्बूल का सम्मान करो, इच्छा से शरीर सज़ाओ, उत्तम बाला का आलिंगन करो, सभी तरह के अलंकार पहनो, अभी तुम्हारे तप का कौन सा समय है।' इसके पश्चात् दशरथ जैन साधना की कठिनाइयों का वर्णन करते हैं और बताते हैं कि अभी तुम्हारा संन्यास लेने का समय नहीं है। (पउमचरिउ-सन्धि-24, कड़वक-4) दशरथ के तर्क का भरत ने बड़ा ही सटीक और सार्थक सवाल उठाया। उनका कहना है कि क्या बालक सुखों से वंचित हो नहीं सकता है? क्या उसे संन्यास सम्यक् दर्शन, यम का भय, इष्ट वियोग आदि नहीं हो सकता? इन प्रश्नों के उत्तर दशरथ के पास नहीं थे। इस विवाद से कवि दृष्टि का परिचय मिलता है। संन्यास केवल वृद्धावस्था में ही नहीं बल्कि किसी भी अवस्था में लिया जा सकता है। (पउमचरिउ-सन्धि-24, कड़वक-4, 5)

कवि ने अरुण ग्राम के एक ब्राह्मण का छोटा सा कथानक प्रस्तुत किया है। राम-लक्ष्मण उस गाँव में किसी भी व्यक्ति को न देखकर कपिल नामक ब्राह्मण के घर में घुस गये और पानी पीकर वापस आ गये। ब्राह्मण एकाएक वहाँ आ गया और राम-लक्ष्मण के ऊपर क्रुद्ध होकर उन्हें दण्ड देने की भावना से ललकारा। लक्ष्मण ने उसे उठाकर आकाश तक घुमाकर पटकना चाहा लेकिन राम के रोकने पर रुक गये। राम ने कहा कि नीति है–बालक, गाय, पशु, तपस्वी और स्त्री की हत्या नहीं करनी चाहिए। हनुमान को आश्चर्य होता है कि रावण अहिंसा धर्म के दस अंगों को जानता है फिर भी सीता का परित्याग नहीं करता। दशधर्म अनुप्रेक्षाएँ हैं–जीवदया, मार्दव, सरलचित्त, लाघव से जीना, तपश्चरण, संयम, अयाचना, ब्रह्मचर्य, सत्यव्रत और मन से बातों का परित्याग। इन धर्मों से ही चिन्तित फल मिलता है। अन्त में हनुमान बोधि अनुप्रेक्षा के चिन्तन का उपदेश देते हैं। दिन-रात यह सोचो- हर जन्म में मेरे स्वामी परम जिन हों, जिनगुणों की सम्पदा मिले, दर्शन और ज्ञान का साथ हो। हनुमान के द्वारा प्रस्तुत की गयी अनुप्रेक्षाएँ रावण के मन में गड़ गयीं और हाथ जोड़कर उसने जिन का जय-जयकार किया।

इस ज्ञानोपदेश से हनुमान की विद्वत्ता तथा दर्शन ज्ञान स्वत: अभिव्यंजित हो जाते हैं। उन्होंने रावण को गहरे द्वन्द्व में डाल दिया। एक ओर नरक का भय दूसरी ओर काम के बाणों का अंग-भंग करने वाला प्रहार। सीता के अंग-प्रत्यंग के सौन्दर्य में मग्न रावण के सामने दुष्कर्म की अति भयंकर यातनाएँ हैं। कवि ने रावण के द्वन्द्व को विस्तार से चित्रित किया है–

जाणमि जिह ण वि सोक्खु पर-तिय परदव्वु लयन्तहो।
जं रुच्चइ तं होउ तहो रामहो सीय अ-देन्तहो।।

रावण का अहंकार जागृत हो गया, वह हनुमान को फटकारने लगा। हनुमान ने निर्भीक स्वर में कह दिया 'मुनिवर का कथन सत्य होना चाहता है, कुछ ही दिनों में सीता से तुम्हारा नाश दिखायी देता है।

राम जिन चरण कमल के सेवक हैं सीता भी अरहंत साधु की तरह परमात्मा का ध्यान करती है, उपवास आदि से आत्मक्लेश करती है, हिन्दू, बौद्ध तथा जैन तीनों धर्मों में पुनर्जन्म के सिद्धान्त की मान्यता है किन्तु जैन धर्म में पुनर्जन्म के आधार पर मानवीय सम्बन्धों तथा पूर्वजन्म के कर्मफल को विस्तार से अंकित किया गया है। स्वयंभू ने भीलराज उदित-मुदित नामक मुनियों के पुनर्जन्म को वर्णित किया है। दोनों का पुनर्जन्म कुलभूषण और देशभूषण के नाम से हुआ। दोनों को पिता के आचार्य नेमि को सौंप दिया। उनकी एक बहन कमलोत्सवा थी जो युवती हो गयी। दोनों उस पर आसक्त हो गये। बाद में वास्ताविकता के ज्ञान होने पर उन्हें पश्चाताप हुआ। उन्हें विवाह और दोष पूर्ण राज्य से विरक्ति हो गयी। दोनों पर्वत पर विराजित थे पूर्व जन्म का शत्रु अग्नि केतु उन पर उपसर्ग (उपद्रव) करने लगा। चारों देव निकायों के ज्ञाता कुलभूषण से राम ने धर्म और पाप का फल पूछा। पाँच महाव्रत, अणुव्रत, गुणव्रत और शिक्षाव्रत का फल जानना चाहा। परस्त्री, परधन की इच्छा न करना, सत्य और मिथ्या भाषण, जिन पूजा के अनुष्ठान, माँस त्यागने, संयम, चरित्रव्रत ज्ञान दर्शन आदि के फल के विषय में प्रश्न किया। मंगलकारी लाभकारी कर्मों तथा अनिष्टकारी कर्मों के प्रति भी वे जिज्ञासा व्यक्त करते हैं। स्वर्ग कैसे प्राप्त है? मुनि बड़े मनोयोग से धर्म से सम्बद्ध उपर्युक्त प्रश्नों का उत्तर देते हैं। राम के द्वारा प्रश्न पूछने का तात्पर्य है कि राम जैन धर्म के अनुयायी तो हैं किन्तु उसके ज्ञाता नहीं हैं। कवि ने जनसाधारण को धर्म की आवश्यक एवं उपयोगी मान्यताओं से परिचित कराने के लिए ही इस कथा का विधान किया है। लगभग नौ कड़वकों में मुनि का उपदेश चलता है। जटायु भी अपने पूर्व जन्म का स्मरण करता है, वह पूर्व जन्म में दण्डक राजा था, उसने पाँच सौ मुनियों को घोर कष्ट दिया था। वह उस समय बौद्ध धर्म का अनुयायी था। कवि फिर अवसर मिलता है मुनि और दण्डक के धार्मिक विमर्श का: मुनि ने दण्डक राजा को बताया कि हम अस्ति, नास्ति दोनों को मानते हैं। दण्डक की रानी राजा से सहमत नहीं थी, वह नहीं चाहती थी कि राजा जैन धर्म स्वीकार करे। उसने एक षड्यन्त्र के तहत अपने बगल में एक जैन मुनि को बैठा

दिया। राजा क्रुद्ध हो उठा, वह पाँच सौ मुनियों को बन्दी बना लिया और उन्हें यन्त्र से पीड़ा देने लगा। इसी बीच दो मुनिवर बाहर से आ रहे थे, एक ने क्रोध करके अग्निपुंज से नगर जला दिया। यम के योद्धा आकर दण्डक तथा उसकी पत्नी को उठा ले गये। उन्हें नरक की घोर यातना से गुज़रना पड़ा। कवि ने नरक का अत्यन्त भयानक दृश्य उपस्थित किया है।

मन्दोदरी ने रावण को समझाते हुए जैनधर्म की मान्यताओं के परिप्रेक्ष्य में ही बातें की हैं–

जिणवर-सासणँ पंच विरुद्धइँ। दुग्गइ जाइ णिन्ति अविसुद्धइं।
पाहिलउ बहु छज्जीव-णिकायहुँ। वीयउ गम्मइ मिच्छावायहुँ।।
तइयउ जं परदब्बु लइज्जइ। चउथउ पर-कलत्त सेविज्जइ।
पंचमु णउ पमाणु घरवार हों। आयहिँ गम्मइ भवससारहो।।

जिनवर शासन में पाँच चीज़ें विरुद्ध हैं। ये दुर्गति में ले जाने वाली और नित्य रूप से अशुद्ध है। पहले छह निकायों के जीवों का वध, दूसरे मिथ्यात्ववाद लगाना, तीसरे परद्रव्य का अपहरण, चौथे पर स्त्री सेवन, पाँचवें अपने गृहद्वार का परिमाण न करना। इनसे भव-संसार में भटकना पड़ता है। (पउमचरिउ-एकतालीस वीं सन्धि कड़वक-6) विभीषण ने भी रावण को परस्त्री रमण से उत्पन्न पाप के परिणामस्वरूप सात भयंकर नरक की घोर यातना से गुज़रने का चित्र अंकित किया है। वह सातों नरकों का उल्लेख करके एक के बाद दूसरे में एक से बढ़कर दूसरे दुख की चर्चा करते हैं। सातों नरक के नाम हैं–रत्नशर्करा, बालुका, पंकप्रभा, धूमप्रभा, तमप्रभा, तमतमप्रभ। (बयालीसवीं सन्धि, पृ. 368 गरुण पुराण में 36 नरक बताए गये हैं।)

पुष्पदन्त रचित महापुराण में रामकथा

महापुराण या तिसट्ठि महापुरिस गुणालंकार (त्रिसठ महापुरुष गुणालंकार) पुष्पदन्त के पिता केशव भट्ट माता मुग्धा देवी थी। आरम्भिक जीवन में शैव थे, बाद में जैन हो गये। मान्य खेट के भरत के आश्रय में इन्होंने महापुराण की तथा उनके पुत्र नन्न के आश्रय में णाय कुमार चरिउ एवं जसहरचरिउ की रचना की। भरत तथा नन्न राष्ट्रकूट वंश के कृष्णराज तृतीय के मन्त्री थे। पुष्पदन्त दुर्बल काया वाले अर्थहीन व्यक्ति थे, किन्तु उन्हें अपने कवित्व का अभिमान था। ये अपने को कव्व पिसल्ल अभिमान मेरु, कविकुल तिलक, काव्य रचनाकार सरस्वती निलय आदि उपाधियों से विभूषित कहा है। इनका समय दसवीं सदी माना जाता है। महापुराण तीन खण्डों

में विभक्त है। ग्रन्थ का आरम्भ 959 ई. में तथा समापन 965 ई. में हुआ था। महापुराण में 24 तीर्थंकर, 12 चक्रवर्ती, 9 वासुदेव, 9 प्रतिवासुदेव और 9 बलदेव कुल 63 महापुरुषों का चरित्र वर्णित है। महावीर के शिष्य गौतम ने मगधराज श्रेणिक को महापुराण की कथा उनके अनुरोध करने पर सुनाई थी। महापुराण में 69 से 79 सन्धि तक राम कथा का वर्णन जैन परम्परा के अनुसार किया गया है। राम पूर्व जन्म में राजा प्रजापति तथा लक्ष्मण उनके मन्त्री थे। युवावस्था में एक व्यापारी की स्त्री के अपहरण के अपराध में दोनों को जंगल में मृत्युदण्ड देने का आदेश हुआ किन्तु राजा का मन्त्री इन्हें जंगल में एक मुनि के दर्शन कराता है। दोनों तप करके मणिचूल तथा सुवर्णचूल देवता हुए। फिर अगले जन्म में वाराणसी के राजा दशरथ के पुत्र हुए। राम की माँ सुबला और लक्ष्मण की माँ कैकेयी थीं। राम श्वेत (गोरे) तथा लक्ष्मण साँवले थे। रावण-मन्दोदरी की कन्या सीता थी, जन्म के समय भविष्यवाणी हुई कि यह अपने पिता पर आपत्ति लाएगी। रावण ने एक मंजूषा में बन्द करके उसे दूर खेत में गाड़ दिया। जनक ने खेत से सीता को प्राप्त किया और राम से उसका विवाह कर दिया। नारद के मुँह से सीता के रूप सौन्दर्य की प्रशंसा सुनकर रावण ने सीता का हरण कर लिया। सुग्रीव और हनुमान के सहयोग से राम और लक्ष्मण ने रावण पर विजय पाई। लक्ष्मण ने रावण को मारकर राज्य विभीषण को दे दिया। लक्ष्मण चिरकाल तक सुखभोग करके नरक चले जाते हैं। राम अपने भाई लक्ष्मण के वियोग में भिक्षु का जीवन व्यतीत करते हैं और निर्वाण प्राप्त करते हैं। महापुराण के आरम्भ करने में कवि को संकोच होता है किन्तु वह यह मानकर कि दुर्जनों का स्वभाव दोषारोपण होता है। कुत्ता पूर्ण चन्द्र पर भौंकता रहे किन्तु उसका कुछ नहीं बिगड़ता। सज्जन प्रशंसा और दुर्जन निन्दा के बाद कवि आत्म विनय के साथ ग्रन्थ का आरंम्भ करते हैं। पुष्पदन्त को ऐसा प्रतीत होता है कि महापुराण समुद्र की तरह अति दुर्गम है। उसको मापना उडुप के द्वारा समुद्र-मापन की तरह है। ऋषभ का अयोध्या में जन्म, युवावस्था, जसवई तथा सुणंदा से विवाह, जसवई से भरत आदि सौ पुत्रों तथा कन्या, सुणंदा से बाहुबलि नामक पुत्र और सुन्दरी नामक कन्या का वर्णन है। ऋषभ बाद में विरक्त हो जाते हैं, भरत राज गद्दी पर विराजित होते हैं। पुष्पदन्त ने ऋषभ के द्वारा अपने सहयोगियों तथा पुत्रों के पूर्वजन्मों का वर्णन कराया है। इसमें अनेक अलौकिक घटनाओं का भी समावेश है। ऋषभ से सम्बन्धित कथा कुल 37 सन्धियों को आच्छादित करती है। 38 से 80 सन्धियों में बीस तीर्थंकर आठ बलदेव, 8 वासुदेव, 8 प्रतिवासुदेव तथा 10 चक्रवर्तियों का वर्णन है। रामकथा तथा कृष्ण

कथा का इसी में समावेश है जिसका उल्लेख अलग से किया गया है। 4 तीर्थंकर, 2 चक्रवर्ती 1-1 बलदेव, वासुदेव तथा प्रतिवासुदेव का वर्णन पूर्व में ही हो चुका है।

महापुराण में महापुरुषों के वर्तमान तथा पूर्वजन्मों के वर्णन के कारण कथा का आयाम बहुत व्यापक हो गया है। अवान्तर कथाओं के कारण कथा का सूत्र जटिल हो गया है। कथानक में जिन भक्ति के कारण अनेक अलौकिक तथा चमत्कारिक घटनाओं को अंकित किया गया है। नगर, गाँव, वन-उपवन, सरोवर, नदी, विभिन्न ऋतुएँ, सूर्योदय, सूर्यास्त आदि के वर्णनों में केवल इतिवृत्तात्मक नहीं है बल्कि कवि की अनूठी कल्पना साकार हुई है। वर्णनों में पारम्परिक उपमानों के अलावा मौलिक उपमानों का विधान परिलक्षित होता है। हेतूत्प्रेक्षा में कवि कल्पना को देखा जा सकता है–

मगध का वर्णन करते हुए कवि कहता है कि 'जहाँ कोयल वनलक्ष्मी के कज्जल-पात्र की तरह घूमती है। जहाँ वायु द्वारा प्रेरित जल मानो सूर्य के शोषण भय से हिल रहे हैं–

जहिं कोइलु हिंडइ कसण पिंडु वण लच्छिहे णं कज्जल करंडु।
जहिं सलिलइं मारुय पेल्लियाइं रवि सोसण भएण हल्लियाइं।।

(महापुराण 1, 12)

कुछ सुन्दर उपमानों को परम्परा से ग्रहण करने में पुष्पदन्त को संकोच नहीं है। स्वयंभू ने विराट नगर के लिए तथा पुष्पदन्त राजगृह के लिए समान उत्प्रेक्षा का विधान किया है।

महापुराण में वरि, श्रृंगार तथा शान्त रसों की प्रभावोत्पादक व्यंजनाएँ हुई हैं। श्रृंगारिक भावों को तीव्रता से उद्बुद्ध करने के लिए नायिकाओं का सौन्दर्य वर्णन किया गया है। उत्प्रेक्षा के द्वारा देह सौन्दर्य के अद्भुत प्रभाव को दर्शाने की चेष्टा कतिपय स्थलों पर देखी जा सकती है। अलका के राजा अतिबल की रानी मनोहरा को कवि प्रेम-जल की कल्लोल, मदन की परमलीला, चिंतामणि द्वारा प्रदत्त काम, त्रिजग की तरुणियों के सौभाग्य की सीमा रूप, रत्न की खान, लावण्य की ज्योति आदि रूपों में दृष्टिगत करता है–

णं पेम्म सलिल कल्लोल माल, णं मयणहु केरी परमलील।
णं चिंतामणि संदिण्ण काम णं तिजग तरुणि सोहग्गसीम
णं रूव रयण संघाय खाणि, णं हियय हारि लायण्ण जोणि।।

(20.9.1-7)

सीता के सौन्दर्य वर्णन में काव्य-निर्मित के सादृश्य का विधान करते हुए अनूठा प्रभाव उत्पन्न करता है। परमेश्वरी सीता की दिव्य देह बढ़ रही है जैसे द्वितीया की चन्द्रमा की कला की रेखा बढ़ रही हो जैसे ललित महाकवि की पद-प्रयुक्ति हो या जैसे मदन भाव की विज्ञान वृत्ति हो, जैसे गुण की समग्रता की सौभाग्य-थाती हो या नारि के रूप की रचना की समाप्ति (चरमोत्कर्ष) हो, वियोग वर्णन में भी कवि सिद्धहस्त है। राम तथा सीता का वियोग वर्णन मन्दोदरी का विलाप इस सन्दर्भ में उल्लेखनीय है। वियोग वर्णन में प्रकृति का उद्दीपन रूप में चित्रण किया गया है। महापुराण का प्रमुख रस वीर है। सभी तीर्थंकर आरम्भिक जीवन में भोग-विलास की सामग्री तथा स्त्री की प्राप्ति हेतु युद्ध करते हैं। वासुदेवों तथा प्रतिवासुदेवों में युद्ध होता है। युद्ध के चित्रण में वीर रस की व्यंजना तो होती ही है, साथ ही उसके सहयोगी रस रौद्र, वीभत्स भी अंकित होते हैं। वीर और श्रृंगार दोनों का पर्यवसान शान्त रस में होता है क्योंकि सभी महापुरुष या तीर्थंकर अन्ततः विरक्त होकर जैन साधना में लीन होकर निर्वाण प्राप्त करते हैं। वीरों की मृत्यु के बाद करुण रस के चित्रण का अवसर मिलता है। अपभ्रंश की द्वित्व शब्दावली वीर रस के चित्रण के लिए विशेष उपयोगी है। कहीं-कहीं परुष वर्णों जैसे ह, ड, ण आदि की योजना से वीर भावों को परिपुष्ट किया गया है। परुषवर्णी शब्दों तथा छन्द की गति से युद्ध का दृश्य साकार हो जाता है। शब्दों का अर्थ भले ही न समझ में आये परन्तु युद्ध की भयंकरता का अहसास शब्द की ध्वन्यात्मकता से ही हो जाता है–उदाहरणार्थ–

चल चरण चार चलिय धराइं डोल्लविय गिरि विवरंतराइं
ढलहलिय घुलिय वर विसहराइं भयतसिर रसिय घण वणयराइं।।

(महापुराण 52.14.8)

युद्ध के उपरान्त जो भोग-विलास और राजपाट मिलता है, उसकी निस्सारता का बोध कराना ही कवि का लक्ष्य है। इस दारुण संसार में दो दिन रहकर कौन राजा यहाँ से न गये। धन इन्द्रधनुष की तरह क्षण में नष्ट हो जाते हैं, हाथी, घोड़े, पुत्र, कलत्र कुछ भी स्थायी नहीं। करतल स्थित जल की तरह यौवन विगलित हो जाता है। मनुष्य पके फल की तरह निपतित हो जाता है।

पुष्पदन्त का सर्जनात्मक चमत्कार उनके द्वारा किये गये प्रकृति-चित्रों में परिलक्षित होता है। प्रकृति और जीवन का बिम्ब-प्रतिबिम्ब भाव कवि की उत्कृष्ट कल्पना से सृजित है। सूर्यास्त का मनोरम दृश्य कवि की कल्पना से रंजित होकर एक अद्भुत प्रभाव से सम्पृक्त हो जाता है। कवि ने धर्म का उपदेश न देकर धर्म

को काव्य में रच दिया है। धर्म रसात्मक अनुभूति में परिणत हो गया है। रक्त वर्ण सूर्य ऐसा लगता है जैसे वह रति निलय में पहुँच गया है, या डूबता सूरज पश्चिम आशा बहू का कुंमकुम तिलक हो। मानो स्वर्ग लक्ष्मी का माणिक्य ढलक गया हो, या नभसर में लाल कमल खिला हो। अथवा जिन के गुणों पर रीझकर मकरध्वज ने अपना राग-पुंज छोड़ दिया हो। अस्त होता सूर्य ऐसा लगता है जैसे जल भरती लक्ष्मी का कनक-कलश छूटकर जल में डूब गया अथवा साँझ के राग से रंजित पृथ्वी ने पृथ्वीपति के विवाह पर धारण किये हुए कुसुंभी रंग का वस्त्र उतार दिया है। प्रकृति चित्रण में नारी के सुन्दर अंगों, रागात्मक भावों को सादृश्य के रूप में अंकित किया गया है। युद्ध की समाप्ति पर वीरों की दशा, विजयी राजा की मन:स्थिति, हाथियों, घोडों, अस्त्रों की निविड़ता तथा तज्जन्य तमस सदृश धूलि प्रसार का चित्रण अति प्रभावशाली है। महापुराण में ऋतुओं, नदी, सरोवर, गंगावतरण के वर्णन कवि की उत्कृष्ट काव्य-प्रतिभा को प्रमाणित करते हैं। गंगा नदी के वर्णन का एक दृश्य इस प्रकार है–

पंडुर गंगाणइ महियलि घोलइ किंणर सर सुह भंतहो।
अवलोइय राएं छुडु छुडु आयें साडी णं हिमवन्तहो। (12.5, 29-30)
णं सिहरि धरारोहण णिसेणि णं रिसह जसरयण खाणि।

राजा ने शुभ्र गंगा नदी को महीतल में बहते देखा। वह हिमाचंल की साड़ी के समान प्रतीत होती थी या शिखर पर चढ़ने की सीढ़ी हो या ऋषभ के यशरत्न की खान हो। काव्य की मनोरम पंक्तियों के बीच जिनेश्वर ऋषभ की महिमा का किसी-न किसी तरह वर्णन कवि की धर्म-भावना को अभिव्यंजित करती है। प्रकृति और जीवन का संश्लिष्ट वर्णन कवि की लोकभावना को दर्शाती है। वैताढ्य पर्वत के वर्णन में कवि कहता है कि वहाँ पथिक द्राक्षा मंडप के नीचे सोते हैं, बैल द्वारा खींचे जा रहे (कोल्हू) में पेरे जाते हुए गन्ने का रस काव्य रस के समान पीते हैं, जब तक कि तृप्ति से झूम न उठें, वहाँ पके धान के कणों को शुक खाते हैं और कृषक कन्याओं के लिए दूतत्व का काम करते हैं (8.12.12-17)

ललित तथा मधुर उपमानों के साथ कहीं-कहीं नितान्त कटु यथार्थपरक उपमान भी प्रयुक्त मिलते हैं जैसे डूबता समुद्र ऐसा लगता है जैसे दिवसश्रीनारी का गर्भपात हुआ हो। इसी तरह सूर्य को दिशा-रूपी निशाचरी के मुख का ग्रास कहा गया है। हरिवंश कोछड़ ने पुष्पदन्त की आलंकारिक योजना पर प्रकाश डालते हुए लिखा है 'कवि ने एक उपमेय और एक उपमान को लेकर उपमेय के भिन्न-भिन्न रूपों का

साम्य प्रदर्शित करते हुए दो वस्तुओं का अलग-अलग पूर्ण चित्र उपस्थित किया है। इस प्रकार का साम्य कभी क्लिष्ट शब्दों द्वारा, कभी उपमेय उपमानगत साधारण धर्म द्वारा और कभी उपमेय उपमानगत क्रियाओं द्वारा अभिव्यक्त किया गया है। (अपभ्रंश-साहित्य, पृ. 91) इस तरह की आलंकारिक विधान स्वयंभू के पउमचरिउ में भी प्रचुर मात्रा में उपलब्ध हैं। यह अपभ्रंश काव्य की निजी परिपाटी हो सकती है।

अपभ्रंश पुष्पदन्त के समय में लोकभाषा की काव्यात्मक परिणति थी। अत: लोकोक्तियों एवं मुहावरों का सौन्दर्य भी अपभ्रंश काव्यों में सरलता से दृष्टिगत किया जा सकता है। लोकोक्ति तथा सुभाषित के कुछ उदाहरण इस प्रकार हैं–

उट्ठाविउ सुत्तउ सीहु केण (12.17.6)

(सोता सिंह कौन जगाता है।) माणभंगु वर मरणु ण जीविउ (16.21.8) मानभंग होने से जीने की अपेक्षा मरना ठीक है।

लूयांसुत्ते वज्हइ मसउ ण हत्थि णिरुज्झइ (31.10.19) मकड़ी के जाल से मच्छर तो बँध सकता है, हाथी नहीं उलझाया जा सकता।

महापुराण में मात्रिक छन्दों का प्रयोग अधिक है। छन्दों में अन्त्यानुप्रास का पालन हुआ है। महाकाव्यानुकूल हर सन्धि में भिन्न प्रकार के छन्द का प्रयोग है।

णायकुमार चरिउ

पुष्पदन्त की दूसरी महत्त्वपूर्ण रचना है णायकुमार चरिउ, नौ सन्धियों का खण्ड काव्य है। पंचमीव्रत की महिमा बताने के लिए इस ग्रन्थ की रचना हुई है। इसके नायक नागकुमार के अनेक चमत्कारिक चरित्र, वीरतापूर्ण कार्यों, अनेक विवाहों, राजघरानों की स्त्रियों के सौतिया डाह, जुआ के खेल की राजकीय मान्यता, प्रतिनायक की ईर्ष्या आदि के वर्णन किये गये हैं। पिहिताश्व मुनि द्वारा नागकुमार और लक्ष्मीमती के पूर्व जन्म की कथा का बयान किया गया है। कवि ने अपनी दार्शनिक बहुज्ञता का परिचय कतिपय स्थलों पर दिया है। वीर तथा शृंगार रसों की व्यंजना करने में कवि सफल रहा है। नागकुमार के चरित्र की विलक्षणता पूर्व जन्म की धार्मिक भावना पर आधारित है। घटना बाहुल्य के कारण कथा प्रवाह शिथिल है फिर भी कवि ने अपनी काव्य-प्रतिभा का निदर्शन किया है। नारी-सौन्दर्य के चित्रण में कवि खुले हृदय से अग्रसर होता है। जल-क्रीड़ा करती हुई स्त्रियों के आंगिक सौन्दर्य एवं भाव-चेष्टाओं का प्रभावशाली चित्रण उपलब्ध है। नाग कुमार वाद्य-यन्त्रों को बजाने में कुशल है। कुछ राजकुमारियों ने उसके इसी गुण से आकर्षित होकर उससे विवाह किया है।

जसहर चरिउ : इस काव्य की रचना हिंसा के दुष्प्रभावों को दिखाने के लिए की गयी है। राजा मारिदत्त ने भैरवानन्द से दिव्य शक्ति की प्राप्ति की कामना से उनके निर्देश पर अनेक प्राणियों के युग्म की बलि देकर देवी की पूजा का आयोजन किया। मनुष्य के युग्म के रूप में छुल्लक श्रेणी के दो शिष्यों को लाया गया। अल्पवय के तपस्वियों से राजा प्रभावित होकर उनका परिचय पूछा। क्षुल्लक ने अपने पूर्व जन्म की कहानियाँ बताई। उस समय में यशोधर नामक राजा ने माता को बताया कि उससे भिक्षु होने या मृत होने का स्वप्न देखा है। माता ने स्वप्न के दुष्प्रभाव को कम करने के लिए पशुबलि से देवी को ख़ुश करने का प्रस्ताव रखा। राजा के विरोध के कारण आटे के कुक्कुट की बलि दी गयी, फिर भी राजा वनवास के लिए तैयार हो गया। उसकी रानी अमृतमति ने यशोधर तथा सास को विष देकर मार दिया। कृत्रिम मुर्गे की बलि के फलस्वरूप यशोधर तथा उसकी माँ अनेक पशु-पक्षी योनि में जन्म लेते रहे। अन्त में राजा मारिदत्त तथा भैरवानन्द क्षुल्लकों की कथा के प्रभाव से जैन धर्म में दीक्षित हो गये। जीव-जन्तुओं के प्रति दयाभाव, आत्मीय अनुभूति और अहिंसा की महिमा प्रतिपादित करना इस ग्रन्थ का मुख्य उद्देश्य है।

कवि ने यौधेय देश की ग्राम्य संस्कृति का प्रभावशाली वर्णन किया है। तोतों का खेतों में चुगना, गौओं का इक्षु खण्ड खाते विचरण करना, वृषभों द्वारा गौओं का चाटना, पौशाला पर पानी पिलाने वाली लड़की के सौन्दर्य पर पथिक का मुग्ध होना ऐसे ही वर्णन हैं। कवि ने प्रासादों के ऐश्वर्य, भोग-विलासमय जीवन, ईर्ष्या-द्वेष का सुन्दर चित्र अंकित किया है। ग्रन्थ में वीर तथा शृंगार की अभिव्यंजनाएँ हुई हैं लेकिन कवि ने निर्वेद भाव की तीव्र व्यंजना पर अधिक बल दिया है। कवि ने प्रकृति चित्रण में नवीन उद्भावनाएँ की हैं। सन्ध्या को लता का रूपक देते हुए कवि कहता है कि सूर्यास्त के बाद सन्ध्या बेलि निकली और सारे जगत की मंडप की तरह आच्छादित कर दिया। तारों के कुसुमों से परिवृत्त, चन्द्रमा रूपी फल से युक्त हो गयी-

रवि उग्गु अहोगइणं गयउ, णं रत्तउ कदंउ णिक्खियउ।
तहिं संझा बेल्लि व णीसरिय, संपुण्ण चंद फल भरणविय।

देह की नश्वरता क्रियाओं की द्वि आवृत्ति के माध्यम से दर्शाया गया है। रोकते-रोकते भी जीवधारी मनुष्य पाप करता है, बहुत प्रेरित करने पर भी धर्माचरण नहीं करता, चर्म से बद्ध शरीर काल के प्रभाव से सड़ जाती है, रक्षा करते-करते भी यम के मुख में चली जाती है (2.11, 7-12) कवि को मानव चरित्र के मनोविज्ञान की सम्यक् ज्ञान है। दुष्कर्म प्रेरित नारी के विषय में वह कहता है कि हाथी बाँधा

जा सकता है, सिंह रोका जा सकता है, युद्ध में शत्रु सेना जीती जा सकती है किन्तु अन्यासक्त दुश्चरित्रा स्त्री के मन पर काबू नहीं किया जा सकता–

करि बज्झइ हरि रुज्झइ संगरि पर बलु जिप्पइ।
कुकलत्तहि अण्णा सत्तहि चित्तु ण केण वि घिप्पइ।।

(4.1, 1.2)

कवि हिंसकों तथा मछली खाने वालों पर व्यंग्य किया है।

पसु णासइ जहिं हिंसइ परमधम्मु उप्पज्जइ।
ता बहुगुणि मोल्लिवि मुणि पारद्धिय पणविज्जइ।।

शास्त्रीय दृष्टि से यह काव्य उच्चकोटि का है।

जंबूस्वामी चरित (जंबुसामि चरिउ) : इस महाकाव्य के रचियता वीर कवि हैं। इस ग्रन्थ का प्रकाशन भारतीय ज्ञानपीठ से हुआ है। इसके सम्पादक तथा अनुवादक डॉ. विमल प्रकाश जैन हैं। महाकवि वीर ने अपना परिचय स्वयं दिया है। उनका जन्म मालव प्रदेश के गुलखेड़ा नाम के ग्राम में हुआ था। उनके पिता देवदत्त अच्छे कवि थे। कवि ने देवदत्त को स्वयंभू तथा पुष्पदन्त के बाद तीसरा स्थान दिया है। वीर की माँ का नाम श्रीसन्तुवा था। जिनमती, पद्मावती, लीलावती, जयादेवी नाम की इनकी चार पत्नियाँ थीं। संस्कृत में निपुण होते हुए भी पिता तथा मित्रों की प्रेरणा से वीर ने अपभ्रंश में 'जंबूसामि चरिउ' की रचना की। इस ग्रन्थ की पूर्णता वि.स. 1076 माघ शुक्ल दशमी के दिन हुई थी। कवि ने विनम्रता प्रदर्शन करते हुए निषेधात्मक शैली से एक उत्तम कवि को क्या पढ़ना चाहिए? क्या जानना चाहिए का स्पष्ट उल्लेख किया है। तर्कशास्त्र, व्याकरण, छन्दशास्त्र, जैन तथा जैनेतर काव्य परम्पराओं का गहन अनुशीलन करके वीर ने इस काव्य की रचना की। कवि राजधर्म, धर्म, अर्थ, काम की चर्चाओं में भागीदारी करता रहा। वह श्रद्धावान् जैन सद्गृगस्थ था। वह दानी, परदुख से द्रवित होने वाला, सरस काव्य को सर्वस्व समझने वाला, वीर्यवान पुरुष था। ग्रन्थ में संस्कृत और प्राकृत के छन्द भी प्रयुक्त हुए हैं। अन्य कई ग्रन्थों की तरह इसका आरम्भ भी मगध देश के राजगृह नगर के श्रेणिक राजा के समक्ष महावीर स्वामी ने जंबूसामि की कथा प्रस्तुत की है। महावीर जिस समय जीवादि तत्वों का उपदेश कर रहे थे, उसी समय विमान से एक विद्युन्माला नाम का देव उतरा। भगवान् ने उसके पूर्व जन्मों की कथा का बयान किया। पूर्व जन्म में भवदत्त तथा भवदेव दो भाई थे। भवदत्त की मर्यादा से अभिभूत भवदेव अपनी नवपरिणीता पत्नी के राग से रंजित भाव लेकर बेमन से दीक्षा ले ली।

कामासक्त भवदेव बारह वर्ष के बाद जब अपनी पत्नी से मिलने गया तो वह भी व्रतों के पालन से अति कृशगात अवस्था में मिली। पूछताछ के बाद वह पति को पहचान सकी। उसकी पत्नी नागवसू ने नाना प्रकार से धर्मोदेश देकर उसे आचार्य के पास लौटाया। कवि ने यहाँ नागवसू के चरित्र के माध्यम से सिद्ध किया है कि नारी पुरुष से किसी भी रूप में हीन नहीं है। अगले जन्म में भवदत्त सागरचन्द तथा भवदेव शिवकुमार नाम के राजपुत्र हुए। शिवकुमार ने पिता की आज्ञा न पाने के कारण गृहस्थ जीवन में ही विरक्त जीवन जिया। यही मरणान्तर के बाद विद्युन्माली हुआ। चौथी सन्धि से जंबूसामि का चरित आरम्भ होता है। वह सुन्दर तथा अत्यन्त वीर बालक था। मुनि से अपने पूर्व जन्म को जानकर वह घर छोड़ने का संकल्प कर लेता है। माता के समझाने के बाद वह चार कन्याओं से विवाह करके भोग में मस्त हो जाता है। जंबू में बाद में पुन: वैराग्य जागता है, उसकी पत्नियाँ वैराग्य विरोधी कहानियाँ कहती हैं। जंबू, महिलाओं की निंदा करता है। विद्युच्चर नामक चोर तथा जंबू में वैराग्य तथा राग को लेकर बहस होती है। विद्युच्चर वैराग्य के विरुद्ध तर्क देता है। जंबू स्वामी सुधर्मा स्वामी से दीक्षा लेकर मुक्त हो जाता है।

इस महाकाव्य में नगर, वन, ग्राम, वसन्त, सूर्योदय, सूर्यास्त, युद्ध, स्त्री, सौन्दर्य आदि के ज़्यादातर आलंकारिक वर्णन किये गये हैं। अलंकार मोह के कारण भाव व्यंजना बाधित हो गयी है। वैश्या के रूप तथा चरित्र को उजागर करने वाली पंक्तियाँ चमत्कारिक होती हुई भी प्रभावशाली हैं। कवि की घोषणा के अनुसार यह श्रृंगार-वीर महाकाव्य है लेकिन वास्तविक रूप से यह श्रृंगार प्रधान काव्य है जिसकी निष्पत्ति निर्वेद में होती है। राग और विराग की मनोदशा के कर्ष-विकर्ष को बड़े कौशल से अंकित किया गया है। सांसारिक सुख-भोग में रमा हुआ चित्त सहज ढंग से वैराग्य की ओर उन्मुख नहीं हो पाता है। विवाह के मडंप से उठकर भवदेव बड़े भाई की लिहाज़ से मुनि संघ तक चला गया। उसे तपस्वी बना दिया गया। दीक्षा के शब्दों के उच्चारण में वह विचलित हो जाता है क्योंकि उसका ध्यान पत्नी के सौन्दर्य पर टिका है। उसके एक-एक अंग की छवि का स्मरण करता हुआ वह रात्रि भर बैचेन रहता है। बारह वर्ष तक वह काम भाव से तड़पता है। अवसर पाकर वह पत्नी से मिलने जा रहा है। राग-विराग के तनाव में वह व्यग्र है। व्रत भंग के अपयश, जिन शासन के गुणों के प्रति प्रक्षिप्त नये धार्मिक संस्कार उसे आत्मभर्त्सना के लिए उकसाते हैं। वह हर्ष-विषादमय मन: स्थित में घर पत्नी के आलिंगन की लालच से जा रहा है। पत्नी की जीर्ण-शीर्ण देह यष्टि उसे विचलित कर देती है। वह उसकी पापमति को नष्ट करने का संकल्प लेती है। देह की दुर्दशा का वीभत्स चित्र

अंकित करते हुए उसे वह सच्चाई से रूबरू करती है। (जंबूसामि चरिउ-2.14-18) जंबूस्वामी के वैराग्य भाव को दूर करने के लिए उसकी पत्नियों ने अनेक रोचक कथाओं को प्रस्तुत किया है। कथाओं में यह दिखाने की चेष्टा है कि जो उपलब्ध सुख है, जो प्रत्यक्ष ऐश्वर्य है उन्हें त्यागकर देह को क्लेश देकर कल्पित पारलौकिक आनन्द की खोज मूर्खता ही है। इसी तरह विद्युच्चर और जंबूस्वामी तर्क-वितर्क द्वारा जीवन की दो प्रणालियों तथा दो अलग-अलग मान्यताओं को निरुपित करते हैं। जैनधर्म की श्रेष्ठता को प्रतिपादित करने का यह अनुपम तरीक़ा अत्यन्त रोचक है। कथानायक के चरित्र में मानवीय संवेदनाओं की स्वाभाविकता परिलक्षित होती है। कवि ने पौराणिक मिथकों का सुन्दर प्रयोग किया है। वर्णन चल रहा है विन्ध्याटवी का साथ में महाभारत तथा रामायण के पात्रों को भी श्लेष द्वारा अंकित किया जा रहा है। कवि व्यापक लोक जीवन को समाहित करने का प्रयत्न करता है। यदि एक ओर नगर का विलासी जीवन है तो दूसरी ओर गाँव के पशुपालकों का सहज उल्लासमय जीवन है। वन्य जातियों के स्वाभाविक क्रीड़ा रत जीवन भी कवि की दृष्टि से ओझल नहीं होता, प्रकृति वर्णन श्रृंगार रस के उद्दीपन के लिए हुआ है। कामिनियों की रति-भावना तथा वैश्याओं के कृत्रिम व्यवहार तथा आचरण का जीवन्त चित्रण यथार्थपरक है।

नयनंदी कृत सुदंसण चरिउ (सुदर्शन चरित) : इस काव्य की रचना अपभ्रंश के श्रेष्ठ कवि, कविवर माणिक्यनंदी के शिष्य नयनंदी ने वि.स. 1100 में की थी। उस समय धारा नगरी में राजा भोजदेव शासन करते थे। कवि यश लाभ के लिए जिन स्तवन के कारण सुकवित्व युक्त काव्य की रचना में प्रवृत्त हुआ। अन्य चरित काव्यों की तरह इस काव्य की कथा को राजगृह के राजा श्रेणिक को गौतम गणधर सुनाते हैं। सुदर्शन ऋषभदास श्रेष्ठी का पुत्र है। यह पूर्व जन्म में गोपाल था, कवि ने अंगदेश का अलंकृत वर्णन किया है। सुदर्शन की बाल क्रीड़ाओं का वर्णन बड़े मनोयोग से किया गया है। सुदर्शन अति सुन्दर था, उसे देखकर युवतियाँ क्षुब्ध हो जाती थीं। मनोरमा नाम की युवती के सौन्दर्य पर सुदर्शन मुग्ध हो गया। कवि ने यहाँ विभिन्न प्रकार से स्त्रियों का वर्गीकरण भी किया है। इसमें नायिका भेद की छाया दृष्टिगत होती है। सुदर्शन तथा मनोरमा का विवाह हो जाता है। रानी अभया और कपिला नामक अन्य दो स्त्रियाँ सुदर्शन पर रीझ गयीं। रानी अभया ने दासी के द्वारा सुदर्शन को अपने पास बुला लिया लेकिन उसे अपने अधीन नहीं कर सकी। अभया ने सुदर्शन पर मिथ्या आरोप भी लगाया। फलस्वरूप राज्य कर्मचारियों ने उसे पकड़

लिया। राजा धाडीवाहन से युद्ध हुआ, अतिमानव (विंतर) ने सुदर्शन की रक्षा की। अन्त में सुदर्शन विरक्त होकर स्वर्ग चला जाता है। काव्य में अलंकरण की प्रधानता है। एक ही छन्द में श्लेष के द्वारा दो समानान्तर वर्णन हुए हैं। गंगा नदी की तुलना नारी के अंगों से की गयी है। नदी प्रफुल्ल कमल नारी के विकसित मुख की तरह हैं, भ्रमर समूह अलकपाश की तरह हैं, मत्स्य दीर्घनयनों के समान, मोती दन्तावली के समान और प्रतिबिम्बित शशि दर्पण के समान हैं–(सुदर्शन चरित-2.12) सूर्योदय, सूर्यास्त, बसन्त आदि का रोचक चित्रण किया गया है। काव्य में अनेक सुभाषितों तथा मुहावरों के प्रयोग हुए हैं जैसे–करे कंकुण कि आरिसे, दीसइ, एक्के हत्थें ताल किं बज्जइ, सग्गु मुएवि णरउ किं वंछहि।

काव्य का प्रयोजन जैनधर्म की महत्ता की स्थापना भले ही है किन्तु इसमें कथित्व की प्रधानता है। यह सही मायने में प्रेमकथा है। कवि ने ऐहिक पात्रों के द्वारा कथानक का ताना-बाना बुना है।

मुनि कनकामर रचित करकंडु चरिउ : ब्राह्मण जाति में उत्पन्न पण्डित मंगलदेव के शिष्य कनकामर ने जो बाद में दिगम्बर साधु हो गये थे आसाइय नगरी में सन् 1065 ई. के आस-पास इस महाकाव्य की रचना की थी। कवि का रचनात्मक उद्‌देश्य जैन सिद्धान्तों का गंभीर विवेचन न करके उपवास, व्रत, देशाटन, रात्रिभोजन निषेध आदि के महत्त्व से जनसाधारण को अवगत कराना है। करकंड चम्पा नरेश धाडीवाहन का पुत्र है। उसका जन्म अत्यन्त विषम परिस्थित में हुआ है। जन्म के समय अपशकुन के कारण कुसुमपुर की परित्यक्त कन्या पद्मावती से जिसका पालन एक माली कर रहा था, राजा ने विवाह कर लिया। दोहद की अभिलाषा पूर्ति हेतु दोनों हाथी पर घूम रहे थे, हाथी बहुत तेज भागने लगा, राजा ने कूदकर अपनी प्राण रक्षा की। रानी वन में गयी, माली कृपापूर्वक उसे अपने घर ले गया, उसके रूप से ईर्ष्या करके मालिन ने उसे घर से बाहर कर दिया। श्मशान में उसने पुत्र को जन्म दिया। शाण प्रतिकार के लिए मातंग से चांडाल हुआ व्यक्ति पुत्र को उठा ले गया और उसका पालन-पोषण किया। हाथ पर कंडु खुजली होने कारण उसका नाम करकंडु हुआ। वह दन्तिपुर तथा चम्पा राज्य का शासक बना। उसने चोल, चेर और पाड्य को अधीन करने का उपक्रम किया। वह सिंहल की राजकुमारी रतिवेगा से विवाह करके लौट रहा था। एक मच्छ ने उसकी नौका पर आक्रमण कर दिया। विद्याधर की पुत्री ने करकंडु का अपहरण करके पिता की आज्ञा से विवाह कर लिया। मुनिराज शीलगुप्त ने करकंडु का पूर्वजन्म का वृत्तान्त

सुनाया। करकंडु घोर तपस्या करके मोक्ष प्राप्त कर लिया। मुख्य कथा के अन्तर्गत नौ अवान्तर कथाएँ नियोजित हैं। इन कथाओं के द्वारा मंत्र शक्ति, असंगति का दुष्प्रभाव, शुभ-शकुन का फल, तप द्वारा नारी का भवान्तर में नारीत्व के त्याग की सम्भावना आदि को समझाया गया है। कथा नायक को देखकर नगर की नारियों की व्यग्रता का चित्रण प्राय: सभी चरित काव्यों में हुआ है। कवि ने भौगोलिक देशों का भी मनोरम वर्णन किया है। इसमें युद्ध के पश्चात् पराजित राजाओं की कन्याओं से विवाह तदुपरान्त श्रृंगार का वर्णन उपलब्ध होता है। ग्रन्थ का अवसान अन्तत: शान्त रस में होता है। वियोग वर्णन में कवि को अपेक्षित सफलता मिली है। संसार की नश्वरता की व्यंजना अनेक स्थलों पर हुई है। काल के प्रभाव से कोई नहीं बचता है। जैन धर्म की मुख्य मान्यता कर्मफल को भोगने की अनिवार्यता का निर्देश कवि द्वारा किया गया है। प्रकृति चित्रण में मानवीकरण, स्पंदन तथा गतिशीलता परिलक्षित होती है।

कवि ने राजाओं के विलासमय जीवन, बहुविवाह की प्रवृत्ति का संकेत किया है। राजकुमारियों को शिक्षा दी जाती थी किन्तु समाज में नारी की स्थिति अच्छी न थी, धर्म साधना में तो उसे बाधक ही माना जाता था। नारियाँ अगले जन्म में नारी होना नहीं चाहती थीं। मुनि से वे नारी-जीवन से छुटकारा पाने का उपाय जानना चाहती हैं।

पास चरिउ : पद्मकीर्ति ने तेईसवें तीर्थंकर पार्श्वनाथ के चरित्र का वर्णन 18 सन्धियों में किया है। यह रचना शक संवत 999 की है, रचना में चौबीस तीर्थंकरों का स्तवन किया गया है। ऋतु वर्णन तथा युद्ध वर्णन काव्य सौष्ठव की दृष्टि से उत्कृष्ट है।

श्रीधर रचित पासणाह चरिउ, सुकुमाल चरिउ और भविसयत्त चरिउ तीन रचनाएँ हैं। इस कवि का रचनाकाल तेरहवीं शताब्दी का मध्य माना गया है। वर्णनों में पूर्व चरित काव्यों की परिपाटी का अनुसरण किया गया है। सुकुमाल चरिउ सं. 1208 में रचा गया। कवि सुकुमाल के पूर्व जन्म वर्तमान जीवन तथा जिनधर्म में उनकी अनुरक्ति का वर्णन किया है। इस ग्रन्थ में छह सन्धियों तथा 224 कड़वक हैं। कवि ने श्रुति पंचमी के महात्म्य को प्रदर्शित करने के लिए भविष्यदत्त के चरित्र का काव्यात्मक वर्णन किया है।

देवसेन गणि रचित सुलोचना चरित्र (सुलोचना चरिउ) : इसमें 28 सन्धियाँ हैं। यह रचना 1315 ई. के पूर्व की मानी गयी है। जैन साहित्य में सुलोचना का चरित्र लोकप्रिय रहा है। चक्रवर्ती भरत के प्रधान सेनापति जयकुमार की पत्नी

का नाम सुलोचना था। सुलोचना का सौन्दर्य देखकर अर्क मुग्ध था। स्वयंवर में सुलोचना ने जय को चुना। अर्ककीर्ति (भरत का पुत्र) तथा जय में युद्ध हो गया। जय जीत गया। काव्य में नगर वर्णन, नारी-सौन्दर्य का वर्णन तथा युद्ध का प्रभावशाली वर्णन है। ग्रन्थ में दर्जनों छन्दों के प्रयोग है जैसे- खण्डय, दुवई, आरणाल, दोहय, वस्तु मंजरी आदि।

सिंह तथा सिद्ध विरचित पज्जुण्ण चरित, हरिभद्र रचित नेमिनाथ चरित, लाखू रचित जिण दत्त चरिउ, लखमदेव रचित णेमिणाह चरिउ, धनपाल रचित बाहुबलि चरिउ आदि अन्य चरित काव्य हैं।

भविष्यदत्त कहा : धनपाल धक्कड़ वैश्य कुलोत्पन्न कवि द्वारा लौकिक कथानक लेकर रचा गया यह कथाकाव्य महाकाव्य की कोटि की रचना है। इसकी रचना श्रुतिपंचमी की कथा के महात्म्य प्रतिपादित करने के लिए की गयी है। यह रचना हेमचन्द्र से पहले तथा स्वयंभू के बाद किसी समय की गयी थी। इसमें गजपुर के धनपाल तथा कमलश्री के पुत्र भविष्यदत्त तथा सौतेले भाई बंधुदत्त के बीच विरोधों, व्यापार के लिए समुद्र यात्रा में बन्धुदत्त की धोखाधड़ी, असुर द्वारा भविष्यदत्त की सहायता, भविष्यदत्त की सम्पत्ति तथा पत्नी पर सौतेले भाई के अनाधिकार अपहरण का प्रयत्न, अन्त में बन्धुदत्त को राजा द्वारा दण्डित किये जाने का वर्णन किया गया है। जैन भिक्षु द्वारा अपने पूर्व जन्म की दशा को जानकर भविष्यदत्त तप में लीन हो जाता है। अनशन द्वारा प्राण त्यागकर वह उच्च जन्म प्राप्त करता है। श्रुत पंचमी के महत्त्व के साथ कथा समाप्त होती है। काव्य में सद्वृत्ति तथा असद्वृत्तिवाले पात्रों के परस्पर घात-प्रतिघात को दर्शाया गया है। गजपुर की समृद्धि तथा सौन्दर्य का मार्मिक वर्णन है।

आदिकाल में हरिवंशपुराण शीर्षक से कई रचनाएँ अपभ्रंश भाषा में निबद्ध हैं। ये रचनाएँ मध्यकाल की हैं।

जैन कथा साहित्य

भविष्यदत्त कथा के अलावा जैन कवियों ने अनेक कथा-काव्यों का सृजन किया है। किसी लोक प्रसिद्ध पुरुष या स्त्री के जीवन की घटना को लेकर रस व्यंजना करते हुए जैन धर्म के आदर्शों को प्रचारित करने के लिए कथा साहित्य रचा गया है। कर्मफल को निर्दिष्ट करने के लिए कथानायक या अन्य पात्रों के पूर्वजन्म की कथा को भी नियोजित किया गया है। कुछ लोकप्रिय कथाओं को लेकर अनेक ग्रन्थों को

रच दिया गया है। कथा-संग्रह ग्रन्थों में कथाओं के संकलन भी उपलब्ध हैं। कुछ कथा-काव्यों का परिचय दिया जा रहा है।

1. **धम्म परिक्खा :** हरिषेण रचित यह कृति ग्यारह सन्धियों की है। इसी शीर्षक से जयराम ने पहले प्राकृत में इसी कथा का वर्णन किया था, कवि ने स्वयं इसकी सूचना दी है। कवि ने ब्राह्मण धर्म से सम्बन्धित अनेक पौराणिक आख्यानों तथा घटनाओं को असंगत बताते हुए जैन धर्म की प्रतिष्ठा करने की चेष्टा की है। यह रचना वि.स. 1044 की है। हरिषेण चित्तौड़ वासी था किन्तु इसकी रचना अचलपुर में किया। कवि ने अपना परिचय स्वयं दिया है। उसके पिता गोवर्धन धक्कड़ वंश के थे। कवि का कहना है कि विष्णु दस अवतार लेते हैं फिर भी उन्हें अजन्मा कहते हैं। रामकथा तथा महाभारत की कथाओं की असंगति के प्रति भी कवि ने व्यंग्य किया है। श्राद्ध-भोज, यज्ञ आदि पर व्यंग्यात्मक कथन किये गये हैं। कवि ने नगर एवं नारी-सौन्दर्य का आलंकारिक वर्णन किया है।

2. **कथाकोष :** कवि श्रीचन्द्र द्वारा तिरपन सन्धियों का यह कथा-काव्य 1066 ई. में रचा गया। इसमें पशु, पक्षी भी पात्र के रूप में आते हैं। संस्कृत, प्राकृत के छन्दों का भी प्रयोग है। रत्नकरंण्ड शास्त्र इस कवि की दूसरी रचना है।

अमर कीर्ति रचित छक्ककम्मोवएस (वि.संवत 1247), कवि लक्खण रचित अणुवय रयण पईउ (अणुव्रत रत्न प्रदीप) (वि.स. 1313) अन्य कथा काव्य हैं।

रूपक काव्य : सोमप्रभाचार्य ने कुमारपाल प्रतिबोध की रचना मुख्यत: प्राकृत में अंशत: अपभ्रंश में की है। इसका रचनाकाल संवत 1241 है। यह धार्मिक कथाबद्ध रूपक कृति है। इसमें इन्द्रियों को ही पात्र माना गया है। देह नगरी में लावण्य लक्ष्मी रहती है। नगरी में सुख, दुख, क्षुधा, तृषा, हर्ष, शोकादि अनेक नाड़ियाँ और मार्ग हैं। नगरी में आत्मा रूपी राजा बुद्धि नाम की महादेवी के साथ राज्य करता है। उसका मन्त्री मन है। पाँच इन्द्रियाँ राज पुरुष हैं। राज दरबार में हुए विवाद में मन के दुखों का कारण अज्ञान माना गया। राजा मन को मूल कारण माना, निरंकुशता और अहंकार की भी चर्चा हुई। बाद-विवाद का उपशमन आत्मा अपनी स्वानुभूति से करता है। अन्त में मानव जीवन में जीव-दया और व्रतों के पालन के उपदेश के साथ कथा समाप्त होती है।

मयण पराजय : हरिदेव रचित यह कृति मध्यकालीन है।

अपभ्रंश : कृष्ण काव्य

स्वयंभू ने रिट्ठणेमि चरिउ (रिष्टनेमिचरित) में कृष्ण का वर्णन किया है। इस रचना का आकार पउमचरिउ से बड़ा है। इसमें 112 सन्धियाँ और 1937 कड़वक हैं।

इसमें कथा का विभाजन चार काण्डों में है–यादव, कुरु, युद्ध और उत्तर काण्ड। यादव काण्ड में कुल 13 सन्धियों में कृष्ण के जन्म, कृष्ण की बाल लीला, कृष्ण विवाह, प्रद्युम्न, नेमि आदि की कथाएँ हैं। नेमिनाथ जैनों के तीर्थंकर हैं, कृष्ण और नेमि चचेरे भाई हैं। अन्य तीन काण्डों में महाभारत की कथा का विस्तृत वर्णन है। कथा का आधार हरिवंश पुराण और महाभारत है। वर्णन शैली में पउमचरिउ से साम्य दिखायी देता है। कृति में जैन धर्म की महत्ता दिखाना प्रमुख उद्‌देश्य है। कृष्ण की तुलना में नेमिनाथ अधिक आकर्षक बनाए गये हैं। नेमि ने विवाह के समय बारात के भोजन के लिए बँधे पशुओं की करुण पुकार से विवाह का बाना उतारकर तप करने चले गये। कृष्ण को भी उन्होंने जैन धर्म का उपदेश दिया था।

प्रस्तुत रचना में वर्णन-विस्तार के बावजूद अपेक्षित काव्यात्मकता है। इसमें देश, नगर, राजवंश आदि का वर्णन ऋजु शैली में है। धर्मोपदेश को इतिवृत्तात्मकता से बचाने के लिए अलंकृत शैली का प्रयोग परिलक्षित होता है। युद्ध का वर्णन पउमचरिउ के समान है। कवि ने ग्रन्थ में भुजंग प्रयात, मत्तमात्तंग, कामिनी मोहन, नाराचक, केतकी कुसुम, द्विपदी, हेला, पारणक छन्दों का प्रयोग किया है।

जैन रासो साहित्य

जैन कवियों ने यद्यपि एक दर्जन के लगभग रासो संज्ञक रचनाएँ की हैं। उनमें कई रचनाएँ अति लघु हैं, उन्हें लम्बी कविता माना जा सकता है। जैन रासो साहित्य में सर्वाधिक महत्त्वपूर्ण रासो है–

भरतेश्वर बाहुबली रास : इसकी रचना जैन पुराणों में वर्णित कथानक के आधार पर संवत 1241 में शालिभद्र सूरि द्वारा की गयी थी। ऋषभदेव के पुत्र भरत और बाहुबली क्रमशः अयोध्या और तक्षशिला के राजा बनाए गये थे। भरत ने दिव्य रत्नचक्र से विश्व विजय प्राप्त की। बाहुबली ने उनकी अधीनता नहीं मानी। फलस्वरूप भरत ने उन पर आक्रमण कर दिया। कई दिनों तक युद्ध चला किन्तु भरत विजयी न हुए। उन्होंने चक्र रत्न से भाई बाहुबली को नष्ट करने का आदेश दिया। चक्ररत्न परिवार-जन पर कार्य नहीं करता था। भरत के कुकृत्य से क्षुब्ध बाहुबली ने संन्यास ले लिया। भरत बहुत दुखी हुए और उनसे क्षमा याचना की। अन्ततः बाहुबली ने तप करके कैवल्य को प्राप्त कर लिया।

इसमें वीर रस की सफल व्यंजना है। सेना का प्रयाण, सेना का विश्राम, भाइयों के संवाद में प्रेम-उत्साह और व्यंग्य का पुट है। रचना का प्रमुख उद्‌देश्य युद्ध और

हिंसा की निरर्थकता दिखाना है, इसलिए कृति का अवसान शान्त रस में किया गया है। युद्ध का दृश्य द्रष्टव्य है–

गडयडइं गजदलि सीहु, अरिणि अकल अवीह।
धसमयीस हयदल धाइं भडहडइ भय भडिवाइ।।

मूर्धन्य वर्णों के विन्यास से युद्ध की गतिशीलता, भयंकरता की सुन्दर अभिव्यंजना हुई है। डॉ. गणपतिचन्द्र गुप्त ने इसे हिन्दी की प्रथम रचना माना है।

शालिभद्र सूरि की रचना बुद्धिरास है। इन्हें भरतेश्वर बाहुबली के रचयिता से अलग व्यक्ति माना गया है।

चन्दनबाला रास : कवि आसगु रचित 'चन्दनबाला' रास में एक चन्दनबाला के चरित्र की पवित्रता एवं साधना का वर्णन है। अनेक विषम परिस्थितियों से गुज़रकर भी चन्दनबाला ने अपने सतीत्व तथा संयम का रक्षण किया और अन्त में कैवल्य ज्ञान प्राप्त किया।

पंचपांडव रास : शालिभद्र सूरि (द्वितीय) इसके रचयिता हैं। परिमाण की दृष्टि से यह अन्य धार्मिक रासो की तुलना में दीर्घ है। इसमें आठ सौ छन्द हैं। इसमें महाराज शान्तनु के जीवन से आरम्भ करके महाभारत युद्ध में पांडवों के विजयी होने तक का वर्णन किया गया है। अन्त में मुनि नेमि के उपदेश से पांडव जैन धर्म स्वीकार कर लेते हैं। जैन प्रभाव से ही वे हिमालय-यात्रा करते हैं। रासो में गीतात्मक शैली का प्रयोग दृष्टिगत होता है। भाषा में ऋजुता तथा तरल प्रवाह है; जैसे–

पंच पंडव पंच पंडव चित्ति चिंतति
कुणु नरवरु आवीउ कुणि तलावि विसनीरु निम्मउ
कुणि द्रुपदि अपहरीय कुणि पुलिदि इम चित्ति विम्हिउ
अमरु एक पयडउं हुउ बोलइ सांभलि णाह
ए माया सवि मइं करी कृत्या राखेवाह।।

स्थूलिभद्र रास : जिन धर्म सूरि या धर्म द्वारा रचित तेरहवीं शताब्दी के इस रासो में राजकीय कर्मचारियों की पारस्परिक ईर्ष्या तथा राजकीय षडयन्त्रों का वर्णन है। इसमें स्थूलिभद्र उनके गुरु भाई मुनि तथा कोशा नामक एक वेश्या के चरित्र का विधान है। स्थूलिभद्र चातुर्मास व्यतीत करने के लिए कोशा नामक वेश्या के यहाँ ठहरते हैं। वेश्या उन्हें आकर्षित करने का अनेक प्रयत्न करती है किन्तु वह अडिग रहते हैं। एक अन्य मुनि भी उस वेश्या के यहाँ आते हैं जो वेश्या के पाँवों पर लोटने

लगते हैं। वह अपनी संयमशीलता को भूल जाते हैं। वेश्या उन्हें ख़ूब फटकारती है। इस कृति में नारी-सौन्दर्य, उसकी कामचेष्टाओं तथा प्रकृति का मोहक वर्णन किया गया है।

रेवन्त गिरि रास : विजयसेन रचित संवत 1288 का यह रासो चार कड़वकों में विभक्त ऐतिहासिक गीत-प्रधान रासो है। इसमें यात्रा संघ तथा मूर्ति स्थापना का वर्णन है। अनुप्रास, यमक, रूपक आदि सादृश्य मूलक अलंकारों का सुन्दर प्रयोग तथा प्रभावकारी प्रकृति चित्रण किया गया है।

जैन रहस्यवादी मुक्तक काव्य

रहस्यवादी रचनाकारों में सर्वप्रथम योगीन्द्र या जोइन्दु का नाम उल्लेखनीय है। इनकी दो रचनाएँ–परमात्मप्रकाश तथा योगसार उपलब्ध हैं। इनका रचनाकाल 8-9वीं सदी है। राहुल सांकृत्यायन इनका समय 1000 ई. मानते हैं। परमात्मप्रकाश की रचना शिष्य भट्ट प्रभाकर के प्रश्नों के उत्तर में की गयी। योगसार आत्म प्रबोधनार्थ रचा गया। यह ग्रन्थ दो अधिकारों में विभक्त है। पहले अधिकार में बहिरात्मा, अन्तरात्मा और परमात्मा के स्वरूप जीव, द्रव्य, गुण, पर्याय, कर्म, सम्यक दृष्टि, मिथ्यात्व पर विचार किया गया है। द्वितीय अधिकार में मोक्ष, अभेद रत्नत्रय, समभाव, पाप-पुण्य, समानता और परमसमाधि का विवेचन है। योगीन्द्र मानते हैं कि आत्मा और देह भिन्न हैं। विमल स्वभाव वाले परमात्मा को छोड़कर तीर्थ यात्रा, गुरुसेवा या किसी अन्य देवता की चिन्ता करना व्यर्थ है–

अण्णु जि तित्थु म जाहिं जिय अण्णु जि गुरुअ म सेवि।
अण्णु जि देउ म चिंति तुहुं अप्पा विमलु मुएवि।। (1.95)

कवि ने देवालय, मूर्ति, चित्र आदि में परमात्मा की उपस्थिति को नकारा है। वह अक्षय, निरंजन, ज्ञानमय शिवमय चित्त है। वह समदर्शी योगियों द्वारा जाना जाता है। इस कथन से यही प्रतीत होता है कि जैनों ने भी सिद्धों तथा नाथों की राह पकड़ी थी। ईश्वर के जिस स्वरूप का वर्णन नाथों में है, वही जैनों में दिखायी दे रहा है। चित्त-शुद्धि पर सिद्ध साहित्य में पर्याप्त प्रकाश डाला गया है। योगीन्द्र भी सी राग में राग मिलाते हुए कहते हैं कि रागादि से मलिन चित्त में शुद्धात्म स्वरूप के दर्शन नहीं होते। चित्त शुद्धि ही मोक्ष का एकमात्र उपाय है–

जहिं भावइ तहिं जाहि जिय जं भावइ करि तंजि।
केम्वइ मोक्खु अत्थि पर चित्तहं सुद्धि ण जंजि।।

शास्त्र, तीर्थ, वेद, काव्य सब नश्वर हैं, जो कुछ कुसुमित है, सभी कालाग्नि का ईंधन बन जाता है। धन, यौवन, विषय-वासनाओं के त्याग के बिना मोक्ष नहीं मिलता (2.138-139) परमात्मप्रकाश में सादृश्यमूलक अलंकारों के प्रयोग मिलते हैं। कवि ने भावानुकूल ऋजु भाषा का व्यवहार किया है। लोक जीवन से दृष्टान्तों का चयन करके रहस्यात्मक गूढ़ बातों को अति सुबोध बना दिया गया है। मुहावरे तथा लोकोक्तियों के भी प्रयोग किये गये हैं। कवि कहता है कि जिसके हृदय में हरिणाक्षी सुन्दरी वास करती है, वह ब्रह्म विचार कैसे करे? एक ही म्यान में दो तलवारें कैसे रह सकती हैं?

जसु हरिणच्छी हियवडए तसु णावि वंभु वियारि।
एक्कहीं केम समंति वढ वे खण्डा पडियारि।। (1.121)
लोकोक्ति का सुन्दर प्रयोग द्रष्टव्य है-
बहुएँ सलिल विरोलियइँ करु चोप्पडउ ण होइ।। (2-74)
मूल विणट्ठइ तरुवरइं अवसइं सुक्कहिं पण्ण (2-140)

कृति में मुख्य रूप से दोहा छन्द का प्रयोग है। कुछ गाथाएँ हैं, स्रग्धरा तथा मालिनी वर्ण वृत्त भी मिल जाते हैं।

योगसार : इसकी विषय वस्तु भी परमात्मप्रकाश के सदृश है। देह के अन्दर ही देवता आत्मा रूप में बस रहा है। वह शिव, शंकर, विष्णु, रुद्र, बुद्ध, जिन, ईश्वर, ब्रह्म, अनंत और सिद्ध है। उसे एकत्व भाव से देखना चाहिए। बहुदेववाद के कारण परस्पर धार्मिक विरोध और कटुता भारतीय धर्मों में विकसित होती रही है। प्रत्येक काल में ऐसे धर्म-चिन्तक हैं जिन्होंने बाह्य भेदों को ध्वस्त करके एकत्व के भाव को प्रतिपादित करने का प्रयत्न किया है। स्वर्ग-नरक की धारणा तमाम धर्मों में मान्य रही है। योगीन्द्र का विचार उनसे थोड़ा भिन्न दिखायी देता है। वे कहते हैं कि पुण्य से स्वर्ग, पाप से नरक मिलता है। दोनों का परित्याग कर जो आत्मा को जानता है उसे शिव वास प्राप्त होता है–

पुण्णिं पावइ सग्ग जिउ पावएं णरयणिवासु।
बे छंडिवि अप्पा मुणइ तो लब्भइ सिव-वासु।।

पाहुड दोहा : मुनि राम सिंह रचित यह दोहों का उपहार उल्लेखनीय कृति है। इसका रचनाकाल 1000 ई. के लगभग माना है। इसके कुछ दोहे हेमचन्द्र ने उद्घृत किये हैं। राम सिंह के विचार योगीन्द्र के समान ही है। तीर्थ, मूर्तिपूजा, मन्दिर निर्माणादि की तुलना में ये देह स्थित देव (आत्मा) का दर्शन करने की सलाह देते

हैं। देह स्थित परम तत्व की मान्यता सिद्धों-नाथों और सन्तों में परिलक्षित होती है। जैन कवि आचारपरक धर्म के स्थान पर अनुभूतिपरक धर्म-चेतना को निर्दिष्ट करता है। मुनि राम सिंह अपने विचारों में अधिक क्रान्तिकारी हैं। ये आडम्बरों पर प्रहार करने से नहीं चूकते। मूर्ख व्यक्ति तीर्थ से तीर्थ में भ्रमण करते हुए चमड़े को जल से धोता है किन्तु मन की मैल को नहीं धोता है–

तित्थहिं तित्थ भमेहि वढ धोयउ चम्म जलेण।
एहु मणु किम धोएसि तुहुं मइलइ पावमलेण।।

मुण्डन, पुस्तकीय ज्ञान, हिंसा, मन्दिर में ईश्वर की खोज आदि धार्मिक कार्यों का पाहुड दोहा में विरोध है। कवि का मानना है कि इन्द्रिय सुख तथा मोक्ष दोनों एक साथ सिद्ध नहीं हो सकते हैं जैसे दो मुँहवाली सुई से कंथा नहीं सिली जा सकती है। यदि विषय-वासना नहीं दूर होती तो साँप की तरह केचुली छोड़कर दूसरा वेष धारणा करने से क्या लाभ है? देह में ईश्वर का निवास है, उसे अपने अन्दर ही खोजा जाये। कबीरदास के नाम से प्रचलित दोहे मुनि राम सिंह के पाहुड दोहा में मौजूद है। जैसे–

मुंडिय मुंडिय मुंडिया सिरु मुंडिय चित्तु ण मुंडिया।
चित्तहं मुंडणु जि कियउ संसारहं खण्डणु तिं कियउ।। (दी.135)

कबीर का दोहा लगभग इसी तरह का है–

दाढ़ी मूँछ मुंड़ाय के, हूआ घोटम घोट।
मन को क्यों नहीं मूँडिये, जामे भरिया खोट।।

पाहुड दोहा में कबीर जैसी प्रतीकात्मक योजना को भी दृष्टिगत किया जा सकता है, जैसे-

पंच बलद्द ण रक्खियइं णंदण वणु ण गओ सि।
अप्पु ण जाणिउ ण वि परु वि एमइ पव्वइओ सि। (44)

वैराग्यसार : सुप्रभाचार्य रचित 77 छन्दों की छोटी सी कृति मिलती है। इसका रचनाकाल 11-13 वीं सदी के बीच माना गया है। कवि सांसारिक दुखों का चर्चा करते हुए वैराग्य भाव धारण करने की सलाह देता है। परोपकार करना चाहिए। घर-परिवार में आसक्त व्यक्ति निरंजन का ध्यान कर सकता। याचना करना अच्छा नहीं किन्तु याचक को दान न देना भी सराहनीय नहीं है। कवि ने अहिंसा धर्म की निष्ठा से वकालत की है। कवि ने प्रत्येक दोहे में अपने नाम का प्रयोग किया है।

दोहावेल्लि

महयंद मुनि की एक रचना प्राप्त हुई है जिसके नामकरण के सम्बन्ध में पर्याप्त विवाद है। हस्तलिखित प्रति के अन्त में इति 'पाहुडं समाप्त' दिया हुआ है। इसके आधार पर वासुदेव सिंह ने इस कृति का नाम दोहा-पाहुड' या बारहखड़ी माना है। कृति के अन्तर्गत 'दोहा पाहुड जैसा कोई नाम नहीं मिलता। कृति के पाँचवें छन्द में 'दोहावेल्लि' दिया हुआ है। डॉ. भायाणी ने इसी को प्रस्तुत कृति का उचित नाम माना है। उन्होंने 'दोहावेल्लि' तथा राउर वेलि को उपलब्ध वेलि काव्यों में सबसे प्राचीन माना है। 'दोहावेल्लि' की रचना ककहरा के रूप में हुई। दोहों की संख्या आदि पर कवि ने स्वत: प्रकाश डाला है–

तेत्तीसह छह छंडिया, विरचिय सत्ताबीस।
बारह-गुणिया तिण्णिसय, हुअ दोहा चउबीस।।

पाँचवें छन्द में भी कवि ने कुल छन्द संख्या 334 बताई है चउती सग्गल तिण्णि सय' दोनों छन्दों में व्यक्त 324 और 334 की असंगति को मिटाते हुए डॉ. भायाणी ने लिखा-प्रारम्भ के प्रस्तावना रूप सात छन्द, इसके बाद मुख्य विषय के ककहरा पद्धति के 324 छन्द (ये सभी दोहे जान पड़ते हैं, केवल अन्तिम छन्द 331वाँ छन्द गाथा और उसकी भाषा भी प्राकृत है और उपसंहार के तीन छन्द (333 और 334) एक ही रासावलय छन्द के दो अर्ध हैं और अन्तिम छन्द 16+12, 16+12, इस मापवाला कर्पूर नामक उल्लास है) ऐसे 334 छन्दों की संख्या बराबर होती है।

कृति का विषय रामसिंह, जोइन्दु आदि रहस्यवादियों की तरह है। कवि कुगुरु, कुदेव, कुधर्म, कुतप तथा कुमार्ग को छोड़कर मिथ्या भाव का परित्याग कर सम्यक् दर्शन में संलग्न होने का परामर्श देता है। कृति में धार्मिक सम्बद्धता तथा नीरसता अधिक है।

आणंदा या आनदतिलक

महाणंद देउ की 'आणंदा' नाम की एक रचना प्राप्त है। आमेर शास्त्र भण्डार तथा अगरचन्द्र नाहटा के पास इसकी एक प्रति सुरक्षित है। कासलीवालजी कवि और कृति दोनों का नाम आणंदा मानते हैं। नाहटा जी का मत है 'जहाँ तक रचना के नामकरण का प्रश्न है, इसमें आने वाले आणंदा शब्द के पुन:-पुन: आने के कारण ही किसी लेखक ने यह नाम लिख दिया है। कर्त्ता के नाम के साथ इसका सम्बन्ध नहीं है न रचयिता ने इसका यह नाम रखा ही होगा। श्री कामता प्रसाद जैन ने लिखा

कि 'मुनि महानंदि देउ ने 'आनन्द तिलक' नामक रचना साधुओं और मुमुक्षुओं के संबोधन के लिए आध्यात्मिक सुभाषित नीति रूप गोपाल साहू के लिए रची। इन समस्त उल्लेखों से कवि का वास्तविक नाम, रचनाकाल आदि अत्यधिक विवादास्पद हो जाता है। श्री नाहटा जी ने कवि का सही नाम महाणंददेउ सुझाया है और प्रमाण हेतु निम्नलिखित दोहे को उद्धृत किया है–

चिदाणंद साणंद जिणु समल सरीर हसोइ।
महाणंदि सो पूजायइ, आणंदागगन मण्डल थिर होइ।।

आनन्द तिलक, महानन्द, आणंदा तीनों नामों में कोई खास अन्तर नहीं है। ये एक ही नाम के अन्य रूपान्तर हैं।

कवि के समय के विषय में भी श्री कासलीवाल जी के अनुसार महानन्द कृत रचना अवश्य बारहवीं शताब्दी के आसपास की है। यद्यपि यह अपभ्रंश के बहुत निकट की लगती है पर शब्द प्रयोग परवर्ती लोकभाषा के यत्र-तत्र पाये जाते हैं। उसे देखते हुए इसका रचनाकाल भी 12वीं से बाद का 13वीं, 14वीं का होना चाहिए। इस आधार पर आणंदा का समय 12वीं से 14वीं शताब्दी के बीच सिद्ध होता है। यद्यपि आणंदा की भाषा में कुछ परवर्ती रूप मिल जाते हैं परन्तु योगीन्द्र तथा रामसिंह से ये बहुत अलग नहीं हैं। इसी आधार पर निष्कर्ष रूप में डॉ. वासुदेव सिंह ने लिखा 'मेरा अनुमान है कि आनन्द तिलक इनके (योगीन्द्र मुनि) अधिक परवर्ती नहीं रहे होंगे। अधिक से अधिक हम उनको 12वीं शताब्दी तक ले जा सकते हैं–12-13 शताब्दी को अपभ्रंश का सीमा काल माना जाता है, अत: यही समय उचित प्रतीत होता है।

मुक्तक कृति आणंदा:

कवि की एक ही कृति उपलब्ध है। इसका विषय रहस्यवादियों जैसा ही है। आनन्दतिलक परमात्मा को स्पर्शहीन, रसहीन, गन्धहीन तथा रूपहीन कहते हैं। वह नाम वैविध्य का खण्डन करते हुए शिव का वास शरीर में ही मानते हैं जिसकी उपलब्धि गुरु के प्रसाद से होती है। कवि की अभिव्यक्ति में सादगी है तथा उसे विश्वास है कि ऐसे आध्यात्मिक काव्यों को पढ़ने-पढ़ाने वाला व्यक्ति 'सिवपुर' आता है। रचना में हिंदोला छन्द का प्रयोग हुआ है।

उपदेशमाला वृत्ति

यह ग्रन्थ जैन धर्म से सम्बन्धित है। इसमें इसमें गद्यात्मकता अधिक है किन्तु बीच-बीच में अपभ्रंश के अनेक छन्द भी पाये जाते हैं। इन छन्दों का विषय धार्मिकता

तक ही सीमित नहीं है बल्कि विविध लौकिक चित्रणों तक विस्तृत है। इसमें नगरों, दासियों, आती-जाती सुन्दरियों, शकुनों का उत्कृष्ट चित्रण किया गया है। लोक जीवन से संस्पर्शित यह ग्रन्थ निश्चित रूप से गौरवपूर्ण है। कृष्णादि से सम्बन्धित कुछ पौराणिक सन्दर्भों से युक्त मुक्तकों के कारण इसकी महत्ता और भी संबर्धित हो जाती है।

तरुणी के चरित्र की संश्लिष्टता तथा क्लिष्टता को उद्घाटित करता हुआ कवि कहता है कि तीनों लोक को जो आँख से देख सकता है, गगन-मार्ग को जो प्रत्यक्ष कर सकता है, जो सागर के जल के परिमाण को जान सकता है, वह भी तरुणी के चरित्र को नहीं जान सकता है–

तिहुयणि सयलु जि पेक्खहि अक्खिहिं
लक्खहिं गयणि मग्गु जे पेखिहिं।
जल परमाणु जि सायर बुज्झहिं
तरुणि चरित्ति ते वि निरु मुज्झहिं।

भावना-सन्धि प्रकरण

जयदेव मुनि कृत एकमात्र रचना 'भावनासन्धि प्रकरण' प्रकाशित हुई है। कृति के अन्तिम पद में मुनि जी ने अपने नाम की ओर निर्देश किया है। वह शिवदेव मुनि के प्रथम शिष्य थे। इस रचना में मालव नरेन्द्र तथा मुंज (1054) का उल्लेख है। इसके आधार पर जयदेव मुनि का काल ग्यारहवीं शती के पीछे माना जा सकता है। इस रचना में कवि ने संसार को मिथ्या तथा इन्द्रजाल बताया है। वह मानव जन्म की दुर्लभता तथा विषयों के दुष्परिणामों का विरागपूर्ण वर्णन करते हुए जिनवर द्वारा निर्दिष्ट धर्मपालन के द्वारा उनसे छूटने की सम्मति देता है। सम्पूर्ण कृति नैतिकता तथा उपदेशात्मकता ही से ओतप्रोत है।

दोहाणुपेहा

लक्ष्मीचन्द्र 'दोहाणुपेहा' नामक एक धार्मिक मुक्तक कृति के रचयिता माने जाते हैं। अपभ्रंश भाषा के अप्रकाशित कुछ ग्रन्थ नाम के अपने एक लेख में श्री परमानन्द जैन 'शास्त्री' ने दोहानुप्रेक्षा (दोहाणुपेहा) के रचयिता लक्ष्मीचन्द्र का उल्लेख किया है। लक्ष्मीचन्द्र के विषय में कोई विस्तृत उल्लेख नहीं मिलता। दिगम्बर जैन ग्रन्थ कर्त्ताओं की सूची जो जैन हितैषी में प्रकाशित हुई थी, में एक लक्ष्मीचन्द्र का नाम

आया है। ये जाति के अग्रवाल थे और संवत 1033 में विद्यमान थे। यदि इन्हीं को उक्त ग्रन्थ का रचयिता माना जाय तो इनका काल 11वीं शताब्दी सिद्ध हो जाता है।

इस कृति का श्रेय लक्ष्मीचन्द्र को दिया जाय कि अन्य किसी कवि को? यह विवाद का विषय है। इसका कारण यह है कि कृति में लक्ष्मीचन्द्र का उल्लेख नहीं मिलता है। कवि दो स्थानों पर 'णाणी बोल्लहिं साहु' तथा स्थान-स्थान पर 'जिणवर एम भणेइ' का प्रयोग करता है। इससे यह शंका होती है कि इसके कर्ता 'साहु नामक' कोई अन्य कवि तो नहीं है। दूसरी तरफ़ साहू का अर्थ सज्जन भी हो सकता है। श्री ए.एन. उपाध्याय ने 'परमात्मा प्रकाश' की भूमिका में लक्ष्मीचन्द्र को श्रावकाचार्य (सावयधम्म दोहा) का रचयिता माना है। किन्तु डॉ. हीरालाल जैन ने इस तर्क को अस्वीकृत कर दिया तथा उन्होंने 'देवसेन' को सावयधम्म दोहा' का रचयिता मानकर उसका सम्पादन किया तथा उसे कारंजा जैन सिरीज से प्रकाशित करवाया। किसी विशिष्ट विरोधी प्रमाण के अभाव में लक्ष्मीचन्द्र को ही इस कृति का रचयिता माना जा सकता है।

'दोहाणुपेहा' में कुल 47 दोहा छन्द हैं। ग्रन्थ के प्रारम्भ में सिद्धों की वन्दना है। इसके बाद आस्रव, संवर, निर्जरा आदि का वर्णन किया गया है। जो सम्यक् दर्शन को जान लेता है तथा परभाव को समझ लेता है वह अकेला ही शिव सुख को प्राप्त कर लेता है। मोक्ष अथवा परमात्मा की प्राप्ति के लिए मन्दिर तीर्थाटन, भ्रमण आदि की ज़रूरत नहीं है। परमात्मा का निवास तो देह रूपी देवालय ही में है। कवि की दृष्टि में व्रत, तप, नियम आदि को पालन करते हुए भी जो आत्मस्वरूप से अनभिज्ञ एवं मिथ्या दृष्टिवाले हैं उन्हें कभी निर्वाण प्राप्त नहीं होता।

आचारपरक मुक्तक काव्य

सावयधम्म दोहा : मुनि देवसेन रचित सावयधम्म दोहा (श्रावकधर्म दोहा) वि.स. 990 की कृति है। कवि दिगम्बर जैन था। इसकी रचना कवि ने उज्जैन की धारा नगरी में की थी। ग्रन्थ के आरम्भ में मंगलाचरण और दुर्जन स्मरण के पश्चात् श्रावक धर्म पर प्रकाश डाला है। इसमें सम्यकत्व प्राप्ति के साधन दोषों के त्याग, रात्रिभोजन निषेध, अहिंसा व्रत पालन का उपदेश दिया गया है। धर्मपालन से धन मिलता है किन्तु धर्म के लिए धन आने की प्रतीक्षा नहीं करनी चाहिए क्योंकि यमराज का दूत कब आ जाये पता नहीं है। प्रत्येक जीव को भोग का उचित प्रमाण रखना चाहिए। इन्द्रियों को अभिमानी नहीं बनाना चाहिए। क्योंकि दूध से काले सर्प को पोषित करना उचित नहीं है–

भोगहं करहि पमाणु जिय इंदिय म करि सदप्प।
हुंति ण भल्ला पोसिया दुब्धे काला सप्प।।

इसमें माया का परित्याग करना, दोषों से बचना, पुण्य और पाप को समान समझना, सत्पात्र को दान देना, जीवों पर दया करना, जुवा से होने वाली हानि, मानव-जीवन की दुर्लभता और उसके उपयोग का तरीक़ा आदि विषयों का वर्णन किया गया है। कितने अच्छे दृष्टान्त द्वारा मानव-जीवन के दुरुपयोग का वर्णन किया गया है–

मणुयत्तणु दुल्लहु लहिवि भोयहं पेरिउ जेण।
इंधण कज्जे कप्पयरु मूलहो खण्डिउ तेण।। दोहा.219

दुर्लभ मनुजत्व को पाकर जिसने उसे भोगों में लिप्त किया उसने ईंधन के लिए कल्पवृक्ष को समूल खण्डित कर दिया। देवसेन धर्म के प्रति कट्टर नहीं हैं, वे जैन धर्मावम्बी को ही श्रावक नहीं मानते बल्कि ब्राह्मण, शूद्र कोई भी जो उनके बताए धर्म का आचरण करता है; वही श्रावक है (दोहा-76)

उपदेश रसायन रास : जिन वल्लभ सूरि रचित यह कृति वि.स. 1132 के आस-पास की है। जिन वल्लभ संस्कृत, प्राकृत और अपभ्रंश तीनों भाषाओं के विद्वान् थे। इनकी अन्य दो रचनाएँ हैं–कालस्वरूप कुलक और चर्चरी। उपदेश रसायन रास में गुरु की महिमा, चैत्य धर्म, अहिंसा की महत्ता, देवग्रह में ताल रास तथा लगुड रास का निषेध का विवेचन है। कवि ने पद्धटिका छन्द का प्रयोग किया है।

कुलक : यह 32 पद्यों की रचना है। इसमें गुरु के भेद एवं महत्त्व, 12वीं सदी में सुखनाश आपत्ति में धर्म के प्रति अनादर, मोह-निद्रा की-प्रबलता पर प्रकाश डाला गया है। पाँच या अधिक पद्यों के परस्पर अन्वय और सम्बन्ध वाले सम्रच्चय को कुलक कहते हैं। रचना का एक उदाहरण देखिए–

कुगुरु सुगुरु सम दीसहिं बाहिरि।
पर जो कुगुरु सु अन्तरु बाहिरि।
जो तसु अन्तरु करइ वियक्खणु
सो परमप्पउ लहइ सुलक्खणु।।

अपभ्रंश ऐहिक मुक्तकाव्य

अपभ्रंश मुक्तकों की रचना का इतिहास काफ़ी पुराना है। कालिदास के विक्रमोर्वशीयम नाटक के चौथे अंक में कुछ अपभ्रंश पद्य मिलते हैं। विक्षिप्त राजा ने मेघ के प्रति पद्यात्मक कथन किया है। एक उदाहरण देखिए–

मइ जाणिअ मिअलोअणि णिसिअरु कोइ हरेइ।
जाव णु णव तडिसामलि धाराहरु बरिसेइ।।

वह वन में मारे, कोयल, चक्रवाक आदि से उर्वशी का पता पूछता है।

हेमचन्द्र : ये गुज़रात के जयसिंह सिद्धराज और कुमारपाल नामक दो राजाओं के संरक्षण में थे। इनका जन्म गुज़रात में जैन वैश्य परिवार में वि.स. 1145 में हुआ था। ये अन्हिलवाड़ में रहते थे। इनका पूर्व नाम चंगदेव था। ये संस्कृत, प्राकृत तथा अपभ्रंश के विद्वान थे। इनके द्वारा प्रणीत प्राकृत व्याकरण, छन्दोंनुशासन, देशी नाम माला, कुमारपाल चरित उपलब्ध हैं। इन्हें कलिकाल सर्वज्ञ कहा गया है। प्राकृत व्याकरण का नाम 'सिद्ध हेमचन्द्र शब्दानुशासन' है। इसके सात अध्यायों में संस्कृत आठवें अध्याय के तीन तीन पादों में प्राकृत, चौथे पाद में 329 सूत्र में अपभ्रंश व्याकरण पर विचार प्रस्तुत किया गया है। हेमचन्द्र ने कुमारपाल चरित या द्वयाश्रय काव्य रचा है। इसमें कुल 28 सर्ग हैं अन्तिम आठ सर्ग प्राकृत तथा अपभ्रंश में हैं। उद्घृत पद्यों में शृंगार, वीर रस के अलावा हास्य, नीति आदि का वर्णन है। हेमचन्द्र द्वारा उद्घृत दोहों का काव्य की दृष्टि से विशेष महत्त्व है। शृंगार के संयोग तथा वियोग दोनों पक्षों से सन्दर्भित दोहों में हिन्दी के रीतिकालीन शृंगारिक मुक्तकों के पूर्वरूप का दर्शन होता है। नायिका के सौन्दर्य का चमत्कारिक वर्णन करते हुए कवि उसकी आँखों की मारक क्षमता की अद्वितीय व्यंजना करता है–

विट्टीए मइ भणिय तुहुं मा कुरु बंकी दिट्ठि।
पुत्ति सकण्णी भल्लि जिव मारइ हिअइ पइट्ठि।।
जिवं जिवं बंकिम लोअणहं णिरु सामलि सिक्खेइ।
तिवँ तिवँ वम्मंहु निअय सरु खर पत्थरि तिक्खेइ।।

कोई दूती या वरिष्ठ महिला नायिका के आँखों के प्रभाव की सराहना करते हुए कहती है कि हे बेटी तुम वक्र दृष्टि मत किया करो क्योंकि वक्र दृष्टि कान तक खींची हुई भल्लिका की तरह हृदय में बैठकर नायक को घायल कर देती (मार देती है) जैसे-जैसे नायिका लोचनों की वक्रता तथा कटाक्षपात सीखती है वैसे-वैसे कामदेव अपने बाणों को पत्थर पर तेज करता है। वियोग जनित दैहिक क्षीणता तथा लोक भाव रीतियों के परिप्रेक्ष्य में अनेक उक्तियाँ उपलब्ध होती हैं। उक्तियों में कवि की कल्पनाशीलता तथा भावों की गहरी व्यंजनाएँ हुई हैं। विरहिणी नायिका लोकमान्यता के अनुसार बँडेर पर बैठे हुए कौए को उड़ा रही है। उसका पति

एकाएक आता हुआ दिखायी दिया। विरह जनित दुर्बल हाथों को जब कौआ उड़ाने के लिए उठाया तो उसकी आधा वलय धरती पर गिर गया, लेकिन पिय आगमन की ख़ुशी से आधा तड़ककर टूट गया। दो भावों के संयोग का कितना सुन्दर चित्रण है–

वायसु उड्डावन्तिए पिउ दिट्ठउ सहसत्ति।
अद्धा वलया महिहि गय अद्धा फुट्ट तडत्ति।।

गरजते मेघ को सम्बोधित करते हुए प्रवासी नायक कहता है कि यदि वह मेरे प्रति विशेष प्रेम रखती है तो मेरे वियोग में मर गयी होगी और यदि स्नेह नहीं रखती तो मेरा उसके प्रति लगाव ही व्यर्थ है। इस तरह दोनों स्थितियों में मैंने उस सुन्दरी को खो दिया है। दुष्ट तुम व्यर्थ क्यों गरजते हो–

जइ ससणेही तो मुअइ अह जीवइ निन्नेह।
विहि वि पयारेहिं गइण धण किं गज्जहि खल मेह।।

वीर भाव से सम्बन्धित अनेक दोहे आदिकालीन वीरों तथा वीरांगनाओं की साहसिक मानसिकता को इंगित करते हैं। युद्ध के मैदान में मृत्यु पा लेना उचित है किन्तु भागकर घर आना नहीं। कोई वीर यदि ऐसा करता है तो उसकी पत्नी सखियों के बीच लज्जा का अनुभव करती है–

भल्ला हुआ जो मारिआ बहिणि महारा कंतु।
लज्जेज तु वयंसिअहु जइ भग्गा घरु एंतु।।

नायिका ग़ौरी से ऐसे पति की अगले जन्म में भी पाने की माँग करती है जो हँसते-हँसते निरंकुश मत्त गजों से भिड़ जाये–

आयहि जम्महिं अन्नहि वि गोरि सु दिज्जहि कन्तु।
गय मन्तहं चत्तुंकुसह जो अब्भिडइ हंसन्तु।।

अनेक दोहे लोकनीति तथा सामाजिक व्यवहार से जुड़े हैं। कवि कहता है कि जो अपने गुण को गोपन रखता है और दूसरों के गुण को प्रकट करता है, ऐसे दुर्लभ सुजन के प्रति बलि जाता है।

सोमप्रभाचार्य रचित 'कुमारपाल प्रतिबोध' (1115 ई.), मेरुतुंगाचार्य रचित 'प्रबन्ध चिन्ताभणि' में राजशेख़र कृत 'प्रबन्ध कोष', पुरातन प्रबन्ध संग्रह में भी ऋतुवर्णन, वीर, शृंगार तथा राजादि से सम्बन्धित छन्द उद्घृत मिलते हैं।

जैन साहित्य की विशेषताएँ

आचार्य रामचन्द्र शुक्ल ने जैन काव्य को साम्प्रदायिक मानकर साहित्य के क्षेत्र से बाहर कर दिया था। शुक्ल जी के समय तक जैन साहित्य का प्रकाशन, अध्ययन तथा मूल्यांकन नगण्य था। जैन साहित्य परिमाण तथा साहित्यिक श्रेष्ठता के आधार पर आदिकाल का सर्वाधिक महत्त्व का साहित्य है। महाकाव्य, खण्डकाव्य, मुक्तककाव्य, रासो, चरितकाव्य, फागु आदि अनेक काव्य-रूपों को समृद्ध करने का श्रेय जैन कवियों को है। भारतीय संस्कृति में धार्मिक आस्था की विविधताएँ हैं किन्तु उनमें परस्पर भेद कम एकता के तत्त्व अधिक हैं। जैनों ने प्रचुर मात्रा में साहित्य सृजन करके मानव जीवन के विविध संघर्षों, आकांक्षाओं, भावनाओं के साथ ही उनकी आस्था के विविध पक्षों का कलात्मक तथा रसात्मक वर्णन किया है। रामकथा तथा कृष्णकथा को अपने मनोभावों तथा विचारों के अनुकूल स्वीकार करने और पात्रों के चरित्र-चित्रण में जैन-धर्म के प्रति विशेष आग्रह मध्यकालीन भक्त-कवियों के लिए प्रेरणादायक रहा है। जैन साहित्य का लक्ष्य मानवमात्र में अहिंसा, त्याग, पवित्र आचरण, कर्मवाद के प्रति गहरी निष्ठा, जीवन संयम की महत्ता, पुनर्जन्म के आधार पर प्राणिमात्र में प्रेमभाव जागृत करना है। भाव-व्यंजना, रस व्यंजना तथा काव्य शिल्प की दृष्टि जैन काव्य उत्कृष्ट है। आदिकाल में इसका स्थान सर्वोपरि है। जैन साहित्य को साम्प्रदायिक कहकर इसकी काव्यात्मक तथा सामाजिक महत्ता को नकारना आलोचना की अति संकुचित दृष्टि का परिचायक है। हिन्दू परम्परा में आत्मा-परमात्मा के सम्बन्धों पर विविध प्रकार से विचार किया गया है। देवी-देवताओं की विविधता तथा उनके साथ जनता की प्रतिबद्धता, अनेक अवतारों की शक्तियाँ तथा उनकी लीलाएँ प्रमुख देव, ब्रह्मा, विष्णु, महेश एवं उनके निर्धारित कार्य, कुल मिलाकर मनुष्य की सीमाएँ तथा परमात्मा या ईश्वर की अपरिमित शक्ति को ही प्रदर्शित करते हैं। जैन धर्म में ईश्वर कोई भिन्न सत्ता नहीं है। उसका सृष्टि निर्माण से कोई सम्बन्ध नहीं है। परमात्मा बनने की क्षमता मनुष्य में विद्यमान है, मनुष्य अपनी साधना और सत् कर्मों से परमात्मा बन सकता है। आत्मा के ही तीन भेद हैं–बहिरात्मा, अन्तरात्मा और परमात्मा। सत्य, अहिंसा, दया, त्याग, उपवास, प्राणि मात्र से आत्मीय सम्बन्ध की भावना मनुष्य जीवन को देवतुल्य बनाने में सहायक हो सकते हैं। अहिंसा, सत्य, अस्तेय, अपरिग्रह, ब्रह्मचर्य पाँच महाव्रत बताए गये हैं। जैन साधुओं के लिए इनकी अनिवार्यता मानी गयी है। ब्रह्मचर्य का यदि ब्रह्म आचरण अर्थ लिया जाये तो ये पाँचों जीवन मूल्य मानव मात्र

के लिए अत्यन्त उपयोगी कहे जा सकते हैं। 63 महापुरुषों के चरित्र के माध्यम से जैन साहित्यकारों ने जीवन की सार्थक यात्रा के क्रम को निर्दिष्ट किया है। महापुरुष बाल केलि, शिक्षा आदि से आगे बढ़कर गृहस्थ जीवन को समृद्ध करने के लिए शौर्य प्रदर्शन करते हैं, युद्ध करते हैं, अनेक विवाह करते हैं और अन्त में वैराग्य लेकर गम्भीर तप करके कैवल्य प्राप्त करते हैं।

जैन धर्म के आदि संस्थापक ऋषभदेव ने प्राणिमात्र तथा प्रकृति की सुरक्षा, ज्ञान तथा कृषि की उन्नति को आवश्यकता पर बल दिया था। जैनों की मान्यता है कि मनुष्य को अपने कर्म का फल अवश्य भोगना पड़ता है। कर्म सिद्धान्त की दृढ़ता जैन धर्म की मुख्य विशेषता है। चाहे जितना बड़ा आदमी हो, कर्म फल को भोगे बिना किसी की कृपा से वह मुक्त नहीं हो सकता। महान् कुकर्मी भी नरक भोगकर अगले जन्म में सत् कर्म द्वारा अपना जीवन सुधार सकता है।

जैन रचनाकारों ने आदिकालीन हिन्दी साहित्य को सर्वाधिक समृद्ध किया है। अनेक काव्य रूपों के सार्थक प्रयोग, अनेक नयी काव्य परम्पराओं के प्रवर्त्तन तथा संवर्धन, समकालीन लोकभाषा को साहित्यिक व्यवहार में प्रयुक्त करके उसकी अभिव्यक्ति की सामर्थ्य को बढ़ाने का उपक्रम किया है। आदिकाल की धर्म एवं साधना केन्द्रित सिद्ध और नाथ साहित्य काव्योत्कर्ष एवं विधागत वैविध्य की दृष्टि से जैन साहित्य की समता नहीं कर सकता है। सिद्धों तथा नाथों के लोकभाषा में निबद्ध साहित्य में प्रतीकात्मकता तथा साधना पद्धतियों की गूढ़ विवेचना है। जीवन के विविध प्रसंगों तथा संघर्षों को उनमें, स्थान नहीं मिला है। जैन साहित्य सामाजिक, सांस्कृतिक तथा काव्यात्मक दृष्टि से हिन्दी साहित्य की अमूल्य धरोहर है।

सिद्ध साहित्य

बौद्ध धर्म की उत्तरवर्ती शाखा जो तंत्र के प्रभाव से मंत्रों द्वारा सिद्धि के प्रचार में संलग्न थी तथा जो वज्रयानी सिद्धाचार्यों के नाम से विख्यात हुई, के द्वारा रचित अपभ्रंश दोहे तथा चर्यागीत को सिद्ध साहित्य के अन्तर्गत समाहित किया गया है। सिद्धों की भाषा में प्राचीन हिन्दी के प्रभूत तत्त्व समाहित हैं। दोहों की भाषा अवहट्ठ है किन्तु गीतों की भाषा को बिहारी, बंगाली, उड़िया आदि का पूर्व रूप माना जा सकता है। लामा तारानाथ, शहीदुल्ला, प्रबोधचन्द्र बागची, राहुल सांकृत्यायन, नागेन्द्रनाथ, डा.धर्मवीर भारती आदि विद्वानों ने सिद्ध साहित्य पर उल्लेखनीय कार्य किया है। सिद्धों की संख्या चौरासी मानी जाती है किन्तु इनकी संख्या इससे अधिक हो सकती है। इन सिद्धों की मूल रचनाएँ अल्प मात्रा में उपलब्ध हैं, बीस-पच्चीस सिद्धों के दो-चार चर्यागीत मात्र उपलब्ध हैं। बहुत सी रचनाएँ भोट भाषा में अनूदित हैं जिनका प्रकाशन राहुल सांकृत्यायन ने 'दोहाकोश' में किया है। सिद्ध साहित्य में प्रतीकात्मकता अधिक है, इसलिए जनसाधारण में इनका अधिक प्रचार-प्रसार नहीं हो सका। ये लोग अपनी चमत्कारिक सिद्धियों से जनसाधारण को आश्चर्यचकित अवश्य करते थे। सिद्धों में निम्नवर्ग के साधक प्रचुर संख्या में सम्मिलित दिखाई देते हैं। किसी भी धार्मिक सम्प्रदाय में इतने अधिक दलित वर्गीय व्यक्तियों को आचार्य (सिद्धाचार्य) होने का गौरव प्राप्त नहीं हुआ है। चौरासी सिद्धों की उपलब्ध सूची में 32 साधक निचले वर्ण से हैं। चयनित सूची देखिए–

चौरासी सिद्धों की सूची से चयनित नाम

1. कंकालीपा (शूद्र) 2. मीनपा (मछुआरा), तन्तिपा, ततंवा (बुनकर) चमारिपा (चमार) थगनपा-शूद्र, शीलपा-शूद्र, छत्रपा-शूद्र, धोम्पिपा-धोबी, तंतेपा-शुद्र, कूसूलिपा-शूद्र, महिलपा या महीपा-शूद्र, कमरिपा-लोहार, राहुलपा-शूद्र, धीकरिपा-शूद्र, जोगीपा-डोंम, चेलुकपा-शूद्र, गुड़रिप्पा-चिड़ीमार, निर्गुणपा-शूद्र, चर्पटी-कहार,

भिखनपा-शूद्र, मणिभद्रा-गृहदासी, मेखलापा (स्त्री), कलकलपा-शूद्र, कंताली (दर्जी), षहुरि (शूद्र), कमलपा-शूद्र, सर्वभक्षपा-शूद्र, पुतलिपा-शूद्र, पनह-चमार, अनंगपा-शूद्र, लक्ष्मीकरा योगिनी (राजकुमारी)

हजारी प्रसाद द्विवेदी ने जो सूची विभिन्न ग्रंन्थों से संकलित की है, सब मिलाकर उनकी संख्या 148 हो जाती है।

सिद्धों और नाथों का सम्मिश्रण भी हुआ है। समन्वय के क्या कारण हैं, उनके विषय में विद्वानों के अलग-अलग विचार हैं। सम्मिश्रण का मुख्य कारण है समन्वय की भारतीय सांस्कृतिक चेतना। बारहवीं-तेरहवीं सदी में मुस्लिम आक्रमणों का भय धर्म सम्प्रदायों को भी व्यथित करने लगा था। हिन्दी साहित्य के आदिकाल में वज्रयानी सिद्धों तथा नाथों के विचारों में परस्पर आदान-प्रदान तो मिलता ही है। साथ ही जैन सम्प्रदाय में भी इन्हीं सम्प्रदायों की कपिपय विशेषताएँ समाहित हो जाती हैं। भक्ति आन्दोलन में धार्मिक भावनाओं तथा विचारों का जो समन्वय परिलक्षित होता है उसकी प्रक्रिया आदिकाल में ही शुरू हो गयी थी।

नाथ सम्प्रदाय परवर्ती वज्रयानी सिद्धों के भ्रष्ट आचरण का विरोधी था किन्तु इस तथ्य के पर्याप्त साक्ष्य मिलते हैं कि अनेक वज्रयानी सिद्ध नाथ सम्प्रदाय में शामिल हो गये। तिब्बती अनुश्रुतियों में गोरखनाथ को पहले वज्रयान में सम्बद्ध बताया गया है (सिद्ध साहित्य, पृ. 34) जब किसी नये धार्मिक सम्प्रदाय का वर्चस्व स्थापित होता है तो उसमें पूर्व प्रचलित दुर्बल होते सम्प्रदाय के अनुयायी अपने पूज्य आचार्य के साथ सम्मिलित हो जाते हैं। शर्त यह है कि नई विचारधारा पूर्ववर्ती की विशेष विरोधी न हों। सिद्धों का समय दो तीन शताब्दियों में ही सिमटा है। क्योंकि ज्यादातर सिद्ध समकालीन हैं।

आदि सिद्ध : आदि सिद्ध कौन है, इसका निर्णय करना जटिल है। कई परम्पराओं में लुईपा को आदि सिद्ध माना गया है–(सिद्ध साहित्य, पृ. 45) राहुल जी ने सरहपा को आदि सिद्ध माना है। 'प्रत्येक सम्प्रदाय अपने आम्नाय के प्रवर्त्तक को आदि सिद्ध या आदिनाथ मानता था और यह सिद्ध करने का प्रयास करता था कि यह सिद्ध दूसरे रूप में दूसरी काया में उन सभी सिद्धों का गुरु रह चुका है जो ऐतिहासिक दृष्टि से इसके पहले हुए (वही, पृ. 45) सरहपा के विषय में अपेक्षाकृत अधिक सबल साक्ष्य मिलते हैं कि उन्होंने सर्वप्रथम बौद्ध तन्त्रों को एक व्यवस्थित स्वरूप दिया। सरहपा का एक दूसरा नाम सरोज वज्र भी मिलता है। इनका आम्नाय सहजाम्नाय कहा गया है। ओड़ियान की गुरु परम्परा पद्‌मवज्र से मानी गयी है। यह नाम भी सरोज का ही पर्याय प्रतीत होता है, मध्यकाल में नाम के पर्यायों का प्रचलन

था। ओड़ियान से सरह के सम्बन्ध की सूचनाएँ मिलती हैं किन्तु उनके जन्म स्थान के बारे में अन्य स्थानों के उल्लेख भी मिलते हैं। लुईपा को आदि सिद्ध के रूप में प्रतिष्ठा कामरूप के शैव सम्प्रदायों की प्रतिद्वन्दिता में हुई। तिब्बती आचार्यों ने मत्स्येन्द्र की तुलना में लुईपा को आदि सिद्ध मान लिया। 'जिस समय सस्क्य विहार की 84 सिद्धों की सूची बनी, उस समय लुईपा का आम्नाय अधिक सबल था। अत: उसे आदि सिद्ध माना गया। वैसे आदि सिद्ध का श्रेय सरहपा को ही प्राप्त है।

प्रमुख सिद्धों का जीवन परिचय : सिद्धों का जीवन अनेक चमत्कारिक घटनाओं से भरा है। उनके विषय में अनेक किम्वदन्तियाँ गढ़ी गयी हैं अत: प्रामाणिक रूप से उनके जीवन के विषय में कहना सम्भव नहीं है। फिर भी जो सूचनाएँ उपलब्ध हैं, उनके आधार पर उनके जीवन के सूत्रों का परिचय प्रस्तुत किया जा सकता है।

सरहपा : इन्हें आदि सिद्ध मानकर सबसे पहले इनके जीवन की रूपरेखा पर दृष्टिगत अपेक्षित है। महामहोपाध्याय हर प्रसाद शास्त्री ने इनके कई पर्याय नामों का उल्लेख किया है-सरोरुह वज्र, सरोज वज्र, पद्म, पद्मवज्र तथा राहुलभद्र। सिद्धि प्राप्ति के पूर्व इनका नाम राहुलभद्र था। बाण बनाने वाली युवती को इन्होंने मुद्रा के रूप में ग्रहण किया था, इसलिए इनका नाम सरहपा हो गया। लामा तारानाथ की सूचना के अनुसार ये ब्राह्मण थे किन्तु 84 सिद्धों की सूची में राहुलपा को कामरूप का शूद्र बताया गया है। यदि सरह और राहुल एक ही व्यक्ति है तो यह विसंगति उनकी जाति को संदेहास्पद बना देती है। सुम्पम्खन पों के अनुसार इनका जन्म राज्ञी नामक स्थान में हुआ था, इनके पिता ब्राह्मण और माँ डाकिनी थी। तिब्बती परम्परा में ये उड़ीसा में पैदा हुए थे। तारानाथ के अनुसार इन्हें बचपन में ही वेद-वेदांगों का ज्ञान हो गया था। मध्य देश जाकर इन्होंने त्रिपिटकों का अध्ययन किया और बौद्ध धर्म में दीक्षा ली, फिर नालन्दा के आचार्य हो गये। उड़ीसा में इन्होंने मत्रयान की दीक्षा ली थी और महाराष्ट्र जाकर बाण बनाने वाली कन्या को महामुद्रा रूप में ग्रहण करके सिद्धि प्राप्त किया। ये अपने को जाति-अजाति तथा पुण्य या पाप से परे मानते थे। सरह के समय के विषय में विद्वानों में मतभेद है। राहुल जी इन्हें 780 ई. के पूर्व मौजूद मानते हैं। डॉ. धर्मवीर भारती ने अनेक स्रोतों तथा मतों का परीक्षण करके सरहपा का समय 800-875 ई. अनुमानित किया है। सरहपाद ने बौद्ध सिद्ध होते हुए भी महायानी विनय परम्परा को ठुकरा दिया। वे स्त्री विरति तथा मद्यपान निषेध को भी व्यर्थ का ढोंग मानने लगे थे। अपनी खुली बगावत व्यक्त करने के लिए ही उन्होंने बाण बनाने वाले की लड़की के साथ विवाह किया था। (सं. भूपेन्द्रदत्त-

मिस्टिक टेल्स आफ लामा तारानाथ, पृ. 8) सामान्यत: सभी सिद्ध निम्न जाति की स्त्रियों को महामुद्रा के रूप में ग्रहण करते थे। लगता है यह तान्त्रिक प्रक्रिया की प्रमुख मान्यता थी। सरहपा यदि आदि सिद्ध हैं तो उनके द्वारा स्थापित आचरण का परवर्ती सिद्धों ने अनुकरण किया होगा।

रचनाएँ : सरह ने अपभ्रंश तथा संस्कृत दोनों भाषाओं में रचनाएँ की थीं। तिब्बती क्षेत्र में उनकी सात तंत्र की टीकाएँ मिलती हैं। इनके नाम हैं–

1. बुद्धकपाल तन्त्र पंजिका 2. बुद्धकपालसाधन 3. बुद्धकपालमंडल विधि 4. त्रैलोक्यवशंकरलोकेश्वर साधन 5. इसी नाम की एक अन्य कृति रत्नाकर द्वारा अनूदित है। 6. इसी नाम की एक तीसरी कृति अमोघ वज्र द्वारा अनूदित है 7. इसी शीर्षक से चौथी कृति ग्रगस् प. ग्र्यल मूछन द्वारा अनूदित है। 5-7 तक रचनाएँ एक ही कृति के अलग-अलग अनुवादों द्वारा अनूदित प्रतीत होती हैं। इनके अलावा अपभ्रंश (अवहट्ठ) से अनूदित 16 रचनाओं का उल्लेख राहुल सांकृत्यायन ने किया है–

1. दोहाकोश गीति 2. दोहकोश नाम चर्यागीति 3. दोहाकोशोपदेश गीति 4. क ख दोहा नाम 5. क्र ख दोहा टिप्पण 6. कायकोशामृतवज्रगीति 7. वाक्कोशरुचिरस्वरवज्र गीति 8. चित्तकोशाजवज्रगीति 9. कायवाक चिन्तामनसिकार 10. दोहाकोश महामुद्रोपदेश 11. द्वादशोपदेश गाथा 12. स्वाधिष्ठान क्रम 13. तत्त्वोपदेश शिखर दोहा गीतिका 14. भावनादृष्टिचर्या फलदोहागीति 15. वसन्ततिलक दोहाकोश गीतिका 16. महामुद्रोपदेशवज्रगुह्यगीति (दोहाकोश, सं. राहुल सांकृत्यायन, पृ. 16-17) 'दोहाकोश गीति' शीर्षक से राहुल जी ने अपभ्रंश (अवहट्ठ) मूल तथा हिन्दी छायानुवाद के साथ 165 दोहों का संकलन किया है। दोहाकोश-गीति में भोट अनुवाद तथा मूल का संकलन है। इनमें कई दोहे। (क, में भी आए हैं दूसरे भाग में दोहाकोश- चर्यागीत नाम भोट भाषा में अनूपित छन्द तथा उनकी हिन्दी छाया दी गयी है। इसी तरह उपर्युक्त सोलहों रचनाओं का पाठ भोटिया तथा हिन्दी छाया दी गयी है। लगभग 691 अनूदित छन्दों का एक विस्तृत संकलन 'दोहाकोश' में उपलब्ध है। इनमें प्रयुक्त छन्दों में वज्रयानी सिद्धान्तों को ही विभिन्न रूपकों तथा प्रतीकों द्वारा अभिव्यक्ति दी गयी है।

शबरपा : इन्हें नवसरह कहा गया है। ये सरहपाद की शिष्य परम्परा में तीसरे हैं। कोई इन्हें बंगाल का शवर मानता है, कोई पूर्वी भारत की नर्तक जाति से सम्बन्धित मानता है। लोकी तथा गुनी नामकी दो महामुद्राएँ जिन्हें डाकिनी पद्मावती तथा ज्ञानावती चर्या नाम दिया गया था, सगी बहनें थीं। लामा तारानाथ तो इन्हें

शबरपा की ही सगी बहनें बताते हैं। बाह्य रूप से ये पापमय जीवन व्यतीत करते थे। शबरपा वज्रयोगिनी साधना के प्रवर्तक भी माने गये हैं (साधन माला-खंड-2.387, 456) इनके द्वारा रचित 16 ग्रन्थ तंजूर में प्राप्त हुए हैं, इनमें छह अपभ्रंश से अनूदित हैं। इनकी दो चर्याएँ (28, 50) चर्यागीति कोष में संकलित हैं।

लुईपा : ये भांगली बताए गये हैं, इसी आधार पर हरप्रसाद शास्त्री तथा विनयतोष भद्दाचार्य इन्हें बंगाली मानते हैं। राहुल जी इन्हें भागलपुर प्रदेश का मानते हैं। ये मगधवासी थे और राजा धर्मपाल के यहाँ कायस्थ थे। तारनाथ इन्हें ओड़ियान के राजा इन्द्रभूति के दरबार का कायस्थ मानते हैं। इन्हें मछुवा जाति से सम्बन्धित भी बताया गया है। इन्हें दारिकपा का गुरु कहा गया है। लुइपा के गुरु नागार्जुन थे। चर्यागीत पदावली में डॉ. सेन ने इनका समय 11वीं सदी का प्रथमार्ध माना है।

दारिकपा : लामा तारानाथ ने दारिकपा को उड़ीसा का राजा माना है। ये अपनी मंत्री ढेपीका के साथ लुइपा के शिष्य हो गये थे। अन्यत्र कहा गया है कि लुइपा ने दारिकपा को एक वेश्या के पास जाकर सिद्धि-लाभ का आदेश दिया था, इसी से उनका नाम दारिकपा पड़ा। दारिकपा के 10 ग्रन्थों का उल्लेख मिलता है, जिनमें 3 अपभ्रंश में थे (पुरातत्त्व निबंधावली, पृ. 180)

डोम्बीपा : तारानाथ ने इन्हें मगध का राजा बताया है। विरुपा से उपदेश पाकर ये महामुद्रा की साधना करने लगे थे। इनकी सहज योगिनी का नाम चिन्ता था। उनके द्वारा एक अनूदित ग्रन्थ 'सहज सिद्धि' से ज्ञात होता है कि इन्होंने कौल पद्धति का विशेष प्रचार किया था।

कमलाम्बरपा : ये सहज योगिनी चिन्ता के शिष्य वज्रघण्टा के शिष्य थे। इनका जन्म स्थान उद्यान या उड़ीसा माना जाता है। ये चक्रसंवर के अनुयायी थे। इनकी चमत्कारिक शक्ति का ही प्रभाव था कि ये योगिनियों के मरण मंत्र से अपने को बचा सके थे। इनके 11 ग्रन्थों के अनुवाद मिलते हैं, इनमें से 3 ग्रन्थ अपभ्रंश में थे।

कुक्कुरीपा : राहुल सांकृत्यायन ने इन्हें कपिलवस्तु का ब्राह्मण माना है। लामा तारानाथ इसी नाम के दो-दो सिद्ध मानते हैं; एक जो बहुत से कुत्ते पाल रखता था, दूसरा पूर्वजन्म की कुक्कुरी स्त्री से महामुद्रा की सिद्धि प्राप्त की थी। इनके 16 ग्रन्थों (जिनमें 3 अपभ्रंश में थे) का उल्लेख मिलता है। ये चर्पटी के शिष्य माने गये हैं। इनका समय 10वीं शताब्दी संभावित है।

मीनपा : इनका दूसरा नाम मीननाथ है। मीननाथ तथा मत्स्येन्द्रनाथ नाम की अर्थगत समानता तथा कुछ परस्पर विरोधी सूचनाओं के कारण उनकी तीन स्थितियाँ हैं।

1. मीननाथ तथा मत्स्येन्द्रनाथ दोनों एक ही हैं।

2. मीननाथ मत्स्येन्द्रनाथ के पुत्र थे।

3. मीननाथ मत्स्येन्द्रनाथ के पिता थे।

आचार्य हजारी प्रसाद द्विवेदी का मत है कि 'वर्णरत्नाकर में प्रदत्त नाथ सिद्धों की सूची काफी पुरानी है। इसमें प्रथम सिद्ध का नाम मीननाथ है और 41वें सिद्ध का नाम मीन है। प्रथम सिद्ध मीननाथ निश्चय ही मत्स्येन्द्रनाथ हैं। इकतालीसवें मीन कोई दूसरे हैं जो मीननाथ की शिष्य परम्परा में पड़ने के कारण उनके पुत्र मान लिए गये होंगे (नाथ सम्प्रदाय, पृ. 38) स्पष्ट है कि मीनपा के समय में ही बौद्ध तथा शैव विचारों का समिश्रण हुआ होगा। मीननाथ या मत्स्येन्द्रनाथ नाथ सम्प्रदाय के प्रवर्त्तक के रूप में भी मान्य हैं।

जालन्धरपा : इनका नाम सिद्धों तथा नाथों दोनों में महत्त्वपूर्ण है। सस्क्य ब्कं बुम् ने इन्हें नगरभोग नामक देश का ब्राह्मण बताया है। तारानाथ के अनुसार ये ठाठ नगर (सिन्धु देश) के निवासी जाति के शूद्र थे। ओड़ियान में कच्छपा ने इन्हें बौद्ध तन्त्रों की दीक्षा दी थी। पूर्वी बंगाल में इन्होंने हाड़ीपा का रूप ग्रहण किया था। जालंधर नाथ मत्स्येन्द्रनाथ के गुरु भाई तथा गुरु दोनों बताए गये हैं। भोटिया ग्रन्थों में इन्हें आदिनाथ भी कहा गया है। इनके जन्मस्थान के रूप में तीन स्थानों-नगरभोग, हस्तिनापुर, जालंधर पीठ का उल्लेख मिलता है। योगि सम्प्रदाय विष्कृति में इन्हें युधिष्ठिर की 23वीं पीढ़ी में राजा वृहद्रथ के पुत्र के रूप में उत्पन्न माना गया है। इस दृष्टि ये क्षत्रिय वंशी थे। इनके कई शिष्य बताए गये हैं–कृष्णाचार्य, बुद्धज्ञानपा, तन्त्रिया, भर्तृहरि गोपीचन्द आदि (सिद्ध साहित्य, पृ. 54)

तिलोपा

इनका जन्म स्थान 'भगु' नगर बिहार माना जाता है। सक्य में इन्हें राजवंशी बताया गया है। (राहुल सांकृत्यायन: पुरातत्व निबन्धावली, पृ. 194) तारानाथ के अनुसार यह ब्राह्मण जाति के थे तथा पूर्वी भारत में पैदा हए थे। बौद्ध-मत से प्रभावित होकर ये भिक्षु बने थे किन्तु एक तेलिन के साथ समागम करने के कारण इन्हें संघ से निकाल दिया गया। इन्हें अन्त में सहज अनुभूति हुई। इनका समय 1000 ई. से 1100 ई. के बीच अनुमानित किया गया है। इनकी एकमात्र मुक्तक रचना 'दोहाकोश' उपलब्ध है। यह दोहाकोश तथा 'चर्यागीत कोष' में प्रकाशित है। करीब चौंतीस दोहों में तिल्लोपा ने चित्त, जगत्, सहजावस्था, तीर्थों की निरर्थकता वर्णित की है।

काण्हपाद

काण्हपा या कण्हपा के नाम के अनेक रूपान्तर मिलते हैं जैसे कान्ह, कान्हिं, कान्हिल, कृष्णपाद, कृष्णाचार्यपाद आदि। उपलब्ध चर्यागीतों की भाषा-शैली में भेद देखते हुए अनेक काण्हपा के होने का अनुमान किया जा सकता है। लामा तारानाथ ने कृष्णाचारी (काण्हपा) को तिब्बती परम्परा के अनुसार 'कर्ण' प्रदेश भारतीय परम्परा के अनुसार पाद्यनगर या विद्यानगर में उत्पन्न माना है। अनेक प्रमाणों से उन्होंने इन्हें उड़ीसावादी सिद्ध किया है। राहुल जी काण्हपा का जन्म कर्णाटक प्रदेश के ब्राह्मण कुल में मानते हैं। ये शरीर के काले थे इसीलिए इनका नाम काण्हपा (कृष्णपा) पड़ा। महाराज देवपाल के समय में (ई. 809-849) ये पंडित भिक्षु थे। डॉ. धर्मवीर भारती इनका समय 925 ई. से 1000 के बीच अनुमान करते हैं। कण्हपा द्वारा रचित अनेक रचनाओं की सूचना मिलती है। तंजूर में इनके 74 ग्रन्थ मिलते हैं जिनमें 6 अपभ्रंश में थे जो भोट भाषा में अनूदित हैं। अपभ्रंश में इनका एकमात्र ग्रन्थ 'दोहाकोश' प्रबोध चन्द्र बागची द्वारा सर्पादित 'दोहाकोश' तथा 'चर्यागीति कोष' के परिशिष्ट में मुद्रित है।

विरुपा

विरुपा नाम के कई सिद्ध थे। एक सिद्ध विरुपा का जन्म महाराज देवपाल के देश लिउर में हुआ था। विरुपा के नाम से केवल एक चर्या मिलती है।

गुण्डरीपा

हरप्रसाद शास्त्री ने गुण्डरी धामपाद का ही दूसरा नाम माना है। राहुल जी ने इनका जन्म 'डिमनगर' देश में कर्मकार के कुल में माना है। इन्हें चाटिलपा का शिष्य भी कहा गया है। गुण्डरीपा के नाम से एक (चर्या 4) तथा धामपा के नाम से एक (च. 47) मिलती है।

भुसुक या शान्तिदेव

शान्तिदेव को लामा तारानाथ ने जाति से क्षत्रिय बतलाया है। भुसुक के विषय में यह भी कहा जाता है कि ये किसी राजा के यहाँ घुड़सवार के रूप में रहा करते थे जिसके अनन्तर ये सिद्धों वाली साधना की ओर उन्मुख हुए। स्व. शास्त्री ने इन्हें बंगाली माना है। लामा तारानाथ के अनुसार ये कहीं महाराष्ट्र प्रदेश के निवासी थे। तिब्बती परम्परानुसार लिखी गयी एक पुस्तक में कहा गया है कि 'भुसुक' पहले राजकुमार थे जो पीछे नालन्दा विश्वविद्यालय में आकर वहाँ के एक धर्माचार्य बन गये।

मागधी हिन्दी (अपभ्रंश) में लिखी इनकी एक पुस्तक 'सहज गीति' भोटिया भाषा में मिलती है। भुसुक के नाम से चर्या नं. 6, 30, 41, 43, 49, चर्यायें संगृहीत की गयीं हैं। ये बड़े होने पर साधु हो गये थे। 'चर्यागीति-कोष' में इनका नाम से एक चर्या दी गयी है।

शान्तिपा

शान्तिपा मगध में ब्राह्मण कुल में उत्पन्न हुए थे। बचपन से ही इन्होंने वेदों और वेदांगों का अध्ययन किया था। कुछ लोग इन्हें क्षत्रिय कुल में उत्पन्न कहते हैं। सिंहल से लौटकर आने पर राजा महीपाल या उसके सम्बन्धी चाणक्य ने इन्हें विक्रमशिला के पूर्वी द्वार का आचार्य नियुक्त किया। ये अपने समय के बहुत बड़े पंडित तथा कलिकाल सर्वज्ञ थे। शान्तिपाद के नाम से दो चर्याए (15, 26) हैं।

चाटिल्लपाद

चाटिल्लपाद के नाम से एक चर्या मिलती है।

महीपा

सिद्ध महीपा के अनेक नाम भेद मिलते हैं जैसे महिडा, महित्ता और महिल। इनका जन्म मगध देश के शूद्र कुल में हुआ था और गृहस्थ होते हुए इन्हें सत्संग की प्रबल चाह थी। सिद्ध महीपा के नाम एक ही चर्या (16) मिलती है।

वीणापाद

गौड देश के क्षत्रिय वंश में इनका जन्म हुआ था। ये वीणा बजा-बजाकर अपने पदों को गाया करते थे। शायद इसी से इनका नाम वीणापाद पड़ गया। इनके चर्यापाद में भी वीणा का ही रूपक है। वीणापाद रचित एक चर्या (नं. 17) उपलब्ध है।

आर्यदेव

आर्यदेव को कर्णरीपा से अभिन्न माना जाता है। सस्क्य-सूची के अनुसार इन्हें नालन्दावासी बताया गया है। तारानाथ ने कर्णरीपा तथा आर्यदेव को अलग-अलग माना है। इनके नाम से चर्या न. 31 दी गयी है।

तान्तिपा

चर्या संख्या 25 तान्तिपा द्वारा रचित है। इनके जन्म-स्थान के विषय में राहुल जी का मत है कि ये मालव देश के उज्जैन नगर में पैदा हुए थे तथा जाति के कोरी थे।

भादेपा

तिब्बती परम्परा में भादेपा का नाम भद्रचन्द्र या भद्रबोधि के रूपों में मिलता है। लामा तारानाथ ने भादेपा को जालांधरि एवं कण्हपा दोनों का ही शिष्य बतलाया है। ये श्रावस्ती (जि. गोंडा) में चित्रकार कुल में पैदा हुए थे।

ढेण्ढणपाद

राहुल जी ढेण्ढणपा को तान्तिपा से अभिन्न माना है। इनके नाम से एक चर्या मिलती है। (चर्या.33)

ताडकपाद

राहुल जी ताडंकपाद तथा नारोपा को एक ही माना है। बागची ने इनका नाम ताडकपाद ही दिया है। इनके जीवन के विषय में कुछ भी ज्ञात नहीं है।

कंकणपाद

ये कोंकण देश के निवासी जान पड़ते हैं। सस्क्य विहार सूची में विष्णु नगर (मगध) का राजपुत्र बताया गया है। कंकणपाद की एक चर्या (44) चर्यागीत कोष में मुद्रित है।

जयनन्दनीपाद

ये वज्रयानी सिद्धों की सूची में 48वें स्थान पर हैं। मगधवासी ब्राह्मण होने का अनुमान किया जाता है। इनकी एक चर्या (46) उपलब्ध है।

धामपा

धामपा विक्रमशिला के ब्राह्मण थे। सुकुमार सेन ने इनको चाटिलपा का शिष्य बताया है। इनके नाम से एक चर्या मिलती है।

वज्रयानी साधना के विकास का सामाजिक पक्ष : तान्त्रिक धर्म साधनाओं के अध्येता उसके सामाजिक पक्ष के प्रति प्रायः अनुदार तथा निन्दाभाव ही प्रदर्शित करते हैं। वे यह साधना प्रणाली को उच्छृंखल तथा कुत्सित विद्रोह मानते हैं। रामचन्द्र शुक्ल का कथन है कि 'बौद्ध धर्म विकृत होकर वज्रयान सम्प्रदाय के रूप में देश के पूर्वी भागों में बहुत दिनों से चला आ रहा था। इन बौद्ध तांत्रिकों के बीच वामाचार अपनी चरम सीमा पर पहुँचा। (हिन्दी साहित्य का इतिहास, पृ. 3) महर्षि अरविन्द

ने तन्त्र में निहित सिद्धान्तों की उदात्तता और आध्यात्मिकता को स्वीकार करते हुए कहा है कि 'कालान्तर में उनमें बहुत से ऐसे तत्त्व आकर जुड़ गये जिनके कारण अनियंत्रित वामाचार, असंयत सामाजिक व्यभिचार दुराचार का मानो एक पंथ चल पड़ा' (सिद्ध साहित्य, पृ. 75 पर उद्घृत) वज्रयानी सिद्धों की प्रतीकात्मक तथा गुह्य साधना की वास्ताविक समझ जैसे-जैसे क्षीण हुई, वैसे-वैसे विकृतियाँ बढ़ती गयीं। कुछ अधकचरे साधक इनका दुरुपयोग भी करने लगे होगे। सिद्धों ने सामान्य जनता को बराबर सावधान भी किया है कि इनको श्रेष्ठ गुरु से समझे बिना इनका अनुसरण न किया जाए।

धर्मसाधनाओं के प्रसार में समाज की भावानुकूलता आवश्यक है। जन स्वीकृति के बिना कोई धर्म लोक-भूमि पर विस्तार नहीं पाता है। यदि किसी धर्म को शास्त्रीय सिद्धान्तों तथा विधि-विधानों में जकड़ दिया जाता है तो लोक का सहज लगाव उसके प्रति नहीं रह जाता। वह ऐसे मार्ग की तलाश में प्रवृत्त हो जाता है जो उसे शास्त्र के दबाव से मुक्त करते हैं। जो विचारधारा जीवित और जागृत होती है, वह लोकपक्ष के प्रभावों को आत्मसात् करती है। यही नहीं वह पूर्ववर्ती विचारों को समसामायिक नूतन व्याख्या भी करती है। इससे परम्परा में ताजगी और ग्राह्यता आ जाती है। बौद्ध धर्म का आरम्भ से ही लोक की ओर अधिक झुकाव था, उनकी मुख्य चिन्ता थी मनुष्य को दुखों से मुक्त कराना, उनका सुझाव था कि दुखों से मुक्ति के लिए स्वयं ही उपाय करना है किसी परोक्ष सत्ता की कृपा से दुख से छुटकारा नहीं मिल सकता है। बुद्ध ने जाति प्रथा का जन्मना निषेध किया और कर्मणा वर्ण सिद्धान्त को मान्यता दी। उनके द्वारा निर्दिष्ट अष्टांग मार्ग उत्तम जीवन जीने की ही कला है। सम्यक् संकल्प, सम्यक् वाक्, सम्यक् कर्मान्त, सम्यक् आजीव, सम्यक् व्यायाम, सम्यक् स्मृति, सम्यक् समाधि आदि सांसारिक जीवन के लिए अति उपादेय हैं। बुद्ध के निर्वाण के बाद बौद्धधर्म की अनेक शाखाएँ हो गयीं। कुछ भिक्षु पुराने नियमों को अपरिवर्तित रखना चाहते थे कुछ उनमें नये परिवर्तन के आकांक्षी थे। स्थविरवाद तथा महासांघिक दो प्रधान भेद हो गये। इनके भी क्रमशः बारह एवं छह भेद हुए। (भारतीय दर्शन का सर्वेक्षण, प्रो. संगमलाल पांडेय, पृ. 137) स्थविरवादी को हीनयान कहा गया और महासांघिक को महायान। 1. महायान में जीवमात्र की मुक्ति का संदेश है, 2. प्राणिमात्र के त्राण का विधान है, 3. लक्ष्य बोधि प्राप्ति है, 4. इस का आदर्श बोधिसत्व है जब सभी प्राणियों के उद्धार में लगा रहता है। बुद्ध सभी मनुष्यों की आध्यात्मिक आवश्यकताओं की पूर्ति में सक्षम हैं। बोधिसत्व की इसमें दस भूमियाँ हैं–अधिमुक्ति चर्चा, प्रमुदित, विमला, प्रभाकारी,

अर्चिष्मती, सुदुर्जया, अभिमुखी, दूरंगमा, अचला और साधुमती। हीनयानी मानते थे कि बुद्ध द्वारा निर्दिष्ट उपदेशों का भलीभांति पालन करके मनुष्य स्वयं निर्वाण पा सकता है। बुद्ध का मत 'अप्पदीवो भव' में इनकी अधिक निष्ठा है। मनुष्य अपना प्रकाश स्वयं बने। महायानी सम्प्रदाय अधिक प्रगतिशील तथा सामाजिक था अत: इसकी लोकप्रियता अधिक हुई। महायान में बहुसंख्यक भारतीय तथा विश्वसमाज की भावना के अनुकूल बुद्ध को भी अवतार मान लिया गया। विश्व की पारमार्थिक सत्ता को शून्य के रूप में व्यक्त किया गया और प्राणि मात्र की कल्याण भावना से बुद्ध धर्मकाय रूप धारण करते हैं। बुद्ध को अवलोकितेश्वर तथा अमिताभ कहने में भी ईश्वरीय भावना का प्रक्षेपण है। अवलोकितेश्वर के निर्वाण प्राप्ति के अवसर की एक कथा निर्मित की गयी है। जब वह अनन्त शून्य में विलीन होने जा रहे थे तब उन्हें सुमेरु पर्वत के शिखर से दूर से एक करुण रुदन स्वर सुनाई दिया। गहन चिन्तन से उन्हें ज्ञात हुआ कि यह जनसाधारण का करुण क्रन्दन है। उनके भौतिक दुखों और पीड़ाओं से मुक्त करने के लिए एकमात्र सहारा अवलोकितेश्वर उनसे अलग होकर शून्य में विलीन हो रहे हैं। यह पीड़ा उनके लिए असह्य है। अवलोकितेश्वर ने उसी समय संकल्प लिया कि वह तब तक निर्वाण नहीं स्वीकार करेंगे जब तक एक भी व्यक्ति पृथ्वी पर भवजाल में फँसा है (बुद्धिस्ट एसोटेरिज्म, पृ. 29) बोधिसत्त्व लोकहित के लिए सभी आत्मनिग्रही सम्बद्धों से प्रार्थना करते हैं कि वे महापरिनिर्वाण प्राप्त न कर असंख्य युगों तक रुके रहें। वे अपनी साधनाओं से सभी प्राणियों के क्लेश शमन के लिए पुण्य अर्जित करें। बौद्ध धर्म की अनेक शाखाओं के बनने का एक प्रमुख कारण और है। बुद्ध ने अपने शिष्यों से कहा था कि 'परिक्ष्य भिक्षवो ग्राह्यम् मद्वचो न तु गौरवात्' भिक्षु मेरे वचनों का परीक्षण करके ग्रहण करें, मेरे गौरव से आतंकित होकर नहीं।

किसी धर्म के नियमों की कठोरता दीर्घकाल तक नहीं चल पाती है। बुद्ध ने संघ में पहले महिलाओं को प्रवेश नहीं दिया था, बाद में उन्हें नियम शिथिल करना पड़ा। बुद्ध के समय में ही बहुत से स्थानों में ऐसे भिक्षु थे जो पत्नी, कन्या, तरुणी तथा तरुण दासियों को पुष्पहार भेजते थे, उनके साथ आसन पर बैठते थे, मद्य पीते थे, नृत्य करते, गीत गाते और वाद्य-यंत्रों का प्रयोग करते थे। इस तरह भोग-वासनाओं की तृप्ति के उपक्रम बुद्ध के समय में ही शुरू हो गये थे। इसी का विकास वज्रयानी सिद्धों में और भी विस्तृत हुआ। वैराग्य मनुष्य की नैसर्गिक प्रवृत्ति नहीं है। वह तो रक्त सम्बन्ध के कुल या परिवार से अलग होकर एक वैकल्पिक परिवार बना लेता है। आश्रम, मठ, संघ दूसरे प्रकार के कुल-गठन के ही दृष्टान्त हैं। ब्राह्मण धर्म में संन्यास चौथी अवस्था में मान्य था अर्थात 75 वर्ष के बाद।

इस अवस्था तक मनुष्य परिवार के सुख–दुख के अनुभवों से सम्पृक्त हो जाता है। शारीरिक रूप से असक्त हो जाने के कारण परिवार में उसकी उपयोगिता भी नहीं रह जाती है। उसे परलोक गमन की आहट होने लगती है। बुद्ध ने संन्यास के लिए वय के बन्धन को तोड़ दिया। उससे भी कई अनर्थ हुए। गृहस्थ जीवन के संघर्ष, कामनाओं, इच्छाओं की अतृप्ति भिक्षुओं में मानसिक कुंठा का कारण बनती थीं। वज्रयान में बहुत सी प्रवृत्तियों का विकास इन्हीं कारणों से हुआ। आठवीं-नवीं सदी तक वर्ण व्यवस्था जाति व्यवस्था में पूरी तरह परिणत नहीं थी किन्तु भिक्षा तथा दान पर जीने वाले ब्राह्मणों के लिए बौद्ध भिक्षुओं की बड़ी जमात के कारण समस्या जरूर पैदा हुई होगी। ब्राह्मणों में से कुछ ने कृषि तथा पशुपालन या अन्य व्यवसायों को अपनाना आरम्भ कर दिया था। ऐसे ब्राह्मणों को हीन दृष्टि से देखा जाता था। आचरण भ्रष्टता के कारण भी कुछ ब्राह्मण शूद्रों के साथ मिल गये होंगे। इस काल में जातीय सम्मिश्रण तथा व्यवसाय परिवर्तन के कारण आर्थिक सम्बन्धों में पर्याप्त परिवर्तन हुआ। शूद्र कही जाने वाली जाति कृषि व्यवसाय में संलग्न हुई। ये निम्न जातियाँ समाज के आर्थिक उत्पादन में विशेष योग देती हुई उन ब्राह्मणों को हेय दृष्टि से देखती होंगी जो स्वत: कोई उत्पादन श्रम न करते हुए केवल दान-वृत्ति पर जीवित रहते थे। (सिद्ध साहित्य, पृ. 90)

वज्रयानी साधना पूर्वी भारत में अधिक फलीभूत हुई। पूर्वी क्षेत्र में व्रात्यों की प्रधानता थी। वे आर्य धर्म को स्वीकार कर रहे थे किन्तु अपनी मान्यताओं को पूरी तरह छोड़ना नहीं चाहते थे। कई निम्न जातियाँ अपनी जाति परिवर्तन कर लेती थीं। बहुत से तथाकथित ब्राह्मणों को सामाजिक स्वीकृति नहीं मिल पाती थी। ऐसे ब्राह्मण कथित वेद बाह्य साधनाओं को संरक्षण देने लगे। पीछे उल्लेख किया जा चुका है कि कुछ क्षत्रिय या उसके समकक्ष न मानी जाने वाली जातियों को राज्यसत्ता प्राप्त हुई। वे ब्राह्मणों की दृष्टि में आदरणीय नहीं थीं, अत: उन्होंने नये धर्म को प्रश्रय दिया। उनका भी संस्कार उसी विचारधारा के मेल में था। जादू-टोना, अभिचार तथा तांत्रिक क्रियाओं के वे भी कायल थे। दूसरे धर्मों की प्रसिद्ध कहानियों तथा चरित्रों के नाम से नयी कहानी रचकर अपने विचारों की पुरातनता तथा औचित्य सिद्ध करने की विधि भी वज्रयान के सन्दर्भ में दृष्टिगत होती है। जड़ भरत की कथा विष्णु पुराण तथा श्रीमद्‌भागवत में आयी है। उन्हीं के नाम पर बौद्धों ने एक नयी कथा बनायी जो धर्मवीर भारती द्वारा सिद्ध साहित्य में उद्‌घृत है। कथा इस प्रकार है। ब्रह्मा के दो पुत्र थे–मनु और जड़भरत। मनु ने मनुस्मृति लिखकर वर्णाश्रम तथा बाह्याचारों का विधान किया। भरत रेवा तट पर एक गुफा में ध्यान करने लगे। वहाँ

उन्होंने एक चरवाहे को अपनी प्रेमिका के साथ सहज प्रणय-केलि में तल्लीन देखा। वे आश्चर्यचकित होकर नारायण के पास गये, वह अपनी शक्ति के साथ मिले। वहाँ से लौटकर उन्होंने सहज रागात्मक जीवन पद्धति का प्रचार किया।

वज्रयान में अनेक निम्न जातियों को गौरवपूर्ण स्थान मिला था। चौरासी सिद्धों में करीब तीस सिद्ध शूद्र बताए गये हैं। कुछ के विषय में शूद्र तथा ब्राह्मण होने की अलग-अलग सूचना मिलती है। सम्भव है कि कुछ जन्म से ब्राह्मण रहे होंगे किन्तु उनका कर्म ब्राह्मण के विपरीत रहा होगा इसलिए उन्हें शूद्र कह दिया गया हो। निम्न वर्ग की जनता टोना-टोटका, भूत-प्रेत, अन्ध विश्वास, बलि प्रथा तथा चमत्कारों में अधिक विश्वास करती है। लोक ने जब अपने को धर्म साधना में प्रतिष्ठित किया, तो उपर्युक्त प्रवृत्तियाँ प्रमुख हो गयीं। जन साधारण में असंस्कृत गुह्य साधनाएँ तथा अनुष्ठान प्रतिष्ठित हो गये।

महायान के बाद मंत्रयान, वज्रयान तथा सहजयान विकसित हुए। प्राचीन बौद्ध धर्म में सूत्रों का महत्त्व था। महायान धर्म में सूत्रों के स्थान पर धारिणियों को महत्त्व मिला। धारिणियाँ कुछ पंक्तियों में सूत्रों का अर्थ देती हैं। ऐसी धारिणियों को धारण करना योगाभ्यास है। फिर इन धारिणियों से भी संक्षिप्त जो जपरूप विकसित हुए वे मंत्र हैं। मंत्रों के आरम्भ में ओऽम तथा अन्त में स्वाहा लगा रहता है। ऐसे अनेक मंत्रों का आविष्कार किया गया। ओं आ हुम्स्वाहा, ओम् मुने मुने महामुने स्वाहा, ओंम् तारे तुन्तारे तुरे स्वाहा। मंत्रयान ही वज्रयान में की मुख्य प्रवृत्तियाँ मंत्र, हठयोग, मद और मैथुन हैं। (भारतीय दर्शन का सर्वेक्षण- प्रो.संगलाल पांडेय)

वज्रयान का सैद्धान्तिक पक्ष : महायान की कतिपय दार्शनिक मान्यताएँ वज्रयान में यथावत या कुछ परिवर्तन के साथ मान्य हुईं। महायान की दो शाखाएँ हैं–

1. योगाचार या विज्ञानवाद, 2. शून्यवाद।

विज्ञानवाद : इसमें बोधिसत्त्व अर्थात् परमतत्त्व की प्राप्ति के लिए यौगिक साधनाओं को महत्त्व दिया गया है। इसमें सत्ता स्थान बाह्य जगत् से हटाकर अन्तर्जगत में कर दिया गया। विज्ञान की सत्ता को सर्वोपरि मानते हुए आचार्यों ने अनेक तर्कों से वस्तु के वाह्यार्थ सत्ता को अस्वीकार किया। मान लिया जाये कि घट एक वाह्य वस्तु है, वह अणु रूप में होगा, या उसका संघात, अणु सूक्ष्मता के कारण अदृश्य है। संघात में जो आकार प्रत्यक्ष है उतना ही दृष्टिगत है, अत: अपूर्ण है। घुमा फिराकर कहते हैं कि घट का वाह्य प्रत्यक्ष सम्भव नहीं। दूसरा तर्क है क्षणिक वाद का अर्थात किसी वस्तु का ज्ञान तभी हो सकता है कि उसकी सत्ता

दो क्षण की हो। वस्तु हर क्षण बदल जाती है। स्वप्न के उदाहरण में जो कुछ हम देखते हैं वह मानसिक रहता है, उसका वाह्य जगत में कोई अस्तित्व नहीं रहता है। धर्म कीर्ति का मानना है कि ज्ञान और उसके विषय में अभेद है क्योंकि दोनों एक साथ उपलब्ध होते हैं। दिङ्नाग मानते हैं कि हमारे विज्ञान ही बाह्य विषय के समान प्रतीत होते हैं। वासना की विविधता के कारण विज्ञान में विविधता आती है। विज्ञान और वासना आपस में कारण रूप बनकर जगत् की अनेकता का अनुभव कराते हैं। मन विज्ञानों की सन्तति है। सत् का विज्ञान मन में पैदा होता है। कालान्तर में मन में ही शक्ति का विज्ञान भी पैदा होता है, इस प्रकार विज्ञान उत्पन्न तथा निरुद्ध होते हैं। विज्ञान विज्ञान को ही निरुद्ध करता है।

विज्ञान के दो भेद हैं–आलय विज्ञान एवं प्रवृत्ति विज्ञान। आलय का तात्पर्य है–लय पर्यन्त। इसमें सम्पूर्ण ज्ञान बीज रूप में निहित है। आलय विज्ञान विज्ञानों की सन्तति है जिसमें विज्ञान उत्पन्न और निरुद्ध होते रहते हैं। निरुद्ध होने के पूर्व अपनी वासना को छोड़ जाते हैं, जो नये विज्ञानों को उत्पन्न करती है। आलय विज्ञान में इनका संग्रह होता रहता है। प्रवृत्ति विज्ञान आलय विज्ञान की ही विषय-विषयी रूप में अविद्याजन्य अभिव्यक्तियाँ हैं। आचार्य शंकर ने विज्ञानवाद की अनेक विसंगतियों को निर्दिष्ट किया है।

शून्यवाद : नागार्जुन ऐसे प्रथम दार्शनिक हैं जिन्होंने विज्ञानवादियों की यथार्यता के सापेक्ष में शून्यवाद का विकास किया है कि वस्तु सम्बन्धी उत्पत्ति जाति-निरोध, आदि सभी गुण वस्तु के पारमार्थिक स्वरूप नहीं हैं। ये अविद्याजनित प्रपंच मात्र हैं। परमार्थ दृष्टि से कार्य कारण परम्परा भी असत्य है। नागार्जुन के अनुसार किसी वस्तु की उत्पत्ति न स्वत: होती है, न परत:, न उभयत: और न अनुभयत:। शून्य ही एक-मात्र तत्त्व है जो बुद्धि गम्य नहीं है। यह अनिर्वचनीय है। शून्यवाद में वस्तु सत्ता को अस्ति, नास्ति, न अस्ति, न नास्ति कहा गया है। अज्ञान व्यावहारिक जगत् का एक मात्र कारण है संवृत्ति सत्य, अज्ञान रचित है। यह परमार्थ दृष्टि से माया, स्वप्न या गंधर्वनगर के समान मिथ्या है। इसकी दूसरी विशेषता है इसकी बुद्धिगम्यता। परमार्थ सत्य बुद्धि से परे है, अवर्णनीय एवं निस्वभाव है। इस अवस्था में ज्ञाता और ज्ञेय का भेद पूर्णत: लुप्त रहता है, अतएव इसकी व्याख्या नहीं की जा सकती। यह निर्विकल्प अवस्था है, यह शिव रूप तथा निर्वाणरूप है। शून्यता, तथता, भूतकोटि, धर्मधातु अन्य नामों से भी इसे पुकारा गया है। यह प्रातिम तथा अदृश्य ज्ञान है। संवृत्ति सत्य का महत्त्व इस दृष्टि से है कि क्या कभी असत्य ज्ञान से परमार्थ की उपलब्धि हो सकती है। व्यवहार का सहारा लिए बिना परमार्थ का उपदेश नहीं किया जा

सकता है। परमार्थ का ज्ञान प्रज्ञा द्वारा होता है। समाधि के लिए वैराग्य, दान, शील , क्षान्ति, वीर्य, ध्यान और प्रज्ञा छह पारमिताओं की आवश्यकता है। महायानी स्तुतियों में बुद्ध-काया को त्रिकाया माना गया है 1. धर्मकाया 2. सम्भोग काया 3. निर्माण काया। धर्मकाया तीनों लोकों में अभिव्यक्त तो होती है किंतु वह सभी आयामों, क्लेशों और संस्कारों से मुक्त अजर-अमर, अनादि, अनन्त, अपरिवर्तनशील होती है। संभोग काया में आनंद तथा करुणा की प्रधानता होती है। यही काया बोधिसत्व रूप में है। निर्माण काया मानुषी रूप में संसार के अनुरूप जीवन यापन करती है। बोधिचित्त विज्ञान तथा चित्त की वह अवस्था है जो धर्म-साधना के लिए उद्‌बुद्ध होती है। इसमें शून्य ज्ञान तथा करुणा रहती है। पूर्वोक्त पारिमिताएँ बोधिचित्त को पूर्ण मुक्त करती हैं। पारिमिताओं में प्रज्ञा अन्तिम और सर्वाधिक महत्त्व की है। इसकी साधना से बोधि चित्तोत्पाद होता है जिसमें शून्यता तथा करुणा समन्वित होते हैं, फिर बोधिचित्त प्रमुदिता विमला, प्रभाकारी, अर्चिस्मती, सुदुर्जया, अभिमुखी, दूरगंमा, अचला, साधुमती, मेघमयी अन्त में धर्ममेघ को पार करके परमार्थ ज्ञान का स्वामी बनता है। उसमें अनन्त करुणा का उदय होता है, वह पूर्ण बोधिसत्व हो जाता है। इसे ही बोधिचर्या कहा गया है। इस बोधिचर्या के मूल में करुणा तथा असहाय ही सुख और निर्वाण प्राप्ति का लक्ष्य है। लेकिन चर्या का उपर्युक्त विधान सर्वजन सुलभ नहीं है। इसलिए इसमें पूजा-अर्चना का भी विधान किया गया। बुद्ध के अनेक अन्य नाम मैत्रेय, बैरोचन या अमिताभ के अलावा उनके आवागमन के स्थान नगर, राष्ट्र भी पूज्य हैं। पूजा से निर्वाण ही नहीं भौतिक सिद्धियाँ भी मिलती हैं। धीरे-धीरे मंत्रनय वज्रकाया, महासुख भी सम्मिलित कर लिये गये। बोधिसत्वों की दशभूमि तथा पारामिताओं के स्थान पर वज्रयान में प्रज्ञोपाय साधना को महत्त्व मिला। देवों तथा उनसे सम्बद्ध देवियों तथा गुह्य साधनाओं के मेल से महायान वज्रयान में परिणत हो गया। सिद्धियों को अधिक महत्त्व दिया गया साथ ही चर्या, अभ्यास और अनुष्ठान आदि पर अधिक बल दिया जाने लगा।

तत्कालीन धर्म साधना में तन्त्र का व्यापक प्रभाव था, बौद्ध ही नहीं अन्य साधनाएँ भी इससे अछूती नहीं थीं। 600 ई. से 1200 ई. तक भारतीय धर्म तथा संस्कृति पर तान्त्रिक साधनाओं का व्यापक प्रभाव परिलक्षित होता है। शैव, वैष्णव, बौद्ध, जैन, कोई भी इसके प्रभाव से बचा नहीं है। इस काल में जीविका, रहन-सहन की प्रणाली तथा बाह्याचार के आधार पर अनेक छोटे-छोटे धर्म सम्प्रदाय बन गये। स्थानीय अनेक देवी-देवताओं की पूजा को भी महत्त्व मिला। वज्रयान में इन पूजा पद्धतियों तथा प्रणालियों को अपनी शब्दावली प्रदान किया। डॉ. धर्मवीर भारती

का विचार है कि इन सभी में तत्त्व चिन्तन की अपेक्षा साधना पद्धति की प्रधानता थी। किसी एक देवता या शक्ति को सृष्टि का मूल तत्त्व मानना, मंत्रों का महत्त्व, देवताओं के प्रतीक बीजाक्षरों तथा वर्णों का विधान, 'भूत-सिद्धि, कुण्डलिनी योग, रहस्यमयी साधनाएँ, बाहर से मर्यादा विरुद्ध दिखने वाले गुह्यवामाचार दीक्षाएँ और गुरु का महत्त्व ये सभी तत्त्व इनमें समान हैं।' (सिद्ध साहित्य, पृ. 115) तन्त्र-मंत्रों से समन्वित विपुल अर्थ-विस्तारक और त्राणकर्त्ता तन्त्र है। तन्त्र में शरीर की विशेष महत्ता होती है। तन्त्र दैहिक साधनाओं की व्यवस्थित प्रणाली को भी कहते हैं।

तन्त्र प्रमुख रूप से अवैदिक तथा व्रात्य साधकों तथा विचारकों द्वारा विकसित किया गया। इस पर विदेशी प्रभाव भी माना जाता है। इसे शकों के पुरोहितों के साथ आया हुआ बताया गया है। तन्त्र का मूल अथर्ववेद में दिखायी देता है। तन्त्र शास्त्र तीन भागों में विभक्त है–आगम तन्त्र, यामल तन्त्र और मुख्य तन्त्र। बाराही तन्त्र के निर्देशानुसार जिसमें सृष्टि, प्रलय, देवताओं की पूजा, सत् कार्यो के साधन, पुरश्चरण, षट्कर्म साधन और चार प्रकार के ध्यान योग का वर्णन हो, उसे आगम कहते हैं। जिस तन्त्र में सृष्टि, ज्योतिष, नित्य कृत्य, क्रम, सूत्र, वर्णभेद और युग धर्म का वर्णन हो उस यामल तन्त्र कहते हैं। मुख्य तन्त्र में सृष्टि, लय, मंत्र, निर्णय, तीर्थ, आश्रम धर्म, कल्प, ज्योतिष संस्थान, व्रतकथा, शौच-अशौच, स्त्री-पुरुष लक्ष्मण, राजधर्म, दान धर्म, युग धर्म, व्यवहार तथा आध्यात्मिक नियम वर्णित हैं। अथर्ववेद तथा कूर्मपुराण में तांत्रिक पद्धतियों के प्राचीन वर्णन उपलब्ध हैं। तांत्रिक क्रियाओं का सम्बन्ध पहले शैव एवं शाक्त धर्म से जुड़ा। इसके बाद धीरे-धीरे लोक व्यवहार में चलने वाली इस साधना का असर वैदिक परम्पराओं पर भी पड़ा। शिव को अनार्य देवता माना गया है किन्तु कालान्तर में ये आर्य देवताओं में मूर्धन्य हो गये।

रामानुज ने पांचरात्र संहिताओं का प्रचलन किया। इनमें चार पद हैं–ज्ञानपाद, योगपाद, क्रियापाद, चर्यापाद। इन पादों में ज्ञान और योग पर संक्षिप्त प्रकाश डालने के बाद क्रिया तथा चर्या को अति विस्तार से बताया गया है। इसमें मान्यता है कि वाणी नारायण से उत्पन्न हुई है। इसका एक रूप तत्त्व का बोधक शब्द है दूसरा भूति या वास्ताविक तत्त्व। वाणी आरम्भ में घंटे की गूढ़ ध्वनि जो बाद में अनुस्वार में परिणत हो जाती है। बिन्दु ही स्वर-व्यंजन रूप में बदलता है। परा, पश्यन्ती, मध्यमा, बैखरी इसमें चार भेद हैं। प्रसुप्त स्वर कुण्डलिनी के साध ऊर्ध्वमुख होकर चक्र वेधन करते हुए कंठ तक पहुँचते हैं। विसर्ग सृष्टि का प्रतीक है और अनुस्वार संहार का प्रतीक है। अनुस्वार को सूर्य, विसर्ग को चन्द्रमा, दीर्घस्वरों को चन्द्र किरण कहा गया है। अनुस्वार समूह पिंगला नाड़ी तथा दिन से सम्बन्धित हैं, विसर्ग समूह रात्रि

तथा इड़ा नाड़ी से सम्बन्धित हैं। प्रत्येक अक्षर के वैष्णव, शैव तथा शाक्त त्रिविध रूप हैं, मंत्र भी इन्हीं के अंग माने गये हैं। पांचरात्र संहिताएँ बौद्ध धर्म को अपना प्रतिरूप समझती थीं। प्रलय के उपरान्त विष्णु वटपत्र पर शून्य रूप में शयन करते हैं। सुदर्शन चक्र जो काल चक्र का प्रतीक है, बौद्धों को बुद्ध रूप में दिखायी देता है।

शैवागम शिव के पाँच मुखों से लोक में प्रकट किये गये थे। इसमें प्रथम सत्ता पति या शिव है, दूसरी सत्ता पशु पदार्थ जो मलयुक्त हो गया है, तृतीय पदार्थ पाश है, जो चार प्रकार है–मल, कर्म, माया तथा रोधशक्ति। आचार्य रूप में शिव स्वयं दीक्षा देते हैं, यही दीक्षा ही अनुग्रह है। पाशुपत मत तांत्रिक मतों में सर्वाधिक प्राचीन है। इसमें पाँच पदार्थ मान्य हैं–कारण, कार्य, योग, विधि तथा दुखान्त। इनके कारण शिव हैं, कार्य तीन प्रकार का है–विद्या, कला, पशु। योग चित्त की क्रिया है। विधि बाह्याचार है। दुखान्त मोक्ष है। कश्मीरी शैव मत का प्रत्यभिज्ञादर्शन अद्वैतवाद से प्रभावित रहा। शिव पूर्ण स्वतन्त्र तथा शक्तिमान है। जीव मूल रूप में शिव है जबकि मलावरणों के कारण वह अपने को अलग समझता है। दक्षिण में वीर शैवमत या लिंगायत सम्प्रदाय को शक्ति विशिष्टाद्वैत के नाम से भी जाना जाता है। कापालिक सम्प्रदाय ने गुह्य तांत्रिक साधनों को चरम पर पहुँचाया है। कई कापालिक वज्रयान में हैं तथा कई नाथ सम्प्रदाय में हैं। कापालिक साधना में महाकाली, भैरव, चांडाली-चामुंडा शिव तथा त्रिपुर सुन्दरी आदि देवी-देवताओं की साधना होती है। ये लोग मानव खोपड़ी लिए रहते हैं, उसी का पात्र बनाकर खाते-पीते हैं। कुछ विद्वानों का मानना है कि ये कपाल में ध्यान लगाते हैं, इसलिए कापलिक कहे जाते हैं। पाशुपात शाखा से इनका अभिन्न सम्बन्ध है। सरवर तन्त्र में 12 कापालिक गुरुओं तथा 12 शिष्यों के नाम मिलते हैं। ये सोम मद्य पीते थे, मांस तथा शव का भक्षण करते थे। इनकी योगसाधना श्मशान में होती थी। ये नरबलि के साथ भैरव शक्तियों को जागृत करते थे। जनसाधारण इनसे भयभीत रहते थे। इसी तरह का एक और सम्प्रदाय था रसेश्वर। इनकी मान्यता है कि पारद (पारा) और अभ्रंक के योग से हर और ग़ौरी द्वारा निर्मित काया अमर होती है। दोनों का उचित सम्मिश्रण रोगों को दूर करता है और उड्डयन शक्ति विकसित हो जाती है।

पूर्वी प्रदेशों में सबसे प्रचलित मत शाक्त मत है। शाक्त मत पर बारहवीं के बाद बौद्धों का भी प्रभाव पड़ा। शाक्त आगमों को तन्त्र कहने के पीछे मुख्य कारण है कि इन्हें तन्त्र साधना से विशेष प्रतिबद्ध माना गया। वास्तव में शाक्त और तन्त्र का अभेद उचित नहीं है। शाक्तागमों में 64 तन्त्र प्रसिद्ध हैं, जिनका उल्लेख लक्ष्मीधर ने सौन्दर्य लहरी में किया है। सभी तन्त्रों के वक़्ता शिव तथा श्रोता पार्वती हैं। इनके दो

सम्प्रदाय है; एक का नाम श्री विद्या है जिसमें आद्याशक्ति ललिता या त्रिपुर सुन्दरी के रूप में स्वीकृत हैं, दूसरे का नाम कालीकुल है जिसमें उनकी उग्र या चंड रूप में स्वीकृति है। बाद में शाक्त ग्रन्थ दुर्गासप्तशती, देवीभागवत, ललिता सहस्रनाम हिन्दू धर्म में भी पूज्य हो गये।

दक्षिणाचार तथा वामाचार में कुछ प्रमुख भेद बताए गये हैं। दक्षिणाचार में प्रभात में संध्या, मध्याह्न में जप, ऊन के आसन पर बैठना, दूध और शकर का पान, रुद्राक्ष की माला धारण करने का विधान है। इसमें स्वपत्नी से सम्भोग का आदेश है। वामाचार में नरदन्त की माला, कपाल (खोपड़ी) का पात्र, कच्ची मछली का भक्षण, मांस सेवन, सभी जातियों की स्त्रियों से सम्भोग सम्मिलित। दक्षिण मार्ग ब्राह्मणों के लिए, वाम मार्ग शूद्रों तथा अन्य वर्णों के लिए विहित है। वामाचार में पंचमकार स्वीकृत हैं–मद्य, मांस, मत्स्य, मुद्रा, मैथुन। इन्हीं से भैरवी चक्र की नियोजना होती है। इसमें स्त्री-पुरुष दोनों मिलते थे और अपनी कामना की पूर्ति करते थे। यहाँ जातिभेद नहीं था। चक्रों में अनेक निम्न जातियों की स्त्रियों को शक्ति रूप में कल्पित किया गया है। भैरवी चक्र तीन हैं–राजचक्र जिसमें यामिनी, योगिनी, रजकी, श्वपची, कैवर्तकी ये पाँच शक्ति रूप में सम्मिलित होती हैं, देवचक्र में राजवेश्या, नागरी , गुप्तवेश्या, देव-वेश्या, ब्रह्म-वेश्या, नागरी चक्र में कोई भी रजस्वला कन्या मान्य है। मद्य ब्रह्मरन्ध्र से स्रवित अमृत का प्रतीक है। शब्द से वाणी ज्ञेय नहीं अत: इसका ही भक्षण करो–

मा शब्दात् रसना ज्ञेया तदंशान रसना प्रिये
सदा यो भक्षयेद्देवि स एव मांस भक्षक:।

मत्स्य इड़ा-पिंगला (गंगा-युमना) के मध्य संचरण करने वाली है, उसे खा लेना फिर पिंगला को जागृत करना। कुडंलिनी जागृत करना ही मुद्रा साधना है। मैथुन सृष्टि की स्थिति का कारण है अत: मैथुन से सिद्धि मिलती है, यही ब्रह्मज्ञान को सुलभ बनाता है।

वज्रयान तथा हिन्दू तांत्रिक साधनाओं में बहुत सी पद्धतियाँ समान रूप से विकसित हुईं। 'रसेश्वर सम्प्रदाय का अमर शरीर और वज्रयान की वज्रकाया, कापालिको का सोम और सिद्धों की वारुणी, लिंगायत का सामरस्य और सिद्धों का प्रज्ञोपाय युगनद्ध, सिद्धों की सहज साधना और विष्णु पुराण की सहज सिद्धि लगभग एक ही काल 8वीं से 12वीं शती के मध्य में हिन्दू तथा बौद्ध दोनों सम्प्रदायों में मिलती है।' (सिद्ध साहित्य, पृ. 130-31) करंड-व्यूह में बोधिसत्व कहते हैं कि वे शिव, विष्णु, गणेश राजा और माता-पिता का भी रूप धारण करेंगे।

बौद्ध धर्म में तांत्रिक प्रवृत्तियों का समावेश : बौद्ध धर्म बुद्धि तथा तर्क प्रधान था किन्तु लोक में प्रचार के साथ लोक प्रचलित साधना प्रणालियाँ भी उसमें समाहित हुईं। बहुत से धर्मानुयायी पहले से ही अपनी जातीय या पारिवारिक धर्माचरण की परम्परा से जुड़े रहे होंगे, बौद्ध होने पर उसे वे त्याग न करके दूसरों को भी प्रभावित करने में समर्थ हुए। बौद्ध ग्रन्थों में ऐसी कहानियाँ मिलती हैं, जिनमें इद्धि-सिद्ध श्रमण की परीक्षाएँ हुई हैं। विनय तोष भट्टाचार्य का मानना है कि बुद्ध को भी जादू-टोने में विश्वास था, वे भी अपने धर्म-प्रचार के लिए इनका सहारा लेते थे। यद्यपि इस विचार के विरुद्ध पर्याप्त साक्ष्य मिलते हैं। बुद्ध ऐसी करामात करने वालों को दण्ड देने की बात करते हैं। बौद्ध अनुश्रुतियों के उल्लेखानुसार योगाचार से तांत्रिक साधनाओं का उद्भव स्वीकार किया गया है। योगाचार के पहले आचार्य असंग को मैत्रेय ने तन्त्राचारों की शिक्षा दी थी। कुछ विद्वान् इसके पूर्व नागार्जुन को इसका प्रवर्तक मानते हैं। पहले मंत्र फिर उनकी संक्षिप्त व्याख्याएँ जिन्हें धरिणी कहते हैं तत्पश्चात् तांत्रिक प्रभाव से मंत्र और बीजाक्षर में इनकी परिणति हुई। मंत्रों के साथ ही इनकी रेखात्मक उक्तियाँ मंत्र और कवच रूप में प्रचलित हुईं। मुद्रा या महामुद्रा को नारी-शक्ति से जोड़ दिया गया जिनके समागम से सिद्धि मिलती है। इसके पूर्व मुद्राएँ अवलोकितेश्वर द्वारा गृहीत पद्म, शंख, वज्र आदि को धारण करने वाली उँगलियों की मुद्राएँ थीं। मंत्र किसी न किसी देवता से सम्बद्ध थे किन्तु ये सभी देवता शून्य के ही प्रतिबिम्ब थे। महायान सम्प्रदाय में पाँच स्कंन्ध- रूप, वेदना, संज्ञा, संस्कार और विज्ञान माने गये। शून्य धर्मी इन पाँच स्कन्धों के आधार पाँच बुद्ध- (वैरोचन, रत्नसम्भव, अमिताभ, अमोघ सिद्धि और अक्षोम्य) और इनकी पाँच शक्तियाँ (मोह रति, ईर्ष्यारति, रागरति, वज्ररति और द्वेष रति) मानी गयीं। कालान्तर में ऐसी प्रतिमाएँ भी बनायी गयीं जिनमें बुद्ध अपनी शक्ति के साथ भोग करते दिखायी देते हैं। वास्तव में लोक जिस भाव से अपने देवी-देवता या आराध्य को देखना चाहता है, उसी रूप में उसे कलाओं के द्वारा प्रचारित करता है। मंत्रयान, वज्रयान तथा सहजयान तीनों को अलग-अलग मानने की धारणा उचित नहीं हैं। मंत्रयान का बाद में पूरा तिरस्कार तो नहीं किया गया किन्तु वज्र का अर्थ-विस्तार ज़रूर मिलता है। शून्य को ही वज्र मानकर इसे विशेषण बनाकर ज़्यादातर पारिभाषिक शब्दों के पूर्व जोड़ दिया गया जैसे-वज्र सत्व, वज्र स्वभाव (देवता के लिए) वज्रयोग, वज्र वर्ण (मंत्र के लिए) वज्रवाराही (शक्तियों के लिए) वज्रमोहिनी आदि। वज्र का प्रयोग सिद्ध लोग शून्य के रूप में ही करते थे। वज्र के गुण दृढ़ता, अच्छेद्यता तथा अभेद्यता शून्य में है अत: शून्य को वज्र कहा गया।

वज्र सुरपति इन्द्र के आयुध का भी नाम है। इन्द्र का शाब्दिक अर्थ है शत्रुनाशक। वज्र का अर्थ मणि भी है जिसे अथर्ववेद में रक्षा का साधन तथा सुख-समृद्धि का कारण माना गया है। अथर्ववेद में अश्मतनु की आकांक्षा की गयी है, वज्रअश्म का भी वाचक है। विद्वानों का अनुमान है कि इन्द्र के पौराणिक काल में ब्राह्मणों के द्वारा उपेक्षा के कारण बौद्ध धर्म में इन्हें तथा इनके अस्त्र वज्र को अपना लिया गया। वज्रयानी साधना में शून्य अनिर्वचनीय नहीं है। सिद्धों की साथना नकारात्मक न होकर सकारात्मक है, इसमें भोग की भी प्रवृत्तियाँ हैं, इसमें मुख्य रूप से सहज सुख की प्राप्ति को साधना की सिद्धि का लक्ष्य निर्धारित किया गया है। अवधूतीया ने कहा है कि वज्र का अर्थ शून्यता है और सत्व विज्ञप्ति मात्रता का प्रतीक है। दोनों का तादात्म्य वज्रसत्व है।' (अद्वयवज्र संग्रह, पृ. 24) वज्रकाया जो पूर्व में धर्मकाया थी, वही बाद में सहजकाया हो गयी। इसे चौथी काया मान लिया गया। पूर्व कल्पित शून्य तथा करुणा को प्रज्ञा तथा उपाय के रूप में कल्पित किया गया। मंत्र जप के द्वारा साधक में आवेश जागृत होता है जो स्वत: देवता स्वभाव का हो जाता है। मध्यकाल में महाप्रभु चैतन्य ने भी इस आवेश रूप ब्रह्म को मान्यता दी थी। लोक में प्रचलित कुल देवता अपने पुजारी के ऊपर समय-समय पर प्रकट होते हैं। शिक्षा के प्रचार-प्रसार के साथ लोक देवता गौण होते गये हैं। वज्रयान में इसी लोक प्रवृत्ति को महत्त्व दिया गया है। साधकों तथा आचार्यों में अपनी पद्धति को सर्वश्रेष्ठ मानने की भी प्रवृत्ति थी। साधना पद्धति के अनुसार चार प्रमुख पद्धतियाँ प्रचलित हुईं- क्रिया तन्त्र, चर्यातन्त्र, योगतन्त्र, अनुत्तर तन्त्र। क्रिया तन्त्र कर्म प्रधान है इसमें प्रज्ञा पारमिताओं जैसे-दान, शील, क्षमा, वीर्य, ध्यान तथा प्रज्ञा का सेवन अपेक्षित है। चर्या उपाय प्रधान है, इसमें करुणा जागृत करना होता है। योग तथा अनुत्तर उच्च स्तरीय साधनाएँ हैं जो स्वभाव से नि:स्वभाव हो गये हैं, उन्हें मंत्र-तन्त्र की भी आवश्यकता नहीं होती है। बाद में कुछ आचार्यो ने क्रिया तथा चर्या आदि को अपने लिए उपादेय नहीं माना कुछ ऐसे ही साधक थे जो उच्चकोटि के साधकों की तरह सहज ही भावाभाव विनिर्मुक्त होकर महासुख में मस्त थे। संसार के निस्तारण के लिए तथता ज्ञान की भी उपादेयता है। काण्हपा कहते हैं कि चित्त रूपी महाहस्ती जब शून्यता रूपी करिणी पर आसक्त होता है तब तथता रूपी मदजल की वर्षा होती है। (चर्यागीत कोश-नवीं चर्या) विज्ञानवाद (योगाचार) में तथता को शून्य माना गया है। तथतावाद में धर्म और पुद्गल नैरात्म्य को स्वीकार कर भाव की शून्यता बताई गयी है, साथ ही चित्त विज्ञप्ति व्यवस्था स्वीकार करके अभाव की भी शून्यता मान

ली गयी है। अत: वे इस तथता को शून्यता कहते थे। इसी को सिद्धों ने परमार्थ भी कहा है। यह तथता भावाभाव, ग्राह्यग्राहक आदि द्वयता से विनिर्मुक्त परिनिष्पन्न ज्ञान है। इसका प्रवेश जब साधक की प्रवृत्ति में होता है तो यह शून्य स्वभाव में परिणत हो जाती है। सरहपा तत्त्व रूप तथता को ही परमतत्त्व घोषित करते हैं। सभी वस्तुएँ अनुत्पाद से आदि अन्त रहित हैं। अत: उसकी इच्छा न करो, अलीक मिथ्या धर्म महासुख में विलीन हो जाता है जैसे जल में नमक समा जाता है–

ण णिच्चलउ भावहु अप्प ण इच्छ।
अलिओ धम्म महासुह पइसइ।
लवणो जिम पाइणिहि विलिज्जइ।।
सरह भणइ जिणगुणगण एत्तवि।
पत्था एहु सो एहु परमत्ववि।।

(दोहाकोश-बाग़ची, पृ. 9)

सिद्धों ने कतिपय स्थलों पर शून्यता ज्ञान में द्वयता का निषेध किया। यहाँ चित्त-अचित्त, भाव-अभाव, भव-निर्वाण, शून्य-अशून्य सभी निषिद्ध किये गये हैं। शून्यता का आख्यान तो घर-घर होता है, लोग आत्मा और जग की शून्यता की बात करते हैं। व्याख्या करने वाले ऐसे हैं कि वृक्ष की जड़ समझते नहीं बखान करने में प्रवृत्त हो जाते हैं। सरहपा इस समस्या से अवगत थे कि सबको शून्य बताकर उसकी वास्तविक समझ को जनसाधारण में विकसित करना आसान प्रक्रिया नहीं है। यदि रसातल में प्रवेश करते हो और दुर्गम आकाश पर पहुँच रखना चाहते हो और दोनों के विरोधभाव को मानकर चल रहे हो तो मोक्ष के अभ्यास की वार्ता कैसे कर सकते हो। शून्यता परमपद है जहाँ बुद्धि विनष्ट हो जाती है। मन मर जाता है, सारे अहंकार टूट जाते हैं, वह मायामय परमपद ध्यान से भी परे है–

बुद्धि विणासइ मण मरइ, तुट्टइ जहिं अहिमाण।
सो माआमअ परमपउ, तहिं किं बज्जइ झाण

(दोहाकोश-राहुल सांकृत्यायन, पृ. 14)

सहज तत्त्व : सिद्धों ने नैरात्म्य, शून्य , तथागत, चित्त आदि अनेक पारिभाषिक दार्शनिक शब्दावली को पूर्वागत बौद्ध दर्शन से ही ग्रहण किया है, भले उनके कथन का अन्दाज नवीन है। सिद्ध साहित्य एक शब्द बहुलता से प्रयुक्त है वह है सहज। वे शून्य को ही सहज कहते हैं। इसी आधार पर कुछ विद्वान वज्रयान को या उसके

आगे के विकास को सहजयान संज्ञा देते हैं। इस शब्द का प्रयोग भारतीय परम्परा में भी है किन्तु अधिक सम्भावना है कि यह चीन के ताओ के प्रभाव से आया है। सहज को गुह्य मानते हुए भी इसकी साधना को ज़रूरी माना गया है। शून्यताज्ञान रूप सहज ज्ञान की प्राप्ति से चित्त सहज हो जाता है। यौगिक क्रियाओं इड़ा-पिंगला से अलग सुषुम्ना मार्ग से अनस्तर यहाँ प्रवेश मिलता है। समस्त ज्ञान निगूढ़ है। यदि सहज स्वभाव को जान लिया तो सभी ज्ञान सहज हो जाते हैं–

चन्द- सुज्ज घसि घालइ घोट्टइ। सो अणुत्तर एत्थु पअट्ठइ
एव्वहि सअल जाण निगूढे। सहज सहावे ण जाणिअ मूढो।।

सहजावस्था में मन निर्मल हो जाता है। काम-क्रोध, मद-लोभ तथा अन्य सांसारिक कल्मष का उसमें प्रवेश नहीं हो पाता है। चित्त की इस स्फुटता में कोई इन्द्रिय जेता इससे विशिष्ट नहीं प्रतीत होता–

मण णिम्मल सहजावस्थे गउ, अरिउल नाहिं पवेस।
ए तें चीएहु फुड सथा विअउ, सो जिण नाहि विसेस।।

(दोहाकोश–राहुल सांकृत्यायन, पृ. 12)

सहज साधना में शून्यता के साथ करुणा को भी युगनद्ध करना है। केवल शून्य साधना से वोहित (जलयान) के कौए की तरह बार-बार उड़कर भी अज्ञान में गिरता है। जो करुणा को छोड़कर शून्य में रहता है वह सहज मार्ग जो उत्तम मार्ग है उसे प्राप्त नहीं कर पाता। करुणा और शून्य यही ब्रह्मांड का मूल धर्म है। निष्करुण शून्य वृक्ष शाखा विहीन हो जाता है, उसके आश्रय में रहने वाले की बाँहें टूट जाती हैं जो दोनों को एक मानता वह अद्वय रूप समरसता का फल पाता है। चीनी बौद्ध धर्म में महायान को ही हीनयान की तुलना में सहजयान कहा गया है और हीनयान को कठिनयान। सिद्धों ने प्रज्ञोपाय साधना को सहगमन से उत्पन्न माना। डॉ. धर्मवीर भारती को अनुसंधान करते हुए सहजयान नाम का प्रयोग कहीं नहीं मिला। अद्वयवज्र ने सरहपा के दोहों की टीका करते हुए उसका नामकरण सहजाम्नाय पंजिका किया है। 'वास्तव में सहज एक आम्नाय या पद्धति है जिसमें हठयोग द्वारा प्रज्ञा और उपाय का सामरस्य स्थापित कर अनुत्तर ज्ञान, महासुख अनुभूति और सहज स्वभाव सिद्ध कर महामुद्रा के साथ रहते हुए समस्त बाह्य अनुष्ठानों से मुक्त होने पर विशेष बल दिया जाता था (सिद्ध साहित्य, पृ. 149) सहज का जीवन दर्शन 600 ई. पू. में चीन में लाओत्सो द्वारा प्रवर्तित च्वांगत्से द्वारा प्रचारित के जीवन दर्शन से मेल खाता है।

उनका मूल तत्त्व ताओ (सहज) पूर्ण भी है शून्य भी है। वह ज्ञानातीत तथा तर्कातीत है। वह नारी रूप है तथा समस्त संसार की जननी है। सम्भव है कि इस धर्म का प्रभाव सहज पर पड़ा हो। लगभग 400 ई. में रचे गये विष्णु पुराण में भी सहजा सिद्धि तथा स्वाभाविक सिद्धि का उल्लेख मिलता है, किसी परम्परा में उसके प्रचलन का भी सिद्धों ने उपयोग किया होगा, ऐसा अनुमान किया जा सकता है।

सिद्ध साहित्य काल चक्रयान से भी प्रभावित है, महामहोपाध्याय हर प्रसाद शास्त्री काल को समय, काल और विध्वंस का देवता मानते हैं, कालचक्र का अर्थ है कि विध्वंस का चक्र, कालचक्रयान उससे रक्षा करता है। शिव को भी महाकाल कहा गया है, और स्पष्टता के लिए महाकालेश्वर कहने का भी प्रचलन है। उज्जैन में महाकालेश्वर का मन्दिर प्रसिद्ध है। कालचक्रयान में भी योगसाधना की प्रांजल व्याख्या उपलब्ध है। काल और वज्रयान का भी एकीकरण हुआ है। काल को प्रज्ञा और उपाय से समन्वित आदि बुद्ध माना गया है।

सरहपा का दर्शन : वज्रयान के परिप्रेक्ष्य में : हमने बौद्ध धर्म और दर्शन की परम्परा के अनुक्रम में वज्रयान के विकास पर संक्षेप में विचार किया। सरहपा वज्रयान जिसे सहजयान नाम भी दिया गया है के आचार्य रहे हैं। उनका विचार बौद्ध परम्परा से जुड़कर भी कतिपय सन्दर्भों में मौलिक तथा व्यावहारिक है। उनके समकालीन तथा परवर्ती सिद्धों ने भी दार्शनिक तत्त्वों पर अपने-अपने तरीके से प्रकाश डाला है। निम्नलिखित शीर्षकों में सरह के तत्त्व चिन्तन पर विचार किया जा सकता है।

जगत् : बौद्ध धर्म के चारों निकायों–वैभाषिक, सौत्रान्तिक, विज्ञानवाद तथा शून्यवाद के विभाजन का मुख्य आधार जगत सम्बन्धित उनके विचारों तथा व्याख्याओं के भेद हैं। वैभाषिक में बाह्य जगत् का ज्ञान प्रत्यक्ष द्वारा होता है। इसमें बाह्य जगत् तथा आन्तरिक चित्त की स्वतन्त्र सत्ता मानी गयी है। सौत्रान्तिक बाह्य सत्ता का ज्ञान अनुमान जन्य मानते हैं। विज्ञानवादी चित्त की सत्ता को ही प्रमुखता देते हैं। जगत् चित्त की सन्तति है। यद्यपि विज्ञान स्वतन्त्र एवं स्वयंप्रकाश है, अविद्या के कारण ज्ञाता, ज्ञान एवं ज्ञेय का भेद प्रतीत होता है। माध्यमिकों ने बताया कि बाह्य एवं आभ्यंतर दोनों प्रकार की सत्ताएँ पारमार्थिक रूप से शून्य में विलीन हो जाती हैं। शून्य जो नि:स्वभाव, अलक्षण, अनिर्वचनीय है, उसी से माया या अविद्या के कारण सम्पूर्ण जगत् की अभिव्यक्ति हुई है। जगत् एक प्रवाह है, वह परिवर्तनशील है। सरहपा का जगत् सम्बन्धित विचार विज्ञानवाद के सदृश है, वह कहते हैं–

चित्तेक चित्त सअल वीअ भव-णिव्वाण जम्म विफुरन्ति।
तं चिन्तामणि पणमह इच्छा फलन्देह।।

(दोहा कोश गीति, पृ. 6)

चित्त एक है, चित्त सकल बीज स्वरूप है, अत: बाह्य जगत् तथा चित्त में प्रति छवित जगत् में भेद करना उचित नहीं है। एक ही तत्त्व है जो चौदह भुवनों में निरन्तर स्थित है। समस्त जगत् अन्ततोगत्वा नैरात्म्य स्वभाव (शून्य रूप) है किन्तु अविद्या तथा अज्ञान चित्त को भ्रमित कर देते हैं। यह चित्त निरालम्ब है, स्कन्ध, आयतन, धातु आदि चित्त की ही सन्तानें हैं। आयतन, स्कन्ध आदि की चेतना भव प्रवाह के रूप में है जिसे सिद्ध चाटिल्लपाद ने गहन गंम्भीर वेगवान भवनदी कहा है।

चित्तहि चित्त जइ लक्खण जाइ। चंचल मण पवणथिर होइ।
चित्त थिर जो णिम्मल भाव। तहिंण पइसइ भावाभाव।

चित्त से यदि चित्त को लक्षित कर लिया जाये तो चंचल पवन में स्थिर हो जाता है। चित्त के स्थिर होने पर निर्मल भाव होने पर भाव और अभाव दोनों का प्रवेश नहीं होता है। सिद्धों ने सयत्न स्कन्ध, भूत, आयतन, इन्द्रिय आदि पर विस्तार से प्रकाश डाला क्योंकि उनका मानना था कि जगत् के वास्ताविक बोध के बिना जनकल्याण नहीं हो सकता है। मनुष्य ही नहीं बल्कि सुर-असुर समस्त देहधारी सृष्टि पंच महाभूतों से ही निर्मित हैं। सरहपा ने चार ही महाभूतों पृथ्वी, जल, वायु तथा तेज की गणना की है। गगन को शून्य से मिलाकर देखा है। इसी तरह सिद्धों ने चक्षु, श्रोत्र, नासिका, रसना तथा काया (त्वचा) के अलावा मन को जोड़कर षडेन्द्रिय का विवेचन किया। मन मनोविज्ञान की अधिष्ठात्री इन्द्रिय है। जो अपने और संसार के भेद को मानता है उसे अनुत्तर की प्राप्ति नहीं हो सकती। चित्त से चित्त को जानने की बात उपर्युक्त दोहे में की गयी है। विज्ञानवादियों ने सत्य को दो प्रकार का माना है–पहला सांसारिक सत्य जिसे संवृत्ति कहते हैं, दूसरा पारमार्थिक सत्य जिसमें चित्त को शून्यता ज्ञान होता है। सांसारिक सत्य जो तथ्य मात्र है। इसमें कुछ स्पष्ट कारणों के कार्य है कुछ का कारण पता नहीं जैसे–माया। संवृत्ति सत्य अज्ञात रचित है, यह बुद्धि जनित है तथा मिथ्या है। चित्त में यही भ्रम तथा अज्ञान व्याप्त रहता है। अतएव उसे कर्म से बाँधता है, चित्त शुद्धि होने पर वह शून्य स्वभाव होता है। सिद्धों का विचार है कि शून्य में प्रवेश करते ही इन्द्रिय विषय अदृश्य हो जाते हैं।

भव और निर्वाण की एकता : अनेक साधनाओं, अनुष्ठानों तथा साधनाओं द्वारा मनुष्य निर्वाण या मोक्ष के लिए प्रयत्न करता है। कितने लोग संसार की उपलब्ध सुख-सुविधाओं को त्यागकर निर्वाण-कामना से दुख सहते हैं। व्रत-उपवास करते हैं। देह गलाते हैं और तरह-तरह से अपने को पीड़ित करते हैं। सिद्ध सरहपा भव और निर्वाण को चित्त वृत्तियों का ही भेद मानते हैं।

राहुल सांकृत्यायन की टिप्पणी है कि 'भव और निर्वाण को एक बताकर सरह ने निर्वाण के आकर्षण को कम कर ऐहिक जीवन के मूल्य को बढ़ाया इसीलिए भोगों को त्याज्य नहीं ग्राह्य ठहराया तथा जगत् को सहजानन्द पूरित मानने पर ज़ोर दिया 'भव-णिव्वाणएं किम्पि ण दूरा अथवा मुक्कावधि ज सअल जगु णाहि णिबद्धो कोवि। बन्धन का भय दिखलाकर आतंकित निर्वाण के पीछे पागल करने की जो प्रवृत्ति धर्मनायकों में देखी जाती थी, उसकी व्यर्थता को बतलाकर सरह ने लोगों को निडर करना चाहा।' (दोहाकोश, पृ. 34) सरह ने बन्धन की चर्चा अनेक दोहों में की है और भोग-विलास का भी विरोध किया है। अत: उपर्युक्त मत अक्षरश: सत्य नहीं है। भव का ज्ञान ही निर्वाण है, इस सत्य की ओर सिद्धों ने संकेत किया है। अनंगवज्र ने निर्वाण को स्पष्ट करते हुए कहा है कि 'वज्रयानी का वज्रसाधक चित्त की उस स्थिति को संसार कहते हैं जिसमें वह अगणित संकल्पों के तम से आच्छादित रहता है। जो उन्मत्त प्रभंजन में चमकती हुई विद्युत की भाँति चंचल होता है जो इस प्रकार की कल्पनाओं से विमुक्त, ज्योतिर्मय, रागादिमलों से शुद्ध निर्मित ग्राह्य तथा ग्राहक भाव से परे नित्य होता है।' (सिद्ध साहित्य, पृ. 168) संसार माया निर्मित मोहजाल है। भुसुकपाद का मानना है कि इस जगत का आदि अंत नहीं है अत: इसे भ्रान्ति जानो। जो रस्सी में साँप देखकर भयभीत होता है, उसे यह भव (संसार) खा जाता है, इसे हस्त स्थित आमलक जानकर आश्चर्य नहीं करना चाहिए। यदि इस संसार को जान लोगे तो तुम्हारी वासना नाश हो जायगी। यह मरुमरीचिका तथा गंधर्वनगरी है। इसकी स्थिति दर्पण में पड़ने वाले प्रतिबिम्ब के समान है, बालू से निकला तेल, खरगोश की सींग तथा आकाश कुसुम की तरह इसकी स्थिति है। (प्रवोध चन्द्र बाग़ची, चर्यागीति कोश, 147) सरहपा मुक्ति तथा परिनिर्वाण में भेद करते हैं कर्म मन का बन्धन है, कर्म से मुक्ति मन की मुक्ति है, इसके बाद परम निर्वाण प्राप्त किया जाता है–

मणमोक्खेण अणूण पाविज्जइ परमणिव्वाणं-दोहाकोश बाग़ची, पृ. 101)

सिद्ध साहित्य में परिणिव्वाण (परिनिर्वाण) को अधिक महत्त्वपूर्ण नहीं मानते, इससे अधिक महत्त्व परमसुख का है। स्कन्ध संज्ञा का प्रयोग बौद्ध दर्शन में समस्त

भूत (जीव) एवं भौतिक पदार्थ के लिए होता है। इनकी संख्या पाँच है–रूप, वेदना, संज्ञा, संस्कार और विज्ञान। रूप स्कन्ध सभी जड़ पदार्थ, उनके गुणों तथा इन्द्रिय एवं उनके विषयों के लिए प्रयुक्त होता है। मनुष्य के भौतिक शरीर में रूप स्कन्ध व्याप्त रहता है। वेदना में सुख-दुख एवं उदासीनता की भावनाओं को समाहित किया गया है। वेदना इन्द्रिय-विषय संयोग से उत्पन्न होती है। संज्ञा वस्तु के निश्चित ज्ञान को कहते हैं। 'यह फूल लाल हैं' इसका ज्ञान संज्ञा है। संस्कार- रूप, वेदना और संज्ञा के बीच समन्वय स्थापित करने वाली शक्ति संस्कार है। विज्ञान किसी भी ज्ञान में निहित ज्ञाप्ति विज्ञान-स्कन्ध है। इन्हीं पाँचों के संघात से आत्मा की निर्मित होती है। ये आत्मा के अवयव है, सरह कहते हैं कि पृथ्वी, जल, पवन, अग्नि तथा इन्द्रिय विषयों से मुक्त समस्त गुणों का कर्त्ता चित्त को पंच जिनों अर्थात् ध्यानी जितेन्द्रिय बुद्धों से सम्बद्ध करो–

खितिजलपवण हुआसणेहिं इन्दी विसअहिं जुत्त।
पंचजिणेहि वि वेढ़ किउ सअल-गुणाअर चित्त

(दोहाकोश, प्रबोधचन्द्र बाग़ची, पृ. 11)

तिल्लोपाद चित्त को वृक्ष का रूपक देते हुए उसके विस्तार का संकेत देते हैं। अद्वय चित्त रूपी वृक्ष सारे संसार में विस्तृत हैं। वह करुणा पुष्पित फल धारण करता है, वहाँ अनात्मीय विचार नहीं है। जहाँ तक मानसिक गोचरता का प्रवेश है, वहाँ पर परमार्थ नहीं है तत्त्वफल स्वयं संवेद्य है–

अद्दअ चित्ततरुअर गउ तिहुअण विस्तार।
करुणा-फुलिअ-फल-धरणउ णउ परत उआर।।
सअ संवेअण तत्तफल तोलपाअ भणन्ति।
जो मणगोअर पइट्ठई सो परमत्थ ण होन्ति

(तिल्लोपादस्य दोहाकोश-प्रबोधचन्द्र बाग़ची, पृ. 4)

सरहपा कहते है कि सारा संसार मिथ्यात्व में प्रवाहित है, अज्ञानी आत्मस्वभाव को परखने की चेष्टा नहीं करता है–

सरह भणइ जग-वाहिअ आलें।
णिअ सहाव ण लक्खिअ बालें

(दोहाकोश-गीति, राहुल सांकृत्यायन, पृ. 04)

यह जगत् मृगमरीचिका, गंधर्व नगरी तथा दर्पण में प्रतिबिम्ब जैसा है। यह भ्रांति अविद्यारूपी तिमिर से आच्छादित पीले आदि रंगों में प्रतिभासित होता है। यह उसी तरह है जैसे रस्सी को देखकर यदि किसी को साँप की भ्रान्ति हुई तो क्या साँप उसे खा लेगा–

आइए अणुअना ए जगरे भांत्तिए सो पडिहाइ।
राज सांप देखि जो चमकिइ सांचे कि तं वोडी खाइ।।
मरुमारीचि गन्ध (व) णअरी दापन पडिबिम्ब जइसा।
बातावत्ते सो दिढ़ भइया अपें पाथर जाइसा।।

(चर्यागीत कोष-प्रबोध चन्द्र बाग़ची, पृ. 134)

चित्त की उत्पत्ति इन्द्रिय तथा उसके विषयों को प्रतिघात से होती है, प्रतिघात के नष्ट होने पर चित्त का भी नाश हो जाता है। इसी चित्त को क्रियाभेद से मन तथा विज्ञान पर अन्य नामों से प्रकाश डाला जाता है। चित्त के सदृश चित्तपरक धर्मों की भी उत्पत्ति इन्द्रिय तथा विषयों के घात-प्रतिघात से होती है।

मन : चित्त का एक अन्य नाम मन है, जो मनन करता है। भारतीय परम्परा में मन पर पर्याप्त प्रकाश डाला गया है। गीता में मन को अत्यधिक चपल, शक्ति-युक्त और मन्थन करने वाला कहा गया है–

चंचल हि मनः कृष्ण प्रमाथिबलव्द्दृढ़म्।
तस्याहं निग्रह मन्ये वायोरिव सुदुष्कृतम।।

(गीता 6.34)

कठोपनिषद् में मन को अश्व रूपी इन्द्रियों के नियन्त्रण के लिए वल्गा कहा गया है–(1.3.3) चर्यापदों में चित्त (मन) को गयंद-मूषक, हरिण, पवन आदि प्रतीकों द्वारा वर्णित किया गया है। भुसुक अपनी एक चर्या में हिरण की संज्ञा प्रदान करते हुए चित्त का वर्णन करते हैं। चित्त हिरण तृण नहीं चरता, पानी नहीं पीता, वह हिरणी के निलय को भी नहीं जानता। इस हिरण का खुर नहीं दिखायी देता, वह मूर्ख के हृदय में प्रवेश नहीं करता अर्थात् उसे उसके रूप का ज्ञान नहीं होता। चित्त (मन) की गति बहिर्मुखी होती है, योग-साधना (प्राण साधना) के द्वारा उसे अन्तर्मुख किया जाता है। (चर्यागीति कोष, पृ. 19) सरहपाद ने चंचल मन को करहा (ऊँट) कहा है–

बद्धो धावइ दसदिसहिं मुक्को णिच्चल ठाअ।
एम्मइ करहा पेक्ख सहि विवरिअ महु पडिहाअ।।

(दोहा कोश गीति, पृ. 6)

चंचल चित्त के मारने से आवागमन से मुक्ति मिल जाती है। कण्हपा मानते हैं कि जिसने मन को निश्चल कर लिया, धर्माक्षर उसके निकट होता है, उसका मन पवन से बँध जाता है और विषयों का निराश हो जाता है। चित्त जब चित्त को देखने लगता है, जब वह निर्मल भाव से स्थिर हो जाता है तो उसमें भाव-अभाव दोनों का प्रवेश नहीं होता।

युगनद्ध साधना : इस साधना की अपेक्षाकृत अधिक जटिल तथा सूक्ष्म प्रक्रिया का उल्लेख सहजयान में मिलता है। नागार्जुनपाद की एक संस्कृत रचना के उल्लेख के अनुसार डॉ. धर्मवीर भारती ने लिखा है कि 'शून्य चार हैं–शून्य, अतिशून्य, महाशून्य, सर्वशून्य। उनका भेद कार्यकारण की श्रृंखला पर आधारित है।' पहले शून्य को आलोकज्ञान प्रज्ञा माना गया है। इसकी समस्त मायाओं में सर्वश्रेष्ठ माया स्त्री है जो इस शून्य प्रज्ञा की अभिव्यक्ति है। यह वायाँ चन्द्रमण्डल है। इसे ही योग में चन्द्रनाड़ी इड़ा कहा गया है। द्वितीय क्रम में आलोक का आभास है, यह दक्षिण सूर्यमण्डल वज्र है, पुरुष है। आलोक तथा आलोकाभास से उत्पन्न तृतीय क्रम है महाशून्य है। यह दोष मुक्त नहीं है यह भी अविद्यारूप है। प्रज्ञोपाय के सहगमन से उत्पन्न प्रज्ञोपाय अद्वैत का सर्वशून्य रूप उदित होता है (सिद्ध साहित्य, पृ. 181) यह परमतत्त्व है। सिद्ध साहित्य में युगनद्ध साधना को मैथुन परक प्रतीकों में परिणत किया गया है। स्त्री-पुरुष की परिकल्पना तान्त्रिक प्रभावों का प्रतिफल है। सिद्धों ने पूर्व प्रचलित रूपक प्रणाली को परिवर्तित कर दिया है। इन्होंने निष्क्रिय, निस्संग परमतत्त्व या तथता को प्रज्ञा- स्त्रीरूपा माना है और विविधता, सक्रियता तथा करुणा को उपाय-पुरुष रूप माना है। आगे चलकर प्रज्ञोपाय युगनद्ध रूप में तथागत बुद्ध की मान्यता की गयी। समस्त संसार पंच स्कन्धों (क्षिति, जल, पावक, गगन, समीर) से निर्मित है। बुद्ध की सर्वव्याप्ति दिखाने के लिए पाँच ध्यानी बुद्धों को परिकल्पित किया गया। पाँचों स्कंधों के स्वामी तथा महासुख नौका के केडुआल (खेनेवाले) बुद्ध हैं। इसलिए इस साधना से जुड़ा व्यक्ति निश्चिन्त हो जाता है। वैरोचन, अक्षोम्य, रत्नसम्भव, अमिताभ तथा अमोघ सिद्धि की पाँच शक्ति-रुपिणी देवियाँ हैं। देवताओं को भी सिद्धों ने प्रज्ञोपाय से जोड़कर देखा। बुद्ध से अद्वय स्थापित करने लिए अपने को बुद्ध मानकर प्रज्ञोपाय मिथुन परक सहज रूप में रहना चाहिए। अन्ततः वह बुद्ध तथा निरंजन हो जाता है। वह कामाचारी होकर कुछ भी करने में समर्थ रहता है, अन्त में यही प्रवृत्ति सिद्धों की विलासितापूर्ण मिथ्या साधना में परिणत हो गयी। रहन-सहन एवं आचरण की जो प्रणालियाँ महासिद्ध लोगों के लिए थीं, उन्हें कृत्रिम तथा अधकचरे साधकों ने अपने इन्द्रिय सुख के लिए अपना लिया। सिद्धों

की साधना का केन्द्र बिन्दु चित्त है। इसका संकेत पूर्व में भी दिया गया है। चित्त को ही बोधि तथा वज्रसत्व में परिणत करना होता है। चित्त अति चंचल है। भुसुकपा इसे मूषक का रूपक प्रदान करते हैं, यह रूपादि स्कन्धों का भक्षण करता है और देहस्थ अमृत तत्त्व को दूषित करता है। बोधि चित्त की एक पूर्वावस्था सम्वृत तथा स्पन्द रूप है, प्रज्ञोपायात्मक मार्ग में प्रवृत्त होने के बाद यह वज्र रूप होता है। सिद्ध साहित्य में चित्त को विशोधित करने या हनन करने की सलाह दी गयी है। शैवधर्म से सम्बन्धित रसेश्वर सम्प्रदाय में भी रासायनिक प्रक्रियाओं के प्रयोग की चर्चा है। बुद्ध की धर्मकाया धर्म धातु से निर्मित है। विशोधन से मन अमर हो जाता है, शून्यता ज्ञान से यह तथ्य ज्ञात हो जाता है कि न मरण है न उत्पत्ति, सभी वस्तुएँ नि:स्वभाव एवं नैरात्म्य है। धातु को स्वर्ण बनाने की रसायन साधना ग्राह्य नहीं है। असली रसायन साधना है नैरात्म्य ज्ञान रसायन द्वारा चित्त शोधन। यह अवर्णनीय प्रक्रिया है मन के हनन का भी कई चर्याओं में निर्देश दिया गया है। इसी को अमनसिकार भी कहा गया है। नाथों और सन्तों में इसी को जीवन मृत होना कहते हैं। अनमनसिकार साधना निषेध मूलक नहीं है। साधक सभी सांसारिक क्रिया-कलापों में भाग तो लेता है किन्तु विशुद्ध मन से, वह विषयों में रमण करते हुए भी वैसे ही निर्लिप्त रहता है जैसे जल में रहते हुए कमल–

विसअ रमन्त ण विसअँ विलिप्पइ।
ऊअर हरइ ण पाणी छिप्पइ।।
एमइ जोइ मूल सरन्तो।
विसहि न वाहइ विसअ रमन्ते।।

(दोहाकोश बाग़ची, पृ. 123)

राग तत्त्व : सिद्ध वैराग्य पूर्ण धर्म के समर्थक नहीं है। वे माया-मोह जनित सांसारिक राग की वास्तविकता को पहचानने का सन्देश देते हैं। राग करुणा का ही रूप है। यह शून्यता से सन्नद्ध होने के लिए सक्रिय है। यह राग तरुणी महामुद्रा प्रज्ञा के प्रति स्नेह स्वरूप है। वज्रस्वरूप धारण करने पर यही महाराग बन्धन मुक्त करने की क्षमता से युक्त हो जाता है। कण्हपा इसी तथ्य को संधा भाषा में व्यक्त करते हैं जिसका सामान्य अर्थ जनसाधारण को विपरीत ही प्रतीत होगा–

एक्कु ण किज्जइ मन्त्र न तन्त।
णिअ घरिणी लइ केलि करन्त।।
णिअ घरे घरिणी जाव ण मज्जइ।
ताव कि पञ्चवण्ण विहरिज्जइ।।

(दोहाकोश-बाग़ची, पृ. 162)

मंत्र तन्त्र कुछ न करो। गुरु के उपदेश से निजगृहिणी ज्ञानमुद्रा को ग्रहण करके केलि क्रीड़ा करते हुए योगस्थ रहिए। जैसे पानी में नमक विलीन हो जाता है, उसी तरह ज्ञान-रूपिणी महामुद्रा से एकीभूत हो जाइए। इसके बाद अमृतरास महासुख में नित्य स्थित हो जायेगी–

जिम लोण विलिज्जइ पाणिएहि तिम घरिणी लइ चित्त।
अमरस जाइ तक्खणे जइ पुषु ते सम चित्त।।

(दोहाकोश बाग़ची, पृ. 164)

सरहपा कहते हैं कि जैसे जल में जल प्रवेश करता है तो समरस हो जाता है उसी तरह उपाय (चित्त) प्रज्ञा से संबद्ध होकर समरस हो जाता है। दोष तथा गुणों के चक्कर में रहने वाला इसे नहीं जान पाता। जब मन अस्त हो जाता है तो तन का बन्धन टूट जाता है। समरसी अवस्था में शूद्र और ब्राह्मण का भेद मिट जाता है–

जत्तइ पइसइ जलेहि जलु, तत्तइ समरस होइ।
दोष गुणाउर चिन्तता, बढ़ पड़िवक्ख ण होइ।।
जव्बे मण अत्थमथु जाइ तणुं तुट्टइ बन्धण।
तव्बे समरसहिं मज्झे, णउ सुद्दण बाम्हण।

(दोहाकोश, पृ. 18, 22)

योगसाधना : भारत के सभी दर्शनों में अन्त:करण तथा चित्त की शुद्धि को परमतत्त्व के ज्ञान के लिए आवश्यक माना गया है। 'भारत के प्राचीन ऋषियों ने चित्त शुद्धि के लिए विभिन्न प्रक्रियाओं का निर्देश किया है जिनको कालान्तर में एकत्रित करके पतंजलि ने सांख्य के दार्शनिक सिद्धान्त के आधार पर सूत्र रूप में एक स्वतन्त्र शास्त्र की रचना की। यह शास्त्र योग दर्शन के नाम से विख्यात है। वास्तव में यह शास्त्र भारत की सम्पूर्ण दार्शनिक प्रतिपत्ति की एक अपूर्ण निधि है, जिसका अनुसरण सभी सम्प्रदाय किसी न किसी रूप में करते हैं। (भारतीय दर्शन का सर्वेक्षण-संगमलाल पांडेय, पृ. 243) सिद्ध साहित्य में भी चित्त को ही बन्धन का कारण माना गया है। सिद्धों का सम्बन्ध बौद्ध धर्म-दर्शन से है अत: बौद्ध धर्म के योगाचार की ध्यान साधना (झाण साधना) तथा हठयोग की प्रचलित साधना को मिश्रित तथा परिष्कृत करके बोल-कक्कोल साधना के रूप में ग्रहण किया। उन्होंने इसे प्रमुख रूप से प्रज्ञोपायात्मक साधना में परिणत किया। इस साधना में उपाय तथा प्रज्ञा को युगनद्ध करने का प्रयत्न होता है। दोहाकोश की टीका में इसका अर्थ कमल

तथा कुलिश दिया गया है। सिद्धों ने इसे रासायनिक तत्त्व से भी जोड़ा है। लेकिन यह सन्दर्भ उतना महत्त्वपूर्ण नहीं है जितना मुद्रा-मैथुन साधना। प्रज्ञोपाय घर्षण के द्वारा पंच महाभूतों को अन्तःस्थ करना ज़रूरी माना गया।

गअण समीरण सुहवासे पंचेहि परिपुण्ण ए।
सअल सुरासुर एहु उअत्ति बढिए एहु सो सुण्ण ए।

इसमें प्रज्ञा का स्थान कपाल या मस्तक के अन्दर माना गया है। हठयोग में जहाँ 6 चक्रों की परिकल्पना की है, वहीं सिद्धों ने 4 चक्रों की ही परिकल्पना की है–निर्माण चक्र में चौंसठ कमल दल हैं, धर्मचक्र में बत्तीस कमल, संभोगचक्र में सोलह कमल दल तथा उष्णीष चक्र में छह कमल दल हैं। इसी चक्र का अपर नाम महासुख चक्र है। काण्हपा मेरुदण्ड को मेरु पर्वत के रूप में मानते हुए उसके शिखर पर शबरी नैरात्म्य का निवास बताते हैं। (मूलाधार चक्र में) मूल कन्दरा अर्थात् निचले तल में शुक्र वैरोचन बोधिचित्त है, अन्दर ही कालाग्नि है, साधना के अभाव में यह शुक्र को शुष्क कर देती है, पवन निरोध करने से यह प्रकाशित होकर शुक्र रूपी उपाय को प्रज्ञा से समागम के लिए ऊर्ध्वमुखी करती है। मेरुदण्ड के मूल में नाभि चक्र, हृदय में निर्माण चक्र, कंठ के समीप धर्मचक्र और शिखर पर महासुख चक्र।

बोहि चिअ रअभूसिअ अक्कोहेहिं सिट्ठओ।
पोक्खरविअ सहाव सह णिअ देहहिं दिट्ठओ।
गअणणीर अमिआह पाँक मूल वज्ज भाविअइ।
अवधूइ किअ मूल णाल हंकारों वि जाअइ।।

विभिन्न योग सम्प्रदाय में नाड़ियों की संख्या भिन्न-भिन्न है किन्तु मुख्य नाड़ियाँ तीन हैं। सिद्धों ने इडा, पिंगला और सुषुम्ना के लिए ललना, रसना तथा अवधूती संज्ञाओं का प्रयोग किया है। ललना वायें नासापुट के पास गयी है तथा रसना दाहिने नासापट तक है। दोनों के मध्य है अवधूती। ललना से शुक्र प्रवाहित रहता है और रसना से रज, अवधूती अद्वैत रूपी बोधिचित्त का वहन करती है। इसे सहज पथ या सहज सुन्दरी भी कहा जाता है। सिद्धों ने इसे योगिनी कहकर सम्बोधित किया है। अवधूती के दो रूप हैं–परिशुद्धा और अपरिशुद्धा। अपान वायु से प्रज्वलित होने वाली कालाग्नि निम्नगामी होती है तो उसके तेज से शुक्र जलकर सूख जाता है, सरहपाद कहते हैं कि जब वायु निरुद्ध होकर ऊर्ध्वमुखी होती है तो नियन्त्रित वायु में चंचल चित्त मृत हो जाता है फिर योगी का काल कुछ भी नहीं बिगाड़ सकता है। लुईपा काल (कालाग्नि) को चंचल चित्त में प्रविष्ट मानते हैं–

काआ तरुवर पंच वि डाल।
चंचल चीए पइठा काल-चर्यागीतिकोष-पृ.1

चाडांली योग : लिंग और गुदा की मांस-पेशियों का संकुचन करके मणि मूलबन्ध किया जाता है। इससे ललना और रसना का निरोध हो जाता है, अन्तर में अन्धकार हो जाता है और कालाग्नि का क्षय हो जाता है। उस समय अवधूती का उद्घाटन होता है चन्द्राग्नि के आलोक से बोधिचित्त मणि जगमगा जाती है। (सिद्ध साहित्य-धर्मवीर भारती, पृ. 217) धामपा ने चांडाली योग की तरह समता योग का भी वर्णन किया है। इस योग में साधक कमल-कुलिश के मध्य लीन हो जाता है। डोम्बी नाड़ी में राग दाह से आग प्रज्वलित हो जाती है साधक शशधर शुद्ध चित्त से बुझाने की चेष्टा करता है। यह दाहक अग्नि नहीं है। यह अग्नि सुमेरु पर्वत में जाकर गगन (शून्य) में प्रविष्ट हो जाती है। इसके द्वारा हरिहर ब्रह्मा, वासना, क्लेश सब जल जाते हैं फिर पंच इन्द्रियों से पानी पहुँचता है। इसके बाद साधक काय, वाक् और चित्त को वज्र बनाकर अवधूती को वधू के रूप में ग्रहण करता है–

कमल कुलिश माझे भवइ लेली। समता जाये जलिल चण्डाली।
डाह डोम्बी घरे लागेलि आगि (णी) ससहरलइ सिन्चहु पाणी।
नउ खर जाला धूम न दिसइ। मेरुशिखर लइ गअण पइसइ।।
दाढ़इ हरिहर वाह्म भडारा। दाढ़इ णव गुण शासन पाड़ा।।
भणइ धाम फुड़ लेहु रे जाणी। पंच नाले उठ गेल पाणी।

सिद्धों की योग साधना में विचित्र, विपाक, विमर्द, विलक्षण चार क्षण, प्रथमानन्द, परमानन्द, विरजानन्द, सहजानन्द चार आनन्द माने गये हैं। इन आनन्दों को प्राप्त करने की क्रमशः चार मुद्राएँ हैं–कर्ममुद्रा, धर्ममुद्रा, ज्ञानमुद्रा और महामुद्रा। मुद्रा का शाब्दिक अर्थ है आनन्द देने वाली।

देह का महत्त्व : शास्त्रोक्त वाणी है कि शरीरमाद्येव खलु धर्म साधनम्, धर्म साधना के लिए शरीर प्रमुख साधन है। योगसाधना में तो शरीर का महत्त्व स्वतः ही प्रमाणित हो जाता है। चित्त का निरोध शरीर के अन्दर ही करने की आवश्यकता है, सरहपा कहते हैं कि पंडिअ सअल सत्थ बखाणइं। देहहिं बुद्ध वसन्त ण जाणइ।' पण्डित लोग समस्त शास्त्रों का बखान करते हैं किन्तु देह के अन्दर बसने वाले बुद्ध को नहीं जानते। सरह ने इसके लिए एक रोचक दृष्टांत दिया है। योगिनी के प्रियतम घर में हैं किन्तु वह गाँव में सबसे उसका पता पूछती है। भगवती नैरात्मा और तथागत दोनों देह में हैं किन्तु अज्ञानी उन्हें वाह्य अनुष्ठानों द्वारा खोजते हैं–

घरे अच्छइ बाहिरे पुच्छइ।
पइ पेक्खइ पडिवेसी पुच्छइ।।

इस शरीर में ही सरस्वती, गंगा सागर, वाराणसी, प्रयाग, चन्द्र और सूर्य मौजूद हैं। प्रयाग की तरह देह में त्रिवेणी (गंगा-यमुना-सरस्वती का संगम) ललना, रसना और अवधूती का संगम है। चन्द्ररूपी नाड़ी ललना तथा सूर्यनाड़ी रसना दोनों के गुण इसमें मौजूद हैं। धर्मक्षेत्र, धर्मपीठ, उपपीठ (धर्मचक्र) में सम्यक् स्थित होकर सरहपा ने अनुभव किया कि इसके सदृश मैंने न कोई तीर्थ सुना है न देखा है। वास्तव में सरह उन तमाम तीर्थों को भी देहस्थ मानते हैं जिन्हें तान्त्रिक सम्प्रदायों तथा बौद्धों के यहाँ मान्यता मिली थी–जैसे–कामरूप, पूर्णगिरि, ओडियान, जलन्धर आदि। देह अपने आप में नश्वर है। इसकी ही साज-सज्जा और पोषण में पूर्णतः समर्पित व्यक्ति को कुछ नहीं मिलता है। जो साधक शरीरस्थ धर्मकाया को परिलक्षित करता है, शरीर में प्रवसित सूक्ष्म बुद्ध को जान लेता है, वही ज्ञानी हो जाता है। प्रज्ञोपाय ज्ञान से वह तथागत के स्वभाव को समझ लेता है। सरह के देह के महत्त्व को प्रकाशित करने वाले ये दोहें हैं–

एथु से सरसइ सोवणाह, एथु से गंगासाअरु।
वारणसि पयाग एथु, से चान्द-दिवाअरु।।
खेत्त पिट्ठ उअपिट्ठ, एथु मइ भमिअ समिट्ठउ।
देहा सरिस तित्थ, मइ सुणउ ण दिट्ठउ।।

(दोहाकोश-राहुल सांकृत्यायन, पृ. 22)

वाह्याडम्बरों की निरर्थकता : भारतीय धर्म-साधना की परम्परा में दो प्रवृत्तियाँ मिलती हैं–एक कर्म काण्ड समर्थक दूसरी कर्म काण्ड विरोधी। वैदिक धर्म में कर्म काण्ड की प्रधानता थी किन्तु बौद्धधर्म में विरोध। यद्यपि कालान्तर में इसमें कर्म काण्ड का समावेश हो गया। सरहपा ने बड़े तीखे शब्दों में सभी सम्प्रदायों में प्रचलित कर्मकाण्डों तथा बाह्य आडम्बरों का विरोध किया है। उनका कहना है कि वैदिक कर्मकाण्डी पानी, कुश, अग्नि, हवन-सामग्री द्वारा यज्ञ करते हैं। यज्ञ से परम तत्त्व का ज्ञान नहीं होता है बल्कि यह क्रिया धुएँ से आँखों को पीड़ा पहुँचाती है–

मट्टी पाणी कुश लेइ पढन्त।
घरहिं बइसी अग्गि हुणन्त।।
कज्जे विरहिअ हुअवह होमे
अक्खि डहाविअ कडुए धूमें

(दोहाकोश-राहुल, पृ. 2)

पाशुपत शरीर में राख लपेटे रहते हैं। अरण्यी, मुंडित अनेक वेष धारण करके दक्षिणा पाने का प्रयत्न करते हैं। जैनों में भी कोई दीर्घ नखी, कोई मलिन वेषी, कोई नग्न, कोई केश उत्पाटन करने वाला है। यदि नग्न रहने से मुक्ति मिल जाये तो कुत्ते और शृंगाल बिना किसी प्रयास के मुक्त हो जायँ। ये जीव वस्त्र नहीं धारण करते सदैव दिगम्बर ही रहते हैं। लोम (रोम) उखाड़ने से यदि मुक्ति मिलती तो उन युवतियों को मिल जाती जो अवांछित बालों को उखाड़ देती हैं। यदि मोरचवँर धारण करने से मुक्ति होती तो मोर को भी यह लाभ मिलता। जैनों के आडम्बर पर सरहपा का प्रहार कुछ अधिक तीखा है (दोहाकोश-राहुल, पृ. 2) सरहपा बौद्धों के भी कर्मकाण्ड पर व्यंग्य करते हैं।

पुस्तकीय ज्ञान : जिस प्रकार बाह्य अनुष्ठानों से परमार्थ का ज्ञान नहीं हो सकता है, उसी प्रकार पुस्तकीय ज्ञान से। बहुत से धर्म सम्प्रदायों में पुस्तकों को धर्मग्रन्थ माना गया है। उनमें लिखी गयी बातों को ही मुक्ति का साधन समझा जाता है। कतिपय धर्मानुयायी स्वयं उसे पढ़कर समझने की क्षमता नहीं रखते हैं। पण्डित, मौलवी या धर्मवेत्ता उन्हें जैसा समझाते हैं वैसे ही वे बिना विवेक तथा विचार के ग्रहण कर लेते हैं। सरहपा कहते हैं कि

पंडिअ सअल सत्थ वक्खाणइ।
देहहिं बुद्ध वसन्त ण जाणहिं।

(दोहाकोश-बाग़ची, पृ. 30)

कण्हपा आगम, वेद, पुराण को ढोने वाले पण्डितों को ऐसे भ्रमर के समान मानते हैं जो श्रीफल के चारों ओर चक्कर काटते रहते हैं और रसपान से वंचित रह जाते हैं (दोहाकोश बाग़ची, पृ. 197) जिन्होने विरल सहज क्षण को समझ लिया उसके लिए वेद-पुराण किसी काम का नहीं रहता है। उसका जग में व्याप्त सम्पूर्ण विषय वासनाओं से रिश्ता टूट जाता है।

गुरु : धार्मिक तथा आध्यात्मिक साधना दोनों में गुरु का महत्त्वपूर्ण स्थान है। गुरु के बिना आरंम्भिक ज्ञान भले हो जाये किन्तु सम्पूर्ण ज्ञान नहीं हो पाता है। किसी व्यक्ति को चाहे जितना तत्त्वज्ञान हो जाये किन्तु उसे सामाजिक मान्यता तथा प्रतिष्ठा तब तक नहीं मिल सकती थी जब तक कोई उसका मान्य गुरु न हो। सिद्धों की साधना बहुत गूढ़ है, इसलिए अन्य तांत्रिक पद्धतियों की तरह गुरु का इसमें विशेष महत्त्व है। इनके उपदेशों में भी इतनी प्रतीकात्मकता तथा जटिलता है कि

कोई सम्प्रदाय से बाहर का व्यक्ति उन्हें समझ ही नहीं सकता है। कृष्णाचार्यपाद का मानना है कि गुरु के उपदेश से मोह जाल छिन्न हो जाता है, विषयेन्द्रियाँ प्रभास्वर में प्रविष्ट हो जाती हैं।

मोहमंत्र छिन्न गुरुपदेशन।
विषयेन्द्रिय गगनपेमुतं।।

(चर्यागीति कोश, पृ. 8)

शबरपा गुरु के वाक्य को धनुष बनाकर और अपने बोधिचित्त को बाण, दोनों को एक करके एक स्वर से संधान करते हैं और निर्वाण को बेध देते हैं।

गुरुवाक पुञ्छिआ बिन्ध निअमण बाणे।
एके शर सन्धाने बिन्धह परमणिबाणे।।

(वहीं, पृ. 92)

चेला, भिक्षु, स्थविर आदि साधना की क्रमिक कोटियाँ न होकर जनसाधारण में वन्दनीय बनने का ही प्रयत्न है। कोई सूत्रों का बखान करता है, कोई चित्त में करुणा को देखने की चर्चा करता है। कोई महायान की ओर प्रवृत्त है, कोई मण्डल चक्र साध रहा है। सहज को छोड़कर निर्वाण की ओर दौड़ने वाला कुछ नहीं पाता है। जिसको जहाँ सन्तुष्टि मिले, वही करे लेकिन स्पष्ट बात यह है कि ध्यान लगाने से मोक्ष नहीं मिलता। सहज तत्त्व या परमपद ऐसा है जहाँ दीपदान, नैवेद्य तथा मंत्रभाव से कुछ नहीं होता है। तीर्थ और तपोवन जाने या जल-स्नान से भी कोई सिद्धि नहीं होती। सारा संसार मिथ्यात्व के प्रवाह में बहा जा रहा है निज स्वभाव (चित्त के मूल और वास्ताविक) को लक्षित करने का प्रयत्न ही नहीं करता। बौद्धों के विषय में सरह की टिप्पणी है–

चेल्लु भिक्खु जे त्थविर उएसें
बन्देहिअ पव्वज्जिअ वेसें
को इ सुत्तंत बक्खाण बइट्ठो
कोवि चित्त करुअ म दिट्ठो
अण्णु तहिं महाजाणे धाविउ
मण्डल चक्क मवि नाधेउ

निष्कर्ष रूप में कह सकते हैं कि साधक जैसे-जैसे सिद्धि की ओर अग्रसर होता है वैसे-वैसे उसके लिए साधना-प्रणाली की उपयोगिता कम होती जाती है। सरहपा का बल है 'सहज' को जानने में सहज साधना ही कारगर हो सकती है जिसके विषय में बातें की जा चुकी हैं।

सरहपा का भाषिक एवं काव्य पक्ष : सरहपा का सम्बन्ध जिस बौद्ध धर्म से जुड़ा है उसमें धर्म-प्रचार के लिए कलाओं का भरपूर उपयोग किया गया है। अनेक स्थानों पर आकर्षक बौद्ध मन्दिर बनाए गये हैं। भारत में ही नहीं अन्य पड़ोसी देशों जैसे श्रीलंका, थाईलैंड, म्याँमार, पाकिस्तान, अफ़गानिस्तान आदि स्थानों पर भी भव्य मन्दिरों के निर्माण हुए थे। बुध 7 बुत एक तरह से मूर्ति का पर्याय बन गया है। अजन्ता, एलोरा में अनेक भित्ति चित्रों द्वारा बुद्ध से सम्बन्धित घटनाओं को दर्शाया गया है। आचार्यों ने इसके लिए सैद्धान्तिक आधार तैयार किया था। 'संद्धर्म पुंडरीक' में उपाय कौशल नामक द्वितीय परिवर्तन में स्थापत्य, मूर्तिकला, संगीत आदि की साधना द्वारा बोधि लाभ का विधान मिलता है। 'इसी प्रकार कविता भी उनके यहाँ तान्त्रिक साधनाओं द्वारा प्राप्त एक सिद्धि मानी जाती थी। मृत्युंजय तारा की साधना में आठ महासिद्धियों के अतिरिक्त कविता, वक़्तृता, मेधा तथा एकान्त निर्मला प्रज्ञा आदि को भी सिद्धि का विधान माना गया है (सिद्धि साहित्य-धर्मवीर भारती, पृ. 240 के आधार पर) सिद्धों में कई काव्य शास्त्रीय परम्परा से न केवल परिचित थे बल्कि उसका उन्होंने विधिवत अध्ययन भी किया था। तान्त्रिक साधनाओं के प्रभाव के कारण काव्यशास्त्र का एक साधनापरक आयाम भी जुड़ गया था। ध्वनि सम्प्रदाय के प्रवर्तक अभिनव गुप्त तान्त्रिक थे। तान्त्रिक साधकों ने अभिव्यक्ति की माध्यम-भाषा की भी नाद और बिन्दु सिद्धान्तों पर आधृत नयी व्याख्या की। भाषा के अंगों की न केवल भौतिक व्याख्याएँ हैं बल्कि उनमें आध्यात्मिक अभिप्राय भी निहित है। वैदिक परम्परा में भी भाषा के चार स्तर माने गये थे–परा, पश्यन्ती, मध्यमा, बैखरी। परा तो ब्रह्म रूप ही है। शब्द-ब्रह्म की अवधारणा का भी यही सन्दर्भ है। अक्षर को विभिन्न देवताओं का स्वरूप माना गया है। बाद में योग में 'परा' का सम्बन्ध नाद से जोड़ा गया है। नागेश ने सृष्टि की उत्पत्ति के सन्दर्भ में कहा है कि परमात्मा प्रलय के उपरान्त सृष्टि की इच्छा करता है। इच्छा ही माया या शक्ति तत्त्व है। इसके तीन भाग हैं–बीज, नाद और बिन्दु। बिन्दु से शब्द ब्रह्म की उत्पत्ति होती है जिसे रव अथवा परा कहा जाता है। (कपिलदेव द्विवेदी–अर्थ विज्ञान और व्याकरण दर्शन, पृ. 64) चूँकि बैखरी का सम्बन्ध कंठ से है, कंठ पर ही विशुद्धि चक्र है। इस चक्र के

ध्यान से साधक वाग्मी, कवि तथा ज्ञानी बनता है। सरहपा बार-बार गुरु की उक्ति की महत्ता को निरूपित करते हैं। उक्तियाँ लिखित हैं, विविध सम्प्रदायों की तत्त्व निरूपक उक्तियाँ लिखित रूप से उपलब्ध हैं किन्तु वज्रयान (सहज धर्म) के ज्ञाता, पहुँचे हुए सिद्ध की 'उक्ति' उस अर्थ को उद्घाटित करने में सक्षम है जो सरहपा की कामना है। विरोधाभास प्रतीत होने वाला सरहपा का एक प्रसिद्ध दोहा है–

अक्खर बाड़ा सकल जग, णाहिं निरक्खर कोइ।
ताव अक्खर घोलिआ जाव णिरक्खर होइ।

भौतिक अर्थों से युक्त अक्षर (शास्त्रीय ज्ञान और लोक व्यवहार की भाषा) सर्वत्र व्याप्त है। सभी प्रत्यक्ष और अप्रत्यक्ष रूप से शास्त्रीय ज्ञान की परम्परा के कायल हैं। सरह कहते हैं भौतिक (लौकिक) अर्थ सीमाओं में आबद्ध अक्षर को तब तक घोलिए, साधना द्वारा उसके आध्यात्मिक अर्थ को समझिए। यह प्रक्रिया तब तक चालू रखिए जब तक निरक्षर न हो जाइए। अति सूक्ष्म परा या नाद ब्रह्म के साक्षात्कार तक अक्षर को साधिए। सरहपा ने दोहाकोश में कहा है कि

वर गुरु वअणे पड़िज्जहु सच्चे
सरह भणइ मइ कहिअउ बाँचे।।

(दोहाकोश, पृ. 22)

सरह दृढ़तापूर्वक कहते हैं कि श्रेष्ठ गुरु की वाणी की सच्चाई पर विश्वास करो। मैंने स्वयं गुरु की वाणी में विश्वास किया है। वह वाणी दिव्य है। सरह का संकेत उसी वाणी की ओर है जो शब्द ब्रह्म के रूप में परम्परा से मान्य है।

सिद्धों ने लौकिक राग के स्थान पर महाराग का भाव ग्रहण किया है। यह महाराग ऐसा है जिसमें लौकिक भाव अलौकिक अर्थ को ग्रहण कर लेता है। यह सर्वसाधारण का आधारभूत भाव प्रतीत हो सकता है किन्तु वास्तव में यह सम्बोधि प्राप्त चित्त का भाव है। यह महाराग तरुणी महामुद्रा के प्रति है, वह महामुद्रा भगवती प्रज्ञा भी महामुद्रा के रूप में साधक से गहन प्रेम करती है। दोनों ही महामुद्रा के आलम्बन हैं। सिद्धों ने बड़े कौशल से इसके लिए जिन प्रतीकों का प्रयोग किया है वे निम्नवर्गीय स्त्रियाँ हैं। चूँकि सिद्धों में अनेक चतुर्थ वर्ण के साधक थे, इसलिए उन्होंने अपने ही वर्ग की महत्ता प्रतिपादित करने के लिए यह उपक्रम किया होगा। ब्राह्मण धर्म के विरोध में बौद्ध धर्म विकसित हुआ, अत: ब्राह्मणों के लिए जो स्त्रियाँ अस्पृश्य मानी जाती थीं उन्हें प्रज्ञा के प्रतीक रूप में रखा गया। चर्यागीतों में इन प्रतीकात्मक नायिकाओं के वर्णन मिलते हैं किन्तु सरह के अपभ्रंश भाषा में प्राप्त दोहों में इन प्रतीकों के वर्णन का प्राय: अभाव है।

चर्यागीतों में भगवती नैरात्मा तथा तथागत को नायिका और नायक मानकर प्रणय निवेदन, प्रणय क्रीड़ा, अभिसार आदि का चित्रण मिलता है। इस प्रणय को बोधिचित्त तथा शून्यता की प्रणय केलि के रूप में माना गया है। कतिपय सन्दर्भों में गुरु की भूमिका दूती के रूप में रहती है। सिद्ध साहित्य में नायिका के स्वकीया पक्ष को ही महत्त्व दिया गया है। किन्तु परकीया के उदाहरण अनुपलब्ध नहीं हैं। जिन नायिकाओं को ग्रहण किया गया है वे आचरण और व्यवहार की दृष्टि से काव्यशास्त्र की नायिका भेद की कुछ कोटियों में परिगणित की जा सकती है। शुंडिनी तथा मातंगी दो नायिकाएँ सामान्य क़िस्म की हैं। डॉ. धर्मवीर भारती ने उपलब्ध प्रतीकात्मक नायिकाओं को मुग्धा, मध्या, प्रौढ़ा कोटि में रखा है (सिद्ध साहित्य, पृ. 247-48) ज़्यादातर नायकों को ही प्रणय के लिए आकुल या इच्छुक दिखाया गया है। महासुख की प्राप्ति की चेष्टा साधक में ही होती है अत: ऐसे चित्रण स्वाभाविक हैं। एकाध चर्या में कामपीड़ित नायिका का चित्रण भी मिलता है।

सरहपा ने अपने दोहों में कहीं-कहीं उपदेशात्मक शैली में श्रृंगारिक प्रवृत्ति का प्रतीकात्मक वर्णन किया है। वह कहते हैं कि तन्त्र-मंत्र एक भी मत करो। अपनी घरनी (पत्नी) को लेकर केलि करो। अपने घर में जब तक पत्नी में पूरी तरह डूब नहीं जाते तब तक पंचवर्ण स्थान में विचरण करने से क्या लाभ। जप, होम, मण्डल कर्म की निरन्तर साधना व्यर्थ है। रागमय तरुणी महामुद्रा से अविच्छिन्न अनुराग करो। इस मनुष्य देह से ही महामुद्रा मिल सकती है। वज्रयोषिता के लिए वज्रधर स्वरूप ग्रहण करो।

एक्कु ण किज्जइ मन्त ण तन्त।
णिअ घरिणि लइ केलि करन्त।।
णिअ घरे घरिणि जाव ण मज्जइ।
ताव किं पञ्चवण्ण विहरिज्जइ।।
एसो जप-होमें मण्डल कम्मे।
अणुदिण अच्छसि काहिउ धम्मे।।
तो विणु-तरुणि णिरन्तर णेहें।
वोहि कि लब्भइ एण विदेहें।।

(सरहपादस्य-दोहाकोश, प्रबोध चन्द्र बाग़ची, पृ. 45)

चर्यागीतों में प्रतीकात्मक प्रणाली से जिन भावों का चित्रण किया गया है, उनकी शास्त्रीय दृष्टि से कैसी रस व्यंजना हो सकती है? यह प्रश्न विचारणीय है। सिद्धों का

प्रयोजन लौकिक प्रतीकों के माध्यम से जनसाधारण को आकर्षित करना था। उनके हृदय में प्रथम लोकभाव जागृत करके फिर उसके अभिप्राय को स्पष्ट करने की चेष्टा की जाती रही होगी। भारतीय जनता के मन में यदि यह विश्वास हो जाता है कि यह गीत आध्यात्मिक भाव को प्रकट करने वाला है तो वह पूर्ण अर्थ जाने बिना भी उसमें डूब जाती है। प्रतीकार्थ से परे का आनन्द उसे प्राप्त होता है। कालान्तर में जैसे विद्यापति के शृंगारी गीतों में कृष्णभाव की निष्ठा से भक्त लोग तन्मय हो कर गाते थे और उसका रसास्वादन करते थे, कबीर के निर्गुण के प्रति भी यही भाव कार्यरत रहता है। सिद्धों को द्वयार्थी आध्यात्मिक गीतों के प्रवर्त्तन का श्रेय देना चाहिए। डॉ. धर्मवीर भारती कहते हैं कि सिद्धों को यह अभीष्ट नहीं था कि पाठकों को लौकिक रस का आभास मात्र मिल सके। 'कभी-कभी उल्टे रूपक बाँधकर, चमत्कार युक्त प्रतीक योजना कर लोगों को चेतावनी देते थे कि यह पथ लौकिक पथ नहीं है, यह रस लौकिक रस नहीं है कुछ और गहन और गुह्य रस है जिसे न गुरु कह सकता है, न शिष्य सुन सकता है, इसे तो जिसने चखा है वही जान सकता है।' (सिद्ध साहित्य, पृ. 259) रसास्वादन की प्रक्रिया निजी होती है और अनिर्वचनीय भी। आध्यात्मिक भावों (विशेष रूप से ब्रह्म के विषय में) को व्यक्त करने के लिए सामान्य भाषा का नया तथा चमत्कारिक विधान अपेक्षित होता है। कविगण अपनी वाणी में चमत्कार लाने का उपक्रम सिद्धों से पहले भी करते रहे हैं। उपनिषदों में अनेक ऐसे कथन मिलते हैं। कबीर ने एक साखी में दावा किया है कि मुझे ईश्वर का आदेश हुआ है कि सामान्य जन के उद्धार के लिए साखी कहूं। जिस सन्त की मुख्य चिन्ता जनसाधारण के उद्धार की है वह भी अनेक उलटवाँसियों का सृजन करता है। यह चमत्कार प्रदर्शन गोपनीयता के लिए नहीं है बल्कि अपनी सर्जनात्मक प्रतिभा के प्रदर्शन के लिए भी है और पण्डितों के शास्त्र ज्ञान को ललकारने के लिए भी है। प्राचीन समय में किसी शास्त्रोक्ति को लेकर खुले शास्त्रार्थ होते थे। शास्त्रार्थ में विजयी होने वाले को ही पण्डित-ज्ञानी की प्रतिष्ठा मिलती थी। यदि किसी पण्डित से सरहपा की उलटवाँसी (संधा भाषा में लिखित वाणी)का तात्पर्य पूछा जाये तो वह निरुत्तर ही रह जायेगा।

काव्य रूप : सरहपा की उपलब्ध मूल रचनाओं में चर्यापाद तथा दोहे हैं। आगे चलकर चर्यापदों के सदृश पद शैली का विकास हुआ। चंडीदास और विद्यापति के पद भाव और वस्तु की दृष्टि से भिन्न होते हुए भी शैली की दृष्टि इसी परम्परा के माने जा सकते हैं। चर्यापदों में आत्मानुभूति के अलावा तत्त्व दर्शन के प्रतीकात्मक वर्णन मिलते हैं। कुछ पद प्रतीकों से मुक्त हैं उनमें तत्त्व-विवेचन तार्किक दृष्टि से

किया गया है।

दोहे भी पारम्परिक विषय-वस्तु से भिन्न प्रकृति के हैं। संस्कृत तथा प्राकृत में मुक्त दोहे श्रृंगार लोक-जीवन वन के आचार-व्यवहार उनकी आर्थिक तथा सामाजिक परिस्थिति के परिप्रेक्ष्य में उनकी समस्याओं तथा भावनाओं को अंकित करते हैं। सिद्धों के दोहे विषय की दृष्टि से दो प्रकार हैं; पहला- अन्य समकालीन धर्मों के आचारण पक्ष तथा मान्यताओं का विरोध तथा अपनी साधना प्रणाली की सैद्धान्तिक विवेचना। जहाँ किसी धर्म की आलोचना की गयी है वहाँ इनकी शैली व्यंग्यात्मक है। सरहपा के दोहों में भी तीखे व्यंग्य की चुभन है। व्यंग्य करते समय सरहपा कहीं-कहीं भाषिक आभिजात्य को भी खण्डित करते हैं।

1. **साधना पद्धति का विवेचन :** सरहपा अपने दोहों में साधना प्रणाली का रोचक तथा गंभीर विवेचन प्रस्तुत करते हैं। कहीं-कहीं तो इतना सरल और सहज रूप अपनाते हैं कि पाठक श्रोता को तुरन्त ही बोधगम्य हो जाता है जैसे–

करुणा छड्डि जो सुण्णहि लग्गु।
णउ सो पावइ उत्तिम मग्गु।
अहवा करुणा केवल भावइ।
जम्म सहस्सहि मोक्ख ण पावइ।।

(दोहा संग्रह, पृ. 48)

जो साधक करुणा को छोड़कर शून्य साधना में लगा रहता है उसे उत्तम मार्ग नहीं मिलता है, अथवा जिसे केवल करुणा ही अच्छी लगती है या जिसमें सिर्फ़ करुणा भाव है वह सहस्रों जन्म ग्रहण करके मोक्ष नहीं पा सकता है। अपनी बात को और स्पष्ट करते हुए वे कहते हैं–

सुण्ण करुण जइ जोउणु सक्कइ।
णउ भवे णउ णिव्वाणे थक्कइ।।

कुछ कथनों में सहजता के साथ दृष्टान्तों के प्रयोग हैं। सरह अपने विचारों को दोहों में न्यूनतम शब्दों का प्रयोग करते हुए समाहित करने की चेष्टा करते हैं–

मन्तह मन्ते स्सन्ति ण होइ।
पड़िल भित्ति किं उट्ठिअ होइ।।

मन्त्र से मन्त्र की शान्ति नहीं होती, गिरी हुई दीवार कैसे उठ सकती है। दृष्टान्त की संगति पूर्व पंक्ति से बैठाना कठिन है। दृष्टांत पूर्व पंक्ति का अर्थ स्पष्ट नहीं करता। मंत्रों की प्रकृति समान भाव की रहती है। एक मंत्र से यदि शांति नहीं मिलती

तो दूसरे से भी कैसे मिलेगी। आगे जो दृष्टांत दिए गये वे अधिक स्पष्ट हैं–

तरुफल दरिसणे णणउ अग्घाइ।
वेज्ज देक्खि किं रोग पलाइ।।

वृक्ष के फल देखने मात्र से कोई तृप्त नहीं होता, वैद्य को देखने मात्र से रोग भाग नहीं जाता। दूसरे धर्मों की प्रणाली का विरोध करते समय सरहपा तीखा व्यंग्य करते हैं। बाह्याडम्बरों से उस समय के प्रायः सभी धर्म आक्रान्त थे। सरहपा छहों दर्शनों पर आधारित धर्म की दुर्बलताओं को उजागर करते हैं। सरहपा कई दोहों में गुरु की महिमा को प्रकाशित करते हैं। गुरु का वचन जब सम्यक् बोधगम्य हो जाता है तो तब इन्द्रजाल टूट जाता है। अनुत्तर धर्म के ज्ञान के लिए सरह बताते हैं। इसी धर्म का अनुपालन विष्णु, शिव तथा बुद्ध करते हैं–

गुरुअ वअण संसिद्धउ जब्बें।
इन्दि आल सब तुट्टइ तब्बें।।
सरह भणइ अणुत्तर धाम्म।
हरिहर बुद्ध एहुवि काम्म।।

गुरु के वचनों में पूरी तरह विश्वास करना चाहिए। सरह इसके लिए बार-बार कहते हैं–

वरगुरुवअण पतिज्जइ साँच्चे।
सरह भणइ मइ कहिअउ वाच्चे।।

(दोहाकोश-राहुल, पृ. 20)

सरह के दोहों में गागर में सागर भरने की उक्ति को चरितार्थ किया गया है। कुछ शब्द ऐसे प्रयुक्त हुए हैं जिनकी व्यंजना पाठकीय बोध पर आधारित है। सरह दोहाकोश की टीका को देखने से ऐसा प्रतीत होता है कि जो पारिभाषिक शब्द नहीं और प्रतीक भी नहीं है उसका अर्थ तत्सम्बन्धित दर्शन या विचार को केन्द्र में रखकर विस्तृत किया जा सकता है। उदाहरण के लिए निम्नलिखित पंक्तियों को लिया जा सकता है–

बम्हणेहिं म जानन्तहिं भेउ।
एवइ पढ़िअउ ए च्चउवेउ।

इस दोहे में 'भेउ' शब्द विचारणीय है। भेउ जिसका तत्सम रूप है 'भेद'।

ब्राह्मण भेद नहीं जानते हैं। वे ऐसे ही चारों वेद पढ़ते हैं। भेद का अर्थ टीका में दिया गया है वर्णभेद और आश्रम भेद। वर्ण व्यवस्था में ब्राह्मण, क्षत्रिय, वैश्य और शूद्र चार भेद है। इसी तरह ब्रह्मचर्य, गृहस्थ, वानप्रस्थ और संन्यास चार आश्रम हैं। इस भेद को मानते हुए वेद अध्ययन करने से सही जीवन दृष्टि उद्घाटित नहीं होती है। बौद्ध धर्म में इन भेदों को मान्यता नहीं है। अत: टीकाकार ने यही तात्पर्य ग्रहण किया। सरहपा ने तो कतिपय अन्य भेदों की भी चर्चा की है जैसे- धर्म-अधर्म, आत्मा और पर (आत्मा), चित्त और जगत्, करुणा और शून्य भव-निर्वाण। एक स्तर ऐसा है जहाँ इनके भेद नहीं हैं। जिस धर्म में जितना अधिक कठोर आचरण है, सरह उसका उतने ही तीक्ष्ण और तिलमिलाने वाले स्वर में खण्डन करते हैं, यही नहीं दृष्टान्तों द्वारा कथन की पुष्टि भी करते हैं जैसे–

जइ णग्गाविअ होइ मुत्ति, ता सुणह सिआलह
लोमुपाडणें अत्थि सिद्धि, ता जुबइ णिअम्वह।
पिच्छी गहणे दिट्ठ मोक्ख (तो मोरह चमरह)।।

यदि नंगा रहने से मुक्ति होती है तो श्वान और श्रृंगाल को मुक्ति मिलनी चाहिए क्योंकि वे सदैव नंगे ही रहते हैं। लोम उत्पाटन (लुंचन) से यदि मुक्ति मिलती है तो युवतियों के नितम्ब को मिलनी चाहिए जो रोम को उखाड़ देती हैं। यदि मयूर की पूँछ से मुक्ति होती है तो मोर को पूँछ धारण करने के कारण मुक्त हो जाना चाहिए। सरह तर्क देकर प्रश्न खड़ा करते हैं और फिर साधकों के विवेक पर छोड़ देते हैं। प्रश्नांकित शैली उनके आचार्यत्व की ओर संकेत करती है।

सरहपा पारस्परिक शब्दावली में अपने मंतव्य को व्यक्त करने के लिए नये अर्थ में प्रयोग करते हैं। चूँकि भाषा का कार्य व्यापार सामाजिक होता है। अत: किसी प्रयोक्ता द्वारा भाषा की सामाजिक अर्थ-व्याप्ति से अलग करके स्वीकार करना बोध की दृष्टि से जटिल प्रक्रिया है। उदाहरण के लिए–

अक्खर वाड़ा सअल जगु णाहिं णिरक्खर कोइ।
ताव से अक्खर घोलिआ जाव णिरक्खर होइ।।

अक्षर सारे संसार में बढ़ा है–व्याप्त है, कोई निरक्षर नहीं है। अक्षर को तब तक घोलते रहिए, जब तक निरक्षर न हो जाए। सरह के काल में क्या उनकी ज्ञात दुनिया में सभी साक्षर थे (सभी अक्षर युक्त थे) कोई निरक्षर नहीं था। अक्षर को घोलकर निरक्षर होना विचित्र उपदेश है। अभिधार्थ की बाधा के कारण लक्षणा और व्यंजना

शब्द-शक्तियों के आधार पर ही उपर्युक्त कथन का अभिप्राय स्पष्ट हो सकता है। पराविद्या (शब्द-ब्रह्म) सम्पूर्ण संसार में अक्षर (बैखरी के रूप) बनकर साकार होता है। अलग-अलग जीवों, यहीं नहीं वनस्पतियों में भी स्वर रूप में साकार होता है। स्थूल अक्षर और जागतिक भाषा-व्यवहार से परे उस अक्षर विहीन अव्यक्त, आकार हीन परावाणी को समझना है।

संधा भाषा : सरह की भाषा के नितान्त प्रतीकात्मक तथा उलवाँसी सदृश कथन की भाषा को संधा भाषा कहा गया है। हरप्रसाद शास्त्री को चर्यापदों की जो प्रति प्राप्त हुई थी, उसमें सन्ध्या भाषा लिखा था जिसका तात्पर्य शास्त्री जी के अनुसार आलोआन्धारी (धूप-छाँही) भाषा है। यह ऐसी भाषा है जिसमें बाह्य अर्थ कुछ और है तथा आन्तरिक अर्थ कुछ और है। विधुशेख़र शास्त्री ने कहा कि सन्ध्या के स्थान पर वास्ताविक शब्द 'सन्धा' था, प्रतिलिपिकारों ने भ्रमवश 'सन्ध्या' लिख दिया। सन्धा का तात्पर्य है अभिसन्धि या अभिप्राययुक्त भाषा जिसका लक्ष्य बाह्य अर्थों के बजाय किसी दूसरे निहित अभिप्राय की अभिव्यक्ति करता है। डॉ. बाग़ची ने हेवज्र तन्त्र में सन्धा भाषा प्रयोग की सूचना दी है। विरुपा (सिद्ध) ने अपनी एक चर्यागीत में अभिसन्धि का प्रयोग किया है। सरहपा ने 'ग्रहण गुहिर भास' कहा है। 'सन्ध्या' संस्कृत का शब्द है। अपभ्रंश (अवहट्ठ) में इसका रूपान्तर 'सन्धा' होनो असम्भव नहीं। अत: दोनों शब्दों का मिलना स्वाभाविक है। तन्त्रों की प्रतीकात्मक शैली बौद्धों में पहले ही ग्रहण कर ली गयी थी। 'सद्धर्म पुंडरीक' में कई स्थलों पर संधा भाषा का उल्लेख मिलता है। डॉ. धर्मवीर भारती का विचार है कि 'इस भाषा की प्रकृति मंत्र प्रकृति थी। मंत्र सिद्धान्त में प्रत्येक शब्द और अक्षर का एक गुह्य दिव्य या परम अर्थ होता था। शब्दों की उसी द्वयार्थक प्रकृति का परिचय सन्धाभाषा में भी मिलता है। (सिद्ध साहित्य, पृ. 270) भाषा की प्रकृति के अनुसार बहुअर्थी शब्दों के कई अर्थ छूटते जाते हैं और सटीक अभिव्यक्ति के लिए एक अर्थ ही प्रमुख हो जाता है खासतौर से जो अभिधार्थ होता है। सरह द्वारा प्रतिपादित धर्म की शुचिता और उदात्त को कालान्तर में भ्रष्ट करने का एक प्रमुख कारण सन्धा भाषा भी है। एक दोहा है जिसमें कहा गया है कि तन्त्र-मन्त्र कुछ न करो, अपनी घरनी (स्त्री) के साथ केलि क्रीड़ा करो–

इक्क ण किज्जइ तन्त न मन्त।
णिअ घरणी लइ केलि करंत।।

इसका दूसरा अर्थ है–प्रज्ञा पारमिता या नैरात्मा के साथ एकाकर होकर

आनन्दमय होना। लेकिन परवर्ती सिद्धों ने काम क्रीड़ा में ही सिद्धि की तलाश की। सरहपा तथा अन्य सिद्ध जिन प्रतीकों का प्रयोग करते हैं वे अधिकांशत: उनके सम्प्रदाय से जुड़े लोगों के लिए वे अग्राह्य होते हैं। कालान्तर में उसी सम्प्रदाय के अनुयायी भी उसके तात्पर्य को पूरी तरह समझ नहीं पाते हैं। फलस्वरूप उनका झुकाव अपने समय के अन्य धर्मों की ओर होने लगता है।

छन्द योजना : सरहपा ने अपने दोहाकोश में सोरठा, उल्लाला, द्विपदी, महानुभाव, मरहट्ठा, पादाकुलक, अडिल्ला आदि छन्दों का प्रयोग किया है। सोरठा 11, 13 मात्राओं वाला मात्रिक छन्द है–

खेतु पीठ उपपीठ। एतथु भमइ परिट्ठओ।
देहा सरसिअ तित्थ। मइ अण्ण ण दिट्ठओ।।

महानुभाव : यह 12, 12 मात्राओं का मात्रिक छन्द है। सरह द्वारा प्रयुक्त छन्द है–

एत्थु से सुरसरि जमुणा। एत्थु से गंगा साअरु।
एत्थु पआग वणारसि। एत्थु से चन्द्र दिआअरु।।

पादाकुलक : यह सत्रह मात्राओं का छन्द है। एक उदाहरण देखिए–

एक्कु ण किज्जइ तन्त ण मन्त।
णिअ घरिणी लइ केलि करन्त।
णिअ घरें घरिणी जाव ण मज्जइ।
ताव किं पंच वण्ण विहरिज्जूर।

अडिल्ला : इसमें चार पदों में 16, 16 मात्राएँ होती हैं, अन्त में दो गुरु, एक लघु अवश्य आता है जैसे–

पण्डिअ सअल सत्थ बक्खाणइ
देहहिं बुद्ध बसन्त ण जाणइ।

सिद्धों के चर्यागीत

वज्रयानी सिद्धों ने अपने आध्यात्मिक विचारों को दोहाकोश में व्यक्त किया है किन्तु अपनी रागात्मक अनुभूतियों को लोक प्रतीकों के द्वारा गीतों में अभिव्यक्त किया है। अनके गीतों में दोहरे अर्थ का संनिवेश मिलता है। एक अर्थ अभिधात्मक है, दूसरा अर्थ प्रतीकों के संकेत से सम्बद्ध है। सरहपाद सहजमार्ग का वर्णन करते हुए

कहते हैं कि नाद, बिन्दु, सूर्य (ललना नाड़ी) चन्द्र (रसना नाड़ी) कुछ नहीं चित्त राग स्वभाव से प्रयुक्त है। अरे! ऋजु मार्ग को छोड़कर कुटिल मार्ग का आश्रय मत लो। सरह की नज़र में उनके द्वार निर्दिष्ट मार्ग सहज मार्ग है अन्य और पद्धतियाँ कुटिल हैं। बहुत से योगी सिद्धि पाने के लिए लंका तथा कामरूप जाते थे। सरह स्पष्ट करते हैं कि बोधि निकट है, कहीं दूर लंका उसे देखने की क्या ज़रूरत। अपने आत्म तत्त्व को निजमन की दृढ़ता से समझो। इसी तरीके से पार पहुँचकर आनन्द मिलता है। दुर्जन के संग में जाने के अवसर से साधक चूक जाता है। बाएँ-दाएँ जो खाईं और गड्ढ़े हैं वह भी सरह के कथनानुसार सरल मार्ग बन जाते हैं। चर्या इस प्रकार है–

नाद न बिन्दु न रवि शशि मण्डल
चिअ राअ सहावे मुकल।
उजु रे उजु छाड़ि मा लेहुरे वंक
निअडि बोहि मा जाहुरे लोक।।
हाथरे कांकण मा लेउ दापण
अपणे अपा बुझतु निअ मण।।
पार उआरें सोइ मजिअ
दुज्जन संगे अवसरि जाइ।।
वाम दाहिण जो खाल बिखला
सरह भणइ वापा उजु वार भइला।।

यह पद देशाख राग में निबद्ध है। साधना में देह की भी महत्ता है। इस काया को नौका बना लो मन को नौका दण्ड और सद्गुरु की वाणी को पतवार बनाकर चित्त को स्थिर करके नौका का संचालन करो। किसी अन्य उपाय से पार नहीं जा सकते। नाविक नौका को रस्सी के सहारे खींचता है, मानव सहज मार्ग से ही पार जा सकता है। मार्ग में अत्यधिक भय है, भव की तरंगों से सभी काँप रहे हैं। कूल पर प्रचंड स्रोत में भली प्रकार से नौका चलाने से ही गगन समाधि प्राप्त होगी। सरहपा राग भैरवी में अपने गीत को इस प्रकार प्रस्तुत करते हैं–

काअ णावडिं खांटि मण केडुआल।
सद्गुरु वअणे घर पतवाल।।
चीअ थिर करि धरहु रे नाइ
आण उपाय पार ण जाइ।।
नौवाही नौका टाणअ गुणे।
मेलि मेलि सहजे जाउ ण आणे

वाटत भअ खांट वि बलअ
भव उलोले सव वि बोलिआ।।
कुल लइ घरें सोत्ते उजाअ
सरह भणइ गअणे समाअ।।

(चर्यापद, 38)

शबरपा नैरात्मा रूपी बालिका से संगम के लिए प्रबल कामना व्यक्त करते हैं। इसमें श्रृंगार के संयोग पक्ष का चित्रण हुआ। चूँकि सिद्ध लोग मुद्रा के रूप में किसी नारी का वरण करते थे, शबरपा ने शबरी बालिका को मुद्रा रूप में ग्रहण किया होगा। आध्यात्मिक भाव में भी उसी के नाम एवं स्थान का प्रयोग किया गया है। शबरी बाला (नैरात्मा) ऊँचे-ऊँचे पर्वत पर रहती है। उसका अंग मोर पंखों से शोभित है, गले में गुंजामाला है। शबर इसे पाने के लिए पागल हो गया है। वह सहज सुन्दरी तुम्हारी गृहिणी है, उच्च शिखर पर अनेक वृक्ष मुकुलित हैं और गगनस्पर्शी उनकी शाखाएँ हैं। शबरी अकेली वन में विचरती है, वहीं त्रिधातु निर्मित खाट रखी है, महासुख रूपी शय्या बिछी है। साधक वहाँ पहुँचकर उसी नैरात्मा रूपी दारिका के साथ आनन्द से बिहार करता है, प्रेम से रात्रि व्यतीत करता है। हृदय महासुख रूपी ताम्बूला और कर्पूर (सुगन्धित तत्त्व) का सेवन करता है, शून्य नैरामणि को कंठ से लगाकर महासुख में रात्रि व्यतीत करता है। गुरु वाक्य-रूपी पंखों से बने धनुष को लेकर निजमन रूपी बाण का सन्धानकर परम निर्वाण का बेधन करता है। उन्मत्त शबर गुरु के द्वार रोका गया है, या रोषयुक्त है, उस पर्वत की शिखर सन्धि में प्रविष्ट से लौटाना सम्भव नहीं है। नैरात्मा का स्थान शरीर में शीर्ष (सहस्रार चक्र) में माना गया है, इसलिए उसके लिए उच्च पर्वत प्रतीक का प्रयोग किया गया है। सहजावस्था या परमसुख प्राप्त साधक सांसारिकता की ओर पुन: नहीं लौटता है। चर्या इस प्रकार है–

ऊँचा ऊँचा पावत तहिं वसइ सबरी बाली।
मोरंगि पीछ परहिण सबरी गिवत गुंजरी माली।।
उमत सबरो पागल सबरो मा कर गुली गुहाडा तोहोरि।
णिअ घरणी नामे सहज सुन्दरी।।
नाना तरुवर मोउलिल रे गअणत लागे ली डाली।
एकली सबरी ए वण हिण्डइ कर्ण कुण्डल वज्र धारी।।
तिअ धाउ खाट पडिला सबरो महासुखे सेजे छाइली।

सबरो भुजंग नैरामणि दारी पेम्ह राति पोहाइली।।
हिअ ताँबोला महासुखे कापुर खाइ।
सुन नैरामणि कंठे लइआ महासुहे राति पोहाइ।।
गुरुवाक् पुंछिआ बिन्ध णिअ बाणे।
एके शर सन्धाने बिन्धह बिन्धह परणिवाणे।।
उमत सबरो गरुआ रोषे।
गिरिवर सिहर सन्धि पइसन्ते सबरो लोडिव कइसे।।

(चर्यापद, 28)

चर्या में वज्र, महासुख, नैरामणि, परिनिर्वाण, गुरु-वचन-बाण आदि साधनापरक पारिभाषिक शब्दों का स्पष्ट निर्देश कर दिया गया है।

लुइपा अपनी चर्या में देह रूपी वृक्ष में पाँच स्कन्ध की चर्चा करते हैं। चंचल चित्त में ही काल का प्रवेश है या चित्त चंचल रहने पर वहाँ विज्ञान का प्रकाश नहीं बल्कि अँधेरा रहता है। महासुख के परिमाण को गुरु से पूछकर ही समझा जा सकता है, सबल समाधि कैसे की जाये, सुख-दुख से निश्चिन्त होकर कैसे मरा जाये, वेदादि के छन्दों में इसे समझना असम्भव है। शून्य पक्ष में सन्नद्ध होकर इसे समझो, यद्यपि यह अति सूक्ष्म है। लुइ ध्यान में स्थित है, उनका मन सूर्य-चन्द्र नाड़ी के ऊपर (त्रिकुटी) में स्थिर है। (चर्या-1) चर्या इस प्रकार है–

काआ तरुवर पंचवि डाल। चंचल चीए पइठा काल।।
दिढ़ करि महासुख परिमाण। लुई भणइ गुरु पुच्छिअ जाण।।
सअल समाहिअ काहि करिअइ। सुखे दुखे त निचित मरिअइ।।
ए डिएउ छान्दक बान्ध कारण कपटेर आस। सुन पाख भिडि लेहुरे पास
भणइ लुई आम्हे झाणे दिट्ठा। धमण चमण वेणि पाण्डि बइट्ठा।।

कण्हपा ने एक गीत में सामाजिक वर्ण व्यवस्था तथा छुआछूत की प्रवृत्ति की ओर संकेत करते हुए साधना प्रणाली तथा नैरात्मा के साथ अपने रागात्मक सम्बन्ध को निरूपित किया है। कण्हपा कहते हैं कि हे डोमिनी नगर के बाहर तुम्हारी कुटिया है। ब्राह्मण तुम्हारी कुटिया को छू-छूकर चला जाता है। समाज के भय से वह तुम्हारा आलिंगन नहीं कर पाता लेकिन निघिण कापालिक कान्ह तुम्हारा आलिंगन करेगा। तुम चौसठ पंखुड़ियों वाले पद्म पर नृत्य कर रही हो। मेरुगिरि अर्थात् मेरुदण्ड के ऊपरी शिखर पर महासुख का आवास है। टीका में डोम्बी को परिशुद्धावधूती

माना गया है। ब्राह्मण वज्रयानी सिद्धों की साधना-प्रणाली से बाहर का योगी है, वह प्रज्ञोपायात्मक ज्ञान से अनभिज्ञ है, अत: अवधूती को बाहर से ही छू पाता है, कण्ह कापालिक है, चर्याओं में निष्णात है वह महासुख के बीज को पालता है, इसलिए कापालिक है, अत: वह डोम्बी रूपी परिशुद्धावधूती को ग्रहण करने में सक्षम है। राग देशाख में निबद्ध चर्या की कुछ प्रमुख पंक्तियाँ है–

नगर बाहिरे रे डोम्बि तोहोरि कुडिआ।
छोड़ छोइ जाइसो बाह्मण नाडिआ।।
आलो डोम्बि तोए सम करिब म सांग।
निघिण काह्न कापालि जोइ लांग।।
एक सो पदुमा चौषठी पांखुडी।
तहिं चड़ि नाचअ डोम्बी बापुड़ी।।

(चर्यापद, 10)

कुक्कुरीपा द्वारा चित्रित इसी नायिका के लिए अपेक्षाकृत जटिल तथा उलटवाँसी तर्ज का रूपक विधान मिलता है। 'बौद्धगान ओ दोहा' में हरप्रसाद शास्त्री की टीकाओं के आधार पर डॉ. धर्मवीर भारती ने इनके प्रतीकार्थ पर प्रकाश डाला है। कुक्कुरीपा कहते हैं कि कच्छपी के दुहने से भाजन (वर्तन) छलक उठा है, दूध भाजन में समा नहीं रहा है। ओ तरुणी वधु तेरे घर में ही आँगन है। तेरे मलिन वस्त्र आधी रात के समय चोर चुरा ले गया, सास को नींद आ गयी है, बहू जागृत है, चोरी गये वस्त्र तू किससे माँगेगी? वधू दिन में कौए से डरती है किन्तु रात में अभिसार के लिए कामरूप तक चली जाती है। कुक्कुरीपा ऐसी चर्या गा रहे हैं। करोड़ों में से कोई एक ही इसे समझ पायेगा। साधक की चुनौती सही है। इसका अर्थ निकालना शब्दों के साथ आरोपित आशय को ज़ोर-ज़बरदस्ती लादना है। हठयोग की साधना के साथ टीकाकार इसकी संगति बैठाने की चेष्टा करते हैं। कुछ शब्दों के ध्वनि-साम्य कुछ व्युत्पत्ति साम्य के आधार पर प्रतीकार्थ का निश्चय किया गया है। दुलि (कच्छपी) का तात्पर्य है जिसमें द्रयाकर लीन हो वह महासुख कमल, दुहने का अर्थ है अवधूती मार्ग से उसका रसपान, भाजन वज्रमणि पीठ है जिसमें रस नहीं समा पाता। इमली कुंभीर खाता है का तात्पर्य है कुंम्भक योग में पारंगत योगी इमली बोधिचित्त को निस्वामीकृत बना सकता है। विआती-विज्ञप्ति, वधू के लिए सूचना है कि उसके घर अर्थात् विरमानन्द रूपी घर विवृत्त सत्य या परमार्थ रूपी आँगन है,

उस आँगन से सहजानन्द रूपी चोर मलिन वृत्तियों को चुरा लेता है, चुराने का समय प्रज्ञाभिषेक का समय है जिसे अर्धरात्रि भी कहा गया है। उस आँगन सास (साँस) निरुद्ध हो गयी, परिशुद्धवधूती जागृत है। सहजानन्द चोर को पाना कठिन है, दिन में प्रज्ञाज्ञान के अभाव में सांसारिक वस्तुओं को देखती है और अपने ही चित्त की विवृत्ति संसार से भयभीत रहती है, प्रज्ञा ज्ञान होने पर महासुख चक्र तक पहुँच जाती है। इसी अवधूती के साथ कण्हपा विवाह रचाते हैं। भव और निर्वाण पटह, मार्दल के स्वर उठ रहे हैं, मन और पवन दोनों वाद्य-यन्त्र बन गये हैं, जय-जय की ध्वनि गूँज रही है, कान्ह और डोम्बी विवाह के लिए चल रहे हैं। दहेज में उसे अनुत्तर धाम मिल गया है। दिन-रात उसी के संग महासुख में लीन रहता है, वह सहज उन्मत्तावस्था एक क्षण भी नहीं त्यागता (चर्यागीत-19)। डोम्बिपा ने हठयोग का प्रतीकात्मक वर्णन अपेक्षाकृत अधिक सुबोध शैली में किया है। गंगा-यमुना (इड़ा-पिंगला) के बीच सहजपथ से नैरात्मा का प्रवाह वह योगियों को पार उतार रही है। डोम्बी मातंगी को ललकारते हुए कहते हैं कि खेती चलो, खेती चलो, पथ में विलम्ब हो रहा है। गुरु की कृपा से पंचजिनपुर (पाँच तथागतों के देश) में शीघ्र पहुँच जायेंगे। नौका में भरने वाले जल को मैं गगन शून्य पात्र से उलीच रहा हूँ। पाँचपतवार (चतुर्विधशून्य पाँच क्रमोपदेश से) नाव खेई जा रही है। सूर्य और चन्द्र दो चक्र सृष्टि और संसार के पालों को फैलाने और उतारने के स्थान हैं। बायें और दाहिने कूल से बचकर स्वच्छन्द मार्ग अर्थात् अवधूती मार्ग से आगे बढ़ना है। इसी से महामुद्रा सिद्ध होगी। डोम्बी नौका वाहिका कोई पारिश्रमिक नहीं लेती, जो भी नौका पर सवार होता है वह पार उतर जाता है।

वीणापा ने वीणा-वादन का रूपक प्रस्तुत किया है। इस वीणा को हेरुक ज्ञान की वीणा माना गया है। इसमें सूर्यरूपी तुम्बी और शशिरूपी तन्त्री लगी है, अनाहत के दण्ड से दोनों सम्बद्ध होते हैं। आली-काली इसके स्वर-व्यंजन हैं। साधक वज्रनृत्य कर रहा है और साथ में योगिनी गा रही है, इस प्रकार बुद्ध नाटक हो रहा है। वीणापा की इस चर्या से संकेत मिलता है कि वे मूलत: वीणा-वादक रहे होंगे। कुछ नित्य परिचित जीवों की प्रकृति के आधार पर प्रतीकों की योजना की गयी है। चंचल चित्त के लिए चूहा, महासुख रूपी कमल में प्रविष्ट होने के बाद चित्त की शक्ति की व्यंजना के लिए उसे मत्त गजेन्द्र बना दिया गया और वह महारस के पान में प्रवृत्त हो गया। हरिण भोला तथा सरल जन्तु होता है। वह व्याध के पाश में आसानी से फँस

जाता है। हरिण को अज्ञानी जीव का प्रतीक गुण-साम्य के आधार पर स्वीकार किया गया है। भुसुकपा ने हरिण के प्रतीक को अपनी चर्या में प्रयुक्त किया है।

(गंगा जउँना मांझे बहइ नाई, इत्यादि- डोम्बी, चर्या.14

अप्पण माँसे हरिणा बइरी। खणह ण छाडअ भुसुक अहेरी।।

भुसुक, चर्या.6

णिसि अंधारी मूसअ करअ अचारा। अमिअ-भसअ मूसा करअ अहारा।

(भुसुक, चर्या.21)

तीनिए पाटे लागेलि अणहअ सन घण गाजइ।
ता सुनि मार भयंकर विसअ-मण्डल सअल भाजइ।।
मातेल चीअ-गयेन्दा धावइ।।

(इत्यादि महीपा, चर्या.16)

सिद्धों की चर्याओं में लोक जीवन के कतिपय पक्ष एवं दृश्य प्रत्यक्ष हो गये हैं। डोम्बी, रजकी, चांडाली, शबरी आदि के रहन-सहन, वीणा-वादन, कपास चुनना, शतरंज का खेल, नायिकाओं का अभिसार के लिए प्रिय के पास जाना, नौका-संचालन, मद्य विक्रेता नारी शुंडिनी, लकड़ी चीरना आदि की झाँकियाँ दृष्टिगत हो जाती हैं।

सिद्धों ने औपम्यमूलक तथा विरोधमूलक दोनों प्रकार के आलंकारिक विधान को अपनाया है। किसी एक प्रतीक को ग्रहण करके उसके अन्य उपादानों को धर्मसाम्य के आधार पर सांगरूपक में परिणत करने के लिए विस्तार दिया गया है। मुझे ऐसा प्रतीत होता है कि सिद्ध अपनी रचना प्रक्रिया में जिस रूपक का ग्रहण करते थे, उसकी तमाम विशेषताओं को अपने रागात्मक प्रवाह में गाते जाते थे। बाद में टीकाकारों ने उसके अर्थ की सम्भावनाओं को साधनात्मक वैचारिकता से जोड़कर प्रस्तुत कर दिया। विरोधमूलक अप्रस्तुत योजना ने उलटवाँसी का रूप धारण कर लिया। ढेण्ढपा की एक चर्या में इसी तरह की उलटवाँसी प्रयुक्त है। उनका कथन है कि 'टीले पर मेरा घर है, मेरा कोई पड़ोसी नहीं है। हाड़ी में भात नहीं है किन्तु अतिथि आ रहे हैं। मेढ़क से साँप भयभीत है। बैल ने प्रसव किया किन्तु गाय बाँझ हो गयी है। बैल तीनों समय दूध देता है। जो बुद्धिमान है वह बुद्धिहीन है, जो चोर है वह साहू है। एक शृंगाल सिंह से युद्ध करता है। ढेण्ढपा की इस चर्या का अर्थ विरले ही बूझ सकते हैं।' 'इस चर्या में पड़ोसी चन्द्र, सूर्य रूपी ग्राह्य-ग्राहक भाव है, जिनका

अस्तित्व अब नहीं रहा, हाँडी का अर्थ काया, भात का अर्थ संवृत्त बोधिचित्त, अतिथि योगमार्ग में प्रवृत्त साधक है। मेढ़क प्रभास्वर का सर्व विज्ञान शृंखला का रूपक है। दुहा दूध मूलाधार का बोधिचित्त है, स्तन महासुख चक्र है, बैल सम्वृत्त चित्त है गाय नैरात्मा है, दोहन-निस्वाभावीकरण करना है, सविकल्प चित्त का जो सविकल्प चित्त का ज्ञानी है वह अज्ञानी, चित्त से विषय सुख का अपहरण कर्त्ता चोर है, गुरु उपदेश से वे साधु हो जाते हैं। मन ज्ञान लाभ करके शून्यता सिंह से युद्ध करता है। (सिद्ध साहित्य, पृ. 285 के आधार पर) शान्तिपा ने रुई धुनने की प्रक्रिया को चित्त परिशोधन के लिए प्रयुक्त किया है। रुई धुनते-धुनते उसका रेशा-रेशा अलग हो जाता है, कुछ अवशिष्ट नहीं रहता, ऐसा अनुभव होने लगता है कि रुई शून्यता को प्राप्त हो गयी। इसी प्रकार चित्त का शोधन करने से उसके कारण का ज्ञान नहीं होता, फिर भी उसे समग्र वृत्तियों से रहित और नि:स्वभाव कर शून्य तत्त्व को प्राप्त करने की चेष्टा करनी चाहिए। राग शबरी में निबद्ध शान्तिपा की चर्या है–

तुला धुणि धुणि आँसुरे आँसु।
आँसु धुणि धुणि णिरवर सेसु।।
तुला धुणि धुणि सुणे अहारिउ।
पुण लइआ अपणा चटारिउ।।
बहल बढ़ दुइ मार न दिशअ।
शान्ति भणइ बालाग न पइसअ।।
काज न कारण ज एहु जुगति।
सअ संवेअण बोलयि सान्ति।।

सिद्धों की चर्या तथा दोहों में व्यक्त विचार तथा प्रतीकों का प्रयोग नाथों और सन्तों ने भी किया है किन्तु उन्होंने उनके प्रतीकों के अभिप्राय में अपनी विचारधारा के अनुकूल अनेक संशोधन भी किये हैं।

सिद्ध साहित्य की पारिभाषिक शब्दावली

सिद्धों ने अनेक पारिभाषिक शब्दों का प्रयोग किया। प्रयुक्त शब्दों में अधिकांश पूर्वागत हैं। सिद्ध साहित्य में प्रयुक्त 'शून्य' शब्द अति महत्त्वपूर्ण है। 'शून्य' का प्रयोग विज्ञानवाद में पहले ही किया जा चुका था। सिद्धों ने शून्य को नैरात्मा प्रज्ञा या महामुद्रा के लिए प्रयुक्त किया। इसकी स्थिति महासुख चक्र में मानी है।

वज्र : यह शून्य का पूरक तत्त्व है। यह पुरुष रूप में बोध-चित्त में जागृत होता है और नैरात्मप्रज्ञा में लीन होने के लिए अग्रसर होता है।

खसम : यह शब्द भी शून्य का ही पर्याय है। मन जब खसम स्वभाव का हो जाता है तो वह शून्य में विलीन हो जाता है। सरह का कथन है कि-

सव्वरूअ तहिं खसम करिज्जइ
खसम सहावें मणवि धरिज्जइ।।

भगवती प्रज्ञा को भी खसम स्वरूप माना गया है–

मणह भअवा खसम भअवइ।
दिवा राति सहजे रहिऊइ।।

सहज : सिद्ध साहित्य में शून्य के साथ सहज विशेषण जोड़ा गया है। सहज शून्य चतुर्थ शून्य को कहा गया है जो परम अवस्था मानी गयी है। यह वह अवस्था है जिसमें उपाय और प्रज्ञा का अद्वय हो जाता है, दोनों का एकीकरण हो जाता है। यह युगनद्ध स्थिति ही सिद्धों की साधना का लक्ष्य है। शैव तन्त्र तथा शैव योग प्रणाली में सहज को शिव और शक्ति या नाद-बिन्दु के संगम के रूप में माना गया था। सिद्धों ने इसी शब्द की बौद्ध तांत्रिक व्याख्या कर दी।

अरध-उरध : (अर्ध-ऊर्ध्व) ये शब्द श्वास की गति के नीचे और ऊपर स्थिति के सूचक हैं। श्वास निरोध करके बिन्दु को जहाँ स्थिर किया जाता है वह है मूलाधार चक्र और बिन्दु को जहाँ पहुँचाया जाता है वह स्थल है सहस्त्रार-चक्र। प्रथम को अर्ध (अरध) दूसरें को ऊर्ध्व (उरध) कहा जाता है।

गंगा, यमुना, सरस्वती-त्रिवेणी : इड़ा, पिंगला तथा सुषुम्ना को क्रमशः गंगा, यमुनी, सरस्वती कहा गया है। तीनों के मिलन बिन्दु को त्रिवेणी या संगम माना गया है। सिद्धों ने तीनों नाड़ियों के लिए ज़्यादातर ललना, रसना, अवधूती संज्ञा दी है।

मुद्रा : मुद्रा के तीन अर्थ उपलब्ध है–1. दैहिक अंगों की स्थिति, 2. बाह्य चिह्न- जैसे- कुण्डल, 3. वह नारी जिसे तांत्रिक अनुष्ठानों में सहसाधिका के रूप में स्वीकार किया जाता था।

डाकिनी : सिद्धों के साहित्य में डाकिनी का अर्थ है तांत्रिक साधिका। तिब्बती में 'डाक' का अर्थ ज्ञान है। डाकिनी का एक दूसरा पर्याय योगिनी भी है।

नाथ सम्प्रदाय : विचार और साहित्य

नाथ सम्प्रदाय के अनेक नाम प्रचलित हैं सिद्ध मत, सिद्ध मार्ग, योगमार्ग, अवधूत मत, योग सम्प्रदाय आदि। हठयोग प्रदीपिका के टीकाकार ब्रह्मानन्द की मान्यता है कि सब नाथों में प्रथम आदिनाथ हैं जो स्वयं शिव ही हैं। नाथ के दो अर्थ उपलब्ध हैं, पहला-ना=अनादि, रूप-थ = (भुवनत्रय) का स्थापित होना। यह अनादि धर्म है जो तीनों लोकों की स्थिति का कारण है। नाथ का दूसरा अर्थ है = जो मोक्ष दान में दक्ष है ऐसे ब्रह्म का ज्ञान कराना 'थ' का तात्पर्य है अज्ञान के सामर्थ्य को स्थगित करना। नाथ के आश्रय से ब्रह्म का साक्षात्कार होता है और अज्ञान की माया अवरुद्ध होती है (नाथ सम्प्रदाय-हजारी प्रसाद द्विवेदी, पृ. 3 के आधार पर)

नाथ सम्प्रदाय का विकास सिद्धों की सहज साधना से माना जाता है। डॉ. रामकुमार वर्मा का मत है कि मंत्रयान से वज्रयान, वज्रयान से सहजयान और सहजयान से नाथ सम्प्रदाय की विकासोन्मुख परम्परा समझनी चाहिए। नाथों का सम्बन्ध शैव तथा कौल सम्प्रदाय से है। तन्त्र ग्रन्थों में कौल मार्ग को ही अवधूत मार्ग कहा गया है और इस मार्ग को श्रेष्ठ मार्ग माना गया है। शाक्त तन्त्र को भी नाथानुयायी कहा गया है। शैव तथा शाक्त तन्त्र के लिए उस काल में प्रचलित वज्रयान या सहज साधना का गहरा प्रभाव नाथ सम्प्रदाय पर है। सिद्धों और नाथों की परम्परा काफ़ी मिली-जुली है। कुछ उल्लेख ऐसे मिलते हैं जिनमें जालन्धरनाथ जिनका अपर नाम हाड़ीपा या हल्लीक पाद है। नाथ सम्प्रदाय के बड़े आचार्य माने गये हैं। काण्हपाद एक प्रसिद्ध सिद्ध हैं जिन्होंने अपने का कापालिक माना है वह जालन्धर के शिष्य बताए गये हैं। जालंधरिया नामक सम्प्रदाय इन्हीं के द्वारा प्रवर्तित था। उल्लेख किया जा चुका है कि उस सम्प्रदाय के प्रवर्त्तक शिव थे, वही आदिनाथ हैं। सागर के किनारे वे पार्वती को योग का रहस्य बता रहे थे, मछली के पेट में स्थित मत्स्येन्द्रनाथ इस रहस्य को सुन रहे थे। कालान्तर में उन्होंने ही इस मत का प्रचार

किया। मत्स्येन्द्र नाथ के विषय में इतनी कहानियाँ प्रचलित हैं कि उनसे उनके ज्ञान और व्यक्तित्व की चमत्कारिक स्थितियों का बोध होता है। मत्स्येन्द्रनाथ के महान् शिष्य गोरखनाथ उन्हें कई बार अत्यन्त विषम तथा अधो स्थितियों से उबारते हैं। इससे गोरखनाथ की छवि मत्स्येन्द्रनाथ से अधिक प्रभावशाली हो जाती है। चूँकि मत्स्येन्द्रनाथ को गोरखनाथ अपना गुरु मानते थे। अत: नाथ सम्प्रदाय के प्रवर्तन का श्रेय मत्स्येन्द्रनाथ को ही दिया जाता है। नाथ मत का उल्लेख भिन्न-भिन्न तरीके से लगभग सम्पूर्ण भारत में मिलता है।

जिस तरह चौरासी सिद्ध प्रसिद्ध हैं उसी तरह से नवनाथ। आगे चलकर नाथों की संख्या में वृद्धि हो गयी। नवनाथों के नाम इस प्रकार है–आदिनाथ (शिव) मत्स्येन्द्रनाथ, गोरखनाथ, गाहिणीनाथ, चर्पटनाथ, चौरंगीनाथ, ज्वालेन्द्रनाथ, भर्तृनाथ, गोपीचन्द्र नाथ आदि। नाथपन्थियों के बारह पन्थ हैं–सत्यनाथी, धर्मनाथी, रामनाथी, धजनाथी, लक्ष्मणनाथी, दरियानाथी, गंगानाथी, वैरागी रावल या नामनाथी, जालन्धरिया और कपिलनाथी।

मत्स्येन्द्रनाथ : नाथ सम्प्रदाय का प्रवर्त्तक आदिनाथ शिव को माना जाता है। मानवीय पक्ष में मत्स्येन्द्रनाथ को इसका श्रेय प्राप्त है। मत्स्येन्द्रनाथ के विषय में इतनी अधिक दन्त कथाएँ प्रचलित हैं कि किसी तरह का प्रामाणिक निष्कर्ष निकालना कठिन है। लौकिक एवं अलौकिक कथाओं में सत्य का अंश कितना है? यह निर्णय सम्भव नहीं है। गोरखवानी में गोरखनाथ ने मत्स्येन्द्र को अपना गुरु माना अत: नाथमत का जो व्यापक स्वरूप गोरखनाथ के द्वारा प्रचारित-प्रसारित हुआ, उसमें मत्स्येन्द्रनाथ के विचारों को अवश्य समाहित किया गया। मत्स्येन्द्रनाथ कौलज्ञान के प्रवर्त्तक माने गये हैं। कलयुग में अवतरित होने वाले मत्स्येन्द्रनाथ ज्ञान को नाम तथा किम्बदन्ती के आधार पर मत्स्येन्द्रनाथ से सम्बद्ध किया जा सकता है। मत्स्येन्द्र को डॉ. प्रबोधचन्द्र बाग़ची सिद्धामृत मार्ग का अनुयायी मानते हैं और योगिनी कौल मार्ग का प्रवर्तन।

इस सम्बन्ध में हजारी प्रसाद द्विवेदी द्वारा दिया गया निष्कर्ष उल्लेखनीय है–'मत्स्येन्द्रनाथ पहले सिद्ध या सिद्धामृत मार्ग के अनुयायी थे। बाद में कामरूप में वायमार्गी साधना में प्रवृत्त हुए और वहाँ से कौलज्ञान अवतरित किया और इसके पश्चात् अपने प्रवीणशिष्य गोरखनाथ के द्वारा उद्‌बुद्ध होकर फिर पुराने रास्ते पर आ गये। सिद्धमत पूर्ण ब्रह्मचर्य पर आधारित था। इसमें स्त्रीसंग पूर्णत: वर्जित था। कौल मत का प्रभाव वज्रयानी तथा सहजयानी सिद्धों पर भी है। कौल मार्ग में कुल का अर्थ शक्ति तथा अकुल का अर्थ शिव है, कुल और अकुल की समरसता ही

इस साधना का लक्ष्य है। कौल मार्ग से सम्बन्धित ग्रन्थ 'रुद्रयामल' में कहा गया है कि जहाँ भोग होता है, वहाँ योग नहीं होता परन्तु सुन्दरी साधना व्रती पुरुषों के दोनों हाथ में योग और भोग रहते हैं। इस मार्ग में पंच मकार के स्थान पर पंच पवित्र शब्द प्रयुक्त हैं। पंचमकार की नाथ सम्प्रदाय में आध्यात्मिक व्याख्या उपलब्ध है। गो का अर्थ जिह्वा (इन्द्रिय) है खेचरी मुद्रा में तालु प्रदेश से रस का आस्वादन ही गोमांश भक्षण है। सहस्त्रार चक्र के मूल में त्रिकोण चक्र में स्थित चन्द्रमा से अमृत झरता है यही वारुणी का पान है। गोरखनाथ के योग मार्ग में योग और भोग को एक साथ प्राप्त करने की साधना प्रतिपादित नहीं है। इस प्रणाली में पतन की ही संम्भावनाएँ अधिक हैं। सिद्धों ने पंचमकार का जो प्रतीकात्मक या आध्यात्मिक तात्पर्य माना था कालान्तर में उनका दुष्परिणाम ही हुआ। अत: नाथ इससे अपने को बचाकर चल रहे थे। कौल साधना में साधक का लक्ष्य कुण्डलिनी उद्‌बुद्ध करना है। कुण्डलिनी जीव शक्ति है, इसका सहस्त्रार में स्थित शिव मिलन ही समरसता है। यही परम आनन्द की प्राप्ति है। इस मार्ग में साधक की कोटियाँ निर्धारित हैं, मोह रूपी पाश में बँधे जीव पशु हैं। अद्वैत ज्ञान का किचिंत आभास पाकर मोहपाश को काटने वाले 'वीर' कहलाते हैं। ऐसे साधक जो अद्वैतज्ञान प्राप्त कर लेते हैं, उन्हें 'दिव्य' कहा जाता है। मत्स्येन्द्रनाथ ने 'अकुल वीर तन्त्र' में अद्वैत की स्थिति प्राप्त साधक की प्रकृति की व्याख्या दी है। 'अद्वैत' ज्ञानी बालबुद्धि जनित नाना कल्पना नहीं करता। यह धर्म है, यह शास्त्र है, यह तप है, यह लोक है, दान-फल, ज्ञान-ज्ञेय, शुद्ध-अशुद्ध, साध्य-साधक, तत्त्व-ध्यान आदि द्वैत भाव या विचार बालबुद्धि के संकल्प हैं। वह अद्वैत ज्ञान होने पर स्वयं ध्यान एवं ध्याता बन जाता है। पूजा, अर्चना, तीर्थ, विधि-विधान, धर्म-अधर्म सबके अतीत हो जाता है। (अकुल वीर तन्त्र से नाथ सम्प्रदाय से हजारी प्रसाद द्विवेदी द्वारा उद्‌घृत एवं अनूदित, पृ. 74)

जालन्धरनाथ : जालन्धरनाथ मत्स्येन्द्रनाथ के गुरु भाई थे और उनके समकालीन थे। तिब्बती परम्परा में जालन्धर को मत्स्येन्द्र का गुरु बताया गया है। इनका जन्म स्थान मुख्य रूप से जालन्धर (पंजाब) माना गया है। कुछ उल्लेखों में नगरभोग तथा हस्तिनापुर के भी नाम आये हैं। ये ब्राह्मण, हाड़ी (हलखोर) क्षत्रिय बताए गये हैं। योग के एक बन्ध का नाम जालन्धर बन्ध है। जालन्धर में सती का स्तनभाग पतित हुआ था जालन्धर दैत्य का वध करने के बाद पाप ग्रस्त शिव ने तारा देवी की उपासना यहीं पर की थी। त्रिपुरा, काली, और तारा यहाँ की अधिष्ठात्री देवियाँ हैं। आज के समय में यह हिन्दू तीर्थ है। 'श्री ज्ञानेश्वर चरित' में जालन्धर नाथ तथा उनके शिष्यों मानीफनाथ एवं मैनावती को नाथ परम्परा में माना गया है।

कान्हपा ने अपने को जालन्धर नाथ का शिष्य बताया है। कान्हपा वज्रयानी सिद्ध हैं। ये अपने को कापालिक मानते हैं। कापालिक शैव मत था। यह मत भी नाथ सम्प्रदाय का एक पूर्ववर्ती रूप सम्भावित है।

गोरक्षनाथ (गोरखनाथ) : भारतीय धर्म साधना में अपनी विलक्षण एवं दैवीय प्रतिभा से क्रान्तिकारी परिवर्तन लाने वाले महायोगी गोरखनाथ ने योग की पूर्व परम्परा को युगानुकूल पुनर्प्रतिष्ठा दी तथा धर्म में आचरण की शुचिता और मर्यादा को प्रतिष्ठित किया। इनके विचारों का प्रभाव सम्पूर्ण भारत में रहा अत: प्रत्येक क्षेत्र के अनुयायी गोरखनाथ को अपने क्षेत्र से सम्बद्ध मानने का आग्रह रखते हैं। गोरखनाथ का जन्म कहाँ और कब हुआ था? इसकी कोई प्रामाणिक सूचना नहीं मिलती है। अलग-अलग ग्रन्थों तथा स्रोतों में भिन्न-भिन्न उल्लेख उपलब्ध हैं। 'योगिसम्प्रदाय विष्कृति' में गोरक्षनाथ को गोदावरी के तट पर स्थित चन्द्रगिरि में उत्पन्न बताया गया है। नेपाल दरवार पुस्तकालय में एक ग्रन्थ 'गोरक्ष सहस्त्रनामस्तोत्र' उपलब्ध है, जिसमें गोरक्षा को महामंत्र के प्रसाद से बड़ा व देश में उत्पन्न माना गया है। बंगाल के निवासी गोरक्षनाथ को अपने ही प्रदेश में पैदा मानते हैं। राहुल सांकृत्यायन इन्हें गोरखपुर में ही उत्पन्न मानने का अनुमान करते हैं। सम्प्रदायों में अपने प्रवर्त्तक महापुरुष को महिमा मंडित करने के लिए अतिरंजित तथ्यों का प्रचार किया जाता है। इसी परिप्रेक्ष्य में गोरखनाथ ने अलग-अलग युगों में अलग-अलग स्थानों पर जन्म लिया। सतयुग में पंजाब के पेशावर में, त्रेता में गोरखपुर में, द्वापर में द्वारका के आगे हरभुज में और कलिकाल में काठियावाड़ की गोरखमढ़ी में गोरखनाथ अवतरित हुए थे। 'गोरखनाथ तथा कनफटा योगीज' नामक पुस्तक में ब्रिग्स महोदय ने भी उक्त मत का उल्लेख किया है। ब्रिग्स को गोरखपुर के महन्त ने बताया था कि गोरखनाथ संयुक्त पंजाब प्रान्त के झेलम के गोरख टिल्ला से गोरखपुर आये थे। ग्रियर्सन गोरखनाथ को पश्चिमी हिमालय का मानते हैं। पंजाब में गोरखनाथ से सम्बन्धित अनेक स्थानों के आधार पर पं परशुराम चतुर्वेदी पंजाब प्रान्त के किसी स्थान को गोरखनाथ का जन्म स्थान मानते हैं। डॉ. एम.एस. कृष्णमर्ति ने कर्नाटक को गोरखनाथ की जन्मभूमि और कर्म भूमि माना है (गोरक्षनाथ और नाथ सिद्ध-अनुजप्रताप सिंह, पृ. 6) प्रचलित किंवदन्तियों तथा मतों के परीक्षण के पश्चात् यही कहना उचित है कि गोरक्षनाथ भारतवर्ष में जन्मे महात्मा थे। किसी स्थान विशेष से आग्रहपूर्वक जोड़ना महत्त्वपूर्ण नहीं है।

जन्म-काल : जिसे चारों युगों में अवतरित माना गया हो, उसके जन्म-काल का निर्धारण कठिन समस्या ही है। आध्यात्मिक व्यक्तियों को पुरातन मानने वाले

गोरखनाथ को शंकराचार्य से पहले का मानते हैं। शंकराचार्य का समय पूर्ण रूप से सुनिश्चित नहीं है। अलग-अलग विद्वानों ने 500 ई. से लेकर 900 ई. तक शंकराचार्य का समय माना है। गोरखनाथ ने जिन राजाओं को आशीर्वाद दिया था, उनमें बाप्पा रावल का विशेष उल्लेख मिलता है। रावल का समय भी अनिश्चित ही है। जनश्रुतियों पर आधारित सूचनाओं के अनुसार काल निर्धारण असंदिग्ध नहीं हो सकता है। परशुराम चतुर्वेदी ने अनेक मतों का परीक्षण करके गोरखनाथ का समय 10-11वीं सदी तय किया है। यदि गोरखवानी में संकलित रचनाओं को गोरखनाथ रचित माना जाये तो उनका समय 11वीं-12वीं सदी मानना उचित है। गोरखवानी की भाषा पुरानी हिन्दी की भाषिक प्रकृति के अनुकूल है। गोरखनाथ वज्रयानी सिद्ध-साधना की विकृतियों के परिष्कारक भी हैं। अत: उनका समय दसवीं शताब्दी के बाद सम्भावित है। जनता में धर्माचरण की विकृतियों तथा सामन्ती भोग-विलास की वृत्तियों के विरुद्ध अकुलाहट होने लगी थी। अत: गोरखनाथ ने योगसाधना तथा लोकप्रिय शैव-धर्म को नये सिरे से प्रतिष्ठित किया।

गोरखनाथ की संस्कृत रचनाएँ : योग के रहस्य, विधि-विधान तथा महिमा को प्रतिपादित करने के लिए गोरखनाथ ने देववाणी संस्कृत में अनेक महत्त्वपूर्ण रचनाएँ कीं।

गोरक्षशतक : इस कृति में पतंजलि प्रवर्तित अष्टांगयोग के आलोक में विशद व्याख्या करके योग को स्वरूप सिद्धि का माध्यम बताया। गोरक्षशतक में गोरखनाथ ने अपने गुरु मीननाथ की वंन्दना की है। शरीर की आन्तरिक संरचना, पंच आकाश, षोड़शाधार, मन, दसों इन्द्रियों पर सम्यक् प्रकाश डाला गया है। प्रणव के जप से मन तथा चित्तवृत्तियों का निरोध होता है। इससे कर्म करते हुए भी उससे निर्लिप्त रहा जा सकता है।

योगबीज : इसमें संवाद द्वारा महाशिव ने भगवती पार्वती को योग का ज्ञान देकर सन्तृप्त किया है। 190 श्लोकों में हठ-योगाभ्यास, जीवन्मुक्ति, अमर कायत्व तथा कैवल्य पद का विवेचन है। गोरखनाथ स्पष्ट घोषणा करते हैं कि योग से बढ़कर न कोई पुण्य है, न सुख है न सूक्ष्म ज्ञान है–

योगात्परतरं पुण्यं योगान्परतरं सुखम्।
योगात्परतरं सूक्ष्मं योगमार्गत्परं न हि।।

(योग बीज, 87)

योगाग्नि से परिपक्व देह मृत्यु का ग्रास नहीं बनता। वह जीवन्मुक्त हो जाता है।

सिद्ध सिद्धान्त पद्धति : इस ग्रन्थ को नाथ सम्प्रदाय में विशेष मान्यता प्राप्त है। इसमें योगाचार, वैराग्य तथा मोक्ष के सैद्धान्तिक तथा साधनात्मक पक्ष का विवेचन है। गोरखनाथ ने परासत्ता को परासंवित् कहा है। परमात्मा ही अलख निरंजन, परमपद, शून्य, परमब्रह्म शिव है। हठयोग के परिप्रेक्ष्य में पिंड की अभिव्यक्ति तथा उसकी महत्ता का निरूपण किया गया है। ब्रह्मांण्ड के समरूप पिंड है। योगी व्यक्ति शरीर में सकल चराचर जगत् को व्याप्त जानकर पिंड संविति होता है। कुण्डलिनी जागरण के बाद परमपद की प्राप्ति होती है। परमपद की प्राप्ति में गुरु की कृपा आवश्यक है। अवधूत योगी के लक्षण तथा आत्मा, परमात्मा, जीवात्मा की एकता का निदर्शन करते हुए ग्रन्थ को समाप्त किया गया है।

विवेक मार्तण्ड : गोरक्षशतक में प्रतिपादित विषयों को विवेक मार्तण्ड में विशेष रूप से स्पष्ट किया गया है। इसमें षडांगयोग तथा चक्रों का वर्णन किया गया है। अजपा गायत्री, बन्ध, प्रणवजप का महत्त्व भी बताया गया है। इस ग्रन्थ के उद्देश्य पर गोरखनाथ जी ने स्वयं प्रकाश डाला है। उनका कथन है कि इसके अध्ययन से योगी को भवभयरूपी दावाग्नि से छुटकारा मिल जाता है।

अमरौघ प्रबोध : इसमें राजयोग का विवेचन किया गया है। यह लघु आकार का ग्रन्थ है। अमरौघपरक राजयोग को पातंजल योग दर्शन की तुलना में अधिक विलक्षण तथा रहस्यात्मक माना गया है। राजयोग की सिद्धि में हठयोग की महती भूमिका है। राजयोग से साधक सहज स्वरूप बोध प्राप्त करता है।

अमनस्क योग : योग में मन के अमनस्क या उन्मनीकरण पर बल दिया गया है। अमनस्कयोग में बाह्याडम्बरों का खण्डन करके प्राण में मन, मन में प्राण के लय द्वारा अजर, अमर होना ही योगाभ्यास का लक्ष्य है। इस ग्रन्थ में तारक योग तथा अमनस्कयोग का अन्तर स्पष्ट किया गया है। तारक योग में मन साधना में सहायक है परन्तु अमनस्क साधना मन की स्थिति उन्मनी हो जाती है।

गोरक्ष पद्धति : इसमें 200 श्लोकों में प्राणायाम विधि तथा यौगिक क्रियाओं का विवेचन किया गया है। धौति, नेति, वस्ति, कपालभाति, शंख प्रक्षालन आदि की क्रिया विधि तथा उपादेयता के साथ षडांग योग पर संक्षिप्त प्रकाश डाला गया है। विभिन्न चक्रों में ध्यान से प्राप्त लाभ का भी स्पष्ट संकेत किया गया है। अमरौघ शासन, महार्थमंजरी, शिवयोगसार योग के विविध पक्षों को प्रकाशित करने वाली अन्य महत्त्वपूर्ण कृतियाँ हैं।

गोरखनाथ की हिन्दी रचनाएँ : गोरखनाथ का समय यदि ग्यारहवीं सदी या उसके बाद माना जाये तो नि:सन्देह कहा जा सकता है कि गोरखनाथ ने संस्कृत न समझने वाले शिष्यों तथा जिज्ञासुओं के लिए तत्कालीन लोकभाषा में अपने विचारों को व्यक्त किया होगा। डॉ. पीताम्बरदत्त बड़थ्वाल ने बड़े श्रम से गोरखनाथ के नाम की उन्नीस रचनाओं को संकलित किया। उन्होंने 'गोरखवानी में संगृहीत सबदी, पद, सिष्यादरसन, प्राणसंकली, नरवैबोध, आत्मबोध, अभय मात्रा जोग, पन्द्रह तिथि, सप्तवार, मछीन्द्र गोरख, रोमावली, ग्यान तिलक और पंचमात्रा आदि तेरह रचनाओं पर प्रामाणिकता की मुहर लगाई, शेष चौदह रचनाओं को अप्रामाणिकता की छाया से ग्रस्त देखा। रामलाल श्रीवास्तव ने गोरखनाथ मन्दिर से 28 रचनाओं को टीका सहित प्रकाशित किया है। उपर्युक्त रचनाओं में गोरखनाथ के विचारों की छाया अवश्य है किन्तु इन्हें गोरखनाथ द्वारा रचित मानने का आग्रह आवश्यक नहीं है। गोरखनाथ के पदों के बारे में हजारीप्रसाद द्विवेदी का मत है 'गोरखनाथ के नाम पर जो पद मिले हैं वे कितने पुराने हैं यह कहना कठिन है। कई पदों में से कई दादूदयाल के नाम पर कई कबीर के नाम पर कई नानक देव के नाम पर पाये गये हैं। कुछ पद लोकोक्ति का रूप धारण कर गये हैं। कुछ ने जोगीड़ा का रूप लिया है और कुछ, लोक में अनुभव सिद्ध ज्ञान के रूप में चल पड़े हैं।' (नाथ सम्प्रदाय, पृ. 199)

गोरखनाथ के नाम प्रचलित अन्य रचनाएँ हैं–बत्तीस लछन, व्रत, अष्टचक्र, पंच अग्नि, सिष्टपुराण, दयाबोध, रहरासि अष्टमुद्रा, गोरख गणेश गुष्टि, महादेव-गोरख गुष्टि, सप्तवार-नवग्रह, चौबीस सिद्धि, ज्ञानदीप बोध, (गोरषदत्त गुष्टि) आदि।

गोरखनाथ का राष्ट्रीय व्यक्तित्व

भारत की प्राचान संस्कृति को अक्षुण्य रखने हेतु समय-समय पर महामानवों का अवतरण होता रहा है। राम, कृष्ण, बुद्ध तथा गोरखनाथ ऐसे महापुरुष हैं जिन्होंने अपने अद्‌भुत कार्यों से मनुष्यता को ईश्वरीय स्तर प्रदान किया। सामान्य जन से लेकर श्रेष्ठ चिन्तकों तथा विचारकों ने इनके कार्यों का मूल्यांकन करते हुए इन्हें ईश्वरीय अवतार की मान्यता दी। भक्ति आन्दोलन से पूर्व महायोगी गोरखनाथ द्वारा प्रवर्तित योग मार्ग तथा सात्विक जीवन प्रणाली का सम्पूर्ण भारतीय समाज पर व्यापक प्रभाव पड़ा। योग प्रणाली समाज द्वारा पूरी तरह अपनाई नहीं जा सकी किन्तु नाथ पन्थ से जुड़े महासाधकों के त्याग पूर्ण जीवन तथा उनके अलौकिक क्रिया-कलापों एवं चमत्कारों का उनपर गहरा प्रभाव पड़ा। लोक में उनके जीवन की अनेक घटनाओं तथा प्रसंगों को अपने-अपने तरीके से समझने-समझाने एवं प्रचारित

करने का प्रयत्न किया। अतिशय त्यागपूर्ण एवं अनासक्त जीवन पद्धति का सम्पूर्ण अनुसरण न कर पाने के बावजूद जनता में उसके प्रति अति आदर का भाव था। यही कारण है कि भारत की विभिन्न भाषाओं में तथा विभिन्न भौगोलिक परिस्थितियों में गुरु गोरखनाथ से सम्बन्धित कथाएँ तथा उनकी रचनाओं के रूपान्तरण उपलब्ध हैं।

गोरखनाथ के जन्म-स्थान के विषय में विभिन्न मान्यताओं से स्पष्ट होता है कि पंजाब से लेकर कर्नाटक तक उनके जन्म लेने के तर्क दिए जाते हैं। इससे उनके प्रति श्रद्धा और आदर का ही संकेत मिलता है। कन्नड़ भाषा के कवि हरिहर ने (1150-1230) ने अपने काव्य ग्रन्थ 'शिवगणरद रगले' में गोरखनाथ के कोल्हापुर में कुछ समय तक ठहरने तथा साधनारत रहने का ज़िक्र किया है। तेलुगु के कवि ग़ौरन्नामात्य (1330 ई.) 'नवनाथ चरितम' लिखा है। इसके पूर्व श्रीगिरिनाथ ने चम्पू शैली में नवनाथों का जीवनवृत्त प्रस्तुत किया था। सी.एम. रामचन्द्रन चेट्टियार द्वारा प्रकाशित 1950 ई. मद्रास प्राच्य विद्या ग्रन्थ संग्रहालय से 'चोलन पूर्व पट्टयम' में उल्लेख है कि कोयम्बतूर जिले में गोरक्षनाथ के मठ थे जहाँ अवधूत योगी निवास करते थे। दक्षिण कन्नड़ जिले के मंगलूर नगर में कदिरि नामक एक मुहल्ला है वहाँ मत्स्येन्द्रनाथ की शिष्य परम्परा के योगी निवास करते हैं।

महाराष्ट्र में आदिनाथ शिव के अनेक मन्दिर तथा मठ हैं। लक्ष्मण ढाणे के अनुसार पूना (पुणे) का प्राचीन नाम आदि या आदिनाथ नगर था। गोरखनाथ से सम्बन्धित मन्दिर सतारा-कोल्हापुर मार्ग पर स्थित बत्तीस शिराला में है। इस मन्दिर में गोरक्षनाथ (गोरखनाथ) की मूर्ति और पादुका स्थापित है। अहमद नगर के पास डोंगर गली गाँव में गोरक्षनाथ का स्थान है। पार्श्व का पहाड़ 'गोरख पहाड़' नाम से प्रसिद्ध है। सह्याद्रि पर्वत के डाकिनी शिखर पर भीमाशंकर तथा गोरखनाथ के मन्दिर हैं। नासिक से 30 कि.मी. दूर सह्याद्रि पर्वत की तलहटी में गोरख-मठ है। तीरणमाल भी प्रसिद्ध नाथ तीर्थ स्थल है। यहाँ महायोगी गोरखनाथ तथा नागार्जुन की गुफाएँ हैं। पश्चिम भारत में गोरखनाथ का व्यापक प्रभाव रहा है। अफ़गानिस्तान में योगियों ने गोरखनाथ के सन्देश को गीतों द्वारा प्रचारित प्रसारित किया। पेशावर (पाकिस्तानी) में दरियानाथी पन्थ की मुख्य गद्दी थी। किम्बदन्तियों के अनुसार गोरखनाथ सतयुग में पंजाब (पेशावर) यें पैदा हुए थे। तक्षशिला से 73 कि.मी. दूर टिल्ला योगियों की प्रमुख गद्दी रहा है। देश-विभाजन के बाद यह वीरान हो गया। पंजाब के जालन्धर नगर का सम्बन्ध जालन्धर नाथ से जोड़ा जाता है।

राजस्थान में गोरखनाथ के अवतारी पुरुष होने की मान्यताएँ रही हैं। नाथ सम्प्रदाय से जुड़े योगियों के विषय में अनेक प्रशास्तियाँ तथा अभिलेख उपलब्ध हैं।

नाथ मत का प्रभाव अनेक शासकों पर भी था। बूँदी क्षेत्र में खजूरी में महादेव का मन्दिर बनवाया गया था। यहाँ गोरक्षनाथ की मूर्ति स्थापित की गयी। कुछ मठ ऐसे मिलते हैं, जहाँ गोरखनाथ के कलाम पढ़े जाते हैं–

'गोरखनाथ सत गुर जी, अंदर मंझ ओकीर। अंदर मंझ ओकीर घणी नाथ बड़ो अहीं वीर, गोरखनाथ सत गुरजी अंदार मंझ ओकीर। घणी मुंहाजो नाथ बड़ो अहीं वीर.....

(नाथ पन्थ साधना और साहित्य, पृ. 235)

राजस्थान के पड़ोसी राज्य गुज़रात में भी नाथ-सम्प्रदाय का महिमा मान्य रही है। 1287 ई. में प्रभास पारण में छठे पाशुपताचार्य ने गोरखनाथ मन्दिर का निर्माण कराया था। सोमनाथ के पास गोरखमढ़ी नामक प्राचीन गाँव आज भी मौजूद है। पोरबन्दर के समुद्र तट के ओडदर गाँव में गोरखनाथ का शिखर बंध मंदिर है। पोरबन्दर के राजवंश जेठवा के गुरु गोरखनाथ माने जाते हैं। नर्मदा तट के डमोई से गोरखनाथ मत्स्येन्द्रनाथ, जालंधर नाथ की प्रतिमाएँ प्राप्त हैं। गुज़राती में गोरखनाथ की 36 रचनाएँ उपलब्ध हैं। इसके अलावा अन्य नाथों की भी रचनाएँ मिलती हैं 1662 ई. में मुकुंद गुगली द्वारा रचित 'गोरख चरित्र' विख्यात है। गोरखनाथ की रचनाओं के गुज़राती अनुवाद भी हुए हैं। मणिलाल नभुभाई द्विवेदी द्वारा अनूदित गोरखशतक, नंदलाल सुतरिया द्वारा अनूदित 'हठयोग' उल्लेखनीय हैं। गुज़राती लोक साहित्य में नाथ सम्बन्धित रचनाएँ मिलती हैं, उनका संचय बलवन्त जानी ने किया है।

बंगाल में सिद्धों का वर्चस्व था किन्तु उनका महत्त्व क्षीण होने के बाद जन-आस्था का झुकाव नाथों की ओर हुआ। बांग्ला साहित्य में बौद्ध तांत्रिकों के गीतों में नाथों के भी गीत घुले-मिले हैं। जालन्धरनाथ दोनों सम्प्रदायों में मान्य हैं। लोक में प्रचलित कथा जो पद्यबद्ध थी, के प्रमुख संकलन कर्त्ता डॉ. पंचानन मण्डल हैं। 'गोखीविजय' में गोरखनाथ को धर्मठाकुर निरंजन की जटा से उत्पन्न बताया गया है। शिवजी से योगी शिष्यों को गृहस्थ बनाने का अनुरोध ग़ौरी ने किया। शिव ने कहा कि मनोविकारों के विजेता शिष्य ऐसा नहीं कर सकते। ग़ौरी ने मोहिनी रूप में मीननाथ, हाडिपा, जालन्धरनाथ तथा गोरखनाथ की परीक्षा ली। गोरखनाथ मात्र इस परीक्षा में उत्तीर्ण हुए। उन्होंने मन ही मन देवी को माँ को रूप में चाहा। फिर ग़ौरी ने गोरखनाथ की महापरीक्षा ली। गोरख हर परीक्षा में उत्तीर्ण हुए। बंगाल में मयनामती-गोपीचन्द की कहानी का विशेष प्रचलन है। बंगाल में नाथों के अनेक मठ

और मंदिर हैं। चौबीस परगना जिले में राजारहाट में गोरखनाथ का मठ है। बंगाल के बाउल गीतों पर नाथों का स्पष्ट प्रभाव है। उड़ीसा प्रान्त भी नाथों के प्रभाव से अछूता नहीं है। उड़ीसा में गुरु गोरखनाथ तथा उनके अनुयायियों से सम्बन्धित कथाएँ उनके ग्रन्थों के अनुवाद या पुनर्रचना, अनेक मठ तथा गद्दियाँ उपलब्ध हैं। सारलादास ने महाभारत में शिशुवेद का विस्तृत वर्णन किया है। महाभारत के बाद चैतन्यदास ने 'विष्णुगर्भ पुराण' में शिशुवेद की महिमा बताई है। सारला रचित महाभारत में उल्लेख किया गया है कि नकुल राजसूय यज्ञ में योगदान हेतु कदली वन में उपस्थित गोरखनाथ को आमंत्रित करने गये थे। उनके निवेदन पर गोरखनाथ ने उन्हें सम्पूर्ण योग तो नहीं सिखाया किन्तु स्तम्भन क्रिया की शिक्षा दी। गोरखनाथ के वेष के बारे में भी सारलादास ने बताया है। सारलादास ने गोरखनाथ की कृपा के अनेक प्रसंग अपने महाभारत में लिखे हैं। उड़ीसा के जगत सिंह पुर के पास लहँगा गाँव में 'गोरखगादि' है। यहाँ सर्पदंशित व्यक्ति गादि से पादोदक पीकर नीरोग हो जाते हैं। इन साक्ष्यों से स्पष्ट है कि गुरु गोरखनाथ के विचारों का लोक समाज पर व्यापक प्रभाव था। 'सप्तांग योगधारण' की अलग-अलग प्रतियाँ उड़िया भाषा में उपलब्ध हैं। गुरु गोरखनाथ के सप्तांग तथा हठयोग से ही इनकी विषय-वस्तु ली गयी है। चन्द्रशेख़र नाथ रचित 'गोरख संहिता' में गोरखनाथ की जन्म कथा तथा उनके द्वारा किये गये आश्चर्यजनक कार्यों का ज़िक्र है। यह मूल गोरख संहिता का अनुवाद न होकर विभिन्न प्रान्तों की लोक कथाओं को भी समाहित करने वाला ग्रन्थ है।

उत्तर-पूर्व में स्थित प्रान्त त्रिपुरा में धर्म नगर में गोरखनाथ का मन्दिर है। घलेश्वर (पश्चिमी त्रिपुरा) नामक स्थान में गोरखनाथ मठ मौजूद है।

नेपाल भारत का पड़ोसी स्वतन्त्र देश है किन्तु सांस्कृतिक साम्य की दृष्टि से वह भारत का ही एक छोटा अंग प्रतीत होता है। पं. हृदयनारायण दीक्षित का कथन है कि प्राचीन काल से भारत-नेपाल के सम्बन्ध अटूट हैं। दोनों देशों के लोगों ने कभी अनुभव नहीं किया कि वे दो हैं। नेपाल में मत्स्येन्द्रनाथ तथा गोरखनाथ दोनों ही समादृत एवं पूज्य हैं। मत्स्येन्द्रनाथ से नेपाल का समकालीन राजा रुष्ट था। उसने मत्स्येन्द्रनाथ पर अत्याचार किया। गोरखनाथ इसके प्रतिरोध में काठमांडू के पास मृगस्थली में नवनागों को समेटकर ध्यानावस्थित हो गये। इससे वहाँ अकाल उत्पन्न हो गया। मत्स्येन्द्रनाथ ने कृपापूर्वक मेघों को मुक्त कराकर वर्षा कराई। इसके बाद गोरखनाथ कपोतक पर्वत पर रह रहे मत्स्येन्द्रनाथ से मिलने गये थे। नरेन्द्रदेव दोनों की महिमा समझ गये। राजगुरु बुद्धदत्त ने योगिराज मत्स्येन्द्र को साथ लेकर गोरखनाथ से मिलवाया। गोरखनाथ को नेपाल में शिव-गोरक्ष के रूप में पूजा जाता

है। नेपाल के प्रसिद्ध राजा यशो वर्मा तथा उनके पुत्रों पर गोरखनाथ के आशीर्वाद की चमत्कारी किंविदन्तियाँ मिलती हैं। पशुपतिनाथ मन्दिर की ऊपरी पहाड़ी को सिद्धांचल कहते हैं। इस मन्दिर का परिसर काफ़ी बड़ा है, यहाँ अन्य नाथों के मन्दिर भी हैं। कैलास नामक पर्वत की चोटी पर गोरखनाथ के चरण कमल मौजूद हैं। इनके अलावा मत्स्येन्द्रनाथ तथा दण्डपाणि के भी चरणकमल हैं। दांग रतननाथ मठ में भी गोरख की पूजा होती है। अष्टपुष्कर स्थान पर भी गोरखनाथ का मन्दिर है।

सम्पूर्ण भारत में गोरखनाथ के मन्दिर, मठ, उनकी प्रतिमाओं तथा उनके ग्रन्थों के प्रान्तीय भाषाओं में मौलिक रूपान्तरण से सिद्ध होता है कि गोरखनाथ सिद्ध पुरुष थे। उनके आशीर्वाद में बहुत शक्ति थी। अधिकांश जनता उनके द्वारा प्रचारित-प्रसारित योगमार्ग का अनुसरण तो नहीं कर सकी किन्तु योग की चमत्कारी उपलब्धि के साक्ष्य महायोगी गोरखनाथ के श्रद्धा और पूजा के भाव से सम्पृक्त हो गयी। मध्य प्रदेश में महाकालेश्वर तथा ओंकारेश्वर के प्रसिद्ध मन्दिर हैं। जहाँ शिव का स्थान हो वहाँ गोरखनाथ से सम्बन्धित कोई स्थान न हो ऐसा हो ही नहीं सकता। उज्जैन के पास गोपीचंद और भरथरी की गुफाएँ हैं। कहा जाता है कि भरथरी गुफा में भर्तृहरि ने तपस्या की थी। गुफा की ऊँचाई बहुत कम है, अंदर जाने का रास्ता सँकरा है। गोपीचंद (जो भरथरी के भतीजे थे) की गुफा अपेक्षाकृत छोटी है। गुफा के अंत में भरथरी की प्रतिमा है। भरथरी की गुफा के सामने एक धूनी भी है। गुफा के अंत में एक गुप्त रास्ता है। कहा जाता है कि यहाँ से चारों धामों के जाने का रास्ता था। राजा भर्तृहरि (भरथरी) अपनी पत्नी पिंगला पर काफ़ी आसक्त थे। वह उस पर अंध विश्वास करते थे। पत्नी-मोह में वह अपना राज-काज भुला बैठे थे। उसी समय गुरु गोरखनाथ का उज्जैन में आगमन हुआ। दरबार में राजा ने उनका सत्कार किया। प्रसन्न होकर राजा ने भर्तृहरि को एक फल दिया और कहा कि इसे खाने से सदैव जवान बने रहोगे। राजा ने फल पिंगला को दे दिया ताकि वह जवान बनी रहे। पिंगला ने अपने प्रेमी कोतवाल को वह फल दे दिया। कोतवाल ने वह फल अपनी चहेती वेश्या को दे दिया। उसने सोचा कि यदि मैं ज़्यादा दिन जवान रहूँगी तो इस गंदे पेशे में ही पड़ी रहूँगी। फल की ज़रूरत राजा को है जो अधिक समय तक प्रजा की सेवा करे। अत: उसने चमत्कारी फल राजा को दे दिया। राजा को पूरी घटना का जब ज्ञान हुआ तो उसने अपना राज्य भाई विक्रमादित्य को सौंपकर उज्जैन की इसी गुफा में 12 वर्षों तक तपस्या की। गुरु गोरखनाथ ने भरथरी की परीक्षा ली। भरथरी ने काम, क्रोध, लोभ, मोह, मात्सर्त्य को जीत लिया। गोरखनाथ ने भण्डारे के लिए उन्हें जंगल से लकड़ी लाने भेजा। वह लकड़ी इकट्ठी करके सिर पर रखकर ला

रहे थे कि तभी गोरखनाथ के शिष्य ने धक्का देकर लकड़ी को गिरा दिया। भरथरी ने बोझ फिर से उठा लिया, उनके चेहरे पर तनिक शिकन न आयी। गुरु जी ने मान लिया। गोरखनाथ ने एक महल खड़ा कर दिया। युवतियाँ नाना प्रकार के व्यंजन लेकर सामने खड़ी थीं। भरथरी युवतियों को देखकर काम-भावना से ग्रस्त नहीं हुए। गुरु की आज्ञा से उन्होंने मरुस्थल में नंगे पैर पैदल यात्रा की। मरुभूमि में गुरु ने एक वृक्ष खड़ा कर दिया, भरथरी उसके नीचे भी नहीं रुके। गुरु ने भयंकर ताप पैदा कर दिया था। भरथरी भयंकर प्यास से तड़पने लगे। कुछ दूर चलने पर उन्हें एक हरा वृक्ष दिखायी दिया, जिसके नीचे पानी भरी सुराही और सोने की प्याली रखी थी। उसे देखकर गुरु आज्ञा के भंग होने की चिन्ता से वह अग्रसर हो गये। आगे उन्हें गोरखनाथ दिखायी पड़े, गुरु को दण्डवत प्रणाम किया। गुरु ने अष्ट सिद्धि, नव-निधि कुछ भी माँगने का आदेश दिया। उन्होंने सविनय उसे अस्वीकार कर दिया। केवल इतना कहा कि गुरु की प्रसन्नता ही मेरे लिए सब कुछ है। गुरु ने कहा तुम्हें कुछ न कुछ माँगना पड़ेगा। इसी बीच एक सुई दिखायी दी, भरथरी ने कहा कि गुरुजी इसी में धागा डाल दीजिए जिसमें मैं अपनी काँटों से फटी हुई कंधा पिरो लूँ। गुरुजी ने रास्ते में कटीली झाड़ियाँ खड़ी कर दी थीं, जिसमें फँसकर भरथरी की कंथा फट गयी थी। गुरु की परीक्षा में वह पूरी तरह उत्तीर्ण हो गये।

मध्यप्रदेश में पिंडरा रोड स्टेशन से कुछ दूर भी गोरखपुर नामक स्थान है। उत्तराखण्ड में ज्वालादेवी तथा गोरखनाथ के द्वन्द्व की कथा भी प्रचलित है। ज्वाला देवी ने उन्हें अपने यहाँ भोजन के लिए आमंत्रित किया। गोरखनाथ ने ज्वाला के मन्दिर में प्रवेश करने तथा भोजन करने से मना कर दिया क्योंकि वहाँ माँस-मदिरा का चढ़ावा होता है। देवी ने आश्वासन दिया कि आज से ऐसा नहीं होगा। फिर गोरखनाथ ने एक शर्त रखी कि भोजन आपको (देवी को) अपने हाथों से बनाना पड़ेगा। आप काठ की हाँड़ी में पानी रखकर चूल्हे पर गरम करती रहें, मैं भिक्षा लेकर जब उचित समय पर आपके पास आऊँगा तो उसी से भोजन बनाकर खिला दीजिएगा। गोरखनाथ जब कई दिनों तक भिक्षा लेकर नहीं लौटे तो देवी को क्रोध आ गया। उन्होंने एक राक्षस को गोरखनाथ को पकड़कर लाने को कहा। गोरखनाथ ने इसी बीच एक स्थान पर खिचड़ी बनायी और उसे लाखों लोगों को खिलाया। लोग आते जाते थे, खाते-जाते थे पर खिचड़ी खत्म नहीं हो रही थी। उनके चमत्कार की कथा दूर-दूर तक फैल गयी। बाद में यही स्थान उत्तरप्रदेश स्थित गोरखपुर नाम से प्रसिद्ध हुआ। काल भूचाल नामक भयानक राक्षस ने ज्वाला देवी की आज्ञा से फैसला किया कि वह सम्पूर्ण नाथ सम्प्रदाय को इस पृथ्वी से मिटा देगा। वह सारी

पृथ्वी पर गोरखनाथ को खोज रहा था। जंगल में उसने गोरखनाथ को देखा और सामने ललकारा। तुम ज्वाला देवी के पास चलो, नहीं तो तुम्हें मैं बलपूर्वक उठा ले जाऊँगा। फिर दोनों का संघर्ष हुआ। गोरखनाथ ने राक्षस के शरीर को पत्थर का बना दिया। यह शरीर गोरखपुर में गिरा। उल्लेख मिलता है कि देवी आज तक प्रतीक्षा कर रही है। कोटि काँगड़ा में जहाँ आज भी पानी उबल रहा है, उसे 'गोरख हाँडी' कहा जाता है। जब गोरखनाथ वहाँ आयेँगे तब कलयुग का अन्त होगा।

गोरखनाथ के विचार

भारतीय धर्म-साधना में अपनी विलक्षण साधना-पद्धति तथा व्यक्तित्व से क्रान्तिकारी परिवर्तन लाने वाले महायोगी गोरखनाथ ने नूतनता प्रदान की और धर्म की शुचिता तथा मर्यादा को प्रतिष्ठित किया। योगसाधना के विविध सम्प्रदायों को समन्वित एवं सार्थक बनाने का श्रेय गोरखनाथ को है। इनके द्वारा संगठित योग मार्ग को नाथयोग कहते हैं। गोरखनाथ के विचारों का प्रभाव लगभग सम्पूर्ण भारत में रहा है। जब किसी साधक की व्यापक लोकप्रियता होती है तो अनुयायी उसके विचारों में कुछ नया जोड़कर उसकी रचनात्मकता को एक ओर विस्तार देते हैं, दूसरी ओर उसकी मौलिक कृतियों के विषय में सन्देह भी पैदा करते हैं। गोरखनाथ द्वारा रचित मानी जाने वाली लगभग 80 से अधिक संस्कृत एवं हिन्दी की रचनाओं का उल्लेख मिलता है। उपर्युक्त ग्रन्थों में संस्कृत भाषा में निबद्ध रचनाओं को हिन्दी भाषा की रचनाओं की तुलना में अधिक प्रामाणिक माना जाता है।

गोरखनाथ द्वारा रचित संस्कृत ग्रन्थों में नाथ मत के सिद्धान्तों तथा विचारों का अधिक व्यवस्थित तथा प्रामाणिक विवेचन है। लोकभाषा हिन्दी में ज़्यादातर साधना के व्यावहारिक पक्ष पर प्रकाश डाला गया है। गोरखनाथ का चिन्तन दार्शनिक आचार्यों की तरह तर्काश्रित न होकर समाधि की उच्च अवस्था में अनुभूत सत्य है। यह सत्य वाद-विवाद तथा तर्क से परे है। उनका मानना है कि परमब्रह्म का ठीक-ठीक प्रवचन न वेद कर पाये है और न धार्मिक पुस्तकें-पुराण-कुरान आदि। चारों प्रकार की वाणी-परा-पश्यन्ती, मध्यमा तथा वैखरी के द्वारा भी उसका वर्णन सम्भव नहीं है। भाषा के द्वारा वह परमतत्व उद्भासित कम होता है और आच्छादित अधिक होता है। समाधि द्वारा जो शब्द-प्रकाश होता है, उसी से विज्ञान रूप अलक्ष्य को प्रत्यक्ष किया जा सकता है–

वेद कतेब न षांणि वांणि। सब ढंकी तणि आणी।
गगन सिषर महिं सबद प्रकास्या। तहं बूझै अलष विनाणी

'सिद्ध-सिद्धान्त-पद्धति' के आधार पर अक्षय कुमार बनर्जी ने गोरखनाथ के चिन्तन एवं विचारों का विवेचन 'गोरखदर्शन' नामक पुस्तक में किया है। गोरखनाथ ने पूर्व सिद्ध योगियों की तरह निरपेक्ष चेतना को पराशक्ति कहकर सम्बोधित किया है। 'सिद्ध-सिद्धान्त-पद्धति' से उद्घृत एक श्लोक है–

न ब्रह्मा विष्णु-रुद्रौ: न सुरपति-सुरा: नैव पृथ्वी न चापा
नैवाग्निर्नापि वायुनं च गगनतलम् नो दिशो नैव काल:।
नो वेदा नैव यज्ञान च रवि: शशिनौ नो विधिर्नैव कल्पा:
स्व:-ज्योति: सत्यम् एकम् जयति तव पद्म सच्चिदानन्द-मूर्ते:

ब्रह्मा, विष्णु, रुद्र, देवता पृथ्वी, जल, वेद, यज्ञ, सूर्य, चन्द्रमा नियमादि जहाँ अनुपस्थित हैं वहाँ तुम स्वयं को पूर्ण शुद्ध सच्चिदानन्द स्वरूप में प्रकट करते हो, वहाँ केवल तुम्हारा आत्म रूप एकमेव आत्मप्रकाश युक्त चरम सत्ता के रूप में चमकता है। (गोरख दर्शन-अक्षय कुमार बनर्जी, पृ. 36) चरम सत्ता का निर्वचन उपनिषदों की तरह निषेधात्मक अधिक है। इतना निश्चित है कि वह आस्तित्ववान है परन्तु लौकिक व्यवहार के भाषाई दायरे में उसे समाहित नहीं किया जा सकता है। वह सत्, चैतन्य तथा आनन्द स्वरूप है। 'अमनस्क' पुस्तक में गोरखनाथ निर्दिष्ट करते हैं कि–

भावाभाव विनिर्मुक्त नाशोत्पत्ति विवर्जितम्
सर्वकल्पनातीतं पर-ब्रह्म तदुच्यते।।

परमब्रह्म भाव-अभाव से रहित है, नाश एवं उत्पत्ति से विवर्जित है, सभी कल्पनाओं से परे है। शिव, परमात्मा, परमेश्वर भी उस नाम रहित के नाम हैं। इस सन्दर्भ में ध्यातव्य है कि परमतत्व का जो भी नामकरण किया जाये, इस धारणा को बनाए रखा जाये कि वह किसी नाम की सत्ता नहीं है गोरखवानी में अपेक्षाकृत अधिक सरल तरीके से इसी तथ्य की ओर संकेत किया गया है–

बस्ती न सून्यं सून्यं न बसती अगम अगोचर ऐसा।
गगन-सिषर महि बालक बोलै ताका नाँव धरहुगे कैसा

(सबदी-19) 'उसे न तो वस्त हुआ स्थूल ढंग से उपस्थित या शून्य दोनों ही नहीं कह सकते हैं। शून्य को परिभाषित करते हुए कहा गया है–अस्ति, नास्ति, न अस्ति, न नास्ति, 'है, नहीं है, न है, न नहीं है।' पूरे ब्रह्माण्ड में तथा पिण्ड के ब्रह्मरंध्र में वह निष्कलुष बालक की तरह बोल रहा है किन्तु उसका क्या नाम रखा

जाये? नाथ सम्प्रदाय में शिव और शक्ति दोनों की समान महिमा है। इससे सिद्ध होता है कि पुरुष तथा नारी सत्ता दोनों की श्रेष्ठता उन्हें मान्य है। परमात्मा शिव और सर्वजन्मदात्री शक्ति का गोरखनाथ ने अनेक रूपों में वर्णन किया है। उनके अनुसार शक्ति शिव में निहित है, शिव शक्ति में निहित है। दोनों का सम्बन्ध चन्द्र और चन्द्रिका की तरह है। शिव के पारमार्थिक स्वरूप में निहित शक्ति एक अनन्त और शाश्वत रूप में सक्रिय ऊर्जा है। यह क्रमिक सृष्टि निर्माण और प्रलय के रूप में शिव की आत्माभिव्यक्ति है। शिव को शक्ति आत्मा कहा जा सकता है और शक्ति को शिव का शरीर। शक्ति के कारण ही शिव शक्तिमान, सर्वज्ञानी, सर्वानंद, सगुण परमेश्वर जगत का सर्जक, पालक और भोक्ता बनता है। तात्विक रूप में शिव पूर्ण आनंदमय, अभेद, अपरिवर्तनीय रहते हुए भी अपने को विभिन्न रूपों में प्रकट करते हैं और भोगते हैं। शिव और शक्ति मूलत: अभिन्न हैं।

जगत् जो मानव मात्र के आकर्षण का केन्द्र है, मनुष्य इसके प्रति इतना मोहग्रस्त रहता है कि लाख दुखों के बावजूद इससे अलग नहीं होना चाहता। ईश्वर की इस विचित्र रचना को शंकराचार्य ने मिथ्या कहा है। गोरखनाथ तथा सिद्ध योगी इस संसार को मिथ्या या भ्रम अथवा विषयगत सत्ता मात्र कहकर इसकी अवहेलना नहीं करते हैं। क्योंकि चरम सत्ता स्वयं को नाना-रूपात्मक जगत व्यवस्था के रूप में प्रकट करती है, वही सीमित व्यावहारिक अस्तित्वों को विकसित, पोषित और नष्ट करती है। इसके अन्तर्गत वैयक्तिक संज्ञाओं में वह सत्ता अपरिवर्तनीय स्वप्रकाशित आत्मा-स्वरूप चमकती रहती है। गोरखनाथ की दृष्टि में जगत् उत्पत्ति के पूर्व अव्यक्त रूप में तथा उपादान कारण में उपस्थित रहता है। इस तरह सृष्टि के अनन्तर प्रलय और प्रलय के बाद सृष्टि का क्रम चलता रहता है। महामाया या योगमाया का आत्म प्रकटीकरण पाँच अवस्थाओं में होता है। मूल रूप में निजाशक्ति, शिव से अभिन्न है। दूसरी पराशक्ति अवस्था तीव्र आन्तरिक प्रेरणा लेकर उद्बुद्ध होने की है। तीसरे स्तर पर अनन्त पारमार्थिक अन्त:करण में हलचल होती है। इस सक्रिय शक्ति को अपरा शक्ति कहा गया है। चौथी अवस्था में शिव की सक्रिय चेतना में एक शुद्ध 'अहं' का भाव प्रकट होता है। इसे सूक्ष्म शक्ति कहा गया है, पाँचवी अवस्था में शिव की दिव्य शक्ति एक विशिष्ट मानसिक शक्ति-रूप ज्ञान अनुभव की प्रक्रियाएँ करने के लिए जो रूप धारण करती है, वही कुण्डलिनी शक्ति है। कुण्डलिनी शक्ति के पाँच गुण हैं—पूर्णता, प्रतिबिम्बिता, प्रवलता, प्रोच्छलता, प्रत्यंगमुखता। पूर्णता का तात्पर्य है प्रकटीकरण तथा आत्मारूपान्तर की सम्भावना। कुण्डलिनी काल-दिक् युक्त ब्रह्माण्ड को अवस्थित रखती है। सृष्टि प्रक्रिया का वह बीज है, वह ऐसा

दर्पण है जिसमें शिव का भौतिक, जैविक, मानसिक सभी रूप प्रतिम्बित होते हैं। प्रबलता का तात्पर्य है अनेक अस्तित्वों का अपने भीतर सृजन, पालन, नियमन तथा पुन: अपने भीतर समेटने की शक्तिमत्ता। प्रोच्छलता का तात्पर्य है उसका आत्मरूपान्तरण, प्रसारण तथा आत्म समायोजन का दिव्य गुण। प्रत्यङ्.मुखता का तात्पर्य सृजन, पालन तथा विनाश करते हुए भी उसका आनन सदा परमात्मा शिव की ओर उन्मुख रहता है। इसीलिए उसकी सभी सन्तानें सर्वदा शिव के मिलन की अभीप्सा रखती हैं। सभी चेतन-अचेतन शिव के आनन्द दायक एकत्व की ओर प्रगति करते रहते हैं। वस्तुत: शिव ही प्रत्येक जीव एवं सृष्टि की आत्मा हैं।

प्रकृति शिव या ब्रह्म की निहित शक्ति का एक अंग है। शिव के अस्तित्व से भिन्न उसका कोई अस्तित्व नहीं है। प्रकृति का विकास शिव का आत्मोन्मीलन है। अत: वह आध्यात्मिक सत्ता है। गोरखनाथ मानते हैं कि प्रत्येक मुक्त पुरुष ईश्वर से या शिव से प्रकृति या शक्ति को अपने से अभिन्न अनुभव करने लगता है। सम्पूर्ण ब्रह्मांड असंख्य प्रकार के पिंडों से युक्त एक पिंड है। एक विराट समष्टि पिण्ड में असंख्य व्यष्टि पिंड समाहित हैं। शून्य का तात्पर्य 'स्वसत्ता-मात्र' है, यह दिव्य चेतना एक शुद्ध शून्य पृष्ठभूमि के रूप में रहती है। यह शक्ति के अपराशक्ति के रूप में आत्मोद्घाटन की स्थिति की ओर संकेत करता है।

नाथ योगी जिस अलख निरंजन की पुकार करता है, वह कोई बाह्य सत्ता नहीं है। गोरखनाथ के अनुसार यह स्वसाक्षात्कार मात्र है। अपनी शक्ति से विशिष्ट और उसका अतिक्रमण करने वाला परमात्मा है। अनादि पिंड के पाँच अन्य गौरवशाली प्रकटीकरण हैं—परमानन्द, प्रबोध, चिद् उदय प्रकाश और सोहम् भाव। आद्य पिंड से महाकाश, महाकाश से महावायु, महावायु से महातेजस्, महातेजस् से महासलिल, महासलिल से महापृथ्वी, ब्रह्माड शरीर से प्राकृतिक जगत या जड़ जगत, प्राण जगत, मनो जगत, उच्चतर मनस् जगत, धर्मजगत विकसित होते हैं। भौतिक शरीरों को जीवन (प्राण) सजीव एवं व्यवस्थित करके विशिष्ट लक्षण प्रदान करता है। जैविक शरीर प्राकृतिक नियमों से अनुशासित होते हुए भी उनसे अधिक शक्तिशाली होते हैं तथा प्राकृतिक नियमों पर शासन करते हैं। जब जीवन (प्राणि शरीर) प्राकृतिक शक्तियों की तुलना में कमज़ोर होती है तभी भौतिक शरीर हो जाता है, उसी को मृत्यु कहते हैं। प्राण शरीर में दिव्य शक्ति पुद्गल (भौतिक पदार्थ) की तुलना में अधिक सबल रहती है। मनो जगत् (मनस्) के स्वभाव में व्यावहारिक चेतना रहती है। भाव संवेदन इसी में है। जागृति, स्वप्न और सुषुप्ति इसकी तीन दशाएँ हैं। मनस् यद्यपि शरीर और प्राण से सम्बन्धित है तथापि यह उनका अतिक्रमण कर जाता

है। देहान्त के बाद भी यह मरता नहीं, दूसरी देह में प्रवेश करता है। यही नहीं योगी अनेक भौतिक शरीरों को निर्मित कर उन्हें आत्माभिव्यक्ति का साधन बना सकता है। बुद्धि और तर्क ब्रह्मांड शरीर का उच्चतर मनस् है। यह मनस् के कार्यों को उचित-अनुचित के विवेक से नियोजित करता है। इसी के द्वारा मनस् में सत्य असत्य का भेद पैदा होता है। शिव के विराट शरीर में हम धर्म जगत् अर्थात् नैतिकता, शुभ-अशुभ, पाप-पुण्य, आदर्श-यथार्थ अनुभव करते हैं। शिव-शक्ति की विचारशील आत्माभिव्यक्ति के रूप में मानव एक सापेक्षिक अनुबद्ध स्वातन्त्र्य, इच्छा स्वातन्त्र्य, विचार स्वातन्त्र्य, इन्द्रियों तथा बुद्धि को नियन्त्रित कर अपना स्वामी हो सकता है। स्वतन्त्रता आत्मा के मौलिक स्वरूप में निहित है। जड़ जगत् में यह स्वतन्त्रता अव्यक्त है। शिव शक्ति के विराट शरीर में एक रस जगत् मौजूद है। शुद्ध सौन्दर्य चेतना विनाश में भी उतना ही सौन्दर्य पाती है, जितना सृजन में। यहाँ विरुद्धों के सामंजस्य का सौन्दर्य रहता है। जगत में रस स्वयं अनेक रूपों में व्यक्त है। शिव शक्ति का सातवाँ महाकार पिंड आनन्द का है। गोरखनाथ ने व्यावहारिक शैली में कहा है कि योगी अपनी साधना तथा गुरु द्वारा प्रदत्त शब्द ज्ञान से ऐसी चरम स्थिति को प्राप्त कर लेता है, जहाँ गुरु-शिष्य और शिव (परात्पर ब्रह्म) का अद्वैत हो जाता है। गोरखनाथ की सत्ता स्थूल भौतिक सत्ता नहीं है वे स्वयं ब्रह्म स्वरूप होकर घट-घट में उपदेश देते हैं। किसी देह में ब्रह्म जागृत है किसी में सुप्त। यही नहीं उनके गुरु मीननाथ (मत्स्येन्द्रनाथ) भी घट-घट में मौजूद हैं। गुरु और शिष्य में कोई भेद नहीं रहता, दोनों ब्रह्म स्वरूप ही होते हैं। जैसे बीज में वृक्ष निहित होता है वैसे ही प्रत्येक हृदय में बीज रूप में परमात्मा है। जिन्होंने काया सिद्ध की है वे शरीर रूपी क्यारी से ब्रह्म को उपजा लेते हैं–

घटि घटि गोरख बाही क्यारी। जो निपजै सो होइ हमारी
घटि घटि गोरख कहै कहांणी। काचै भाँड़े रहे न पांणी।।
घटि घटि गोरख फिरै निरूता। को घट जागै को घट सूता।
घटि घटि गोरख घटि घटि मीना। आपा परचै गुर मुषि चीन्हा।।

(गोरखबानी-सबदी, 37-38)

व्यष्टि पिंड (वैयक्तिक शरीर) का समष्टि पिंड से समरसकरण, निज आत्मा और सृष्टि में एक ही रस, अनन्त सौन्दर्य का साक्षात्कार सिद्ध योगी सम्प्रदाय का महान् आदर्श है। गोरखनाथ ने गहन चिन्तन के द्वारा जिन धारणाओं को प्रकाशित किया है, वे मनोवैज्ञानिक और आकर्षक हैं। जनसाधारण में उनके विचारों का

जो पक्ष प्रचारित-प्रसारित हुआ है वह लोकभाषा में वर्णित योग की जटिल साधना प्रणालियाँ हैं जिनसे जनता को चमत्कृत करने का उपक्रम उनके शिष्यों-प्रशिष्यों द्वारा विशेष रूप से किया गया। उनके कतिपय विचार आधुनिक युग के पाश्चात्य मनोवैज्ञानिकों तथा आस्तिक अस्तित्ववादी दर्शन के साम्य रखते हैं। भौतिक जगत के प्रति सम्पूर्ण विश्व-मानव की गहरी संसक्ति है। वैज्ञानिक एवं प्राविधिक युग में जगत् के मिथ्यात्व की अवधारणा कम लोगों को मान्य हो सकती है। प्रकृति, प्राण समाज, मनस् तत्व, बुद्धि-सत्व, नैतिक बोध तथा स्वातन्त्र्य बोध को शिव शक्ति की ही अभिव्यक्तियाँ मानकर उनकी अपने स्तर की मान्यता तथा महत्ता को सुदृढ़ किया गया है। ये विचार आज के सन्दर्भ में उल्लेखनीय हैं।

शिव स्वयं आठ दिव्य ब्रह्मांड व्यक्तियों के रूप में प्रकट होते हैं। ये महासाकार पिंड की अष्टमूर्तियाँ हैं। शिव स्वयं प्रथम मूर्ति हैं जिनका स्वप्रकाशित चैतन्य सबसे परे है। भैरव दूसरा ब्रह्मांड देवता है, यह पूर्ण आध्यात्मिकता तथा आनन्दमयता में विराजता है। इन्हें योग और ज्ञान का पूर्ण आदर्श माना जाता है, ये योगियों के आदर्श हैं। भैरव से विकसित तीसरे देवता श्रीकंठ हैं, ये सर्वदा सौन्दर्य तथा रस जगत में निवास करते हैं। संगीत, कवित्व, चित्र, नृत्य आदि कलाओं के अधिष्ठाता श्रीकंठ हैं। ये रसेश्वर हैं। चौथे ब्रह्मांड देवता सदाशिव श्रीकंठ से विकसित हैं। ये नैतिक आदर्शों के संस्थापक एवं स्वामी हैं। शुभ-अशुभ, पाप-घृणा, क्रोध आदि इनकी चेतना में सुव्यस्थित हैं, लोगों की प्रेरणा के लिए इनकी उपासना की जाती है। पाँचवी दिव्य मूर्ति को ईश्वर कहते हैं। यह तार्किक एवं बौद्धिक चेतना की पूर्णता का प्रतिनिधित्व करता है। इनके लिए ब्रह्मांड व्यवस्था भव्य तार्किक व्यवस्था है। ये सत्यान्वेषियों के प्रेरणा स्रोत हैं, ये सर्वज्ञ गुरु हैं। समस्त ज्ञान-विज्ञान साहित्य की शाखाएँ इनकी कृपा से विकसित हैं। छठें दिव्य व्यक्तित्व हैं रुद्र, ये ईश्वर से विकसित हैं। ये सर्वशक्तिमान, सर्वज्ञाता हैं। ये ज्ञान, बल, प्रतिमा प्रदान करने वाले देवता हैं। सातवें दिव्य देवता हैं विष्णु, ये सृष्टि के व्यापक प्राणशक्ति हैं। ये प्राण-जगत् के आत्मा एवं स्वामी है, शिव के ब्रह्मांड शरीर की आठवीं दिव्य मूर्ति ब्रह्मा हैं। ये आध्यात्मिक, सौन्दर्यात्मक, मनस् बुद्धि नाना प्रकार के भौतिक शरीरों को प्रदान करने वाले हैं। उच्चतर चरमसत्ता के क्रमश: निम्नतर तथा नाना-रूपात्मक प्रापंचिक जगत् के रूपान्तर का ही यह क्रम है। इस प्रकार अवतरण और उन्नयन की प्रक्रिया ब्रह्मांड व्यवस्था में प्राप्त होती है। गोरखनाथ तथा पूरे सम्प्रदाय में मानव शरीर की संरचना पर विशेष रूप से प्रकाश डाला गया है क्योंकि पिंड में सम्पूर्ण

ब्रह्मांड व्यक्त होता है। योगियों के लिए यही साधना का केन्द्र है। मानव शरीर में भौतिक, जैविक, मानसिक तथा बौद्धिक अंग समानुपात में व्यवस्थित हैं, ये परस्पर एक दूसरे का सहयोग करते हैं। मानव शरीर शिव-शक्ति की ब्रह्मांड शरीर का लघु रूप है। मनुष्य अपने विकसित व्यक्तित्व के द्वारा परमात्मा शिव का अनुभव सृष्टि की वास्ताविक आत्मा के रूप में कर सकता है। शिव अनन्त रूपों में अपने को प्रकट करके आनन्दमयी लीला करता है। प्रत्येक व्यष्टिगत जीव शिव शक्ति का अवतार है। विकास की ब्रह्मांड प्रक्रिया में मनस् पहले है फिर प्राण तथा देह है किन्तु व्यष्टिगत अस्तित्व में देह, प्राण, मनस् का क्रम है। मनस् धीरे-धीरे व्यष्टि शरीर में अपने को प्रकट करता है। अन्त:करण या मनस् मूलत: एक है किन्तु उसके पाँच नाम हैं–मनस्, बुद्धि, अहंकार, चित्त और चैतन्य। ये पाँच मनोवैज्ञानिक अवस्थाओं में व्यक्त होते हैं–

मनस् : संकल्प, विकल्प, मूर्च्छा, जड़ता, मनन

बुद्धि : विवेक, वैराग्य, शास्ति, सन्तोष, क्षमा

अहंकार : अभिमान, मदियम (अपनत्व का भाव) मम सुख, मम दुख, मम इदम

चित्त : मति, धृति, स्मृति, त्याग, स्वीकार

चैतन्य : विमर्श, शीलन, धैर्य, चिन्तन, निस्पृहत्व

योगियों की साधना में कुल का विशेष महत्त्व है–सत्व, रज, तमस्, काल और जीव। सत्व में दया, धर्म, क्रिया और भक्ति की अभिव्यक्ति होती है। रजस् में स्फूर्ति, साहस, आत्मगौरव, तमस् में विवाद, कलह, शोक, बंध, वंचन आदि बुरे लक्षण होते हैं। काल का प्रभाव कल्पना, भ्रान्ति, प्रमाद तथा अनर्थ में प्रकट होता हैं। प्रगति, जीवन की अनुकूल-प्रतिकूल दशाएँ काल पर निर्भर हैं। जीव विभिन्न परिवर्तनों में एकता-तद्रूपता को स्थिर करता है। ये अवस्थाएँ हैं जागृत, स्वप्न, सुषुप्ति, तुरीय और तुरीयातीत, सत्, रजस्, तमस्, काल आदि अदृश्य नियामक शक्तियाँ हैं। गोरखनाथ के अनुसार व्यष्टि मनस् की अभिव्यक्तियाँ पाँच तरह की हैं–इच्छा, क्रिया, माया, प्रकृति और वाक्। गोरखनाथ अपनी 'सबदी' में मन की महत्ता को निर्दिष्ट करते हुए कहते हैं कि यही मन शिव है यही मन पंचतत्वों से निर्मित जीव है। मन का अधिष्ठान भी शिव तत्व परब्रह्म ही है। माया (शक्ति) के संयोग से ही ब्रह्म मन के रूप में अभिव्यक्त होता है, मन ही से पंच-भूतात्मक शरीर की रचना होती है। मन को उन्मनी अवस्था में पहुँचाकर साधक सर्वज्ञ हो जाता है। वह तीनों लोकों से अपनी बातें कह सकता है–

यहु मन सकती यहु सीव। यहु मन पाँच तत्व का जीव।
यहु मन लै उनमन रहै। तो तीनि लोक को बातां कहै।।

(गोरखबानी-सबदी, 50)

व्यक्ति के पाँचवें स्तर वाक् पर थोड़ा विचार करने की आवश्यकता है। इसके पाँच स्तर हैं–परा, पश्यन्ती, मध्यमा, वैखरी और मात्रिका। परा चेतना में प्रेरणा या इच्छा के रूप में विद्यमान रहती है। इस अवस्था में वाक् और चित्त में कोई भेद नहीं होता। पश्यन्ती सूक्ष्म विचारों के रूप में प्रकट होती है। वाक् का यह आदर्शात्मक रूप चेतना में व्यक्त होता है, स्थूल शरीर में नहीं। मध्यमा में यह व्याकृत होती है, मानसिक भाषण तथा मौखिक भाषण के बीच इसका स्थान है। वैखरी मौखिक इन्द्रियों के प्रयासों द्वारा उच्चरित तथा सुनाई देने वाली वाणी है। मात्रिका उसे कहा जाता है जिससे जगत् के समस्त प्रकार के शब्द और वाक्य विकसित हुए। प्रत्येक अक्षर शिव-शक्ति का विशिष्ट ध्वनि शरीर है वह सजीव भौतिक शरीर के अन्तर्गत किसी विशिष्ट केन्द्र से सम्बन्धित या व्यक्त होता है। प्रत्येक अक्षर प्राण शक्ति और आध्यात्मिक तात्पर्य से परिपूर्ण होता है।

पिंडस्थ नाड़ियों का भी विशेष महत्त्व है। नाड़ियाँ असंख्य हैं किन्तु उनमें तीन प्रमुख हैं–इड़ा, पिंगला और सुषुम्ना। नाड़ियों का स्रोत है 'मूलकंद'। मस्तिष्क के ऊपरी भाग में सहस्रार चक्र है। इसी में तर्क, नैतिक चेतना व ज्ञानालोकित मनस् प्रकट होते हैं। रीढ़ को ब्रह्म दण्ड या मेरुदण्ड कहते हैं। मेरुदण्ड से सुषुम्ना ब्रह्मरन्ध्र तक जाती है। प्राणशक्ति या जागृत कुण्डलिनी इसी मार्ग से ऊपर उठती है और सहस्रार में स्थिति शिव से मिल जाती है। इड़ा बायें नासा पुट तथा पिंगला दायें नासा पुट से जुड़ी है। प्राणायाम इन्हीं नाड़ियों से होता है। प्राण वायु विभिन्न भागों में विभिन्न कार्य करती है। अपान वायु निचले भागों में सक्रिय रहती है। 'समान' वायु का स्थान नाभि है। 'व्यान' शरीर के समस्त भागों में व्याप्त रहती है। 'उदान' का क्षेत्र कंठ में है। प्रत्येक श्वांस के तीन स्तर हैं पूरक, कुम्भक और रेचक। प्रत्येक रेचक में 'हं' तथा पूरक में 'स:' की ध्वनि होती है। प्रत्येक प्राणी स्वाभाविक रीति से हंस: का जाप करता है। 'हं' मैं तथा स: विश्वात्मा शिव। प्रत्येक पूरक में शिव शरीर में प्रवेश करता है। स्वयं को अहम 'जीवात्मा' के रूप में व्यक्त करता है। यही लय 'सोहम्' है। इस तरह दिन-रात में 21600 बार जप हो जाता है। यह अजपा गायत्री है। गोरखनाथ 'प्रणव' को अनाहत नाद कहते हैं। यह ब्रह्मांड में समाया है। सभी

विशिष्ट ध्वनियाँ इसी से विकसित हैं। जब तीनों नाड़ियाँ मिलती हैं तब अनाहतनाद सुनाई देता है। गोरखनाथ कहते हैं–

नव चक्र कलाधारं त्रिलक्ष्यम् व्योमपंचकम्।
सम्यकमेतत् न जानाति स योगी नामधारकः।।

नवचक्र : मूलाधार में ब्रह्मचक्र है। यह बिन्दु रूप में कुण्डलिनी शक्ति की प्रथम अभिव्यक्ति है। ब्रह्म चक्र सूच्याकार है जिसका अग्रभाग अधोमुख है, कुण्डलिनी बिन्दु को तीन वलयों में लपेटे है। यह सत्, रज तथा तमस् से युक्त है। दूसरा चक्र स्वाधिष्ठान है। यह सुषुम्ना नाड़ी के अन्दर लिंग मूल में स्थित है। यहाँ आभामय रक्त वर्ण शिव पश्चिमाभिमुख स्थित है। योगी सांसारिकता से हटकर इस पर लुब्ध रहता है। योगी को पहले कुण्डलिनी शक्ति के प्रति भक्ति-भाव रखना चाहिए तदन्तर वह यहाँ पहुँचता है, उसमें सौन्दर्य, कला तथा सृजनात्मक आ जाती परन्तु उनसे वह सन्तुष्ट नहीं होता, नाभि चक्र या मणिपुर है। यह चमत्कार पूर्ण सिद्धियों का केन्द्र है। शिव-शक्ति के मिलन का यह उच्च स्तर है। चौथा चक्र अनाहत हृदय क्षेत्र में सुषुम्ना नाड़ी में मेरुदण्ड में स्थित है। इस ज्योति कमल में शक्ति भव्य सुन्दर प्रकाश में प्रकट होती है, इसमें ध्यान करने वाला योगी शिव-शक्ति एकत्व के साथ उनसे अपने तादात्म्य का अनुभव करता है। पाँचवा चक्र कंठ क्षेत्र में सुषुम्ना में स्थित है, इसे विशुद्ध भी कहा जाता है। यहाँ अनाहत शब्द का अनुभव प्राप्त हो जाता है। छठा चक्र तालुमूल में स्थित है इसे तालुचक्र कहते हैं यहाँ सहस्रार से सतत अमृतधारा प्रवाहित होती है। सातवाँ भ्रूचक्र दोनों भौंहों के बीच है, यह ज्ञान क्षेत्र है। आठवाँ चक्र निर्वाण है यह सहस्रार के एक भाग ब्रह्मरंध्र में स्थित है। नवाँ चक्र आकाश चक्र है; यह सहस्रार के सुमेरु पर स्थित है। कुण्डलिनी शक्ति यहाँ पहुँचकर शिव से पूर्ण आनन्दमय मिलन करती है। यहाँ उसका उद्देश्य पूरा हो जाता है। गोरखनाथ ने सोलह ध्यान के आधार माने हैं–अंगुष्ठ, मूलाधार, गुदाधार, मेढ्राधार (लिंग की जड़ में स्थित) उड्डयान (लिंग मूल-नाभिमूल के मध्य स्थित) नाभ्याधार, हृदयाधार, कंठाधार, घंटिकाधार (जिह्वा के मूल में), तालुआधार, जिह्वाधार, भ्रूमध्याधार, नासाधार, कपाटाधार (नासामूल में स्थित) ललाटाधार, ब्रह्मरन्ध्रधार।

गोरखनाथ का अभिव्यक्ति कौशल : गोरखनाथ सम्प्रदाय की पारम्परिक मान्यताओं, विचारों के साथ अपनी नवीन मान्यताओं को समाविष्ट करते हुए बहुत प्रांजल तथा व्यवस्थित ढंग से अपने द्वारा लिखित संस्कृत भाषा में निबद्ध ग्रन्थों में निरूपित किया है। उनकी भाषा सरल, सुबोध तथा विचार-व्यंजक है। प्रश्न उठता है

कि परमतत्व, आत्मा, जगत तथा मुक्ति के साधनों के तथ्यात्मक ज्ञान से सांसारिक दुखों से या विभिन्न योनियों में आवागमन (जन्म एवं मृत्यु) से छुटकारा मिल सकता है। सूचनात्मक ज्ञान मुक्ति का साधन कदापि नहीं हो सकता। मनुष्य अपने अन्दर निहित विकास की अनन्त सम्भावनाओं की जानकारी मात्र से असीमित व्यक्तित्व हासिल नहीं कर सकता है। गोरखनाथ इसीलिए ज्ञान को साधना के द्वारा अनुभूति का विषय बनाने के लिए प्रयत्नशील थे। गोरखनाथ तमाम यौगिक क्रियाओं का विस्तृत वर्णन करते हैं। प्राणायाम, कुण्डलिनी जागरण, जीवन जीने की विधि, ब्रह्मचर्य आदि के विषय में विचार करने के बाद उनका निर्णय है कि जो अलेख है, अदृश्य है, स्पर्शहीन है, उसे निज प्रमाण से, निजानुभूति से समझा जा सकता है–

अलेष लेषतं, अदेष देषत, अरस परस ते दरस जांणी
सुंनि गरजंत बाजत नाद, अलेष लेषतं ते निज प्रवाणी

योगी अनुभव की यथार्थता में अटूट विश्वास रखकर परम सत्य में लीन होना चाहता है। जो बातें चेतना के उच्च स्तर पर सहज हो सकती हैं, वे निम्नतर पर चमत्कारी, अप्राकृत तथा अतार्किक प्रतीत हो सकती हैं। यथार्थ योगी चरम या समाधि अवस्था के अनुभवों का वर्णन नहीं कर सकता है, केवल उन अनुभूतियों की और अग्रसर होने की प्रेरणा तथा पथ प्रदर्शन कर सकता है।

गोरखबानी में गोरखनाथ के अनुभूतिपरक एवं साधना-प्रणाली के निर्देशक विचार संगृहीत हैं। उनके बहुत से अनुयायी ऐसे रहे होंगे जिन्हें संस्कृत भाषा का ज्ञान न रहा होगा अत: उन्होंने अपनी व्यावहारिक साधना पद्धति को लोकभाषा में अभिव्यक्त किया। गोरखबानी की अभिव्यक्ति काव्यात्मक अधिक है, उसमें रूपकों, प्रतीकों में चिन्तन को रूपायित करने का प्रयत्न किया गया है। गोरखनाथ ने अपनी दार्शनिक मान्यताओं को लोकमान्यताओं में प्रचलित विविधताओं के परिप्रेक्ष्य में रूपान्तरित किया है। वे अधिक व्याख्या न करके विचार के लिए योगियों तथा मत-मतान्तर या सम्प्रदाय विशेष में आस्था रखने वालों को विवश करते हैं। योगिक मान्यताओं के विषय में वे सहज जानकारी देते हैं। हिन्दू और मुसलमान के पूजा स्थल क्रमश: मन्दिर तथा मस्जिद हैं, एक राम को मानता है दूसरा ख़ुदा को लेकिन योगी का उपासना स्थल (ध्यान केन्द्र) ब्रह्म रन्ध्र है। योगियों का ईश्वर राम-ख़ुदा दोनों से परे है। वह केवल पिंड में होता तो कोई मरता नहीं, ब्रह्मांड में होता तो सबको दिखायी देता, वास्तव में वह दोनों में निरंतर निवास कर रहा है। यह भी उलटवाँसी है, इसको समझने लिए गोरखनाथ के पूर्व, वर्णित विचारों से अवगत

होना आवश्यक है। एक अन्य सबदी में वे कहते हैं कि ब्रह्म घट-घट व्यापी है। स्थूल अर्थ में लोग यही समझते हैं कि वह किसी एक स्थान पर स्थित है ऐसा नहीं है। पिंड में शिव-शक्ति की उपस्थिति को अनेक पदों एवं सबदियों में वर्णित करके गोरखनाथ देह को ही सर्वश्रेष्ठ मन्दिर मानते हैं। जो लोग ईश्वर की खोज के लिए वन में भटकते हैं या तीर्थों, मन्दिरों में दौड़ते हैं, वह प्रयत्न व्यर्थ है। धर्म-साधना में जो विभिन्न आडम्बर प्रचलित हैं गोरखनाथ उनका भी खण्डन करते हैं। प्रत्येक हिन्दू अपने जीवन में एक बार बद्रीनाथ, केदारनाथ की यात्रा की इच्छा रखता है। केदार शिव का धाम है। आज से छह-सात सौ वर्ष पूर्व केदार की यात्रा कितनी कठिन रही होगी, इसका सहज अनुमान किया जा सकता है। बहुत से लोग अर्थाभाव, शक्तियां भाव के कारण केदारनाथ धाम पहुँच नहीं पाते। गोरखनाथ सहज सरल काया-तीर्थ में केदार का मोक्ष द्वार सबके लिए खोल देते हैं–

ऊँचे-उँचे परबत विषम के घाट, तिहाँ गोरषनाथ कै लिया सेवाट
काली गंगा, धौली गंगा, द्वि झिलमिल दीसे, काउरु का जल पुनिर गिर पईसै।
अरधै जोगेश्वर उरधै केदार भोला लोक न जानै मोष दुवारं।।
आदिनाथ नाती मछीन्द्रनाथ पूता काया केदार सीधीले गोरष अवधूता।।

रूपकातिशयोक्ति तथा नव रचित प्रतीकों के द्वारा गोरखनाथ देहस्थ केदार शिव स्थान का रोचक वर्णन करते हैं। भौगोलिक स्थानों को बड़े कौशल से गहन यौगिक अनुभूतियों के लिए ग्रहण किया गया है। ऊँचे-ऊँचे पर्वत हैं, विषम घाटियाँ हैं, इनको पार करके ही केदारनाथ पहुँचा जा सकता है। गोरखनाथ ने उन्हें सपाट मैदान बना दिया है। काली गंगा अर्थात् पिंगला नाड़ी, धवल गंगा अर्थात् इड़ा नाड़ी दोनों त्रिकुटी में मिलकर प्रकाशमान हो रही हैं। गंगोत्तरी तथा यमुनोत्तरी जो पर्वत से नीचे गिर रहीं थीं, काँवड़िए उनको वितरित करने के लिए बाह्य तीर्थों में ले जा रहे थे, वह पानी आकाश की ओर ऊर्ध्वमुखी हो रहा है। योगीश्वर नीचे हैं और केदारस्थ शिव ऊपर हैं, भोले लोग मोक्ष का द्वार नहीं जानते, गोरखनाथ जानते हैं। गोरखबानी में उपदेशात्मक तथा प्रबोधात्मक शैली का प्रयोग प्रभूत मात्रा में हुआ है। सामान्य जीवन जीने के तौर-तरीके, सामाजिक एवं व्यावहारिक नीतियों का निर्देश अनलंकृत तथा नितान्त ऋजु भाषा में किया गया है; उदाहरणार्थ

मूरिष सभा न बेसिवा अवधू पण्डित सौं न करिअ बादं।
राजा संग्रामे झूझ न करबा हेलै न पोइबा नादं

(गोरखबानी-सबदी-121, पृ. 43)

अवधू को सम्बोधित इस सबदी में कहा गया है कि मूर्ख की सभा में नहीं बैठना चाहिए, पण्डित से वाद-विवाद नहीं करना चाहिए, राजा से युद्ध नहीं करना चाहिए और लापरवाही (मस्ती) में नाद (सोहं की सहज लय) नहीं खोनी चाहिए। इन पंक्तियों में अभिप्राय: अवांछित नहीं है। मूरिष का अर्थ अज्ञानी है किन्तु पण्डित का तात्पर्य निष्ठा वाले व्यक्ति, यदि समान चिन्तन प्रणाली नहीं है, ज्ञान की विपरीत दिशाएँ हैं तो वाद-विवाद से तत्व का नाश होगा, ज्ञान का विकास नहीं होगा। एक योगी या साधारणजन राजा से कैसे युद्ध कर सकता है? दोनों के बल और सामर्थ्य का क्षेत्र नितान्त भिन्न है।

यह सर्वमान्य धारणा है कि उच्च स्तरीय गंभीर विचारों की अभिव्यक्ति के लिए तत्सम प्रधान या स्तरीय मानक एवं पारिभाषिक शब्दावली से युक्त भाषा की अपेक्षा होती है। बड़े-बड़े ज्ञानी पण्डित, आचार्य, दार्शनिक कितनी ऊँची-ऊँची बातों को अपने भाषणों, व्याख्यानों तथा लेखन में निरूपित करते हैं किन्तु उनका आचरण और व्यवहार उन विचारों से कितना भिन्न होता है? वाणी के आकर्षण से भी व्यक्ति ठगा जाता है। गोरखनाथ ऐसे लोगों के प्रति सतर्क रहने की सलाह देते हुए नितान्त दैनिक प्रयोग की तद्भव शब्दावली में गंभीर मंतव्य को व्यंजित कर देते हैं। वे कहनी, करनी और रहनी तीन शब्दों का प्रयोग करते हैं। वे बार-बार दृष्टान्तों एवं उदाहरणों से अपनी बातों को सुबोध बनाने की चेष्टा करते हैं। उनकी भाषा में तीखा व्यंग्य है, कहीं-कहीं हृदय तथा मस्तिष्क को तिलमिला देने वाली तीक्ष्ण उक्ति है। सारा संसार वेश्या की कमाई खा रहा है। 'माया' के लिए वेश्या शब्द का प्रयोग किया गया है। गोरख जिस तत्व पर बल देना चाहते हैं उसकी महत्ता अतिरंजित शैली में अंकित करते हैं। पवन और बिन्दु, गुरु, खान-पान आदि के विषय में ऐसी उक्तियाँ उपलब्ध हैं–व्यंद ही जोग व्यंद ही भोग। व्यंद ही हरै चौसठ रोग। सूर्य, चन्द्र, गंगा, यमुना, सरस्वती, गाय, बैल, बछड़ा, कामधेनु, पर्वत, मछली, गढ़, नगर, त्रिवेणी, बेल, आग, तम्बूरा, डाँडी, देवालय आदि सैकड़ों शब्दों को उनके मान्य एवं प्रचलित अर्थ से विलग करके प्रतीक या रूपक के रूप में प्रयोग किया गया है। यौगिक साधना के रूपकों के बीच कुछ ऐसे कथन हैं जो अर्थ को विसंगत कर देते हैं, फलस्वरूप अर्थ की संगति बैठाने के लिए साधना-प्रणाली के परिप्रेक्ष्य में स्वयं कल्पना से अर्थ को पूरित करना पड़ता है।

उदाहरणार्थ–

चन्द्रमा करिले षूटा, सूरजि करिले पाट।।
नित उठि धोबी धोवै, तृवेणी के घाट।।

सहस्रार में चन्द्रमा है जिससे अमृत रसच्युत होता है। मूलाधार में सूर्य है जो उसे सोख लेता है। चन्द्रमा को लकड़ी बनाकर सूर्य को तखता बना कर धोबी की तरह नित्य उठकर त्रिवेणी के घाट पर पीटा जाये। चन्द्र नाड़ी सूर्य नाड़ी (इड़ा और पिंगला) दोनों को मिलाकर त्रिवेणी त्रिकुटी या ब्रह्म रन्ध्र में सुषुम्ना की शुद्ध वायु से मन को निर्मल करना। गोरखबानी की अनेक उलटवाँसियाँ एक ओर उक्ति का चमत्कार प्रदर्शित करती है, दूसरी ओर परमपद या समाधि की अवस्था में प्राप्त अनुभवों की अद्भुत प्रवृत्ति को व्यंजित करती हैं। उलटवाँसियों में वैचित्र्यपूर्ण विसंगत शब्द-योजना परात्पर स्तर के अनुभवों का अहसास मात्र कराने के लिए है, अर्थ की लौकिक संगति बैठाने के लिए नहीं। एक पद की कुछ पंक्तियाँ उद्धृत की जा रही हैं–

नाथ बोलै अमृत वांणी वरिषैगी कंबली भीजैगा पांणी।
गाड़ि पड़िरवा बाँधिलै खूँटा, चले दमाया वाजिलै ऊँटा।
कउआ की डाली पीपल वासै मूसा के सबद बिलइया नासै।।
चले बटावा बाट सोवैं डुकरिया ठौरे षाट।।
ढूकिले कूकर भूकिले चोर, काठै घणी पुकारे ढोर।।
ऊजड षेडा नगर मझारी, तलि नागरि ऊपर पनिहारी।
मगरी परि चूल्हा धूंधाइ, पोषणहारा कौ रोरी खाइ।।
कामिनि जलै अँगीठी तापै, बिचि वैसंदर थरहर कांपै।
एक जु रढ़िया रढ़ती आयी, बहू विवाई सासू जाई।
नगरी कौ पाणी कूई आवै, उलटी चरचा गोरख गावै।।

इस पद में कम्बल बरसता है पानी भीगता है। गाय के बछड़े को गाड़कर उसमें खूँटा बाँध दिया गया है। ऊँट पर मार पड़ रही है नगाड़ा बज रहा है। कौआ की शाखा पर पीपल बैठा है और चूहे की आवाज से बिल्ली का नाश हो गया। बटोही चलता है और राह थक जाती है। डुकरिया स्त्री पर खाट (चारपाई) बैठ गयी है। कुत्ता छुप गया चोर रहा है। नगर का मध्य भाग उजड़ गया है, नीचे गगरी है ऊपर पानी भरने वाली। लकड़ी रखी है चूल्हा जल रहा है। पोने वाली को रोटी खा रही है। स्त्री जल रही है अँगीठी ताप रही हैं, आग काँप रही है, नगर का पानी कुएँ में आ रहा है, बहू सास को जन्म दे रही है। इस पद में प्रयुक्त शब्द न तो प्रतीक है और न पारिभाषिक हैं। न तो साधारण शिक्षित व्यक्ति समझ सकता है और न योगी जन। मुझे ऐसा लगता है परवर्ती सन्तों की उलटवाँसियों की प्रतियोगिता में ऐसी

निरर्थक उलटवाँसियाँ गोरखनाथ के नाम पर गढ़ी गयी हैं। प्रयुक्त शब्दों के विन्यास से विपरीत अर्थहीनता को साधना-प्रणाली में वर्णित विचारों द्वारा ज़बर्दस्ती आरोपित करके संगत बनाने का प्रयत्न टीकाकारों ने किया है।

ज़्यादातर छन्दों में गुरु की महिमा, बाह्य आडम्बरों के विरोध, अहिंसा, सात्विक जीवन यापन, मधुर भाषण, स्वल्पाहार, इन्द्रिय-निग्रह, कामवासना से विरक्ति आदि सामाजिक सन्दर्भों को अंकित किया गया है। गोरखनाथ की भाषा पर पूर्वी बोलियों का विशेष प्रभाव है। राजस्थानी, खड़ी बोली तथा पहाड़ी भाषाओं के तत्व भी उसमें समाहित हैं। मूर्धन्य 'ष' का प्रयोग 'ख' के स्थान पर है जैसे-राषै, षात (खात) आदि। पुरानी हिन्दी के कृदन्त (बहुवचनीय) भणंत, पिबंत के प्रयोग द्रटव्य हैं। भविष्य कालिक 'बा' भूतकालिक 'ल' पूर्वी भाषाओं के सदृश हैं। बुंद, पिंड आदि के लिए व्यंद, प्यंड वैसवाड़ी (अवधी) से मेल रखते हैं। 'ब' प्रत्यय चाहिए के अर्थ में भी प्रयुक्त है जो संस्कृत मूल 'तव्यत्' के अनुकूल है। चूँकि गोरखबानी का पाठ निर्धारण वैज्ञानिक रीति से नहीं हो सका है इसलिए भी भाषा तथा कथ्य की कुछ विसंगतियाँ मिलती हैं। 'सबदी' में विचारों की प्रांजलता तथा भाषिक संरचना अधिक व्यवस्थित है; जैसे–

अजपा जपै सुंनि मन धरै, पांचौ इंद्री निग्रह करै।
ब्रह्म अगनि में होमें काया, तास महादेव बन्दै काया।।
धन जोबन की करै न आस चित्त न राखै कामनि पास।
नाद बिंद जाकै घट जरै, ताकी सेवा पारवती करै।।

गोरखनाथ ने जिस हठयोग का उपदेश दिया है, उसका अर्थ बलपूर्वक योग करना नहीं है। हठ का अर्थ है (सूर्य नाड़ी), (चन्द्र नाड़ी) दोनों नाड़ियों का योग करना ही हठयोग है। कबीर जिन्हें इड़ा और पिंगला कहते हैं।

चौरंगीनाथ : ये गोरखनाथ के गुरुभाई माने गये हैं। इनकी 'प्राण संकली' नामक रचना 'नाथसिद्धों की बानी' में प्रकाशित हुई है।

नागनाथ : ये बारहवीं शती में हुए। चुणकरनाथ को गोरख का समसामयिक माना जाता है। चर्पटीनाथ गोरख के शिष्य थे। ये रसेश्वर सम्प्रदाय के नाथ सम्प्रदाय में आये थे। काणेरी जालन्धर पाद के शिष्य थे। इनके नाम से एक उप पन्थ है। इनके कई पद 'नाथसिद्धों की बानी' से संगृहीत हैं।

मछिन्द्रनाथ के नाम से उपलब्ध एक कविता का उदाहरण देखिए–

पंषेरु उडि सी आय लीयौ बीसराम।।
ज्यों-ज्यों नर स्वारथ करें कोइ न संवाच्यो काम।। टेक

जल कुं चाहै माछली। घण कुं चाहै मोर।।
सेवक चाहै राम कूं। उसी च्यंवत चंद चकोरा।।

इसी कविता की भाषा राजस्थानी प्रभाव से मुक्त है। इसका स्वरूप भी आदिकाल की भाषा से मेल नहीं खाता। अत: भाषिक साक्ष्य के आधार पर नाथों के रचनाकार का सही निर्णय नहीं किया जा सकता। जनश्रुतियों के अतिशयोक्तिपूर्ण होने के कारण ये विश्वसनीय नहीं हैं। मोटे तौर से नाथों का समय सिद्धों और सन्तों के मध्य ग्यारहवीं से तेरहवीं सदी के अन्त तक माना जा सकता है। अन्य नाथ जिनकी रचनाएँ 'नाथसिद्धों की बानी' में संगृहीत हैं उनके नाम हैं–

जालन्धरी पाद, गोपीचन्द, भरथरी, अजयपाल, लक्ष्मणनाथ, हणवन्तजी, घोड़ाचौली, धूधलीमल, ग़रीबनाथ, दत्त जी (दत्तात्रेय) देवलनाथ, पृथ्वीनाथ, परवत सिद्ध। इनमें अन्तिम छह नाथ आदिकाल की सीमा में नहीं आते।

सामान्य विशेषताएँ : नाथ सम्प्रदाय सिद्धों की आचरणहीनता तथा पंचमकार सेवन की प्रतिक्रिया में विकसित हुआ। सिद्धों की कुछ विचारधारा को ग्रहण करते हुए भी नाथों ने शैव दर्शन तथा हठयोग की साधना को अपनाया। नाथ-सम्प्रदाय में सांसारिक बन्धनों से मुक्ति की प्रबल कामना है। मुक्ति तभी सम्भव है जब मन में दृढ़ इच्छा हो। गुरु-दीक्षा प्राप्त करने के लिए शिष्य को कठिन परीक्षाओं से गुज़रना पड़ता है। सम्प्रदाय में दृढ़ अनुशासन एवं मर्यादा का पालन आवश्यक है। इसमें इन्द्रिय निग्रह पर बल देते हुए नारी से दूर रहने की सलाह दी गयी है। इसके पश्चात् प्राणायाम की आवश्यकता होती है। श्वास-प्रश्वास की गति का विच्छेद प्राणायाम है। यह रेचक, पूरक, कुम्भक आदि चार प्रकार का होता है। साधना के बाद मन साधना है। चित्त (या मन) स्वभाव से चंचल है, वह सदैव सांसारिक वस्तुओं में रुचि लेता है। लेकिन हठयोग में सांसरिक रुचियों को भी हठपूर्वक रोका जाता है। इसके लिए शरीर में स्थित शक्तिरूपा कुण्डलिनी को उद्‌बुद्ध करके क्रमश: षट्चक्रों (मूलाधार, स्वाधिष्ठान, मणिपूरक, अनाहद, विशुद्धि, आज्ञा) का भेदन करते हुए तालुमूल से सिर तक ले जाया जाता है। वहाँ स्थित सहस्रार चक्र में जहाँ शिव का निवास है, से मिला दिया जाता है। शक्ति से शिव का योग भी हठयोग है। सहस्रचार चक्र में अनाहद नाद का सुखद श्रवण होता है। इस प्रकार साधक असम्प्रज्ञात समाधि का अधिकारी होकर कैवल्य मोक्ष पाता है। यौगिक क्रियाओं के साथ ही सहज जीवन, ब्रह्मचर्य, वाणी संयम, दैहिक-मानसिक शुचिता, बाह्य आचरणों की निर्थकता, मांस-मदिरा के परित्याग पर प्रकाश डाला गया है। हजारीप्रसाद द्विवेदी

ने नाथ साहित्य की कमियों तथा खूबियों को विश्लेषित करते हुए लिखा है 'इस साहित्य की सबसे बड़ी कमज़ोरी इसका रूखापन और गृहस्थ के प्रति अनादर का भाव है। इसी ने इस साहित्य को नीरस, लोक विद्विष्ट और क्षयिष्णु बना दिया था। फिर भी यह दृढ़ कंठ स्वर उत्तरी भारत के धार्मिक वातावरण को शुद्ध और उदात्त बनाने में बड़ा सहायक हुआ। इस दृढ़-कंठ स्वर ने यहाँ की धार्मिक भावना में गलदश्रु भावुकता और ढुलमुलेपन को आने नहीं दिया। परवर्ती हिन्दी साहित्य में चरित्रगत दृढ़ता, आचरण शुद्धि और मानसिक पवित्रता का जो स्वर सुनाई पड़ता है उसका श्रेय इस साहित्य को ही है।

महाराष्ट्रीय सन्त काव्य

सन्त नामदेव नाम के छह सन्त हुए। इनमें सर्वप्रथम नामदेव का जन्म 26 अक्टूबर 1270 ई. (संवत 1327) में महाराष्ट्र के सतारा जिले के नरसी बामणी में छीपी परिवार में हुआ था। इनके पिता का नाम दामा शेट था। माता का नाम गोणाई देवी था। कुछ सूचनाओं के आधार पर ज्ञात होता है कि इनके पिता दर्जी थे। नामदेव के परिवार में भक्ति का विशेष वातावरण था। इनके पिता विट्ठल के भक्त थे। नामदेव ने विसोबा खेचर से दीक्षा ली थी। नामदेव ने राधाबाई से विवाह किया था। इनके पुत्र का नाम नारायण था। नामदेव गृहस्थ सन्त थे। गृहस्थी से जुड़कर भी उनकी भक्ति भावना अत्यन्त प्रगाढ़ थी। अपने समकालीन सन्त ज्ञानेश्वर के साथ इन्होंने सम्पूर्ण महाराष्ट्र का भ्रमण किया और भक्ति गीतों की रचना करके जनता को समता, समानता और ईश्वरीय प्रेम का सन्देश दिया। सन्त ज्ञानेश्वर के स्वर्गवास के बाद नामदेव व्यथित होकर पंजाब चले गये। गुरुदास पुर में अठारह वर्षों तक रहकर इन्होंने उत्तरभारत में भक्ति का प्रचार किया। इनकी कुछ रचनाएँ 'मुखबानी' में संकलित हैं। नामदेव ने मराठी, हिन्दी और पंजाबी तीनों भाषाओं में अभंग लिखे। डॉ. भगीरथ मिश्र ने 'सन्त नामदेव की हिन्दी पदावली' नाम से इनकी रचनाओं को प्रकाशित किया है। इस रचना में 230 पद और 13 सखियाँ हैं। संवत 1407 में इन्होंने समाधि ले ली।

नामदेव के समय में महाराष्ट्र में नाथ पन्थ तथा महानुभाव पन्थ का प्रचार था। नाथों की मान्यता में बाह्याडम्बरों के लिए कोई स्थान न था किन्तु महानुभाव पन्थ मूर्ति पूजा का सख्त विरोधी न था, यद्यपि कर्मकाण्डों एवं बहुदेव उपासना की यहाँ भी मान्यता न थी। पंढरपुर में सामान्य जनता आषाढ़ तथा कार्तिक महीने में बिठोवा (श्रीकृष्ण) के दर्शन हेतु वारी (यात्रा) करती थी। वारी करने वालों को वारकरी कहा

जाता है। इसीलिए विट्ठलोपासना का यह पन्थ वारकरी सम्प्रदाय कहलाया। नामदेव इसी सम्प्रदाय के सन्त माने जाते हैं।

नामदेव की भक्ति निर्गुण के प्रति थी किन्तु इनमें निर्गुण-सगुण का कोई भेद-भाव नहीं था। समकालीन नाथ पन्थ के प्रभाव के कारण इन पर हठयोग का प्रभाव है किन्तु भगवान् से मिलने की बेचैनी भी है। व्रत, तीर्थ और बाह्याडम्बर के प्रति उपेक्षा का भाव है। नामदेव ने ईश्वर के द्वारा निर्मित भूमि (संसार) की सेवा को महत्त्व दिया। नामदेव और कबीर में बहुत अधिक साम्य है। नामदेव कबीर की तुलना में अपने विचारों की अभिव्यक्ति बड़ी शालीनता से करते हैं। नामदेव का मानना है कि राम की खोज तीर्थों में करने की अवश्यकता नहीं है। राम तो अपने अन्दर ही उपस्थित है। व्रत से भी ईश्वर उपलब्ध नहीं होता है–

एकादशी व्रत करै काहे को तीरथ जाई
नामदेव कहै कहूँ न आइए न जाइए।
अपने राम घर बैठे पाइए।

राम घट-घट में व्याप्त है। चींटी, कुंजर, स्थावर, जंगम सभी में वह समाया हुआ है। वेद व्याख्याता ब्राह्मण परम तत्व का मर्म नहीं जानते हैं। ईश्वर के साक्षात्कार के लिए षट्कर्म आचार ज़रूरी नहीं। चित्त की शुद्धि से उसका अनुभव होने लगता है। भक्तिभाव से आपूरित व्यक्ति चाहे जिस जाति-पाँति का हो, नामदेव के लिए मान्य है। अधर्म, असोच (अशुद्ध) भ्रष्ट, व्यभिचारी जो भी पंडरीनाथ का नाम लेता है, नामदेव उसको अपने वर्ग का मानते हैं, उसका नाम लेने में उन्हें कोई परहेज नहीं है, वह राजाराम की सेवा में चौबीस घंटे तत्पर रहते हैं, उन्हें जाति-पाँति से कुछ लेना-देना नहीं है। राम को पाषंड भक्ति पसन्द नहीं है। अपने अपने आत्माराम को ही पहचानने की अपेक्षा है। ध्यान, जप आदि साधन तब तक लक्ष्य को सिद्ध नहीं करते जब तक मन शुद्ध न हो। हरि से ही सभी सम्बन्ध स्थापित करने चाहिए। नामदेव कहते हैं क्रि मेरे माँ-बाप, भाई-बन्धु, पूजन सामग्री, पूजा सब कुछ हरि ही है।

नामदेव की भक्ति सेवक सेव्य भाव की है। गुरु की महिमा तथा सन्तों की संगति भक्ति को सच्ची एवं दृढ़ बनाती है। सन्तों के लिए हरि अति समीप है किन्तु शाक्तों के लिए वह बहुत दूर है। नामदेव ऐसा मानते हैं कि शाक्त साधना प्रणाली से ईश्वर का सामीप्य नहीं मिल पाता है। भाव-भगति से ही ईश्वर सहज मिल जाता है।

हरि के नाम लेने (जपने से) सांसारिक भ्रम दूर हो जाते हैं। दैहिक, दैविक, भौतिक सभी प्रकार की पीड़ा का नाश हो जाता है। नामदेव कहते हैं–

हरि हरि करत मिटे सभि भरमा
हरि नांव हीरा हरि नांव हीरा, हरि नांव लेत मिटै सभ पीरा।।

राम धन जिसको मिल जाता है, उसकी धर्म, अर्थ, काम, मोक्ष चारों पुरुषार्थों की चाह खत्म हो जाती है। वह राम रस में ही आनन्द मग्न रहता है। नामदेव कहते हैं–

अर्थ धर्म काम की कहा मोषि मांगै।
दास नामदेव प्रेमभगति अन्तरि जो जागे।।

नामदेव विट्ठल के भक्त हैं किन्तु राम, निरंजन, गोविन्द, गोपाल, मुरारी, हरि, पारब्रह्म, नरहरि, बीठुला आदि नामों से वह भगवान को सम्बोधित करते हैं। ईश्वर को चाहे जिस नाम से पुकारा जाये कोई अन्तर नहीं पड़ता है। विविध देवी-देवताओं के पीछे दौड़ने से कुछ तात्विक प्राप्त नहीं होता। नामदेव के विचारों का प्रभाव कबीर के ऊपर दिखायी देता है। सन्तों की संगति से ही विचारों का प्रसार हुआ।

दक्षिण भारत के अलावा भक्तों से भक्ति की धारा प्रस्फुटित हुई और महाराष्ट्र होते हुए उत्तर भारत में आयी।

सूफी प्रेमाख्यानक काव्य

आदिकाल के अन्तिम छोर में सूफी प्रेमाख्यानक काव्य सृजन की परम्परा आरम्भ हो गयी थी। मुल्लादाऊद ने सन् 1379 ई. में लोक प्रचलित गाथा चनैनी के आधार पर चन्दायन नामक काव्य की रचना की। दाऊद उत्तर प्रदेश के रायबरेली जनपद के डलमऊ नामक स्थान के निवासी थे। डलमऊ गंगा के तट पर बसा हुआ लघु तीर्थ है। दाऊद के पिता मलिक मुबारक डलमऊ के मीर थे। इतिहासकार अब्दुर्कादिर बदायूँनी के अनुसार दाऊद को खान-ए-जहाँ के पुत्र जौनाशाह का आश्रय प्राप्त था। दाऊद ने खान-ए-जहाँ की बड़ी प्रशंसा की है। सम्भव है कि पिता की मृत्यु के बाद इन्हें भी उनकी कृपा प्राप्त हो गयी हो। दाऊद शेख़ जैनदी (जैमुद्दीन) के शिष्य थे। इस काव्य की संक्षिप्त कथा इस प्रकार है—गोबरगढ़ के राजा सहदेव की कन्या चन्दा का विवाह बालपन में ही जीत या चेत के क्लीव पुत्र से हो गया। चन्दा जब पूर्ण यौवन को प्राप्त हुई तो वह पति के गृह के गयी लेकिन वहाँ वह सास तथा पति से असन्तुष्ट रही। बाजुर नामक भिखारी चंदा के रूप पर मोहित हो गया। उसने राजापुर के राव रूपचन्द के समक्ष उसका नख-शिख वर्णन किया। रूपचन्द ने चन्दा को प्राप्त करने के लिए गोबरगढ़ पर आक्रमण कर दिया। चन्दा के पिता के निवेदन पर लोरिक ने उसकी रक्षा की। विजयी लोरिक और चन्दा परस्पर आसक्त हो गये। चन्दा को लेकर लोरिक हरदीपाटन चला गया। चन्दा के पूर्व पति बावन तथा अन्य व्यक्तियों द्वारा अनेक बाधाएँ उत्पन्न की गयीं। चंदा को सर्प ने डंस लिया, इस तरह अनेक कठिनाइयों का सामना करना पड़ा। लोरिक का विवाह पहले की मैना से हो गया था। व्यापारियों के मुख से मैना की विरह व्यथा सुनकर लोरिक चन्दा के साथ मैना के पास आ गया।

लोरिकायन, लोरिकी और चनैनी नाम से इस लोक गाथा के अनेक संस्करण मिलते हैं। डॉ. श्याम मनोहर पांडेय ने इस लोकगाथा का विस्तृत अध्ययन प्रस्तुत

किया है। इस रचना में प्रेम का त्रिकोण है, दो नायिकाएँ और नायक जिससे दोनों प्रेम करती हैं। प्रस्तुत काव्य में तत्कालीन सामन्ती जीवन तथा सामान्य जन की पारिवारिक दशा का जीवन्त चित्रण उपलब्ध है। बाल-विवाह, खान-पान, काम-क्रीड़ा, कलह-विषाद, अलंकरण, साज-सज्जा, बाज़ार, मन्दिर, रीति-रिवाज, युद्ध, यात्रा, शुभ-अशुभ विचार आदि के वर्णन रोचक हैं। कवि को भावात्मक तथा मार्मिक स्थलों की गहरी पहचान है। प्रेम, वियोग-व्यथा, ममत्व, शत्रुता-मित्रता, वीरता आदि से जुड़े भावा वेगों तथा कर्ष-विकर्ष का मनोरम एवं हृदयस्पर्शी चित्रण हुआ है। पति के साथ रहते हुए भी चंदा की अतृप्ति की व्यंजना कितनी प्रभावशाली है–

एको साध न हियें बुझानी
मुयौ पियासन नाक लहि पानी।।

युद्ध के लिए तैयार पति के समक्ष मैना कितना मर्मभेदी निवेदन करती है। उसकी आँखों से आँसू की बूँदें मोती के दाने की तरह टप-टप गिर रही हैं, उसकी जीने की इच्छा शेष नहीं है। पति से कहती है कि मुझे मारकर दो टुकड़े कर दो, तुम्हें यदि लड़ने की साध है तो जाओ–

चुइ चुइ बूँद परहि अनहारा। जनु टूटहिं गज मोतिहं हारा।
जौ तुम है जूझै कै साधा। महिं तू मार करहु दुह आधा।।

कवि ने मैना का विरह वर्णन बारहमासा शैली में किया है।

चंदायन में अनावश्यक आध्यात्मिकता का आरोपण नहीं है। इसकी कतिपय कथानक रुढ़ियाँ सूफी प्रेमाख्यानक काव्यों के सदृश हैं। इस काव्य की भाषा अवधी है। यह कड़वक शैली में है।

रचना के आरम्भ में पाँच कड़वकों में खाने जहाँ की प्रशंसा है। शाहे-वक़्त के रूप में फीरोज शाह की प्रशंसा है। नायिका के नाम चांदा, चांद, चंदा मिलते हैं जो छन्द के आग्रह से लिखे हए हैं। विभाजन खण्ड़ो में है 1. स्तुति खण्ड, 2. गोवर वर्णन खण्ड, 3-4. चांदा-जन्म एवं विवाह खण्ड, चाँदा (चन्द्र) का अवतार हुआ, 5. चांदा का पितृगृह आगमन खण्ड, 6. बाजुर मूर्छा खण्ड, 7. चांदा श्रृंगार वर्णन खण्ड, 8. गोवर-युद्ध खण्ड, 9. चांदा-लोर प्रथम दर्शन खण्ड, 10. चांदा लोर पुनर्दर्शन खण्ड, 11. धवल गृह आरोहण खण्ड, 12. चांदा-लोर संवाद खण्ड,

13. मैना समाधान खण्ड, 15. चांदा-मैना विवाद खण्ड, 16. चांदा लोर परदेश प्रस्थान खण्ड, 17. कुंवर भेट, 18. बावन-युद्ध, 19. कलिया युद्ध, 20-21. सर्पदंश खण्ड, 22. हरदी पाटन निवास, 23. मैना-सन्देश-निवेदन, 24. सन्देश प्राप्ति-स्वदेश आगमन 25. मैना सतीत्व परीक्षा, 26. गृह आगमन खण्ड, 27. अंत खण्ड कंड 398 (अनुपलब्ध अंश)

मुल्ला दाऊद ने लोकगाथा के कथा रूपों में से अपनी रुचि के अनुसार चयन किया है और कुछ प्रसंगों को अपनी कल्पना से जोड़ दिया है। डॉ. श्याम मनोहर पांडेय ने चंदायन का विद्वत्तापूर्ण सम्पादन किया है। उन्होंने चनैनी की लोकगाथा का भी व्यापक अनुसंधान किया है। लोकगाथा तथा चंदायन की कथा की मिलान करके उन्होंने कवि द्वारा कल्पित प्रसंगों का स्पष्ट निर्देश किया है। प्रेम की महत्ता तथा विरह की पीड़ा का वर्णन करते हुए कवि कहता है जिसे प्रेम होता है उसे विरह सन्तृप्त करता है, उसे नींद नहीं आती। प्रेम खरी नुकीली बछी है। प्रेम का मारा एक पग भी नहीं चल पाता। प्रेम का मर्म वही जानता है जो उससे घायल हुआ है। खड्ग का घायल ठीक हो जाता है किन्तु प्रेम बाण से घायल या विरह की आग से झुलसा व्यक्ति कभी अंकुरित नहीं होता। सिर की बाजी लगाकर ही प्रेम का खेल हो सकता है। चंदा और लोरिक के प्रथम दर्शन से उत्पन्न प्रेम की उपर्युक्त गंभीरता तथा तीव्र बेचैनी को कवि सूर्य और चाँद के प्रतीक का प्रयोग करते हुए एक नूतन आयाम में अंकित किया है। लोरिक प्रेम मार्ग का ऐसा अनुसरण कर्त्ता है जो मृत्यु के जोखिम से बार-बार गुरजरता है, उसे पता है कि प्रेम का पन्थ बहुमरण धर्मा है। यह मरणभावना ही अमरत्व की सिद्धि है। चंदा के अपूर्व रूप दर्शन से उसकी 'विशिष्ट मृत्यु' होती है, नाथों-सन्तों ने जिसे जीवित मरण कहा है (जीवन मृत) दाऊद का संकेत उसी तरह की मृत्यु की ओर है। प्रेम में सच्चाई आवश्यक है। यही सच्चाई ही प्रेम की अमरता है। लोरिक ने चन्दा को जब से देखा है उसका रंग (प्रेम-रंग) उसके नेत्रों में नदी की तरह प्रवाहित है। वह कहता है–

जेहिं दिन चांद गइउं जेवनारा। देखि विमोहिउं रूप तुम्हारा।
तुम्हरी जोति जुं भा उजियारा। परिउ पतंग होइ मइं न संभारा।।
सो रंग रहा चित हुत जाई। चितहु मांझ रंग कुरिया छाई।
रंग जेवन रंग भोजन करउं। रंग पुनि जीवन निरंग पुनि मरउं।।
तेहि रंग नैन नीर नइ बहा। होइ वर रंग करारन ढहा।।

प्रेम की नौका सत् के सहारे ही सागर में तैरती है, बिना सत्य के बीच धारा में प्रेम की नौका डूब जाती है। चन्दायन की प्रेमकथा अत्यन्त प्रभावशाली तथा काव्यात्मक गरिमा से सम्पन्न है। चन्दायन ने जैनों की कथा परम्परा तथा सूफी मसनवी काव्य परम्परा का समन्वय करते हुए काव्य के प्रारूप को सुगठित किया है। डॉ. माता प्रसाद गुप्त ने इसका सम्पादन चान्दायन नाम से किया है।

कृष्ण प्रेम काव्य के प्रणेता विद्यापति

हिन्दी साहित्य के इतिहास के आदि एवं मध्यकाल के संक्रान्ति काल के प्रमुख रचनाकार मैथिल कोकिल विद्यापति की जन्म तथा मृत्यु-तिथि सुनिश्चित नहीं है। अन्त:साक्ष्य के आधार पर उनकी जन्म-तिथि के विषय में अलग-अलग अनुमान किये गये हैं। विद्यापति के पिता गणपति ठाकुर राजा गणेश्वर के सभासद थे। विद्यापति अपने पिता के साथ राजा के दरबार में कई बार गये थे। अनुमानत: उस समय विद्यापति की अवस्था 8 या 10 साल रही होगी। लक्ष्मण संवत् 252 में असलान द्वारा राजा गणेश्वर का वध किया गया। इस आधार पर विद्यापति का जन्मकाल लक्ष्मण संवत् 242 के आसपास माना जा सकता है। श्री नगेन्द्र नाथ गुप्त संवत् 241 (लक्ष्मण) अर्थात् ई. सन् 1360 विद्यापति का जन्मकाल माना है। लक्ष्मण संवत् के आरम्भ के विषय में भी विद्वानों में मतभेद है। ज़्यादातर विद्वान् लक्ष्मण संवत् का आरम्भ 1106 ई. से मानते हैं। कीर्तिलता में 252 लक्ष्मण संवत् की सूचना अधोलिखित पंक्ति में मिलती है।

लक्खन सेन नरेश लिहीजवे पष्ख पंचवे। कीर्ति.।।4

विद्वानों ने इस पंक्ति के अलग-अलग अर्थ किये हैं। शिवप्रसाद सिंह ने विभिन्न विद्वानों के मतों की जाँच करके यह सिद्ध किया कि राजा गणेश्वर की मृत्यु 1371 ई. में हुई और कीर्ति सिंह जौनपुर के बादशाह इब्राहीम शाह को 1402 में तिरहुत ले आये थे। विद्यापति ने जौनपुर का जिस तरह विशद वर्णन किया है, उससे जाहिर होता है कि उन्होंने अपनी आँखों से जौनपुर का निरीक्षण किया था। उस समय विद्यापति प्रौढ़ अवस्था में रहे होंगे। इसी आधार पर विद्यापति का जन्म 1374 ई. के आसपास प्रतीत होता है। डॉ. शिवप्रसाद सिंह गणेश्वर के दरबार में विद्यापति का आना-जाना जनश्रुति पर आधारित मानते हैं।

विद्यापति का जन्म कुलीन मैथिल ब्राह्मण परिवार में हुआ था। उनके कई पूर्वज अपने विद्या ज्ञान के लिए प्रसिद्ध हो चुके थे। इनके पितामह जयदत्त सन्त थे और योगेश्वर के नाम से विख्यात थे। परपितामह वीरेश्वर मैथिल ब्राह्मणों की दिनचर्या को नियम बद्ध करने के कारण प्रसिद्ध थे। विद्यापति का विवाह चन्दा देवी या चम्पति देवी से हुआ था। वाचस्पति, हरिपति एवं नरपति इनके तीन पुत्र और दुल्लहि नाम की एक पुत्री थी। विद्यापति का जन्म-स्थान विसपी है जो बाद में राजा शिवसिंह द्वारा विद्यापति को दान में प्राप्त हो गया था।

विद्यापति उदार भाव के कवि थे। उनमें किसी तरह की धार्मिक संकीर्णता नहीं थी। शिव उनके इष्ट थे। वैष्णव राग से उनका हृदय उद्वेलित था। गंगा, दुर्गा, जानकी आदि के प्रति उनके मन में आस्था के स्वर प्रस्फुटित होते रहते थे जिनसे समय-समय पर छन्दों की रचना होती रहती थी।

विद्यापति का अधिकांश जीवन मिथिला के राजाओं के आश्रय में व्यतीत हुआ। अपने आश्रयदाताओं के प्रति पूर्णत: निष्ठावान रहते हुए भी कवि की सौन्दर्यानुभूति एवं प्रणय संवेदना निर्वाध प्रवाहित रही। उनका व्यक्तित्व दरबारी विवशताओं से कभी-भी आक्रान्त नहीं हुआ। उन्होंने जिस प्रकार आश्रयदाताओं से सम्मान एवं प्रतिष्ठा प्राप्त की, उसी तरह आश्रयदाताओं के वे सम्पति-विपत्ति में समान भाव से सहयोगी बने रहे।

विद्यापति अत्यन्त प्रतिभाशाली आशुकवि थे। उनका व्यक्तित्व एक तरह से विरुद्धों का सामंजस्य था। दरबार से जुड़कर भी वे चाटुकारिता से अलग प्रेम-सौन्दर्य एवं प्रकृति की अनुभूतियों के चितेरे रहे। कुलीन ब्राह्मण परिवार से सम्बद्ध रहकर भी व्यर्थ की मर्यादाओं से भयाक्रान्त नहीं रहे। धर्म, दर्शन, भूगोल, न्याय के प्रकाण्ड पण्डित होते हुए भी बौद्धिकता की कसावट से मुक्त स्वच्छन्तावादी विद्यापति भिन्न-भिन्न रचनाओं में अपने व्यक्तित्व का अलग-अलग पक्ष प्रस्तुत करते हैं। एक पक्ष दूसरे से अछूता एवं निर्लिप्त रहता है। संस्कृत, अवहट्ठ, लोक भाषा तीनों में समान अधिकार के साथ रचना करने का श्रेय विद्यापति को प्राप्त है। विद्यापति युग चेतना से संयुक्त जागरुक रचनाकार हैं। तत्कालीन सांस्कृतिक संकट की कडुवाहट से बेचैन होकर वे उस समय के सत्तानसीनों के दुष्कर्म को निडर होकर अंकित करते हैं। उन्हें अपनी काव्य-प्रतिभा पर पूर्ण विश्वास था और उसके प्रति प्रखर गौरव बोध भी था। वह लिखते हैं–

बालचन्द विज्जावइ भासा
दुहू नहिं लग्गइ दुज्जन हासा

ओ परमेसर हर सिर सोहइ
ई णिच्चइ नायर मन मोहइ

विद्यापति का पूर्ण विश्वास है कि बाल चन्द्रमा (द्वितीया का चाँद) और विद्यापति की उक्ति दोनों ही दुर्जनों के हास्य के विषय नहीं हो सकते। क्योंकि दोनों ही निष्कलुष हैं। वह (बालचन्द्र) शिव के सिर पर शोभित होता है और यह (विद्यापति की भाषा) नागर मन को निश्चित ही मोहित करती है। 'खेलन' कवि विद्यापति की भारती माधुर्य की प्रसव स्थली है, यश का विस्तार करने वाली, शिक्षा की सखी है। जब तक शिव है तब तक उसका प्रकाश रहेगा।

विद्यापति ने शिवसिंह के तिरोधान के 32वें वर्ष में एक स्वप्न देखा जिससे उन्हें प्रतीत हुआ कि उनकी मृत्यु समीप है। राजा शिवसिंह का तिरोधान काल 1415 ई. है। इस आधार पर विद्यापति का मृत्युकाल 1447 ई. माना जा सकता है।

रचनाएँ : विद्यापति बहुमुखी प्रतिभा के रचनाकार हैं। उन्होंने संस्कृत, अवहट्ठ तथा मैथिली में विविध विषयों से सम्बन्धित रचनाएँ की हैं। संस्कृत भाषा में लिखित प्रमुख कृतियाँ गया पत्तलक, गंगावाक्यावली, दानवाक्यावली, दुर्गाभक्ति तरंगिणी, पुरुष परीक्षा, प्रमाणभूत पुराण संग्रह, भूपरिक्रमा, लिखनावली, विभाव सागर, वर्ष कृत्य, शैवसर्वस्व सार हैं।

गया पत्तलक : इसमें गया में श्राद्ध करने की पद्धति का वर्णन किया गया है।

गंगावाक्यावली : इसमें हरिद्वार से लेकर गंगासागर तक पड़ने वाले तीर्थों, गंगा स्नान तथा गंगा तट पर दिये जाने वाले दान के महात्म्य का वर्णन किया गया है। रानी विश्वास देवी की प्रेरणा से इसकी रचना की गयी है।

दानवाक्यावली : यह काव्य ग्रन्थ महाराज नरसिंह देव की रानी की प्रेरणा से रचित है और उन्हीं को समर्पित है। बारहों महीने में किये जाने वाले दान, तत्सम्बन्धी संकल्प वाक्य और दानविधि का इसमें सविस्तार वर्णन है। इसमें तत्कालीन अनेक प्रकार के वस्त्रों का भी उल्लेख है।

दुर्गाभक्ति तरंगिणी : यह विद्यापति का अन्तिम ग्रन्थ माना जाता है। इसमें भगवती दुर्गा की पूजा प्रणाली और महात्म्य का वर्णन किया गया है।

पुरुषपरीक्षा : विद्यापति ने इस ग्रन्थ में महमूद गजनवी के समय से लेकर अपने समय तक की अनेक घटनाओं का वर्णन किया है। इसमें नीति तथा कामकला सम्बन्धी विषयों का वर्णन किया गया है। विद्वानों ने इसे ऐतिहासिक काव्य माना है।

प्रमाणभूत पुराण संग्रह : कुछ विद्वानों ने इस कृति को 'शैवसर्वस्व सार' के साथ रचित माना है इस ग्रन्थ का प्रतिपाद्य विषय 'शैवसर्वस्व सार' से मेल भी

रखता है। विद्यापति ने इस ग्रन्थ में 'शैवसर्वस्व सार' के ही अनेक तथ्यों का संकलन किया है।

भू-परिक्रमा : विद्यापति ने इस ग्रन्थ की रचना राजा देवसिंह की प्रेरणा से की। कवि ने इस ग्रन्थ में बलरामजी के शापग्रस्त होने पर प्रायश्चित स्वरूप उनके द्वारा अनेक तीर्थ स्थलों का भ्रमण किये जाने का वर्णन किया है। कवि विद्यापति ने बलराम जी के भ्रमण वर्णन के साथ-साथ मिथिला में अपने आप सुनी गयी कहानियों का भी वर्णन किया है। इसमें विद्यापति की तीर्थ स्थान विषयक आस्था भी प्रकट होती है।

लिखनावली : यह काव्य ग्रन्थ बनौली के राजा पुरादित्य की प्रेरणा से रचित है। सामान्यत: इस रचना का उद्‌देश्य संस्कृत भाषा में पत्र व्यवहार करने का प्रशिक्षण देना रहा है क्योंकि इस ग्रन्थ में पत्र-लेखन-विधि आदि के प्रतिरूप प्राप्त होते हैं।

विभाव सागर : यह विद्यापति की एक अप्रकाशित कृति है। इस ग्रन्थ का प्रणयन विद्यापति ने राजा शिवसिंह के चचेरे भाई नरसिंह देव की प्रेरणा से किया था। इसमें सम्पत्ति विभाजन सम्बन्धी अधिकारों और सिद्धान्तों का विवेचन प्रस्तुत किया गया है।

वर्णकृत्य : यह एक धार्मिक ग्रन्थ है। यह कृति 'वर्ष क्रिया' या सधवा कृत्य अन्य नामों से भी पहचानी जाती है। इस ग्रन्थ की रचना विद्यापति ने महारानी लखिमा देवी की प्रेरणा से की थी। इसमें वर्ष भर पड़ने वाले समस्त धार्मिक पर्वों का प्रामाणिक वर्णन तथा पर्वों से सम्बन्धित अनेक विधि-विधानों का स्पष्टीकरण किया गया है।

शैवसर्वस्वसार : इस ग्रन्थ में विद्यापति ने शिव-आराधना तथा उपासना पद्धति का प्रामाणिक विवेचन प्रस्तुत किया गया है। इस ग्रन्थ का प्रणयन महाराजा पद्‌मसिंह की महारानी विश्वास देवी के प्रेरणा स्वरूप किया गया। इस ग्रन्थ में भगवान शिव की पूजा-विधि वर्णन के साथ-साथ राजा मानसिंह से लेकर रानी विश्वास देवी के समय तक के सभी नरेशों की कीर्ति का बखान किया गया है।

अवहट्‌ठ भाषा की रचनाएँ

विद्यापति संस्कृत रचनाओं के साथ-साथ इस तथ्य से भी अवगत रहे–'सक्कय वाणी बुहअन भावइ, पाउअ रस को मम्म न पावइ।' इसके साथ ही 'देसिल बअना सब जन मिट्‌ठा, तं तैंसन जम्पओ अवहट्‌ठा' को दृष्टिगत रखते हुए अवहट्‌ठ भाषा

में भी दो काव्यग्रन्थों का प्रणयन किया, जो क्रमशः इस प्रकार है–(1) कीर्तिलता, (2) कीर्तिपताका।

कीर्तिलता : यह विद्यापति की सर्वाधिक प्रसिद्ध रचना है। इसकी श्रेष्ठता इस बात से भी सिद्ध होती है कि इस ग्रन्थ का अनुवाद बंगला तथा हिन्दी भाषाओं में भी किया जा चुका है। इस ग्रन्थ का प्रणयन सन् 1402 ई. के आसपास हुआ माना जाता है। कीर्तिलता एक लघु तथा ऐतिहासिक चरित काव्य है। इसमें महाराजा कीर्ति सिंह के राज्यारोहण, विजयाभियान तथा उनके शौर्यादि का वर्णन किया गया है। इस रचना के माध्यम से तत्कालीन राजनीतिक एवं समाजिक परिस्थितियों का भी वर्णन कवि ने बड़ी रोचकता के साथ किया है।

इस ग्रन्थ की रचना संवाद शैली में की गयी है। इसमें भृंग और भृंगी के द्वार कथानक को आगे बढ़ाया गया है। साहित्यिक दृष्टि से भी इस रचना का अपना अलग स्थान है। इसके गीतों में पाठक को सहानुभूति प्राप्त होती है। वह यह कल्पना भी नहीं कर सकता कि अवहट्ठ की हठीली शब्द-योजना के अन्दर इस प्रकार की सहृदयता कैसे प्रवेश पा सकी? इस ग्रन्थ में विद्यापति की भावुकता जीवन के वास्ताविक धरातल पर उत्तर आयी है। कीर्तिलता की अलंकार योजना तथा छन्द-विधान अत्यन्त प्रशंसनीय है।

कीर्तिपताका : कुछ विद्वानों ने इस ग्रन्थ का रचनाकाल महाराजा कीर्तिसिंह का शासनकाल माना है। सम्भवतः यह भ्रम ग्रन्थ के नामकरण को लेकर है। जबकि कुछ विद्वान इस रचना का समय महाराज शिवसिंह का शासनकाल मानते हैं। यह मान्यता अधिक सबल प्रतीत होती है क्योंकि इस ग्रन्थ में प्रत्येक स्थान पर शिवसिंह की कीर्ति कामिनी का ही वर्णन किया गया है। यह मूलतः एक प्रेमपरक ग्रन्थ है।

इस ग्रन्थ के प्रणयन में एक से अधिक भाषाओं का प्रयोग किया गया है। इसका गद्यांश संस्कृत बहुला है। उसके पद्यांश भाग में दोहा तथा छप्पय नामक छन्दों के प्रयोग सराहनीय हैं। इस रचना में लोक भाषा मैथिली का पुट कहीं-कहीं दृष्टिगोचर होता है।

राधा-कृष्ण के प्रेम गीत

विद्यापति द्वारा रचित राधा-कृष्ण से सम्बन्धित मैथिली भाषा में निबद्ध पदों का संकलित रूप 'विद्यापति पदावली' नाम से प्रसिद्ध है। विद्यापति के पदों का संग्रह जार्ज ग्रियर्सन, नगेन्द्र नाथ गुप्त, रामवृक्ष बेनीपुरी, शिवसन्दन ठाकुर आदि विद्वानों ने किया है।

विद्यापति की धार्मिक आस्था

विद्यापति की धार्मिक आस्था के विषय में विद्वानों ने भिन्न-भिन्न प्रकार के सुझाव प्रस्तुत किये हैं। कोई उन्हें भक्त मानता है, कोई उन्हें विशुद्ध शृंगारी कवि, कोई उन्हें शैव सिद्ध करने की चेष्टा करता है तो कोई शाक्त, कोई उनके पदों पर रहस्यवाद का आरोप करता है और कोई सहज वैष्णव कवि सिद्ध करता है।

विद्यापति ने राधा-कृष्ण के प्रेम का मर्म उद्घाटित किया है। उसमें विशुद्ध शृंगार का चित्रण किया गया है। उनका शृंगार चित्रण अपने नैसर्गिक रूप में उदात्त है किन्तु इस पर कवि के द्वारा किसी आध्यात्मिक भाव का अनुचित आरोपण नहीं है। पं. रामचन्द्र शुक्ल ने कहा है कि विद्यापति शैव थे, उन्होंने इन पदों की रचना शृंगार काव्य की दृष्टि से की है भक्ति के रूप में नहीं। विद्यापति को कृष्ण भक्तों की परम्परा में नहीं समझना चाहिए।' इस प्रश्न पर आगे विचार किया जायेगा कि विद्यापति की पदावली में लौकिक शृंगार या भक्ति की क्या स्थिति है? यहाँ पर केवल इतना ही विचारणीय है कि उनकी धार्मिक आस्था मूलत: कैसी थी। श्री शिवनन्दन ठाकुर ने विद्यापति की समकालीन धार्मिक परिस्थितियों का ब्यौरा देते हुए उन्हें शैव सिद्ध करने का प्रयास किया है। उनका विचार है कि 'विद्यापति के समय में मिथिला में तान्त्रिक उपासना की प्रबलता थी।...विद्यापति ने जब अपनी उपासना का रूप स्थिर किया तब शिवजी को अपना इष्टदेव बनाया। बाद में शाक्य विशिष्टाद्वैत मतों से प्रभावित होने के कारण शिव जी को अपना इष्टदेव बनाया। साथ ही युगल मूर्ति ग़ौरी-शंकर को अपना इष्टदेव बनाया। विद्यापति ने शिव-ग़ौरी से सम्बन्धित कई स्तुतिपरक पद लिखे हैं।'

उनके द्वारा लिखित गीतों में मिथिला क्षेत्र में प्रचलित अनेक वैवाहिक गीतों की प्रेरणा भी निहित है। शिव-उमा से सम्बन्धित गीतों की रचना के पीछे विद्यापति की एकमात्र शैव भावना प्रेरक नहीं थी और इस तर्क पर राधा-कृष्ण के प्रेम सम्बन्धी गीतों में भक्ति-भावना की उपस्थिति या अनुपस्थिति को प्रमाणित नहीं किया जा सकता। विद्यापति के समय में शैव और वैष्णव का वैमनस्य नहीं था। हजारी प्रसाद द्विवेदी का मत इस सम्बन्ध में उद्धृत किया जा सकता है–'जो लोग विद्यापति के बारे में कहा करते हैं कि वे शैव थे, अत: वैष्णव भक्त नहीं हो सकते, वे उस काल की मन:स्थिति को नहीं जानते हैं। शिव सिद्धि दाता थे, विष्णु भक्ति के आश्रय। गाहड़वाल नरेश अपने को माहेश्वर कहते थे, पर वे लक्ष्मीनारायण की स्तुति भी किया करते थे।'

विद्यापति ने विष्णु और शिव की समवेत स्तुति भी की है, उदाहरणार्थ–

भल हर भल हरि तुअ कला
खन पीत बसन खनहिं बघछला
खन पंचानन खन भुज चारि
खन संकर खन देव मुरारि
खन गोकुल भए चराइअ गाय
खन भिखि मांगिय डमरु बजाय

विद्यापति ने कई छन्दों में शक्ति या दुर्गा की भी उपासना की। उनकी शक्ति उपासना पर तांत्रिक साधना पद्धति का भी प्रभाव है। उन्होंने शक्ति की व्यापकता एवं विविधता को निरूपित किया। पं. हरिप्रसाद शास्त्री ने कई देवताओं की उपासना में लीन विद्यापति को पंचदेवोपासक सिद्ध किया है। हरिप्रसाद शास्त्री ने विद्यापति को स्मार्त्त मानते हुए कहा कि विद्यापति स्मृति के निर्देशानुसार सूर्य, गणपति, अग्नि, दुर्गा, शिव आदि पंचदेवताओं की आराधना, उपासना आवश्यक मानते हैं। विद्यापति के समय में मिथिला क्षेत्र में विष्णु, शक्ति, सूर्य, शिव और गणेश की पूजा प्रचलित थी, इसलिए विद्यापति का उससे प्रभावित होना असम्भव नहीं है। विद्यापति ने सूर्य तथा गणेश की वन्दना तथा आराधना प्राय: नहीं की है। पुराणों में अनेक देवी-देवताओं का उल्लेख मिलता है, वे सब एक प्रकार से परम ब्रह्म के ही भिन्न-भिन्न रूप हैं। पुराणों के अध्येता विद्यापति एक सामान्य हिन्दू की तरह ही अनेक देवी-देवताओं में अपना विश्वास व्यक्त करते हैं, इस आधार पर उन्हें पंचदेवोपासक सिद्ध करना उचित नहीं है।

कुछ विद्वान् विद्यापति को युगल मूर्ति का एक उत्कृष्ट स्मार्त्त उपासक मानते हैं। वास्ताविकता यह है कि विद्यापति एक आस्तिक रचनाकार थे। उन्होंने अनेक देवी-देवताओं की काव्यात्मक उपासना की किन्तु उन्हें किसी मतविशेष में सीमित करके देखना उचित नहीं है। विद्यापति अपनी पदावली में राधा-कृष्ण के श्रृंगार का खुलकर चित्रण करते हैं। उनके उस श्रृंगार में राजा शिव सिंह तथा लखिमा देवी के श्रृंगार की भी प्रेरणा है और दरबारी वातावरण में दृष्टिगत होने वाले श्रृंगार के सूक्ष्म अनुभवों का भी समावेश है। डॉ. रामकुमार वर्मा का मत है कि विद्यापति ने राधा-कृष्ण का जो चित्र खींचा है उसमें वासना का रंग बहुत ही प्रखर है। आराध्य के प्रति भक्ति का जो विचार होना चाहिए उसमें यह लेशमात्र भी नहीं है। सख्य भाव से जो उपासना की गयी है, उसमें कृष्ण तो यौवन में उन्मत्त नायक की भाँति है और राधा यौवन की मदिरा में मतवाली एक मुग्धा नायिका की भाँति। राधा का

प्रेम भौतिक और वासनामय प्रेम है। आनन्द ही उद्‌देश्य है और सौन्दर्य ही उसका कार्यकलाप...विद्यापति के इस बाह्य संसार में भगवद् भजन कहाँ, इस वय: सन्धि में ईश्वर से सन्धि कहाँ, सद्य: स्नाता से ईश्वर से नाता कहाँ और अभिसार में भक्ति का सार कहाँ। उनकी कविता विलास की सामग्री है, उपासना की साधना नहीं है। उसमें हृदय मतवाला हो सकता है, शान्त नहीं।'

डॉ. रामकुमार वर्मा के मत के विपरीत कुछ विद्वानों ने विद्यापति पदावली में रहस्यवाद ढूँढ़ने का प्रयास किया है। जार्ज अब्राहम ग्रियर्सन ने लिखा है कि 'राधा-कृष्ण वस्तुत: प्रतीक हैं। राधा जीवात्म मिलन के लिए निरन्तर प्रयत्नशील है। यह प्रयत्न तब तक अप्रहित रूप से चलता रहता है जब तक जीवात्मा परमात्मा में लय होकर सायुज्य लाभ नहीं कर लेता। जीवात्मा अपने सांसारिक प्रपंचों और माया के पाशों में इस प्रकार प्रयत्न नहीं करता। इसीलिए उसे ईश्वरोन्मुख करने के लिए गुरु की आवश्यकता होती है। विद्यापति के काव्य में दूती गुरु का प्रतीक है।'

श्री जर्नादन मिश्र ने भी विद्यापति को रहस्यवादी सिद्ध किया है। श्री विनय कुमार सरकार, डॉ. सुभद्र झा आदि ने राधा-कृष्ण के प्रेम को रहस्यवाद से मुक्त विशुद्ध शृंगारिक माना है। विद्यापति ने सूफियों और सन्तों की तरह किसी तरह के अनावश्यक आरोपण करके राधा-कृष्ण के शृंगार को लौकिक शृंगार से अलग अलौकिक बनाने की चेष्टा नहीं की और न ही राधा-कृष्ण को प्रतीकात्मक स्वरूप प्रदान किया है। उन्होंने प्रणय की सूक्ष्म संवेदना को अकुंठित भाव से चित्रित किया जिसमें लौकिकता और अलौकिकता के बीच की विभाजक रेखा मिट सी गयी है। भारतीय संस्कृति में राधा और कृष्ण के सम्बन्धों के विविध आयाम हैं, जिनमें प्रमुखता आध्यात्मिक भावों की व्यंजना है इसीलिए उस परिप्रेक्ष्य में राधा-कृष्ण के प्रेम को अलौकिक मानने का आग्रह आलोचकों में दिखायी देता है। देवी-देवताओं के प्रणय सम्बन्धों का चित्रण करते समय कविगण अपने ऐहिक अनुभवों को ही रूपायित करते हैं। दूसरों शब्दों में यह कह सकते हैं कि उनका चित्रण मुख्यत: लौकिक एवं पार्थिव अनुभवों पर ही आधारित होता है। कवि या कलाकार प्रणय संवेदनों के अंकन में श्लीलता, अश्लीलता या लौकिकता-आध्यात्मिकता का अन्तर करके नहीं चल पाते। विद्यापति के काव्य में शृंगारिक सम्बन्धों में सूक्ष्म रूप से आध्यात्मिकता का अन्त: प्रवाह मौजूद है।

शृंगार और प्रेमकाव्य की परम्परा तथा विद्यापति

प्रणय संवेदना मानव ही नहीं बल्कि सम्पूर्ण प्राणियों की मूल संवेदना है। भारतीय काव्य ही नहीं बल्कि विश्व काव्य में इसीलिए प्रेम संवेदना के चित्रों की प्रधानता

है। भारतीय काव्य में श्रृंगार को रसराज की प्रतिष्ठा प्राप्त है। लौकिक भाव के माध्यम से अलौकिक एवं उदात्त भावों की व्यंजना, उदात्त एवं अलौकिक अनुभवों को अलौकिक भाव में समाहित करके सामान्य अनुभूति में परिणत करने की चेष्टा साहित्य में प्राचीन काल से हो रही है। कृष्ण और राधा के प्रेम-प्रसंगों में चित्रण के दोनों पक्ष साहित्य में उपलब्ध हैं। दो संस्कृतियों के मिलन स्वरूप कृष्ण और राधा के सम्बन्धों की स्थापना का आरम्भिक स्वरूप पूर्णत: लौकिक था। राधा का कृष्ण के साथ सम्बन्ध ही अन्य आख्यानों की तुलना में परवर्ती है। प्रश्न है क्या राधा-कृष्ण या गोपियों के प्रेम सम्बन्धों में पारलौकिकता है या ऐहिक प्रेम का आग्रह है या यह मानवीय वृत्ति के विकास का परिणाम है जिसमें प्रेम को ईश्वरीय मान लिया गया है। गाहासतसई में कृष्ण और राधा के प्रेम सम्बन्धों के जो चित्र मिलते हैं उसमें किसी तरह की आरोपित प्रतीकात्मकता नहीं है। जीवन के सामान्य कार्य व्यापार के परिप्रेक्ष्य में प्रेम की नैसर्गिक व्यंजना का प्रयत्न गाथा कवि ने की है। एक गाथा में कृष्ण गायों के खुरों से उड़ती हुई धूल के कण को राधा की आँख से फूँककर निकालते हुए गोपियों और इतर महिलाओं के गौरव का हरण कर रहे हैं'-

मुहमारुएण कण्ह गोरअं राहिआयँ अवणेन्तो।
एताणं वल्लवीणं अण्णाण वि गोरअं हरसि।।

एक दूसरी गाथा में रास के दृश्य का चित्रण है। समीप में खड़ी चालाक गोपी अन्य सदृश्य गोपियों के गालों को जिनमें कृष्ण प्रतिबिम्बित हो रहे हैं उनके नृत्य की प्रशंसा करते हुए चूम लेती है।

इसी तरह गोपी विरह के एक मनोरम प्रसंग की परिकल्पना करता हुआ कवि कहता है कि बसन्त के पवन से आहत, भौरों की गुंजार से भरे जंगल में गोपी विरह के गीत इस प्रकार गा रही है कि राह चलते लोग मोहित होकर सुनने लगते हैं।

णच्चणसलाणणिहेण पासपरिसंठिआ णिउणगोवी।
सरिसगोविआणं चुम्बइ कवोल पडिमागअं कण्हं।।
महुमासमारुआहअ महूअरझंकारणिब्भरे रण्णे।
गाअइ विरहक्खराबद्धपहिअमणमोहणं गोवी।।

अपभ्रंश भाषा में भी कृष्णलीला तथा प्रणय के अनेक चित्र उपलब्ध हैं। पुष्पदन्त ने अपने उत्तर पुराण में भागवत की कथा के समान अनेक प्रसंगों का वर्णन किया है। रासलीला वर्णन करते हुए उन्होंने गोपियों की भाव-विह्वलता, मिलन की उत्कट अभिलाषा एवं वाग्विदग्धता का चित्रण किया है। कृष्ण के आह्वान पर कोई

गोपी अर्धमथित दही को छोड़कर भागती है। शीघ्रता में किसी की मथानी टूट जाती है। कोई गोपी कृष्ण से भिड़कर यह माँग करती है कि मथानी के मूल्य के रूप में आलिंगन दे दो नहीं तो मेरा प्रांगण नहीं छोड़ सकते। गोपी के पांडुरंग की चोली पर कृष्ण की छाया पड़ती है जिससे वह काली हो जाती है।

धूलि धूसरेण वर मुक्क सरेणतिणा मुरारिणा।
लीला रस वसेण गोवालय गोवी हियय हारिणा।
मंदीरउ तोडिव आविट्टिउं, अद्धविरोखिउंदहिउंपलोट्ठिउं।
काविगोवी गोविन्दहु लग्गी, एण महारी मंथानि भग्गी।
एयहि मोलु देहु आलिंगणु, णंतोमेल्लहुमेपंगणु।
काहिवि गोविहि पंडरु चेलउं, हरितणुतेंइ जायउं कालउ।

जैन धर्म में कृष्ण के प्रति भक्ति भाव नहीं है लेकिन उन्हें उदात्त एवं बलशाली पुरुष माना गया है। हेमचन्द्र द्वारा संकलित अपभ्रंश दोहों में भी राधा और कृष्ण के प्रेम-प्रसंगों का अंकन किया गया है।

एक दोहे में उन्होंने राधा के यौवन का विस्मयकारी एवं व्यंजनात्मक चित्रण किया है–

हरि णच्चाविउ पंगणइ विम्हइ पाडिउ लोउ।
एम्बहि राह पओहरह जं भावइ तं होउ।

चौदहवीं शताब्दी की रचना प्राकृत-पैगलम में भी कृष्ण से सम्बन्धित अनेक पद संकलित हैं। इनमें कई स्तुतिपरक छन्द भी हैं। लौकिक भावों का समन्वित चित्रण करने वाली पंक्तियाँ इस प्रकार हैं–

अरे ते वाहहि काण्ह णाव छोड़ि डगमग कुगति णदेहि।
तइ इत्थि णइहि सन्तार देइ जो चाहइ सों लेहि।

प्राचीन संस्कृत भाषा में रचित अभिजात साहित्य में भी कृष्ण के चरित के दोनों रूप में परिलक्षित होते हैं। एक उनके ब्रह्मत्व का है तथा दूसरा रस एवं कला के दैवत्य भाव का है। श्रीमद्भागवत पुराण, हरिवंश पुराण आदि में कृष्णलीला का विस्तृत वर्णन किया गया है। संस्कृत नाट्य साहित्य में भी कृष्णचरित को कथानक के रूप में ग्रहण किया है। भास के कुछ नाटकों में कृष्ण के जीवन चरित को नाट्य वस्तु का आधार बनाया गया है। 'शिशुपाल वध' तथा 'गीतगोविन्द' में कृष्ण के कार्यों तथा प्रणय का चित्रण हुआ है। 'गीत गोविन्द' में भक्ति और श्रृंगार का अद्भुत

सामंजस्य दृष्टिगत होता है। जयदेव ने कहा है कि यदि हरि स्मरण में मन सरस हो और विलास कला में कौतूहल हो तो जयदेव की कोमल कान्त पदावली से युक्त वाणी को सुनो।

यदि हरिस्मरणे सरसं मनो यदि विलास कलासु कुतूहलम्
मधुर-कोमल कान्त पदावली श्रृणु तदा जयदेव-सरस्वतीम्।

(गीतगोविन्दम, श्लोक 3)

वज्रयान सम्प्रदाय में नारी को प्रज्ञास्वरूप तथा मुद्रा-रूप में ग्रहण किया गया है। तन्त्र के प्रभाव के कारण नारी को महत्ता तो मिली ही साथ ही रति भाव पर आध्यात्मिकता का रंग भी गाढ़ा हुआ। विद्यापति ने राधा और कृष्ण के प्रेम के विविध प्रसंगों की उद्भावना में उपर्युक्त परम्पराओं का भरपूर उपयोग किया है। भक्ति सूत्रों में भक्ति को ईश्वर में परानुरक्ति कहा गया। भारतीय साहित्य में इस परानुरक्ति की अभिव्यक्ति स्त्री-पुरुष के प्रणय सम्बन्धों की लौकिक अनुभूतियों से प्रारम्भ होकर विविध आयाम ग्रहण करती है। अन्तत: उसकी परिणति परानुक्ति में होती है। क्योंकि एक मान्यता यह भी रही है कि भक्त के मन में भगवान के प्रति जितना प्रेम रहता है। भगवान का भक्त के प्रति उससे कम प्रेम नहीं होता। इसी मान्यता के तहत ही गोपी और कृष्ण के परस्पर प्रणय भाव का अंकन हुआ है। भारतीय दर्शन में आत्मा-परमात्मा की एकता तथा ब्रह्म की शक्ति के रूप में माया का व्यापक विवेचन किया गया है। इसका भी प्रभाव राधा-कृष्ण के पारस्परिक सम्बन्धों की संरचना पर दिखायी देता है। काम को भारतीय दृष्टि में पुरुषार्थ माना गया है। काम सृष्टि विकास का और लौकिक राग का प्रेरणा-स्रोत तो है ही, मोक्ष का मार्ग भी है। इसे विकास की एक स्वाभाविक सरणि भी माना जा सकता है। भोग से योग की परिकल्पना का भी यही आधार है। भक्ति-साहित्य में मुक्ति हेतु काम को केन्द्रीय तत्त्व के रूप में स्वीकार किया गया है। इसीलिए निर्गुण और सगुण दोनों रूपों में ही रति भाव की प्रधानता है। विद्यापति तथा विद्यापति के बाद के कवियों में भी भक्ति श्रृंगार का जो आयोजन किया गया है, उससे श्रृंगारिक साहित्य एवं कामशास्त्र की गहरी उत्प्रेरणा निहित है। विद्यापति के श्रृंगारपरक गीतों में पूर्ववर्ती विविध परम्पराओं का अद्भुत समन्वय है। विद्यापति ने अपनी मौलिक रचना शक्ति से राधा-कृष्ण के प्रणय-भाव को अत्यन्त सूक्ष्मता, विशदता एवं मर्मस्पर्शी ढंग से अभिव्यक्ति दी है। उनके मन में किसी तरह की कुंठा नहीं है। राजदरबार में रहकर आश्रयदाता रूपनारायण शिवसिंह तथा लखिमा देवी के मूर्त युगल में उन्होंने राधा-कृष्ण के प्रेम

की छाया देखी। उनके मिलन, आलिंगन आदि को कवित्त की उदात्तता प्रदान की। विद्यापति के शृंगारिक चित्रों में अलौकिकता के आवरण की या रहस्यवादी संकेत की मनोवृत्ति नहीं है। उन्होंने काव्यशास्त्र की मान्यताओं के अनुरूप भारतीय विशुद्ध प्रेम काव्य की परम्परा को ऐसे धरातल पर प्रतिष्ठित किया है, जिसमें सम्पूर्ण मानव चेतना की रागात्मकता झंकृत हो उठी है।

विद्यापति का सौन्दर्यबोध और सृजनात्मकता

विद्यापति का सौन्दर्यबोध अत्यन्त सूक्ष्म, विशद एवं मुखरित है। डॉ. शिवप्रसाद सिंह का मत है कि 'विद्यापति वस्तुत: सौन्दर्य के कवि हैं। सौन्दर्य उनका दर्शन है, सौन्दर्य उनकी जीवन दृष्टि। इस सौन्दर्य को उन्होंने नाना रूपों में देखा था। इसे कुशल मणिकार की तरह उन्होंने चुना, सजाया, सँवारा और आलोकित किया। सौन्दर्य मन को कितना भावविह्वल और एकोन्मुख कर देता है, उसे विद्यापति जानते हैं।' विद्यापति जिस अपूर्व सौन्दर्य की अनुभूतियों को अपने काव्य में अभिव्यक्ति देते हैं वह असाधारण एवं अपूर्व है। राधा या कृष्ण का रूप चित्रण करते समय वे उस अपरूप का वर्णन करते हैं जो जिसे संसार को वशीभूत कर रखा है और जिसके प्रभाव से चित्त चंचल हो उठता है। राधा की वन्दना करते हुए कवि कहता है कि राधा में जो सौन्दर्य है वह अपूर्व तत्वों से संघटित है और सम्पूर्ण पृथ्वीतल के लावण्य का सारतत्व है। सौन्दर्य का देवता कामदेव उसके अंग-प्रत्यंग की शोभा के समक्ष मूर्छित हो जाता है। कृष्ण या अन्य कोई भी व्यक्ति उसके अद्‌भुत सौन्दर्य को देखकर विह्वल होकर ज़मीन पर गिर पड़ता है। कितनी लक्ष्मियाँ आत्मविभोर होकर उसके चरणतल पर अपने को न्योछावर कर देती हैं। राधा का यह सौन्दर्य पारस रूप हैं। जायसी के पूर्व ही विद्यापति ने उस सौन्दर्य का अंकन किया था जिसका प्रभाव अत्यन्त दिव्य और उदात्त है। जायसी द्वारा प्रस्तुत पद्‌मावती के अद्‌भुत सौन्दर्य चित्रण के आधार पर ही लौकिकता में अलौकिकता का आभास उत्पन्न किया गया है। विद्यापति राधा के लौकिक एवं अलौकिक स्वरूप का समन्वित चित्र अपनी रचनाओं में प्रस्तुत करते हैं। ऐसे स्थलों में ही विद्यापति के द्वारा किसी तरह के संकेत न किये जाने के बावजूद आलोचकों को परमात्मा की आह्लादकारिणी माया शक्ति के परम सौन्दर्य का अहसास होने लगता है।

विद्यापति राधा के विश्वव्यापी सौन्दर्य का चित्रण करते हुए कहते हैं कि राधा जहाँ-जहाँ अपना पैर रखती हैं वहाँ-वहाँ विद्युत तरंगे उठने लगती हैं। जहाँ-जहाँ दृष्टि पड़ती है वहाँ-वहाँ कमल का सौन्दर्य प्रकाशित होता है और जहाँ मन्द हँसी का

संचार होता है वहां अमृत के कण बिखर जाते हैं। जहाँ कुटिल कटाक्ष प्रक्षिप्त होता है वहाँ लाखों काम के बाण प्रक्षिप्त हो जाते हैं। इस अद्भुत सौन्दर्य का दर्शन बड़े पुण्य के बाद ही सम्भव है–

जहाँ-जहाँ पर-जुग धरइ, तहिं-तहिं सरोरुह भरई।
जहाँ-जहाँ झलकत अंग, तँहि-तँहि विजुरि तरंग।
कि हेरल अपरूप गोरि, पइठल हिय माँहि मोरि।
जहाँ-जहाँ नयन विकास, तँहि-तँहि कमल परगास।
जहां लहु हास संचार, तँहि-तँहि अमिय विभार।
जहाँ-जहाँ कुटिल कटाख, ततँहि मदन सर लाख।
हेरइत से धनि घोर, अब तिन भुवन अगोर।
पुनु किये दरसन पाव, दय योहे इह दुख जाव।
विद्यापति कह जानि, तब गुने दैवब आनि।

विद्यापति का यह सौन्दर्य चित्रण उनकी सौन्दर्य उपासना की सिद्धि का परिणाम है। विद्यापति ने परम्परागत नख-शिख प्राणाली का अनुसरण करते हुए राधा का सौन्दर्य चित्रण किया है। सौन्दर्य चित्रण में मौलिक उपमानों की उद्भावना के प्रति उनकी उतनी अभिरुचि नहीं है जितनी परम्परित उपमानों में नवीन संवेदना को उजागर करने की चेष्टा में है। विद्यापति सौन्दर्य चित्रण में प्रवृत्त होते हैं लेकिन बार-बार सौन्दर्य की उस अनिर्वचनीयता की ओर भी संकेत करते चलते हैं। वे अपनी आन्तरिक सौन्दर्य दृष्टि से उसे निरन्तर निरखते रहते हैं और कवि समय या कवि प्रसिद्धियों में प्रचलित प्रतिमानों के आधार पर रूप-छवि को निरूपित करने की चेष्टा करते हैं। अनन्त: अत्यन्त अनूठी तथा जिज्ञासा भरी शब्दावली की रेखाओं में उस चित्र को उकेरते हैं। विद्यापति कहते हैं कि राधा का मुख चन्द्रमा के सार से निर्मित किया गया है और आँखें चकित चकोर जैसी हैं। जब वह अपने मुख को अमृतजल से धोकर अपने आँचल से पोंछती हैं तो दसों दिशाओं में प्रकाश फैल जाता है। उसकी कटि इतनी क्षीण है कि उसके टूटने का भय है इसीलिए कामदेव ने त्रिबली रूपी लता से उसे बाँध रखा है। मुख के लिए चन्द्रमा का उपमान और आँख के लिए चकोर का उपमान प्राचीन होते हुए भी मौलिक प्रस्तुतीकरण के कारण अपेक्षाकृत अधिक प्रभावात्मक सौन्दर्यबोध के परिचायक हैं। मुख के धोने के बाद दसों दिशाओं का प्रकाशित होना कवि की मौलिक उद्भावना है। कवि को बार-बार सृष्टि निर्माता ब्रह्मा की अद्भुत कारीगरी पर अचरज होता है। इसीलिए वह कहता है कि 'कामिनि

कोने गढ़ली रूप-सरूप हमें कहये न पारिअ।' संस्कृत के मूर्द्धन्य कवि कालिदास ने सौन्दर्य चित्रण के परिप्रेक्ष्य में जिस तरह की अनूठी परिकल्पना की है, उसी के समकक्ष विद्यापति भी कल्पनाशील हुए हैं। कालिदास ने उर्वशी का सौन्दर्य चित्रण करते हुए ये प्रश्न उठाया है–

अस्याः सर्गविधौ प्रजापतिरभूच्चन्द्रो नु कान्तिप्रदः
श्रृंगारैकरसः स्वयं नु मदनो मासो नु पुष्पाकरः।
वेदाभ्यासजड़ः कथं नु विषयव्यावृत कोतूहलो
निर्मातुं प्रभवेन्मनोहरिमिदं रूपं पुराणो मुनिः।।

'अर्थात् क्या इस उर्वशी का स्त्रष्टा कान्ति-प्रदायक चन्द्रमा है अथवा प्रेमदेव मदन अथवा कुसुमाकर वसन्त? भला बेचारे वेदाभ्यास से जड़ बुद्धि हुए या विषय-वासना से विरक्त हृदयवाले विधाता की क्या सामर्थ्य जो वह इतने रमणीय रूप की रचना कर सके।'

विद्यापति ने सौन्दर्य चित्रों में विलक्षण प्रभाव उत्पन्न किया है। उपमानों में नयी सम्भावनाओं को तलाशने की चेष्टा की है और हेतूत्प्रेक्षा के माध्यम से कल्पना को नयी दिशा में सक्रिय किया। कतिपय उपमान ऐसे हैं जिनका चित्र चाक्षुष बिम्ब निर्मित तो करता है किन्तु प्रभाव की दृष्टि से कवि की चमत्कारी परिकल्पना को भी निरूपित करता है। विद्यापति कहते हैं कि उस सुन्दर मुख में काजल कलित नेत्रों को देखकर ऐसा लगता है मानो काल सर्पिणी क्रीड़ा कर रही हो। रोमावली जो नाभि से निकलकर ऊपर जा रही है, देखने से ऐसा प्रतीत होता है कि जैसे सर्पिणी निश्वास वायु का सेवन करने चली है किन्तु नाक को गरुड़ चोंच समझकर स्तनरूपी गिरि की सन्धि में समा गयी। नायिका के वक्षस्थल रोम-रहित होते हैं, इस तथ्य को निरूपित करने के लिए कवि ने जो परिकल्पना की है वह निश्चित रूप से उसकी मौलिकता का परिचायक है। कहीं-कहीं विद्यापति ने अत्यन्त नूतन और प्रभावशाली बिम्ब के द्वारा सौन्दर्य के विशिष्ट प्रभाव को अंकित किया। नायिका के बालों का चित्रण करते हुए कवि कहता है कि ऐसा लगता है कि जैसे भौंरे अपने पंखों का प्रसारित कर उसकी शरीर की सुगंध का पान कर रहे हों–

नील वसन तन घेरलि सजनि गे, सिर लेल चिकुर सँभारि।
तापर भमरा पिवय रस सजनि गे, बइसल पाँखि पसारि।।

विद्यापति ने देह के लिए चन्द्रमाला, श्रीषमाला, कनकलता, विद्युत्लता दीपशिखा आदि रूढ़ उपमानों का प्रयोग किया है। उदारणार्थ–

आज देखलि धनि जाइते रे,
मोहि उपजल रंग।
कनक-लता जनि संचर रे,
महि निर अवलम्ब।।
दमना माझ उगल जनि चन्दा।।

मुख सौन्दर्य की अनुभूति चन्द्रमा या कमल के द्वारा ही अंकित की गयी है। बालों के चित्रण के लिए अन्धकार, मेष, मयूरपुच्छ, चामर, जलधारा, भ्रमर समूह, सर्पिणी आदि के प्रयोग परम्परागत हैं। अन्य अंगों के चित्रण में भी उन्हीं उपमानों का प्रयोग है जिनका निर्देश अलंकारशास्त्र में किया गया है। श्रृंगार भाव के उत्तेजक अंगों में कुछ वर्णन के प्रति विद्यापति की रुझान अपेक्षाकृत अधिक है। कुच वर्णन के लिए पुंगफल, कमल, बिल्व, हाथी का कुंभ, गुच्छ, शिव, घड़ा आदि अनेक उपमानों का विधान केशव मिश्र रचित 'अलंकार शेख़र' नामक ग्रन्थ में किया गया है। विद्यापति ने कुच का वर्णन करते समय विविध अनुभावों को व्यंज्जित किया है, उदाहरणार्थ–

उरहि अंचल झाँपि चंचल,
आध पयोधर हेरु।
पवन पेलल सरद-घन जनि,
बेकत कएल सुमेरु।।

कवि ने इन पंक्तियों में परम्परित उपमानों का प्रयोग करते हुए सौन्दर्यबोध का उन्मेष किया है। अपने हृदय को आँचल से ढँकते हुए उस चंचला ने अपने अर्धनग्न पयोधरों की ओर देखा। उसकी स्थिति को देखकर ऐसा जान पड़ता है मानो शरदकालीन बादलों ने पवन से हार मान ली हो और दोनों पयोधर रूपी पर्वत प्रकट हो गये हों। अभिप्राय यह है कि जिस तरह वायु वेग से मेघ-समूह बिखर जाते हैं और तदुपरान्त पर्वतों की स्थिति स्पष्ट हो उठती है, उसी तरह आँचल रूपी मेघ के बिखर जाने पर उसके कुच रूपी पर्वत स्पष्ट दिखायी देने लगे।

प्रकृति सौन्दर्य और दैहिक सौन्दर्य दोनों की समन्वित छवि का चित्रण कवि ने किया है। विद्यापति ने राधा को प्रकृति बिम्बों के माध्यम से एकदम विचित्र रूप में प्रस्तुत किया है। परम्परित उपमानों का चमत्कारिक प्रयोग विद्यापति की

कल्पनाशीलता का परिचय देता है। राधा के दोनों चरण कमल की तरह हैं, चाल गजराज की तरह है। राधा को देखने से ऐसा लगता है कि स्वर्ण कदली वृक्ष पर सिंह सजाया गया है जिसके ऊपर सुमेर गिरि शोभित है। सुमेर गिरि पर दो कमल खिले हैं। सुमेर पर हार रूपी गंगा की धारा प्रवाहित है जिसमें कमल प्रफुल्लित रहते हैं अधर बिम्बाफल के समान, दाँत अनार के बीज की तरह हैं। माथे पर की बिंदी देखकर ऐसा लगता है कि सूर्य और चाँद एक साथ उगे हैं, इसीलिए राहु पास नहीं फटकने पाता। उस नायिका के नेत्र हरिणी के समान सुदीर्घ और वाणी कोयल के समान मधुर और सुरीली है। अंगों के लिए प्रचिलत इतने अधिक उपमानों का एक साथ नयी अर्थ व्यंजना और कला-कौशल के साथ प्रयोग करके विद्यापति ने परम्परा और मौलिकता का अद्‌भुत सामंजस्य प्रस्तुत किया है।

विद्यापति ने केवल नारी-सौन्दर्य का ही मोहक चित्र नहीं उपस्थित किया बल्कि पुरुष देह का भी प्रभावशाली चित्रण किया है। राधा की तरह कृष्ण की भी रूप छवि अपूर्व है। कृष्ण का ऐसा रूप है जो गोपियों को अभिभूत कर देता है। राधा को ऐसा प्रतीत होता है कि जिस रूप का उन्होंने दर्शन किया वह वास्ताविक था या स्वप्न था। कृष्ण के आंगिक अवयवों का चित्रण न करके कवि ने उनके प्रभावात्मक रूप सौन्दर्य का ही चित्रण किया है। कृष्ण के अपूर्व रूप के प्रभाव से गोपियों का मन मृग विषम बाण से आहत सा हो जाता है। उनकी यह दशा सांसारिक मर्यादाओं के बन्धन एवं कृष्ण के प्रबल रूप-कर्षण की द्वन्द्वात्मकता के कारण है। राधा कहती हैं–

की लागि कौतुक देखलौं सखि, निमिष लोचन आध।
मोर मन-मृग मरम मेधल, विषम बान बेआध।।

कृष्ण का रूपदर्शन बहुत बड़े पुण्य का प्रतिफल है। वाणी का माधुर्य रूप की तुलना में कम आकर्षक नहीं है। कृष्ण के मधुर बोल पंच बाण की तरह हृदय को वेध देते हैं। इसलिए राधा अपना कान बन्द करके बैठती है। वैष्णव भक्ति में आराध्य के रूप सौन्दर्य का अतिशयतामूलक चित्रण सांसारिक सौन्दर्य की ओर उन्मुख मन के लिए बेहतर विकल्प प्रस्तुत करता है।

विद्यापति वैष्णव भक्तों की तरह राधा और कृष्ण का सौन्दर्य चित्रण अत्यधिक तन्मय होकर करते हैं, उनकी दृष्टि मांसल रूप पर अपेक्षाकृत अधिक केन्द्रित होती है। उनके प्रेम चित्रण में काव्यशास्त्रीय उपादानों का आग्रह अधिक है। वे प्रथम दर्शन, स्वप्न दर्शन से उत्पन्न प्रेम का चित्रण तो करते ही हैं साथ में दूती प्रसंग,

अलंकरण, सखी शिक्षा, उपालम्भ एवं परिहास का वर्णन भी सजग होकर करते हैं। संयोग शृंगार के अन्तर्गत मान, मानभंग और रति-क्रीड़ा के विविध प्रसंग विद्यापति द्वारा अंकित किये गये हैं। विप्रलम्भ शृंगार के अन्तर्गत अभिलाषा, चिन्ता, समृति, गुण-कथन, उद्वेग, प्रलाप, उत्कंण्ठा, उन्माद, व्याधि जड़ता आदि का वर्णन किया गया है।

प्रकृति-सौन्दर्य

प्रकृति और मानव का आत्मीय सम्बन्ध चिरकाल से है। मनुष्य की चेतना और उसका जीवन प्रकृति के सौन्दर्य, उसके वैशिष्ट्य एवं परिवर्तनशील नित्य-नूतनता से प्रभावित रहे हैं। विद्यापति का संवेदनशील मन जितना मानवीय सौन्दर्य से अभिभूत हुआ है उतना ही प्रकृति की मोहक छवि से मुग्ध हुआ है। विद्यापति के काव्य में प्रकृति चित्रण दो रूपों में उपलब्ध होता है। पहला आलम्बन रूप में और दूसरा उद्दीपन रूप में। प्रथम प्रकार के वर्णन में प्रकृति का स्वतन्त्र चित्रण करते हुए कवि ने प्रकृति का मानवीकरण किया है। बसन्त को कवि ने बालक रूप में प्रस्तुत किया है। विद्यापति कहते हैं कि माघ-मास की श्रीपंचमी के दिन प्रकृति पूर्णगर्भा हुई और नौमास पाँच दिन व्यतीत होने पर सोलह अंगों और बत्तीस लक्षणों से युक्त बालक बसन्त ने जन्म लिया। बालक के जन्म लेते ही युवतियाँ प्रसन्न मन होकर नाचने लगीं। शीतल सुगंधित पवन प्रवाहित होने लगा। शिशु को हवा से बचाने के लिए आसमान में बादल छा गये। बालक के जन्मोत्सव की तैयारी माधवी लता में पुष्प मोतियों के समान सज गये। पांडरि पुष्प बधाई के गीत गाने लगे। धतूरा तुरही बजाने लगा। नाग-केसर ने शंख ध्वनि की। तगर पुष्प ताल देने लगा। कमल नाल का सूत्र बसन्त की कटि में मेखला के रूप में बाँधा गया और केसर का फूल बघनखा के रूप में गले में डाला गया। नूतन पल्लवों की शय्या बिछाई गयी और कदम्ब के फूलों की तकिया बनायी गयी। बसन्त को सुलाने के लिए भ्रमरियाँ लोरी गाने लगीं। स्वर्ण किंशुक के रूप में बालक का जन्म-पत्र लिखा गया। कोयल ने गणना करके बालक का नाम बसन्त किया। इस तरह धीरे-धीरे शिशु बसन्त बड़ा हुआ। दक्षिण का मलयानिल किसलय और फूलों का पराग लेकर तरुण बसन्त के अंगों पर लगा दिया। मंजरियों का सुन्दर हार उसके गले में डाला गया। मेघ ने काजल लगा दिया। विद्यापति युवतियों को इस बसन्त की ओर अग्रसर होने की सलाह देते हैं। कवि ने अन्य पदों में बसन्त को दूल्हा के रूप में एवं तेजस्वी राजा के रूप में प्रस्तुत किया है। बसन्त दूल्हा विवाह हेतु वनस्थली में पहुँच चुका है। भ्रमरियाँ मंगल गीत गा रही

हैं। कोकिल तथा अन्य पक्षी मन्त्रोच्चार कर रहे हैं। पुष्पों का पराग पाणिग्रहण का जल बन गया है। चन्द्रमा और पवन बारात सज़ा रहे हैं। बेलिपुष्प लावा बिखेरने का कार्य कर रहा है। पुष्पराज बसन्त प्रिया प्रकृति को सिन्दूर दान कर रहा है। विवाह में मानवती स्त्रियों का मान ही दहेज के रूप में दिया जा रहा है। बसन्त विवाह का यह कौतुकपूर्ण आयोजन स्वयं कामदेव के हाथों सम्पन्न किया जा रहा है। कवि ने बसन्त को तेजस्वी राजा के रूप में अंकित करते हुए प्रकृति के विविध उपादानों द्वारा बसन्त के राजसी स्वरूप का रूप निर्मित किया है–

आयेल रितुपति राज वंस। धाओल अलिकुल माधवि-पन्थ।।2।।
दिनकर-किरन भेल पौगंड। केसर कुसुम धएल हेमदण्ड।।4।।
नृप-आसन नवपीठल पात। काँचन कुसुम छत्र धरु माथ।।6।।
मौसि रसाल-मुकुल भेल ताए। समुखहि कोकिल पंचम गाए।।8।।
उधारल सरसिज पाओल प्रान। निज नव दल करु आसन दान।।
नव वृन्दावन राज बिहार। विद्यापति कह समयक सार।।

विद्यापति को बसन्त बहुत प्रिय है, इसीलिए उन्हे बसन्त और यौवन का कवि कहना अनुचित नहीं है। उन्होंने प्रकृति पर जीवन की छाया देखने की चेष्टा की है और अपने लोक अनुभवों को प्रकृति पर आरोपित कर अपनी कल्पना-शक्ति से उसके नूतन रूप का सृजन किया है। प्रकृति के मधुर मोहक चित्रों के साथ ही उसके भयावह स्वरूप के चित्रण में कवि सिद्धहस्त है। पावस की भयंकरता का वर्णन करते हुए विद्यापति लिखते हैं–

आयेल पाउस निविड़ अन्धकार,
सघन नीर बरसय जलधार।
घन हन देखियत विघटित रंग,
पथ चलइत पथिकहु मन भंग।
नदिया ज़ोरा भहु अथाह,
भीम भुजंगम पथ चललाह।

विद्यापति ने प्रकृति का सूक्ष्म पर्वेक्षण किया है। पावस ऋतु में जलधारा बरस रही है। रात काजल से रंजित है। भयानक भुजंग भ्रमण कर रहे हैं। चारों ओर कीचड़ फैला है। दिशाओं में घोर अँधेरा है। विद्युत के प्रकाश में ही पग आगे बढ़ते हैं–

जलद सरिस जलधारा,
काजरे रागलि राति।

भमए भुजंगम भीम,
पंके पुरल चौसीम।
दिग मग देखिए घोर,
पयर दिअ बिजुरी अंज़ोर।

उद्दीपन रूप में चित्रण : विद्यापति की पदावली में आलम्बन की अपेक्षा उद्दीपन रूप में प्रकृति चित्रण अधिक हुआ है। विरह की उत्तेजक ऋतुओं के वर्णन में कवि ने सूक्ष्म निरीक्षण और भावात्मक प्रभावों का व्यंजनात्मक चित्र खींचा है। कवि ने दो विरोधी परिस्थितियों की कल्पना करके भाव-व्यंजना को अत्यधिक घनीभूत कर दिया है। पावस ऋतु में विरहिणी नायिका की क्या दशा होती है? उसे नायिका स्वयं व्यक्त करती है। एक ओर बादलों से सम्पूरित भादों का महीना और दूसरी ओर प्रियतम विहीन सूना घर, बादल निरन्तर गरजते हैं। सारी पृथ्वी पर वर्षा होती है। मयूरों का नृत्य, उन्मत दादुरों की ध्वनि नायिका की काम की दारुण भावना को संवर्धित कर देती है। उसका हृदय विदीर्ण हो जाता है, वह कहती हैं–

तिमिर दिग भरि घोर यामिनी, अथिर बिजुरिक पाँतिया।
विद्यापति कह कइसे गमाओब, हरि बिना दिन रातिया।।

पावस ऋतु की तरह बसन्त ऋतु भी नायिकाओं के लिए कम दुखदायी नहीं होती, जो चन्दन और चन्द्रमा मिलन के समय शीतलता प्रदान करते हैं वह वियोग में जलाने लगते हैं। वन के नवकुंज कुटीरों के पुष्प प्रस्फुटित हो चले हैं और कोयल मस्त होकर पंचम स्वर में गा रही है। मलयानिल हिमालय की श्रेणियों की ओर चला गया है फिर भी प्रवासी पति नहीं आया। उपवन के भ्रमरों को गुंजार करते हुए एवं पुष्प के पराग का पान करते हुए देखकर कृष्ण के साथ की गयी क्रीड़ाओं की स्मृति हो आती है। बसन्त के सुखद वातावरण में भी प्रियतम के विरह का संकट झेलना अबलाओं के लिए निश्चित ही कठिन है। ऋतु परिवर्तन से विरह व्यथिताओं को नयी सान्त्वना मिलती है। पतझड़ के विपत्ति दिन आने पर वृक्षों ने अपने को पत्र-विहीन कर दिया था, वर्षा आने पर उनके विपत्ति के दिन दूर हो गये लेकिन गोपियों की व्यथा में कोई परिवर्तन नहीं हुआ। यद्यपि उनके नेत्रों से निरन्तर वर्षा होती रहती है, प्रकृति भी विरुद्ध आचरण करने लगी है, निरन्तर अश्रु वर्षा के बावजूद भीषण विरह की आग धधकती रहती है। पपीहा पी की रटन लगाकर हृदय को और अधिक दुखित कर देता है। चन्दन भी विषम सर की तरह लगता है। विद्यापति ने अलग-अलग पदों में ऋतुओं के परिप्रेक्ष्य में नायिका की मन: स्थिति का चित्रण

किया है। एक ही पद में उन्होंने बारहमासा पद्धति का अनुसरण करते हुए नायिका की विरह व्यथा को निरूपित किया है। उनका बारहमासा आषाढ़ मास से शुरू होता है। प्रत्येक मास में प्रकृति के परिवर्तन के साथ नायिका की मनोदशा के परिवर्तन को भी अंकित किया गया है।

प्रकृति जीवन में उद्‌दीपन का कार्य ही नहीं करती बल्कि कहीं-कहीं इसका भयानक रुख अभिसार में बाधा भी उत्पन्न करता है। नायिका कहती है कि रात काजल जैसा अन्धकार उगल रही है, भयानक साँप बिचर रहे हैं, बादल की गड़गड़ाहट से मन डर रहा है। मेघ रोष से मूसलाधार वर्षा कर रहे हैं, इस विषम परिस्थिति में भी नायिका अभिसार के लिए उद्यत है।

संयोगवस्था में प्रकृति मिलन की उत्कंठा को और तीव्र कर देती है। मानवती नायिका को मनाने के लिए दूती प्रकृति को ही साक्षी बनाती है। दूती कहता है कि शरद् ऋतु में चाँदनी चारों ओर प्रसरित हो रही है। प्रिय के समागम से इस समय जिस आनन्द की प्राप्ति हो सकती है, उसका अनुभव वही कर सकता है जो समागम करे। देखो, भ्रमर भी उमंग में भरकर क्रीड़ा करते हुए कलियों के मधुर रस का पान कर रहा है।

विद्यापति के काव्य में प्रकृति चित्रण के विविध रूप हैं। कहीं प्रकृति प्रेरणा देती है, कहीं अलंकरण का माध्यम बनती है, कहीं भावों की अतिशय उत्तेजना का कारण बनती है, अलंकार रूप में प्रकृति से उपदेश ग्रहण करने की भावना का चित्रण अनेक पदों में हुआ है। भ्रमर और पुष्प को कवि ने प्रेम के विविध प्रसंगों के लिए दृष्टांत के रूप में ग्रहण किया है। कृष्ण की दूती राधा से कहती है–

कंटक माझ कुसुम परगास। भ्रमर बिकल नहिं पाबए पास।।2।।
भमरा भेल धुरए सबे ठाम। तोहि बिन मालति नही बिसराम।।4।।

कवि ने नायिका के सौन्दर्य के अंकन में प्रकृति को उपमान के रूप में ग्रहण किया है। मुख के लिए चन्द्रमा, कमल, बालों के लिए भ्रमर, नाग, आदि उपमानों को प्रकृति से ही लिया गया है। कवि ने हेतु प्रेक्षा के द्वारा नूतन कल्पना के माध्यम से प्रकृति सौन्दर्य और मानवीय सौन्दर्य के रोचक चमत्कारी चित्र अंकित किये हैं–

अंबरे बदन झँपाबह गोरि।
राज सुनइ छिअ चाँदक चोरि।।2।।
घरें-घरें पहरि गेल अछि जोहि।
एखने दूखन लागत तोहि।।4।।

निष्कर्ष रूप में कहा जा सकता है कि विद्यापति का प्रकृति चित्रण विविध, मौलिक उद्भावनाओं से युक्त संवेदनशील एवं प्रभावशाली है।

श्रृंगार चित्रण: संयोग और वियोग

विद्यापति पदावली मुख्यत: श्रृंगार रस की अभिव्यंजक कृति है। कवि ने अकुंठित भाव से राधा और कृष्ण के सौन्दर्य, मिलन तथा वियोग का चित्रण किया है। कृष्ण संकेत स्थल पर पहुँचकर राधा के नाम की टेर लगाने लगते हैं। दूती राधा के पास जाकर कहती है कि हे रमणियों में श्रेष्ठ राधा! नन्द किशोर की वन्दना करो वहाँ उनसे मिलकर उन्हें प्रसन्न करो। जिस राधा को कवि ने रति का आलम्बन बनाया है वह कोई साधारण नायिका नहीं है। प्रेम के आसाधारण स्वरूप की व्यंजना अलौकिक नायिका के रूप एवं यौवन से ही सम्भव है। विद्यापति की कल्पना में राधा का जो चित्र उभरता है, वह इस प्रकार है–

देख-रेख राधा रूप अपार।
अपरूब के बिहि आनि मिराओल।
खिति तल लावण्य, सार।
अंगहि अंग अनंग मुछाएत
हेरए पड़ए अथीर।

सम्पूर्ण पृथ्वी के लावण्य के सार से निर्मित राधा के अंगों को देखकर कामदेव भी मूर्छित हो जाता है। रति भाव को जागृत करने में अद्भुत सौन्दर्य की महत्वपूर्ण भूमिका होती है, जिसका गहरा बोध कवि विद्यापति को है। यौवन और श्रृंगार के कवि विद्यापति को न तो बाल छवि आकर्षित करती है और न बाल सुलभ निश्छल एवं सहज चेष्टाएँ। उनका श्रृंगारी चित्त नायिका की वय: सन्धि पर लुब्ध होकर उसके आंगिक संवर्धन तथा भाव परिवर्तन को विविधता से रेखांकित करता है। कुचों को बढ़ता देख प्रमुदित होना सखियों से सुरति विहार के सम्बन्ध में पूछताछ करना आदि आकर्षक चेष्टाओं का कवि ने तन्मय होकर चित्रण किया है। शैशव और यौवन की वय: सन्धि में काम नायिका के अंगों पर अधिकार करके व्यवस्था में उलटफेर कर देता है। कटि क्षीण होने लगती है, नितम्ब स्थूल होने लगता है, मुक्त हास मद हँसी में परिणत होने लगता है, उरोजों में उभार आ जाता है, चरणों की चंचल गति आँखों को प्राप्त हो जाती है। वीड़ा, संकोच आदि भाव समा जाते हैं, उसका हाथ सदैव आँचल के ऊपर ही रहता है। सौन्दर्य एवं प्रेम विषयक अनेक रसभरी बातों के श्रवण में नायिका मंत्र मुग्ध हो जाती है। नायिका राधा के नख-शिख

का सौन्दर्य चित्रण करते हुए विद्यापति ने ज़्यादातर दूती के माध्यम से कृष्ण को उसके अद्‌भुत रूप सौन्दर्य के विषय में सूचित किया है। विद्यापति अपनी सम्पूर्ण कल्पना-शक्ति लगाकर राधा का रूप चित्रण करते हैं किन्तु कभी-कभी ऐसा अनुभव करते हैं कि उस सौन्दर्य का वर्णन करने में उनकी वाणी अक्षम सिद्ध हो रही है–

कि आरे नव जौवन अभिरामा।
जत देखल तत कहए न पारिअ।
छओ अनुपम एक ठामा।

कवि ने ज़्यादातर परम्परित उपमानों का ही मौलिक तथा चमत्कारी प्रयोग करके राधा का रूप-चित्र निर्मित किया है। सौन्दर्य चित्रण के सन्दर्भ में इसका विस्तृत वर्णन किया जा चुका है।

विद्यापति द्वारा सृजित अपूर्व सुन्दरी राधा तथा त्रिभुवन मोहक कृष्ण का प्रथम मिलन संयोगवशात् पथ से गुज़रते हुए हुआ, जैसे ही राधा-कृष्ण की आँखें चार हुईं वैसे ही दोनों मनसिज (काम) के वाणों से आहत हो गये। राधा की संगिनी सखी ने उसे लोकापवाद के प्रति सजग कर दिया। प्रथम दर्शन की अपूर्ण झलक नायक और नायिका के मन को किस तरह प्रभावित कर देती है– विद्यापति ने उसका अत्यन्त मोहक एवं प्रभावशाली चित्र खींचा है। यद्यपि राधा को कृष्ण ने मेघमाला में विद्युत की क्षणिक चमक की तरह देखा फिर भी उनका हृदय विध गया। उसके अर्ध कुच के दर्शनमात्र से कृष्ण अभिभूत हो गये, हार के दर्शन से पराजित हो गये। राधा के प्रत्येक अंग का प्रभाव कृष्ण पर पड़ा किन्तु जावक रंचित चरणों ने तो उनके दिल में आग लगा दी–

पुनहि दरसन जिब जुड़ाएब
टुटब बिरहक ओर।
चरन जावक हृदय पावक।
दहए सब अंग मोर।

कृष्ण के चित्त पर राधा के अंगों, भाव-मुद्राओं के गहन प्रभाव को चित्रित करने के लिए विद्यापति उत्प्रेक्षा, उपमा तथा रूपक का सहारा लेते हैं।

कृष्ण ही नहीं राधा भी प्रथम दर्शन जनित प्रभावों से अभिभूत और व्यग्र हैं। कृष्ण के अपूर्व सौन्दर्य का प्रत्यक्षीकरण राधा को स्वप्न की घटना प्रतीत होती है। बेचारी राधा ने तो अपनी सुधि-बुधि ही गँवा दी थी, इसलिए थोड़े बहुत लक्षण ही उसके ध्यान में पड़े हैं। मुरली की ध्वनि में लीन राधा का अपने ऊपर कोई अधिकार

ही नहीं है। उन्हें सामाजिक मर्यादाओं का ख्याल ही नहीं रहता। उनकी आँखें बरबस कृष्ण की अनुगामिनी हो जाती है। काम-बाण से व्यथित राधा कल्पना में ही रति सुख को प्राप्त कर लेती हैं–विद्यापति लिखते हैं–

ताहि अवसर बिहि बाम भेल।
धरु धनु पसाहनि भासलि।
पुकल तइसन जागु।
चूनि चूनि भए काँचुअ फाटिल।
बाहु बलआ भांगु।
मन विद्यापति कम्पित कर हो।
बोल न बोलए जाये।

इस पद में विद्यापति ने संयोग शृंगार के सम्पूर्ण शास्त्रीय पक्ष को प्रतिपादित करते हुए रस व्यंजना की है। श्री कृष्ण आलम्बन विभाव, उनकी मधुर वाणी उद्दीपन विभाव, लोचनों का मटकाना, कान मूँदना आदि कायिक अनुभाव, स्वेद, पुलक, कंप, स्वर भंग सात्विक अनुभाव हैं, राधा की रति (स्थायी भाव) परिपक्व होकर शृंगार में परिणत हो गयी है। राधा के मन में कृष्ण मिलन की तीव्र उत्कंठा है। वह लोकलाज से बेपरवाह रहते हुए सहस्त्र लोचनों से उनके रूप-दर्शन के लिए लालायित हैं। उनके नेत्रों से निरन्तर अश्रु वर्षा होती रहती है। विद्यापति ने रूपदर्शन जनित मिलन की अभिलाषा की पूर्ति के अभाव में विरह का मार्मिक चित्रण किया है। राधा और कृष्ण दोनों ही समान ढंग से व्यथित दिखायी देते हैं। राधा की दूती कृष्ण से और कृष्ण की दूती राधा से विरह दशा का बखान करती है। सर्वप्रथम कृष्ण की दूती ने राधा के पास जाकर प्रेम का जो रूप प्रस्तुत किया है, उसमें स्पष्ट ढंग से कृष्ण के देवत्व की ओर संकेत किया गया है–

धनि-धनि रमनि जनमि धनि तोर।
सब जन कान्ह कान्ह करि झूरए।
से तुब भाव विभोर।

विद्यापति के प्रेम चित्रण में उभयपक्षीय सघनता है। उन्होंने कृष्ण को परम ब्रह्म मानकर तथा राधा को मात्र आराधिका मानकर एक पक्षीय प्रेम को महत्त्व नही दिया। कृष्ण में राधा की अपेक्षा विरह-व्यथा का कम आवेग नहीं है। वे राधा के नाम की दिनरात रट लगाये रहते हैं। राधा के बिना कृष्ण को प्राण धारण करना कठिन लगता है। यही नहीं राधा के बिना कृष्ण धूल में उन्मत्त की तरह लोटते दिखायी देते हैं–

आज हमें पेखल कालिन्दी कूले।
तुअ बिनु माधव बिलुटए धूले।

अचेत कृष्ण की चेतना राधा के पुनर्दर्शन से ही सम्भव है। राधा की दशा कृष्ण की अपेक्षा कम सोचनीय नहीं है। वह भी कृष्ण का नाम रटते हुए अपनी आँखों से अविरल आँसुओं को प्रवाहित करती हैं और बीच-बीच में मूर्छित हो जाती हैं। उनके प्राण कंठ तक आ जाते हैं कृष्ण के पास लौटकर राधा की दूती आती है और बताती है कि कृष्ण जहाँ भी देखते हैं उन्हें राधा का ही आभास होता है।

विद्यापति ने कृष्ण द्वारा राधा से छेड़छाड़ का भी रसपूर्ण चित्रण किया है। कुंज भवन से राधा बाहर निकली ही थीं कि कृष्ण ने उनकी साड़ी पकड़ ली। राधा सांसारिक मर्यादा की दुहाई देकर अपयश से बचने का आग्रह करती है। कृष्ण की नाव पर विराजित राधा कृष्ण से छल न करने का आग्रह करती है। वह कृष्ण को पर पुरुष समझकर उनसे निरन्तर भयभीत रहती है। विद्यापति ने राधा के व्यक्तित्व तथा मन:स्थिति के चित्रण में कहीं-कहीं भारतीय लोकनारी के स्वभाव को ग्रहण किया है। राधा का यह कथन इसी स्वभाव का परिणाम है–

नाव डोलाब अहीरे।
जिबइत न पओब तीरे,
खर नीरे लो।
खेबा न लेअए मोले,
हँसि हँसि की दहू बोले,
जिब डोले लो।'

दरबारी कवि विद्यापति प्रेम की सहजता और प्राकृतिकता की अपेक्षा प्रेम करने के तौर-तरीके पर अधिक ध्यान देते हैं। इसीलिए वे अपनी राधा को सखी के द्वारा बाकायदा दीक्षा दिलाते हैं। दीक्षा हेतु वे कामशास्त्र का आश्रय ग्रहण करते हैं। नायिका को वेश-भूषा, हाव-भाव, आचरण आदि की दीक्षा देते हुए भी उनका कथन है कि कामदेव स्वयं गुरु बनकर शेष दीक्षा को पूर्ण कर देगा। पूर्वानुरागिनी राधा की स्थिति मुग्धा नायिका की है। उन्हें दीक्षा का कुछ ध्यान ही नहीं रहता। वह प्रिय मिलन के प्रति शंकित और भ्रमित है। अन्तत: विद्यापति सलाह देते हैं–हे सुन्दर रमणी, तू प्रियतम के इस डर के सम्भ्रम से विमुख हो। जिस प्रकार रोगी व्यक्ति कड़वी औषधि पीकर स्वस्थ्य और सुखी होता है, उसी तरह तू भी भय त्यागकर कृष्ण के प्रति आँख मूँदकर समर्पित होकर सुखी हो जाओ।

जिस तरह दूती राधा को दीक्षित करके काम के लिए प्रेरित और उत्साहित करती है, उसी तरह कृष्ण को भी सतर्क करती है। कृष्ण तो काम-क्रीड़ा में पारगंत है किन्तु राधा कोमल कमलिनी है। इसीलिए सखी कृष्ण से निवेदन करती हैं कि उसे हाथी की तरह रौंद मत डालना। यद्यपि तुम भूखे भ्रमर के समान हो फिर भी तुम सहज स्वाभाविक रीति से उसका मधुपान करना।

विद्यापति ने कृष्ण और राधा के बहाने जैसे सभी युवा सहृदययों को काम की शिक्षा दे डाली है।

नायिका जब मिलन के लिए प्रस्थान करती है तो वह भय से रोने लगती है। (माता-पिता तथा बन्धु जनों के माया-मोह से नहीं) सभी सखियाँ उस कृष्ण के पास छोड़ आती हैं और प्रियतम रति क्रीड़ा करने लगता है। नायक और नायिका के प्रथम मिलन का कवि ने यथार्थ चित्रण किया है। नायिका में भय, लज्जा, कंप एवं पुलक अनुभाव दृष्टिगत होते हैं और नायक में काम का उद्दाम आवेग। अक्षत यौवना नवोढ़ा नायिका की लज्जा और भय से उत्पन्न अनेक मुद्राओं का कवि ने मर्मस्पर्शी चित्र अंकित किया है–

सखि परबोधि सयन-तल आनि।
पिय हिय हरषि धयल निज पानि।।
छिबइत बालि मलिन भए गेलि।
बिधु-कर मलिन कमलिनि भेलि।।
आँचर लेइ बदन पर झाँप।
थिर नहिं होअए थर-थर कांप।।

कवि कुच मर्दन, नख-क्षत, नायक की ढिठाई, नायिका की आत्म-रक्षा की कोशिश, अंकुरित यौवना के अविकसित अंगों द्वारा रस-अभिलाषा की अतृप्ति, अंगों को निर्वस्त्र करने की चेष्टा की वर्जना, काम-पिपासा के आवेग, बार-बार संयोग की जागृत इच्छा आदि का उन्मुक्त चित्रण करता है। विद्यापति को संभोग तथा काम-क्रीड़ा की प्रत्येक प्रक्रिया के वर्णन में कोई संकोच नहीं है। वे कुछ भी गोपनीय नहीं रहने देते हैं। सुरतान्त की मुद्रा का चित्रण करते हुए विद्यापति लिखते हैं–

सुरत समापि सुतल ब नागर पानि पयोधर आपी।
कनक संभु जनि पूजि पुजारी, धएल सरोरुह झांपी।।

रात भर रति क्रीड़ा के बावजूद नायक को तृप्ति नहीं होती। प्रात:काल वह पुन: रति विलास के लिए उद्यत हो जाता है। चूँकि विद्यापति की राधा परकीया नायिका है, इसलिए उसे प्रात:कालीन रति में प्रवृत्त होने से चोरी के खुलने का भय है–

नागर राखु नारि मन रंग। हठ कएले पहु हो रस भंग।
ततबे करिअ जत फाबए चोरि। पर धन लए नहि रहिअ अबोरि।।

रति विलास के पश्चात् नायिका के सौन्दर्य प्रसाधन तथा भाव-दशा में जो परिवर्तन होता है उसे सखियों के संभाषण से निर्दिष्ट किया गया है। मुख मण्डल की मलिनता, काजल का फैलाव, देह की पांडुता, अंगराग का बिखराव, आँखों की लालिमा तथा नखक्षत आदि लक्षण यह सिद्ध करते हैं कि नायिका ने रात्रि में किसी पुरुष के साथ रति विलास किया है।

प्रथम मिलन के पश्चात् नायिका शील-संकोच त्याग कर नायक से मिलन के लिए स्वयं प्रस्थान करती है। अभिसार के लिए उद्यत नायिका कभी चन्द्रमा को कोसती है, और कभी दुर्दिन में भी बड़ी निर्भीकता से मिलन के लिए प्रस्थान कर देती है। कवि ने लोकलाज तथा लोकमर्यादाओं के परिप्रेक्ष्य में नायिका के भय, चित्त की आतुरता आदि का मार्मिक चित्रण किया है। कुटुम्बियों एवं नगर जनों की निगाह से बचने के लिए अभिसारिणी पुरुष वेश भी धारण कर लेती है, लेकिन काम के प्रबल आवेग में अभिसारिणी को न तो सूर्य की भीषण तपन की परवाह रहती है और न भादों की काली कजरारी रात की, यहाँ तक कि वह कुल समाज की मर्यादा की भी अवहेलना कर देती है–क्योंकि प्रेम की गति दुर्निवार होती है।

कवि ने राधा में ही अनेक नायिकाओं के गुण-धर्म को आरोपित कर दिया है। अंकुरित यौवना, यौवना, अभिसारिणी, प्रौढ़ा आदि अनेक रूपों में उन्हें प्रस्तुत किया गया है। कहीं तो वह अपनी रति क्रीड़ा का खुलासा करने से बिल्कुल नहीं हिचकती और कहीं सखियों से वह बहाना कर देती है। वह वचन-चातुरी से रति-चिह्नों के कल्पित कारणों का वर्णन करती हैं–

मन्दिर अछिलिहुँ सहचरि मेलि।
परसंगे रजनि अधिक बहि गेलि।।
एक पुरुष पुनु आओल आगे। कोप अरुन आंखि अधरक आगे।।
से भयं चिकुर चिर आनहिं गेल। कपाल काजल मुख सिन्दूर भेल।।

रति क्रीड़ा के गोपन सम्बन्धी अनेक प्रसंगों की उद्‌भावना पारिवारिक परिवेश में भी की गयी है।

संयोग चित्रण की तरह कवि ने वियोग का भी उत्कृष्ट चित्रण किया है। विद्यापति सहृदय, संवेदनशील कवि ही नहीं शास्त्रज्ञ पण्डित भी हैं। इसीलिए शृंगार के किसी प्रसंग का अंकन करने से पूर्व उसके महत्त्व और प्रभाव की बौद्धिक

व्याख्या करते हैं। मान और प्रवास दो मुख्य कारण हैं, जिनसे वियोग की पीड़ा जागृत होती है।

'मान' नायिका का रुष्ट होना है। इसमें यद्यपि नायक, नायिका दोनों एक साथ रहते हैं किन्तु दोनों का मिलन नहीं होता। नायिका के मान करने के कई कारण हैं जिनमें प्रमुख है नायक का रात्रि में किसी अन्य नायिका के साथ रसकेलि करना। नायिका नायके के शरीर पर रति क्रीड़ा के कुछ चिह्नों को लक्षित करके अपना रोष प्रकट करती है। राधा माधव से कहती है कि तुम्हारी वेषभूषा और शरीर पर अंकित रति चिह्न बता रहे हैं कि तुमने अन्य नायिका के साथ रति क्रीड़ा की है। रतनारे नेत्र जागरण की सूचना दे रहे हैं। नायिका के कुचों का केशर तुम्हारे हृदय पर लग गया है। तुम्हारे वक्षस्थल क्षत-विक्षत हो गये हैं। उसके नेत्रों का अंजन तुम्हारे ओंठो पर लग गया है। नायक की चोरी पकड़ी गयी है फिर भी वह मुस्करा रहा है। नायिका खीझकर कहती है–

वचन नुकावह देकताओं माज। तोहे हँसि हरह मोहि बड़ लाज।।
अपथहु सपध बुझावह राधे। कोन परि खेमओ सठ अपराधे।।

नायक नायिका के आरोपों का सतर्क खण्डन भी करता है। वह कहता है कि उसने शिव-मन्दिर में रातभर जागरण एवं पूजा-अर्चना की है। मान प्रसंग में कहीं सखियों की उलाहना और कहीं नायक द्वारा नायिका से क्षमा याचना के दृश्य अंकित हैं। राधा मान ही नहीं महा मान तक कर लेती है, उसे कृष्ण से ही नहीं कृष्ण रंग, कृष्ण वस्त्र, कृष्ण वस्तु से भी घृणा हो जाती है। सखियाँ राधा को मान तोड़ने के लिए अनेक प्रकार से समझाती हैं, उत्तर में राधा कहती हैं–

जनम होअए जनु, जओं पुनि होइ। जुवती भए जनमए जनु कोइ।।
मिलओ सामि नागर रस धार। परबस जनु ओअ हमर पिआर।।

कवि ने नारी मनोविज्ञान का यथार्थ चित्रण किया है। नारी पुरुष पर एकाधिकार चाहती है। मध्यकालीन सामन्ती परिवेश में राधा की पीड़ा तत्कालीन समस्त नारी जाति की पीड़ा है। राधा 'मान' के लिए चिन्तित भी होती है क्योंकि उसने प्रियतम रूपी रत्न को गेरू समझकर खो दिया।

राधा ही नहीं प्रेम कलह के कारण कृष्ण भी मान करते हैं। राधा अपने प्रेम की निष्ठा तथा अनन्यता का प्रमाण देते हुए कृष्ण को मनाने की चेष्टा करती है–

जगत विदित भेल तोहे हमें नेह।
एक परान कएल दुइ देह।।

जब अनुनय विनय से राधा का मान न टूटता तो कृष्ण योगी वेश में उनकी सास को मूर्ख बनाकर छद्म तरीके से मान भंग करते हैं।

नायक एवं नायिका को विरह की वास्तविक पीड़ा का अनुभव प्रवास की अवस्था में होता है। प्रवास के लिए प्रिय घर छोड़ने को तैयारी कर रहा है और नायिका प्राण त्यागने की प्रतिज्ञा कर रही है। प्रियतम जब प्रियतमा को छोड़कर जाने की बात करता है तो उसे विश्वास ही नहीं होता। नायिका के अनुनय-विनय के बावजूद नायक कृष्ण रात्रि के अन्तिम प्रहर में चुपचाप उसे अकेली छोड़कर प्रस्थान कर गया। सूना घर, सूनी शय्या नायिका के लिए असह्य हैं। वह सखी से निवेदन करती है कि वह उसके लिए चिता की व्यवस्था कर दे जिससे वह उसी में जलकर विरह के दु:ख से छुटकारा पा सके–

सून सेज हिअ सालए रे पिआ बिनु मरब मएँ आजि।
मिनति करओं सहलोलिनि रे, मोहि देह अगिहर साजि।

एक ग्रामीण नारी की तरह राधा भी कौए से शुभ-शकुन सुनाने के लिए निवेदन करती हैं–

काक भाख नित भाखह रे, पहु आओत मोरा।
खीर खाँड़ भोजन देब रे, भरि कनक कटोरा।

प्रकृति का उन्मत्त वातावरण विरहिणियों को दारुण दुख देता है। जिस समय मंजरियों के रस में मग्न हो पवन मन्द गति से थिरक रहा हो, कोयल मधुर गीत गा रही हो, उस समय वियोगिनियाँ कैसे जीवित रह सकती हैं। शीतलता प्रदान करने वाले पदार्थ नायिका की देह में और अधिक दाह उत्पन्न करते हैं। कस्तूरी, चन्दन परिमल, कुमकुम तथा चन्द्रमा शीतलता प्रदान न करके नायिका को अग्नि के समान जलाते हैं। राधा में प्रतीक्षा की आतुरता है और दर्शन की उत्कट लालसा। वह उन्माद की अवस्था में पहुँच चुकी है। वह प्रिय के प्रवास के कारणों के विषय में तरह-तरह की अटकलें लगाती हैं। प्रियतम सम्भवत: उनके किसी दुर्गुण में रूठ गया या अपरिपक्व यौवन से निराश होकर चला गया। जब नायिका को इस तथ्य का ज्ञान होता है कि उसका प्रियतम किसी अन्य नायिका में अनुरक्त है तो उसे विशेष पीड़ा होती है किन्तु वह अपने प्रेम की निष्ठा के प्रति आश्वस्त रहते हुए दो टूक जवाब देती है–

कतन जतन के मेटिअ सजनी मेटए न रेख पखान।
जइओ तरनि जल सोखए सजनी, कमल न तेजए पाँक।
जे जन रतल जाहि सओं सजनी, कि करत निहि भय वाँक।।

पाषाण पर खिंची हुई रेखा जैसे नहीं मिटती, राहु से ग्रसित चन्द्रमा का साथ जैसे हरिण नहीं छोड़ता; सूर्य से शोषित जल वाले सरोवर की कीचड़ का साथ कमल नहीं छोड़ता वैसे ही विधाता कितना ही प्रतिकूल क्यों न हो जाय, किन्तु राधा का मन कृष्ण से विमुख नहीं हो सकता।

कवि ने बारहमासा पद्धति से राधा की वियोग व्यथा का मार्मिक चित्रण किया है। आषाढ़, सावन दो महीनों में नायिका की विरह-दशा का वर्णन अलग-अलग पदों में है। किन्तु शेष महीनों का वर्णन सिर्फ़ एक लम्बे पद में सीमित कर दिया गया है। पावस ऋतु आने पर विरहिणी के धैर्य का बाँध टूट जाता है। सान्त्वना की वाणी में भी उसे विश्वास नहीं होता। फिर यदि प्रतीक्षा करते-करते सारा यौवन समाप्त ही हो जायेगा तो कृष्ण आकर ही क्या करेंगे? यदि अंकुर सूर्य के ताप से जल ही गया तो मेघ की वर्षा से उसे क्या लाभ होगा–

अंकुर तपन ताप यदि जारब, कि कहव वारिद मेह।
ई नव जीवन बिरह गमाओब, कि करब से पिया गेह।।

यद्यपि राधा की आँखों में निरन्तर आँसुओं की वर्षा होती रहती है फिर भी विरह की आग धधकती रही है। पपीहा पी-पी रटकर हृदय में और अधिक दुख उत्पन्न करता है। पावस ऋतु को नायिका ने जैसे-जैसे बिताया, उसे पूर्ण विश्वास था कि नायक आश्विन मास में अवश्य आयेगा किन्तु यह महीना भी उसके लिए मंगलकारी नहीं सिद्ध हुआ। कीर्तिक में दो दीपावली के सुखद उत्सव में भी उसे प्रियतम की अनुपस्थिति का दर्द सालता है। पौष में भी निष्ठुर प्रियतम नहीं आया। वह अकेली सोती-जागती, जागती-सोती रात व्यतीत करती है। उसे ऐसा लगता है कि वह विरह की आग में जलकर भस्म हो जायेगी, प्रियतम को चिता में आग भी नहीं लगानी पड़ेगी। पौष मास में क्रान्ति हीन नायिका प्रियतम की खोज करती रहती है। माघ की घोर सर्दी, उसमें यौवन का उभार लेकिन प्रियतम के बिना सब कुछ व्यर्थ है। उसके लिए अन्य सुखों की तरह उसे प्रिय का संसर्ग सुख कहाँ प्राप्त है? फागुन में कोयल का पंचम स्वर विरहिणियों को दुरुतर संकट में डाल देता है। रति विलास चतुरता दिखाने का महीना चैत लग गया किन्तु उसका प्रियतम प्रवासी ही रहा। नागर होकर भी यदि वह मूर्ख माली बन गया है तो नायिका बेचारी क्या कर

सकती है? वैशाख जेठ की तपन में भी रसिक कान्त विलास की कामना करते हैं। कवि ने नायिका के दैन्य, औत्सुक्य, त्रास तथा असूया भावों की व्यंजना करते हुए बारह मासा का वर्णन किया है।

दूती कृष्ण के पास जाकर आँखों की नदी के किनारे, कमलनाल रूपी हाथों का माला लेकर नाम का जाप कर रही है और हृदय वेदिका पर काम की आग में अपने प्राणों की समिधा डाल रही है। दूती ने अनेक पदों में राधा की लावण्यहीनता तथा विरह की अन्तिम अवस्था (मरण) का संकेत किया है। विरह की आग में शरीर भले ही जलता हो किन्तु प्रेम और भी परिपक्व होता है। राधा भी कृष्ण का नाम रटते-रटते कृष्णमय हो गयी है। वह अब तो अपने ही वियोग में क्षीण हो रही है, जैसे लकड़ी दोनों से जल रही हो उसी तरह राधा अपने विरह तथा कृष्ण के विरह से जल रही है।

राधा ने कृष्ण के पास जो सन्देश भेजा है उसमें मन की खीझ, पश्चाताप, उपालम्भ अपने द्वारा किये गये कर्म तथा परवशता की पीड़ा की व्यंजना हुई है। कृष्ण के प्रति राधा का प्रेम पानी में तेल बिन्दु की तरह फैलता चला गया किन्तु वियोग सिकता में पड़कर अनुराग सूखता जा रहा है। जिस तरह चोर की पत्नी अपना मुँह ढ़ंककर गुपचुप रोती है, वह अपनी वेदना किसी से कह नहीं पाती, राधा की भी दशा कुछ इसी तरह की है। परकीया होने के नाते वह खुलकर रो भी नहीं सकती। प्रेम के लोभ से उनकी यह दुर्दशा हुई। वह ललना से कुलटा बन गयी है–

तेल बिन्दु जैसे पानि पसारिअ, ऐसन मोर अनुराग।
सिकता जल जैसे छनहि सुखाए सखि तैसन मोर सुहाग।
कुल कामिनी छलौ कुलटा भए गेंलौ, तनिकर बचन लोभाई।
अपने हि करे हमें मूड मुड़ाओल, काल्ह सञो प्रेम बढ़ाई।
चोर-रमनि जनि मने मने रोइअ, अम्बर बदन छपाई।।

कवि ने जिस तरह पूर्ण तन्मयता एवं काव्य चातुरी के साथ राधा का विरह वर्णन किया है, उसी तन्मयता तथा कौशल के साथ कृष्ण का विरह वर्णन नहीं किया है। कृष्ण की दूती राधा के पास आकर कृष्ण की दशा का चित्रण करती है। कृष्ण को राधा तथा ब्रज की सखियों के अभाव में मथुरा का सुख वैभव कुछ भी रुचि कर नहीं प्रतीत होता। कृष्ण के विरह को मात्र दो पदों में ही सीमित रखा गया है।

विद्यापति ने श्रृंगार वर्णन में शास्त्रीयता के प्रति पूर्ण सजगता बरती है। उनमें मात्र भावुकता न होकर बौद्धिकता भी है।

हर पद में विद्यापति स्वयं उपस्थित हैं। वे अन्त में अपनी ओर से सान्त्वना अवश्य देते हैं। इस तरह की पद्धति हिन्दी काव्य के क्षेत्र में अनोखी है। उन्होंने प्रबोधन के द्वारा विरह में मिलन की आशा का संचार किया है। परकीया राधा की मानसिकता समाज, परिवार की मर्यादाओं में बँधी हुई कुल ललना की है जो मन के नैसर्गिक आवेग को अनुशासित न कर पाने के कारण कृष्ण प्रेम में ठगी गयी है। उसकी द्वन्द्वात्मक स्थिति प्रेम में प्रवंचित नारी के समान है। विद्यापति भाव के स्तर पर ही नहीं शिल्प के स्तर पर लोकगीतों का सहारा लेकर राधा की अन्तर्दशा का उद्‌घाटन करते हैं। डॉ. शिवप्रसाद सिंह का कथन है कि विद्यापति ने राधा को जिस सजीव मूर्ति को तिल-तिल करके सँवारा था, अपरूप सौन्दर्य के जिस उपादान को उन्होंने रच-रचकर सारी हार्दिक ममता के साथ खड़ा किया था, उसी को उन्होंने अपनी ही हाथों शोक समुद्र में विसर्जित कर दिया। विद्यापति की राधा शोक समुद्र में डूबकर भी अपने व्यक्तित्व की दृढ़ता का परिचय देती है। चूँकि प्रेम चित्रण में आध्यात्मिकता का कोई आग्रह नहीं है, इसीलिए उसकी स्वाभाविकता आकर्षक बन गयी है। संयोग तथा वियोग दोनों में किसी तरह गोपन न रखकर उन्मुत चित्रण करते हुए कवि विद्यापति ने रति-भाव की अत्यन्त प्रभावशाली एवं मार्मिक व्यंजना की है। सूरदास के भक्ति-शृंगार को छोड़कर विद्यापति जैसे शृंगार का वर्णन हिन्दी साहित्य में उपलब्ध नहीं होता है। राधा-कृष्ण के विशुद्ध शृंगार चित्रण की दृष्टि से विद्यापति अद्वितीय हैं।

पदावली में गीति-तत्व

गद्य की अपेक्षा यदि कविता प्राचीनतर है तो कविता की अपेक्षा गीत प्राचीनतर अर्थात् गीत मानव-मन की अभिव्यक्ति का प्राचीनतम भाषिक माध्यम है। इसका नैसर्गिक रूप नितान्त करुण अस्फुट शब्दों में रुदन बनकर नितान्त प्राचीनकाल से ही नवजात शिशु में प्रस्फुटित होता आ रहा है। गीत की अभिव्यक्ति में मानवीय संवेगों-सुख-दुखात्मक अनुभुतियों का विशेष योगदान होता है। इसीलिए गीत को परिभाषित करते समय उन्हीं तत्वों पर ध्यान केन्द्रित किया गया है। महादेवी वर्मा का कथन है कि 'सुख-दुख की भावावेशमयी अवस्था का विशेष गिने-चुने शब्दों में स्वर-साधना के उपयुक्त चित्रण कर देना ही गीत है। गीत यदि दूसरे का इतिहास न कहकर वैयक्तिक सुख-दुख ध्वनित कर सके, तो उसकी मार्मिकता विस्मय की वस्तु बन जाती है, इसमें सन्देह नहीं।' डॉ. चार्ल्स की मान्यता है कि विशुद्ध काव्य जिसमें अनिवर्यात: काव्यात्मक गुण होते हैं गीत काव्य होता है। किसी रचना में

जितना अधिक 'गीतात्मकता की वृद्धि होती है उतना ही वह काव्यात्मक हो जाती है।' अंग्रेजी कवि वर्डसवर्थ ने लिखा है कि गीत हृदय की उद्दाम भावनाओं का सहज उच्छलन हुआ करता है।' कवि शैली कहता है कि हमारा मधुरतम गीत वह है जो गहन दुखों को व्यक्त करे।' सुमित्रानंदन पंत ने भी लगभग इसी तरह की बात कही है–

वियोगी होगा पहला कवि, आह से उपजा होगा गान।
निकलकर आँखों से चुपचाप, बही होगी कविता अनजान।।

गीत के भाव और शिल्प दोनों को ध्यान में रखकर ही वैयक्तिक सुख-दुखात्मक अनुभूतियों एवं विचारों की अनलंकृत या अल्प अलंकृत, कोमल एवं ललित पदों में संगीतमय सीमित आयाम की लयात्मक अभिव्यक्ति को गीत कहते हैं।

वैयक्तिकता या आत्मानुभूति गीत की प्रमुख विशेषता है, इसे केवल गीत की ही विशिष्टता मानना समीचीन नहीं प्रतीत होता क्योंकि वैयक्तिकता एवं आत्मानुभूति साहित्य की अन्य विधाओं में भी होती है। हिन्दी में ऐसे अनेक गीत लिखे गये हैं जिनमें दर्शन के दुर्बोध विचारों का वर्णन किया गया है। जहाँ तक विद्यापति के पदों का सम्बन्ध है उनमें सीधी आत्मानुभूति नहीं है। राधा और कृष्ण के सौन्दर्य चित्रण, संयोग एवं वियोग चित्रण सभी कवि के निजी अनुभव (ऐसे अनुभव जिनका कवि स्वयं भोक्ता रहा हो) नहीं हैं। नारी की रूप-छवि के चित्रण में कवि को दरबारी परिवेश तथा लोक अनुभव से पर्याप्त सामग्री प्राप्त हुई है। कवि के समक्ष रूपवती लखिमा देवी तो थी हीं, उनकी अपनी प्रेयसी या पत्नी भी रही होगी। कृष्ण के संयोग चित्रण में कवि की निजी अनुभूतियाँ ही व्यक्त हुई हैं। राधा और कृष्ण के संयोग-वियोग के चित्रण में सभी कवियों ने कामशास्त्र तथा काव्यशास्त्र का विशेष रूप से आश्रय ग्रहण किया है। राधा के भाव चित्रण में उसे परकाया प्रवेश करना पड़ा है। नारी भाव के विविध स्तरों को सूक्ष्मता से उद्घाटित करने के लिए कवि ने सामाजिक निरीक्षण तो किया ही है, किन्तु अपनी कल्पना शक्ति से उसकी गहनतम स्थितियों को भी प्रत्यक्ष किया है। नारी भावनाओं की सूक्ष्म विवृत्ति पुरुष कवि के लिए चुनौती अवश्य होती है किन्तु विद्यापति ने अपने पांडित्य अनुभव तथा कल्पना से नारी के मिलन की उत्कंठा, रति विलास तथा विरह व्यथा का प्रभविष्णु चित्रण किया है।

पात्रों के माध्यम से जो अनुभव व्यक्त हुए हैं वे कवि के ही अनुभव हैं किन्तु उन्हें पात्रों में अध्यान्तरित कर दिया गया है। कवि के मन में सौन्दर्य और प्रणय के जो संवेग उद्वेलित हो रहे थे, वे ही राधा-कृष्ण के प्रणय संवेदन के रूप में अंकित

हुए हैं। यहाँ आत्मोद्गार प्रत्यक्ष न होकर पात्रों के माध्यम से हुआ है। विद्यापति का आत्मोद्गार राधा और कृष्ण का आत्मोद्गार है। ज़्यादातर राधा और कृष्ण की दशाओं के चित्रण में दूतियों को माध्यम रूप में प्रस्तुत किया गया है। विद्यापति आलम्बन एवं आश्रय खड़ा करके भी तिरोधान नहीं होते बल्कि खड़े देखते रहते हैं कि उनके द्वारा प्रस्तुत पात्रों ने अपनी भावनाओं की वांक्षित अभिव्यक्ति की या नहीं। वे पात्रों की सुख-दुखात्मक संवेदना से जुड़कर उन्हें निरन्तर सान्त्वना भी देते हैं।

प्रार्थना तथा स्तुतिपरक कुछ गीतों में कवि की सीधी आत्मभिव्यक्ति मिलती है जैसे–

सिव हो उतरब पार कोआन विधि।
लोढ़ब कुसुम तोरब बेलपात। पुजब सदासिब ग़ौरिक साथ।
बसहा चढ़ल सिब फिराए मसान। भँगिआ जरठ दरदो न जान।
जप तप नही कएलहुँ किछु दान। बिति गेल तिन पन करइत आन।
भन विद्यापति सुनह महेस। निरधन जानि मोर हरह कलेस।

पात्रों की उपस्थिति के कारण विद्यापति के गीतों में सूक्ष्म नाटकीयता एवं अभिनेयता का भी सन्निवेश मिलता है। कवि ने नायक नायिका की आंगिक चेष्टाओं तथा मुद्राओं के ऐसे चित्र प्रस्तुत किये हैं जो दृश्य के रूप में पाठकों के समक्ष उपस्थित होते जाते हैं। राधा-कृष्ण का प्रथम मिलन अचानक घटित होने वाला तथा विस्मयकारी है–

सजनी, भल कए पेखल न भेल।
मेघ-माल संग तड़ित-लता जनि, हिरदय सेल दए गेल।
आध आँचर खस आध बदन हँस। आधिहि नयन तरंग।
आध उरज हेरि आध आँचर तेर। तबधरि दगधे अनंग।।

विद्यापति अपने पात्रों के साथ सौन्दर्यबोध के क्षणों में इतना गहरा तादात्म्य स्थापित कर लेते हैं कि सम्पूर्ण अभिव्यक्ति कवि का निश्छल आत्मोद्गार ही प्रतीत होने लगती है–

दसन मुकुता पाँति अधर मिलाएल,
मृदु-मृदु कहितहिं भासा।
विद्यापति कह अतएव से दुख रह,
हेरि-हेरि न पुरल आसा।।

मुक्ता की पंक्तियों की तरह दाँतों से सटे हुए अधरोष्ठों से मृदुल भाषा बोलती हुई नायिका की सम्पूर्ण रूप छवि को देख-देखकर भी उनकी आकांक्षा परिपूर्ण नहीं हो सकी। अत: सन्तुष्टि के अभाव में कवि दुखी है।

गीत में एक ही भाव की प्रधानता होती है। कवि उसी भाव के विविध आयामों, स्तरों तथा रूपों का सूक्ष्म एवं सघन अंकन करता है। विद्यापति के गीत प्रमुखत: सौन्दर्य, प्रणय एवं प्रकृति से सम्बन्धित हैं। शृंगार के आलम्बन का उदात्त अतिशयतामूलक सौन्दर्य चित्रण शृंगार की अभिव्यंजना के लिए आवश्यक माना गया है। दरबारी कवि विद्यापति को विलासिनियों की आंगिक चेष्टाओं तथा भाव मुद्राओं के साथ उनके उद्दीपक अंगों के उभार को देखने-परखने का सुअवसर प्राप्त था, थोड़ी बहुत यदि कमी थी तो उसे उन्होंने अपने कामशास्त्रीय एवं काव्यशास्त्रीय ज्ञान से पूरी कर ली। कवि की कल्पना इतनी प्रखर है कि वह रूप और भाव की नयी-नयी छवियों की भिन्न-भिन्न प्रसंगों में मौलिक उद्भावना कर लेती है। यद्यपि उपमानों एवं प्रतीकों की कवि बहुत पुनरावृत्ति करता है फिर भी उसकी प्रभावत्मकता एवं ताजगी बनी रहती है।

डॉ. शिवप्रसाद सिंह ने विद्यापति को हिन्दी का प्रथम गीतिकार माना है। गीतिकाव्य की परम्परा वैदिक काल से ही मिलती है। आरम्भिक जीवन की सहजता, निश्छलता तथा प्राकृतिकता जैसे-जैसे सभ्यता के विकासात्मक आडम्बरों से प्रभावित हुई, वैसे-वैसे गीति-रचना क्षीण हुई। आभिजात्य साहित्य में प्रबन्धात्मक महाकाव्यों तथा कथाकाव्यों को विशेष महत्त्व मिला। प्राचीन काल में जो गीत लिखे गये हैं, उनमें धार्मिकता एवं भक्ति भाव की प्रधानता है। पूर्वी आर्यों का लगाव गीति काव्य के प्रति विशेष था। संस्कृत साहित्य में लोक चेतना से सम्पृक्त गीत काव्य लिखने का श्रेय जयदेव को है। इसके बाद बौद्ध सिद्धों ने गीत के माध्यम से अपने गुह्य विचारों को व्यक्त किया। मध्यकाल में बहु प्रचलित निर्गुण गीतों की नींव सिद्धों ने ही डाल दी थी। सिद्धों के गीतों में दर्शन की पेचीदगियाँ हैं और रूपकों, प्रतीकों का जटिल विधान, इसलिए गीत का एक प्रमुख गुण सहजता का अभाव है। यद्यपि आन्दोलन के रूप में वे सहज के ही समर्थक रहे हैं।

विद्यापति दरबारी कवि होते हुए भी लोक अनुभवों से सम्पृक्त हैं। उन्होंने ग्राम्य नारियों के गीतों को सुना था और लोक यथार्थ के मर्म को पहचाना था। इसलिए उनके गीतों में लोक गीतों को धुन तो है ही उनकी सहजता भी है। लोक गीतों में अनलंकृत ढंग से मन के भावों को व्यक्त किया जाता है। खेत, खलिहान तथा ग्राम प्रकृति के परिवेश में लोक गीतों का अकृत्रिम प्रवाह हृदय का स्पर्श करके भाव-

विभोर कर देता है। पशु-पक्षियों से जुड़े हुए शकुनों, त्योहारों तथा लोक आस्थाओं का उसमें विशेष पुट रहता है। उदाहरणार्थ–

मोर रे अँगनवाँ चनन केरि गछिया,
ताहि चढ़ कुररय काग रे।
सोने चींच बाँधि देब तोयँ वायस,
जयों पिया आवत आज रे।
गवाह सखि सब झूमर लोरी,
मदन अराधन जाउँ रे।
चओ दिसि चम्पा मओली फूलल,
चान इज़ोरिया रात रे।
कइस कय मोयँ मयन अराधब,
होइति बड़ि रति साति रे।
विद्यापति कवि गाएब तोहर,
पहु अछ गुनक निधान रे।
राओ भोगीसर सब गुन आगर,
पदमा देइ रमान रे।

विद्यापति के कुछ गीतों में अनलंकृत सौन्दर्य मिलता है। लोक भावों की उनमें निश्छल तथा सहज अभिव्यक्ति हुई है। विरहिणी नायिका सावन के महीने में अपने प्रियतम के पास सन्देश भेजना चाहती है किन्तु कोई सन्देश वाहक नहीं मिलता है। भवन में अकेली रहती हुई उसकी पीड़ा को कोई समझने वाला नहीं है क्योंकि सभी अपने ही कष्ट को बड़ा समझते हैं। इस पद में कवि ने किसी भी अलंकार का प्रयोग नहीं किया है, फिर भी भाव व्यंजना किंचित क्षीण नहीं है। उदाहरणार्थ-

जे पतिआ लए जायेत रे, मोरा पिअतम पास।
हिय नहि सहए असह दुःख रे, भेल साओन मास।।2।।
एक सरि भवन पिया बिनु रे, मोहि रहलो न जाये।
सखि अनकर दुःख दारुन रे, जग के पतिआये।।4।।
मोर मन हरि-हरि लए गेल रे, अपनो मन गेल।
गोकुल तेजि मधुपर बस रे, कस अपजस लेल।।6।।

विद्यापति के गीतों में संगीत तत्व का पूर्णतः समावेश है। विद्यापति स्वयं बड़े संगीतज्ञ थे। कई पदों में 'विद्यापति' कवि गाओल के आधार पर अनुमान किया जा सकता है कि कवि ने गीतों को स्वयं गाकर प्रस्तुत किया है।

डॉ. सुभद्र झा ने विद्यापति के गीतों को विविध रागों में निबद्ध दिखाया है। जिन मुख्य रागों का प्रयोग हुआ है उनमें मालव राग, घनाक्षरूई, सावरी, मलारी अहिरानी, कानड़ा, सारंगी, गुज़री आदि उल्लेखनीय हैं। कुछ गीतों में वाद्य-स्वरों का ध्वनि बिम्ब प्रस्तुत किया गया है, उदाहरणार्थ–

बाजत द्रिगि-द्रिगि धौद्रिम द्रिमिया,
नटति कलावति माति स्याम संग,
कर करताल प्रबन्धक ध्वनिया।।2।।
डम-डम डंफ डिमिक डिम मादल,
रुन झुन मंजीर बोल।
किंकिन रन रनि वलआ कनकनि,
निधुवन रास तुमुल उतरौल।।4।।
बीन रवाब मुरज स्वर मण्डल,
सा, रि, ग, म, प, ध, नि, सा बहु विधि भाव
घटिता घटिता धुनि मृदंग गरजनि।
चंचल स्वर मण्डल करु राव।।6।।

निष्कर्ष रूप में कहा जाता है कि विद्यापति आदिकाल के अद्वितीय गीतकार हैं। उनमें लय और तर्ज की मौलिकता तो है ही विभिन्न भाव संवेदनाओं को व्यक्त करने की अद्भुत क्षमता भी है। इसीलिए पूर्वांचल में उनके गीत अत्यन्त लोकप्रिय हैं।

पदावली की भाषा

विद्यापति पदावली की मूल भाषा पुरानी मैथिली है। विद्यापति ने संस्कृत अवहट्ठ और देशी भाषा मैथिली तीनों में अलग-अलग रचनाएँ कीं। इसीलिए उनकी मैथिली भाषा पर संस्कृत एवं अवहट्ठ के तत्वों का भी सूक्ष्म प्रभाव है। उनके युग में पश्चिम की भाषा अपभ्रंश, सम्पूर्ण हिन्दी प्रवेश की व्यापक साहित्यिक व्यवहार की भाषा थी, क्षेत्रीय भाषाओं के तत्वों को ग्रहण करने के कारण यह नये रूप में ढल रही थी। विद्यापति ने अवहट्ठ भाषा में कीर्तिलता तथा कीर्ति पताका की रचना की है। अवहट्ठ के माध्यम से पश्चिमी भाषा मुख्यत: ब्रजभाषा का प्रभाव पूर्वी क्षेत्र के रचनाकारों पर पड़ा था। विद्यापति पदावली में बज्रभाषा की ओकारान्त उच्चारण प्रवृत्ति का स्पष्ट प्रभाव है।

जैसे–

पिबओं मधुर-मधुर भुखल भ्रमर रे।
एक दिन सकल जवन बल चलियो।
गुनक गिधान गनिओ।

क्रिया के अन्य रूपों पर भी ब्रज का प्रभाव परिलक्षित होता है, जैसे- उत्तम पुरुष एक वचन में वर्तमानकालिक रूपों का प्रयोग।

उदाहरणार्थ–

पिअ विष लेखे रहओ निरथेघ
नन्देहरि नन्दन मैं देखि आवऊँ।

बज्रभाषा में ये क्रियाएँ रहओ, आवौं के रूप में मिलती हैं। विद्यापति पदावली में अनेक सर्वनाम ब्रजभाषा के समान हैं।

उदाहरणार्थ–उत्तम पुरुष मैं, मों, मोरा, मोहिं, मोराहा।

मध्यम पुरुष- तोहि, तोहू, तोहेहि, तोहोर।

अन्य पुरुष- एहु, एहो, ओह, ओहवों।

प्रश्न वाचक- को।

परसर्गों के प्रयोग में भी ब्रज का प्रयोग परिलक्षित होता है–जैसे-तृतीया कारकीय-सयौ, सौं, सों।

अधिकरणकारकीय-पइ, पैं

क्रिया में वर्मानकालिक 'त, और 'न्त' के प्रयोग पदावली और बज्रभाषा में समान है। पदावली की भाषा में पश्चिमी ब्रज की उपर्युक्त, समरूपता इसलिए भी सम्भव हो सकी है क्योंकि उस समय बोलियों का क्षेत्रीय भेद उतना विकसित नहीं हुआ था, जितना आज है।

पदावली की भाषिक संरचना में ध्वनि परिवर्तन इस तरह के हैं जो आधुनिक आर्यभाषाओं के लक्षणों के समान हैं। अवहट्ठ में मध्य स्वरों के संयोजन की प्रवृत्ति शुरू हो गयी थी। हिन्दी बोलियों में इस प्रवृत्ति को विशेष बढ़ावा मिला, जैसे-गरय से गरै, मउलि से मौलि, चउदिस में चौदीस, कुम्भआर से कुम्भार।

विद्यापति पदावली में शब्दान्त में य के लिए इ अथवा ए, व के लिए 'उ' अथवा 'ओ' के प्रयोग के किये गये हैं। पूर्वी बोलियों में इस तरह की उच्चारण प्रवृत्ति उस समय विकसित हो रही थी।

उदाहरणार्थ–

अब सब खन रह आँचर हाथ।
लाजे लखी जन पूछए बाथ।

उपजावल के ले उपजाओल, गावल के लिए गाओल का प्रयोग मिलता है। ण के लिए 'न'। जैसे–

सेजे रमनि परम गुन मनि
पुनि किये मिलब मोय

'व' की जगह 'ब' जैसे–

पुनहि दरसन जिब जुडाएब
टुटब विरहक ओर।

विद्यापति ने लोक भाषा की उच्चारण प्रवृत्ति के अनुकूल स्वरभक्ति से युक्त शब्दों को ग्रहण किया है, जैसे-अपरुव, उद्वेगल (उद्वेग), गरानि (ग्लानि), तनै, (यत्न) आदि। 'ल' के स्थान पर 'र' के प्रयोग पर्याप्त मात्रा में हुए हैं, जैसे आँचल से आँचर, अंजलि से आँजुरि, काजल से काजर आदि। पूर्वी हिन्दी और बिहारी हिन्दी की बोलियों की ये निजी विशेषताएँ हैं। मूर्धन्य ष के लिए ख का प्रयोग प्राय: हुआ है। जैसे आषाढ़ से अषाढ़, 'क्ष' के लिए भी ज़्यादातर 'ख' का प्रयोग हुआ है। जैसे–क्षण से खण।

बिहारी उपभाषा में संज्ञा पदों के मुख्यत: चार वैल्पिक रूप प्रचलित हैं। घोड़, घोड़वा, घोड़उना, घोड़अवना, विद्यापति ने 'अ' जैसे- भिखिआ, 'व' जैसे निसरवा के प्रयोग प्रचुर मात्रा में किये हैं। चूँकि मागधी वर्ग की भाषाओं में उच्चारण में स्वर विकार अधिक हैं इसीलिए उससे विकसित बोलियों में ह्वीकरण और दीर्घीकरण की प्रवृत्ति अपेक्षाकृत अधिक हैं, जैसे-कान्हा, गात से गता, ग्रीव से ग्रीव, कुंचकी से कंचुआ आदि।

पदावली में सर्वनामों के कुछ प्रयोग ब्रजभाषा के समान हैं किन्तु ज़्यादातर सर्वनामों पर मैथिली की प्रकृति की स्पष्ट छाप है–

उत्तम पुरुष- हम, हमें मोंयें, मोंहि, मोर, मोए, मोरा, मो।

मध्यम पुरुष-तुम, तोंहि, तोए, तएँ, तुमि, तोहर, तुअ, तोहें।

अन्य पुरुष- ताँहि, ताहे, ताकँह, से, ताँहेरि, तें।

प्रश्नवाचक- कओन, के, कि, की, का।

सम्बन्ध वाचक- जे, जा, से।

परसर्ग- पदावली में कर्त्ताकारकीय 'ने' का प्रयोग नहीं है।

करण कारक में सौं तथा सएँ के प्रयोग मिलते हैं। सम्प्रदान में कारण और कारने, लगि और लागल, अपादन में दएँ और दुआरे, सम्बन्ध कारक में क, ऐर, केर, जैसे कटि केर ग़ौरब, पाओल नितम्ब, फुरलरि मधुरी कमलक संगे'। अधिकरण में, ऊपर, ऊपर, तरे, पएँ आदि।

वर्तमान काल में उत्तम पुरुष में करमि, करउँ, करौं (इमि ऊँ, ओं आदि प्रत्ययों से युक्त मध्यम पुरुष- करहि, करिस (ह, सि) प्रत्ययोंसे युक्त, अन्य- करए, करइ, करहि, करन्ति (अए, अइ, हि, न्ति) प्रत्ययों से युक्त प्रयोग हैं। सामान्य वर्तमान में 'ए' प्रत्ययों का प्रयोग बहुत अधिक है। कहीं-कहीं मूल धातु का प्रयोग वर्तमानकालिक अर्थ में मिलता है, जैसे 'के जान उत्तपत्ति तोरी' वर्तमान काल में 'त' कृदन्त महाप्राणीकृत 'थ' में परिवर्तित हुआ है। जैसे जानथि, करथि, वर्तमान काल में संयुक्तकालिक क्रिया रूप भी मिलते हैं। जैसे आयेल, अगोरल, अरझाएल, कहीं-कहीं ल के साथ 'ह' भी जुड़ा है। जैसे- कनेलह। भविष्य काल में 'ह' और 'स' रूपों के अलावा 'ब' रूप प्रयुक्त हैं। जैसे- अराही, होसइ, अनुरंजब। आज्ञार्थ क्रिया अपभ्रंश के समान है। जैसे उजिअइ, आज्ञार्थ में 'थु' का भी प्रयोग है। जैसे गावथु, खेपथु, वर्तमान कृदन्त 'त' का कार्य अपेक्षाकृत अधिक है। इसके द्वारा निरन्तरता आदि का भी बोध कराया गया है। पदावली में प्रयुक्त प्रमुख अव्यय इस प्रकार हैं–

स्थानवाचक : अन्तए, एतए, ओतहू, कतहु।

कालवाचक : अबहिं, कतिखन, एते।

प्रकारवाचक : एछन, कोनपरि, एन्ह।

परिमाणवाचक : एतवा, कितने, कता।

उपर्युक्त भाषिक विश्लेषण से यही निष्कर्ष निकलता है कि विद्यापति पदावली मूलत: मैथिली में लिखी गयी है। इस पर अन्य प्रयुक्त भाषाओं का प्रभाव पड़ा है। पदावली में बहुत से विभक्ति प्रयोग भी बचे हैं, जैसे–मुख भए चाँद अकासे। विद्यापति तत्सम शब्दों का जमकर प्रयोग करते हैं। भाषा में इसी कारण सामासिकता की भी प्रवृत्ति मिलती हैं, जैसे–कुच भए कमल कोरक। तत्सम शब्दों की कतिपय स्थलों पर लोक उच्चारण के अनुकूल हलके प्रयोग के साथ ग्रहण किया गया है। जैसे- अंचल से आँचल, अपूर्व से अपरूप, सैल से शैल। क्रिया एवं सर्वनाम, तद्भव हैं। कुछ संज्ञा पद भी तद्भव रूप में गृहीत हैं जैसे- दुर्बल से दूबरि, क्षण से खन, कृष्ण से कान्हा। स्थानीय रंग लाने के लिए विद्यापति ने बहुत से देशज शब्दों को अपनाया है। जैसे–चंगिम, झामर, झुर, झोरी, ठर, फाटलि, खुइछा (आँचल), छतिनी (टोकरी)।

विद्यापति ने अधिकांश पदों में भावाभिव्यक्ति को सशक्त बनाने के लिए अलंकारों का प्रयोग हुआ है। सादृश्यमूलक अलंकारों के प्रयोग से कवि का सौन्दर्य बोध प्रभावशाली ढंग से व्यक्त हुआ है। नायिका की स्थितियों का कवि ने उपमा, रूपक, उत्प्रेक्षा आदि के माध्यम से रूप चित्र खड़ा किया है। उपमानों का चयन ज़्यादातर शास्त्रीय परम्परा से किया गया है। लेकिन कवि ने उनका प्रयोग अत्यन्त मौलिक ढंग से किया है। उदाहरणार्थ–

जुगल सैल-सिम हिमकर देखल।
एक कमल दुइ ज्योति रे।।1।।
फुललि मधुरि फुल सिन्दुर लोटाइलि।
पाँति बइसलि गज-मोति रे।।2।।
आज देखल जत के पतिआयेत,
अपरुब बिहि निरमान रे।।3।।

प्रस्तुत पद में कवि ने परम्परित उपमानों का चमत्कारिक विधान किया है। वह कहता है कि हमने दो पर्वतों की सीमा में चन्द्रमा का दर्शन किया है। उसी स्थान पर एक कमल में दो ज्योति बिन्दु दिखायी पड़े। वहाँ पुष्पित मधुरी का फूल सिन्दूर में लोट रहा था, उसमें गज मोतियों की पंक्ति बैठी हुई थी। कवि ने शास्त्रीय उपमानों के माध्यम से अनोखा बिम्ब विधान किया है। निरन्तर प्रयोग से रुढ़ उपमान जो किसी सीमा तक प्रतीक बन गये हैं, उनके जरिए ही कवि का अभीप्सित अर्थ उद्घाटित होता है। रूपकातिशयोक्ति तथा हेतुत्प्रेक्षा में कवि की कल्पना अधिक सक्रिय होती है। कवि ने उपमानों के माध्यम से ही कहीं-कहीं अनोखी कल्पना की है। ऐसे स्थलों पर भाषा भाव-व्यंजक न होकर पांडित्य प्रदर्शन का माध्यम बनकर रह गयी है, जैसे-

पल्लव राज चरन युग शोभित।
गति गजराजक भाने।।2।।
कनक कटलि पर सिंह समारल।
तापर मेरु समाने।।4।।
मेरु उपर दुइ कमल फुलाएल।
नाल बिना रुचि पाइ।।6।।
मनिमय हार धार बहु सुरसरि।
तें नहिं कमल सुखाई।।8।।

कवि कहता है कि स्वर्ण कदली वृक्ष पर सिंह सँवारा या सजाया गया है। इस सुमेरू गिरि पर दो कमल खिले हैं जो नाल-विहीन होकर भी शोभा पा रहे हैं। कवि ने उपमा, रूपक, उत्प्रेक्षा के अलावा विभावना, रूपकातिशयोक्ति, विशेषोक्ति, अनन्वय आदि अन्य अलंकारों का भी प्रयोग किया है। शब्दालंकारों के द्वारा चमत्कार उत्पन्न करने की चेष्टा की गयी है। जैसे–

सारँग उपर उगल दस सारँग,
केलि करथि मधु पाने।।10।।
भनइ विद्यापति सुन बर जौबति,
एहन जगत नहि आने।

उपर्यक्त पंक्तियो में 'सारंग' के माध्यम से यमक अलंकार का विधान किया गया है। सारँग के हिरन, कोकिल, कामदेव, कमल, भ्रमर आदि अर्थ हैं। सौन्दर्यानुभूति को सम्प्रेषित करने के लिए कवि ने प्रकृति से गृहीत अप्रस्तुतों ज़्यादातर रूढ़ अप्रस्तुतों के द्वारा बिम्बों की सृष्टि की है। जैसे–

अम्बर बिघटु अकामिक कामिनि,
कर कुच झाँपु सुछन्दा।
कनक-सम्भु जनि अनुपम सुन्दर।
दुइ पंकज दस-चन्दा।।2।।

सद्य:स्नाता नायिका के वस्त्रों से टपकते हुए जल के लिए कवि ने वस्त्रों को जीवन्त मानते हुए जो कल्पना-चित्र प्रस्तुत किया है, वह निश्चित ही सराहनीय है। नायिका के अंगों से चिपके हुए वस्त्र यह समझ रहे थे कि यह रमणी उन्हें अभी निर्ममता से बाहर कर देगी, फिर हम ऐसे सुखानन्द से वंचित रह जायेंगे, इसीलिए वे रोकर जलधारा की वर्षा कर रहे हैं।

तूल की करइते चाहे के देहा।
अबहि छोडब मोहि तेजब नेहा।
ऐसन रस नही पाओब आरा।
इथे लागि रोइ गरए जलधारा।

कवि ने मिथकों का भी कहीं-कहीं इस्तेमाल किया है, जैसे

माधव जाइति देखबि पथ रामा।
गरुड़ासन सख-तातक वाहन।
ता सम गति अभिरामा।
दच्छसुता चारिमपति पति-भगनी।
तनय-घरनि सम रुपे।
सुरपति-अरि-दुहिता-पति वैरी।
तें भरि भलि अनूपे।।

कीर्तिलता-ऐतिहासिक चरित काव्य

कीर्तिलता अवहट्ठ भाषा में रचित ऐतिहासिक चरित काव्य है। विद्यापति ने इसे 'कहानी' कहा है। कवि की दृष्टि में राजा-महाराजा के संघर्ष एवं स्वाभिमान की कहानी सुनना सुखद तथा पुण्यकारक है। कवि ने संस्कृत की रूढ़ परिपाटी का अनुकरण बड़ी सजगता से किया है, इनके वस्तु-वर्णन में संस्कृत साहित्य की पूर्व परिपाटी दृष्टिगत होती है जिसमें मौलिकता और नवीनता है। यह रचना भृंग-भृंगी संवाद के रूप में प्रस्तुत की गयी है। भृंगी ने भृंग से पूछा संसार का सार क्या है, भृंग उत्तर देता है, हे मानिनि मनुष्य जीवन मे वीर पुरुष कहीं पैदा हुआ है तो उसका नाम क्यों नहीं लेते! यदि उत्साहपूर्वक स्पष्ट कहो तो मैं भी सुनकर तृप्त होऊँ। (कीर्तिलता, प्रथम पल्लव-छन्द.26) कीर्तिलता चार पल्लवों में विभक्त है। लता के रूपक में पल्लव शब्द का प्रयोग सार्थक है। प्रबन्ध काव्य की काव्य-रूढ़ि के अनुसार कवि ने रचना का आरम्भ गणेश के बालस्वभावानुकूल हठ से तत्पश्चात् शिव की वन्दना से किया है। तृतीय छन्द में सरस्वती का कलात्मक तथा आलंकारिक वर्णन है। सरस्वती सभी प्रकार के अर्थबोध के लिए द्वार-रूप है, वह जिह्वारूपी रंगस्थली की नर्तकी है, तत्व को प्रकाशित करने वाली दीप-शिखा है, विदग्धता के लिए विश्राम स्थल है, कल्पान्त तक स्थिर रहने वाली कीर्ति की प्रिय सखी है। (कीर्तिलता-प्रथम पल्लव-छन्द.3) आरम्भ के तीनों छन्द संस्कृत भाषा में हैं। कीर्ति सिंह की काव्य मर्मज्ञता, रसज्ञता तथा काव्य प्रियता (श्रवणधर्मिता) के विरले गुणों का ज़िक्र करते हुए विद्यापति उन्हीं महाराजा के कीर्ति का भव्य काव्य रचते हैं। अक्षर रूपी खंभे गाड़कर उस पर मंच बनाकर कीर्ति लता को त्रिभुवन में फैलाने का संकल्प करते हैं। कवि को पूर्ण विश्वास है कि सज्जन उसके काव्य की सराहना करेंगे, दुर्जन बुरा कहेंगे, जिसका जैसा स्वभाव है, वैसा वह आचरण करता है। विषधर सर्प विष उगलता है और चन्द्रमा अमृत की वर्षा करता है।

सुअण पसंसइ कव्व मझु दुज्जन बोलइ मन्द।
अवसओ विसहर विस वमइ, अमिअ विमुक्कइ चन्द।।

(प्रथम पल्लव-6)

खल निन्दा तथा सज्जन की सराहना मध्यकालीन काव्य की एक काव्य रूढ़ि है किन्तु कवियों ने अपनी-अपनी सर्जनात्मक प्रतिभा के अनुसार इस रूढ़ि में भी चमत्कार पैदा किया है। सबके अपने-अपने तर्क हैं, अपनी-अपनी भावना हैं। सज्जन का स्वभाव है सबको मित्र मानने का और शुभ चिन्ता करने का, दुर्जन जो भेद (त्रुटि) बताता है, उसे भी मैं शत्रु नहीं मानता। जैसे बालचन्द्र निष्कलंक रहता है, वैसे मेरी काव्यभाषा निष्कलंक है, दोनों ही दुर्जन के हास के आलम्बन नहीं हो सकते। बालचन्द्र शिव के ललाट पर शोभित होता है और मेरी भाषा (काव्यात्मक उक्ति) की बुधजन जो समझते हैं वे सराहना करते हैं। विद्यापति अपनी कविता को ऐसे पाठकों के लिए प्रस्तुत करते हैं जो काव्यकला के मर्मज्ञ हैं। यदि मेरी भाषा (काव्यात्मक उक्ति) सरस होगी तो सराहनीय होगी। नागर जन के मन को मोहने वाली कविता मूर्ख तथा गँवार को रस सिक्त नहीं कर सकती। विद्यापति के समय में (उसके पहले भी) संस्कृत विद्वानों तथा शिक्षितों की मान्य तथा आदरणीय भाषा थी। अत: संस्कृत भाषा में निबद्ध काव्य बुधजन को अच्छा लगता है। सम्प्रति प्राकृत भाषा परिवर्तित हो गयी है, उसके स्थान पर अपभ्रंशों का विकास हो गया है। बोलचाल तथा सामान्य व्यवहार की भाषा न होने के कारण प्राकृत काव्य के रस का मर्म लोग नहीं समझते हैं। देसिल वाणी सभी लोगों (सामान्य और बुधजन दोनों) को अच्छी लगती है, उसकी मिठास से सभी आकर्षित होते हैं, मैंने देशी वचन के सदृश अवहट्ठ भाषा में काव्य रचा है–

सक्कय वाणी बुहअन भावइ, पाउअ रस को मम्म न पावइ
देसिल वअना सब जन मिट्ठा, तं तैसन जम्पओं अवहट्ठा।।

कवि ने काव्यारंभ में वीर का लक्षण बताते हुए कहा है कि जो धर्म प्रवण है, विपत्ति में भी दीन वाणी न बोलने वाला अपनी सम्पत्ति को सज्जनों के उपयोग लिए आसानी से सुलभ कराने वाला, दान देकर भूल जाने वाला है, वह सात्विक शरीर वाला वीर होता है। वीरों की परम्परा में बलि, रामचन्द्र, भगीरथ, परशुराम की गणना करते हुए राजश्रेष्ठ गणेश्वर के पुत्र कीर्ति सिंह को स्थान दिया है। वेद के अध्येता, दानी, परब्रह्म एवं परमार्थ के ज्ञाता, धन से कीर्ति पाने वाले, शत्रु से युद्ध करने वाले ओइनी वंश के राजा कीर्ति सिंह में भूपति और भूदेव दोनों के गुण थे। विद्यापति

उनके इन्हीं गुणों के कारण उनकी सेवा में (राज्याश्रय में) थे। पौराणिक श्रेष्ठ गुणों वाले राजाओं, पात्रों से अपने आश्रयदाता को श्रेष्ठ बताना मध्यकाल की प्रमुख काव्य प्रवृत्ति है। अत: कर्ण, बलि, इन्द्र से भी उन्हें उत्कृष्ट कहने से विद्यापति कहाँ चूकने वाले हैं। कीर्ति सिंह ओइनी वंश के कामेश्वर की वंश परम्परा के चौथे वंशज हैं। कामेश्वर के पुत्र भोगीश राय और इनके पुत्र गणेश्वर थे। गणेश्वर के वीर सिंह और कीर्ति सिंह दो पुत्र थे। कवि ने कीर्ति सिंह के सभी गुणों का एक गद्य खण्ड में उल्लेख कर दिया है। अगले पल्लवों में इन्हीं को विस्तार दिया गया है। लक्ष्मण सेन संवत 252, मधुमास पंचमी को असलान ने छल से राजा गणेश्वर (गगनेश्वर-गयेनेसर) का वध कर दिया। फलस्वरूप चारों ओर अराजकता फैल गयी। ठाकुर जो रक्षक थे, ठग हो गये, चोरों ने ज़बर्दस्ती घरों पर कब्जा कर लिया। नौकरों ने मालिकों को पकड़ लिया, धर्म चला गया, काम-धन्धे ठप हो गये। दुष्ट लोग सज्जनों पर हावी हो गये, कोई न्याय का विचारक न रहा। जाति-कुजाति में विवाह होने लगे, अधर्मी लोग ऊँची जातियों के उद्धारक बन गये। अक्षर रस (काव्य-रस) को समझने वाले नहीं रह गये, कवि लोग भिखारी होकर घूमते रहे, राजा गणेश्वर के स्वर्ग जाने पर तिरहुत के सभी गुण तिरोहित हो गये। (कीर्तिलता-पल्लव 21, 22) विद्यापति ने अराजकता का जो दृश्य प्रदार्शित किया है, वह मुस्लिम शासन के परिणाम स्वरूप पूरे मध्यकाल का है। परवर्ती कवि भक्त तुलसीदास ने भी कलिकाल के चित्रण में इन्हीं स्थितियों पर प्रकाश डाला है। असलान बाद में अपने इस कुकृत्य पर पश्चाताप करते हुए कीर्ति सिंह को उनका राज्य लौटाने का उपक्रम करना चाहा। माता, गुरु, मन्त्री, मित्र सभी ने समझाया कि वह राज्य स्वीकार कर ले किन्तु कीर्ति सिंह के हृदय में पिता का बैर प्रबल था, अत: उसने किसी की भी सलाह नहीं मानी। अन्तत: दोनों भाइयों ने निर्णय किया और जौनपुर के बादशाह के पास सहायता माँगने के लिए प्रस्थान कर दिया। घर, परिवार, सुख-सुविधा, श्रेष्ठ घोड़े सब कुछ छोड़कर दोनों पैदल ही चल पड़े। विद्यापति अपने कथानायक के संघर्ष एवं पीड़ा का बड़ा यथार्थ चित्रण किया है। उन्हें गरिमा मंडित् करने के लिए झूठी कल्पना से काम नहीं लिया है। दोनों पैदल गमन कर रहे थे, रास्ते में जनता ने ठहरने का स्थान भोजन, कपड़े तथा घोड़े दिए रास्ते के लिए पाथेय भी प्रदान किये। दोनों जौनपुर पहुँच गये। कवि ने नगर की वास्तु-कला, उपवन, दुकानों, मनोरंजन के साधनों, उत्सवों, खेल-तमाशों, गजगामिनी स्त्रियों के हाव-भाव का जीवन्त चित्रण किया है। उपनगर, तिराहों, चौराहों में उमड़ती भीड़ तथा विविध हाटों में गढ़े जाते हुए सामान, सोनहरा, पनहंटा, मछहरा आदि की ध्वनियों से आनन्दमय कलरव हो रहा था। कहीं बर्तनों की

टंकार, कहीं कसेरों की दुकानों की क्रेकार सुनाई दे रही थी। कवि ने पूरे कोलाहल के लिए एक उपमान प्रस्तुत किया। लगता है मर्यादा छोड़कर समुद्र उमड़ पड़ा हो और उसका गंभीर गुरग्गुरावर्त कल्लोल कोलाहल कानों में भर रहा है। बाज़ार में छुआछूत की भावना स्वत: लुप्त हो जाती है। दोपहर के समय भीड़ बहुत बढ़ जाती है। लगता है कि भोजन करके आसपास के विक्रेता भी नगर के हाट में अपना सामान विक्रय के लिए आ जाते थे। मनुष्य के धक्का-मुक्की से सिर टकरा जाते थे। एक की टीका दूसरे के मत्थे पर लग जाती थी। टक्कर से दूसरे की स्त्री के हाथ की चूड़ियाँ टूट जाती थीं। ब्राह्मण का जनेऊ चांडाल के अंग से लगकर हिल जाता था। वेश्या के स्तन की टक्कर से संन्यासी का हृदय चूर-चूर हो जाता था। हाथियों, घोडों के चलने से लोग पिस जाते थे। शोर से ऐसा लगता है कि नगर मनुष्यों का समुद्र है। बाज़ार में विक्रेता केवल पुरुष नहीं होते थे। स्त्रियाँ भी सामान सज़ाकर विक्रय के लिए बैठती थीं। कवि क्रेताओं की रसिक वृत्ति का भी संकेत करता है। युवतियों से लोग किसी न किसी बहाने से सम्भाषण अवश्य करते थे। इसके कारण क्रय-विक्रय सुखद हो जाता था। नगर में सम्पन्नता थी। स्त्रियाँ प्रसन्न थीं। अग्रगण्य समृद्ध समाजिक ब्राह्मण, कायस्थ, राजपूत मिल-जुलकर बैठते थे। विद्यापति का ध्यान वेश्यालयों पर भी चला जाता है। उनके निवास स्थान की उत्कृष्टता, केशों को धूपित करने वाला अगरु की धूम रेखा, कज्जल सज्जा, कृत्रिम लज्जा, धन हेतु प्रेम, लोभजनित विनम्रता वर्णन करते हुए कवि कहता है कि उनका परिचय कितना अपवित्र है। वेश्याओं के घर में धूर्त, भुजंगों का ही निवास रहता है, गुणीजन को वहाँ कुछ नहीं मिलता। अपवित्र एवं निन्द्य कर्म में रत वेश्याओं के सौन्दर्य प्रसाधन तथा सौन्दर्य का चित्रण तत्कालीन उच्च वर्ग की साज-सज्जा का प्रतिरूप प्रतीत होता है। वेश्याएँ चन्दन के लेप से मंजन करती हैं, कपोल, स्तन आदि पर चन्दनादि से पत्रावली (चित्र) बनाती हैं। उभार-उभार कर केशपाश बाँधती दूतियों को नायक को लाने के लिए भेजती हैं। विविध प्रकार की नायिकाओं को देखकर तीनों पुरुषार्थ अर्थ, धर्म एवं मोक्ष को छोड़कर केवल काम की सिद्धि की जाये। कवि सौन्दर्य की उत्कृष्टता को अपनी ब्राह्मणी चेतना के परिप्रेक्ष्य में एक ही पंक्ति में अभिव्यंजित कर दिया है। वेश्याओं के केश के गुँथे फूल ऐसे लगते हैं जैसे मान्यवरों के लज्जा से झुके मुखचन्द्र की चन्द्रिका की अधोगति से अन्धकार हँस रहा है। नेत्रों के संचार तिर्यक भौंहें काली नदी की बड़ी-बड़ी मछलियाँ की तरह प्रतीत होती हैं। सिन्दूर जिसका प्रयोग विवाहिता कुलवधु करती है, वेश्याओं की माँग में जैसे उनके पाप की निन्दा करते हैं। लेकिन सिन्दूर रेखा का आकर्षण भी कम नहीं है। ये कामदेव के

प्रताप का प्रथम चिह्न सदृश दिखायी देती हैं। (कीर्तिलता, द्वितीय पल्लव-गद्य, पृ. 260) उत्प्रेक्षा द्वारा कवि ने अनूठी कल्पना का परिचय दिया है। क्षीण कटि सौन्दर्य का प्रतिमान है। रसिकों को क्षीण कटिवाली वेश्याएँ जैसे जुए में जीतकर प्राप्त हुई हैं। उनके नेत्रों के श्वेत, श्याम, रक्तिम भाग जैसे तीनों भवन को अनुशासित कर रहे थे। उनके देखने वाला व्यक्ति उनके आँचल की हवा पाने के लिए लालायित हो जाता है। गँवार जिनके पास पैसे नहीं, जिन्हें व्यवहार की कला नहीं ज्ञात होती, उन्हें वेश्याएँ बैल (मूर्ख) कहकर तिरस्कार करती थीं। उनकी तिरछी कटाक्ष नागरों के मन में काम के बाण-पंक्ति की तरह चुभ जाती हैं। विद्यापति ने सौन्दर्य का प्रभावोत्पादक चित्रण किया है केवल रुढ़ियों का निर्वाह नहीं किया है। बाज़ार में प्रविष्ट होकर दोनों राजकुमारों ने तुर्कों के खान-पान रहन-सहन, बात-व्यवहार का तौर तरीक़ा देखा। यवन भाँग खाकर और माँगता है। खान क्रुद्ध होता है। वह रोटी-माँस के लिए चिल्लाता है जैसे दौड़कर प्राण चीरकर रख देगा, मुसलमानों को प्याज विशेष प्रिय है, इसलिए खान प्याज-प्याज चिल्लाता है। तुर्कों की तामसी वृत्ति, मदिरापान, क्रोध तथा अन्य कुप्रवृत्तियों का जीवन्त चित्रण किया गया है। मुसलमानों का भारत में दूर-दूर तक शासन हो चुका था। परम्परागत भारतीय संस्कृति तथा इस्लामिक संस्कृति का द्वन्द्व तथा कर्ष-विकर्ष आरम्भ हो गया था। सत्ता के नशे में धुत्त मुस्लिम हिन्दुओं पर अत्याचार कर रहे थे। एक निवास के कुछ लोग धर्मान्तरित होकर मुसलमान हो गये थे, कुछ हिन्दू थे। सांस्कृतिक द्वन्द्व का सजीव दस्तावेज निम्नलिखित पंक्तियों में द्रष्टव्य हैं–

हिन्दू तुरके मिलल वास। एकक धम्मे अओका उपहास।।
कतहु बाँग कतहु वेद। कतहु मिसमिल कतहु छेद।।
कतहु ओझा कतहु षोजा। कतहु नखत कतहु रोजा।।
कतहु तम्बारु कतहु कूजा। कतहु नीमाज कतहु पूजा।।
कतहु तुरुक वर कर। बाँट जाइते बेगार घर।।
घरि आनये बामन वरुआ। मथां चढावए गाइक चुडुआ।।
फोट चाट जनेऊ तोर। ऊपर चढ़ावए चाह घोर।।
धोआ उरिघाने मदिरा साँघ। देउरि भाँग मसीद बाँध।।

हिन्दुओं तुर्कों का मिला-जुला आवास है। वे एक दूसरे के धर्म का उपहास करते हैं, कहीं अजान होती है, कहीं वेदपाठ। कहीं बिस्मिल्लाह कहकर हलाली की जाती है, कहीं बलि। कहीं ख़्वाजा, कहीं ओझा, कहीं व्रत-उपवास कहीं रोजा, कहीं

ताम्बे के वर्तन से कहीं कूजा, कहीं नमाज, कहीं पूजा होती है। कोई तुर्क राहगीर को बेगार के लिए पकड़ लेता है। कोई तुर्क ब्राह्मण को पकड़ लेता है, और उसके माथे पर गाय का शुरुआ रख देता है। तिलक पोंछकर जनेऊ तोड़ देता है, उसके ऊपर घोड़ा चढ़ाना चाहता है। धोए उरिधान (नबीर) से मदिरा बनाता है। देवकुल (मन्दिर) तोड़कर मस्जिद बनाते हैं। (कीर्तिलता, पृ. 270) तुर्कों को देखकर ऐसा लगता है कि हिन्दू-समूह को निगल जायँगे। विद्यापति ने बड़ी संक्षिप्त टिप्पणी में बड़ी व्यंजना कर दी है, 'सुल्तान के प्रताप से ऐसा भी होता है फिर भी सुल्तान चिरंजीव रहें। सुल्तान इब्राहम शाह की मज़बूत सत्ता का ही उनके अधीनस्थ भाई-बन्धु ऐसा अत्याचार कर रहे है' बादशाह को कुछ उदारता तो है ही, यदि ऐसा न होता तो एक मुस्लिम राजा के विरुद्ध हिन्दू राजा को बादशाह सहायता क्यों करता? दोनों राजकुमारों ने फरियाद के लिए दरबार में प्रवेश किया। दूर-दूर के राजा या शाह बादशाह से सलामी करने या बख्शीश पाने आते थे। तेलंग, बंगाली, चोल, कलिंग आदि देशों के राज पुत्रों से वहाँ की शोभा बढ़ रही थी। सभी भयाक्रान्त दिखायी देते थे। कवि अपने समय के अनुसार बादशाह की शान तथा बड़प्पन का अतिरंजित वर्णन भी किया है। शाही दरबार, नमाज गृह, भोजन गृह, शयन गृह आदि की व्यवस्थित संरचना की कवि ने सराहना की है। राजमहल के वर्णन में विद्यापति ने भव्य वर्णन किया है बाग़ बगीचे, भवन, मार्ग, रहटवाट, पुष्करिणी, आदि प्रत्यक्ष हो जाते है। डॉ. शिवप्रसाद सिंह का कथन सही है 'विद्यापति ने महल के वर्णन में एक ओर जहाँ भारतीय पद्धति के अपने ज्ञान और सूक्ष्म दर्शन का परिचय दिया है, वहीं उन्होंने मुसलमानी, भवन-निर्माण कला से अपना निकटतम परिचय भी प्रमाणित किया है।' शाखा नगर, शृंगाटक, गोपुर, बकहटी, बलभी, वीथी, अटारी, ओवरी, रहट, घाट, कोसीस, प्राकार सभी की चर्चा विद्यापति द्वारा की गयी है। नगर वर्णन में इन उपादानों का वर्णन बहुत कुछ रूढ़ हो चुका था।

दोनों राजकुमारों ने बड़े शिष्टता से बादशाह को घोड़ा और वस्त्र भेंट करते हुए विनम्र निवेदन किया। कवि ने पहले ही संकेत कर दिया है कि बादशाह से मिलने वालों की बहुत बड़ी भीड़ लगी थी। अत: संक्षेप में अपनी समस्या का कह देना ही उचित था। असलान ने गणेश्वर की वध किया और बादशाह के सदृश बिहार में कर उगाह रहा है। एक पृथ्वी पर दो राजा, दो पुरुषों की एक स्त्री युद्ध का कारण बनती है। सुल्तान को क्रोध आ गया, तुरन्त तिरहुत के लिए सेना प्रस्थान का आदेश दे दिया। किसी कारण से सेना का प्रस्थान पश्चिम की ओर हो गया जिससे कीर्ति सिंह को निराशा हुई, लेकिन उन्होंने साहस और उत्साह न छोड़ने का संकल्प

लिया। विद्यापति ने रासों काव्यों की तरह सेना के प्रयाण का रूढ़िबद्ध वर्णन किया है। नगाड़ों, भेरियों की ध्वनि के साथ सेना चल पड़ी। इब्राहीम शाह के प्रयाण का अतिरंजित वर्णन दृष्टिगत होता है। युद्ध के समय खाद्य पदार्थों की महँगाई बढ़ जाती है। विद्यापति ने इस तथ्य को उजागर करते हुए कहा है कि 'सेर के भाव पानी खरीदिए, ईधन चन्दन के भाव बिकता है, कौड़ी देने पर थोड़ा अन्न मिलता है। बाँदी और बैल महँगे दामों में बिकते हैं। युद्ध काल में दोनों भाइयों की दुर्गति का हृदय विदारक चित्रण किया गया है। तुर्कों के साथ अपने आचरण की रक्षा की कठिनाई, भोजन का अभाव, वस्त्रों का फट जाना, विदेश में किसी प्रकार के ऋण का न मिलना, राजघराने के स्वाभिमान के कारण भिक्षा न माँगना, इन अनेक कठिनाइयों के बावजूद दोनों राजकुमार स्वामी की सेवा करते रहे। विद्यापति अपने आश्रयदाता राजा की मिथ्या सराहना नहीं करते बल्कि उनकी दुर्दशा का यथार्थ रूप अंकित करते हैं, इस दृष्टि से वे अपने समकालीन रचनाकारों से अलग छवि निर्मित करते हैं। राजकुमारों ने पूर्वजों के गुणों से प्रेरणा ली। दुख के समय माँ की याद आना स्वाभाविक है, अपने शुभ चिन्तकों का स्मरण भी होता है। बाद में सेना तिरहुत की ओर चली। रथ, घोड़े, हाथी, पैदल अनेक रूपों में सेना का प्रस्थान हुआ। विद्यापति इसी सन्दर्भ में घोडों की जातियों और उनकी विशेषताओं का निरूपण करते हैं। सेना के प्रस्थान से धरती और आकाश में सर्वत्र-खलबली मच गयी। सूर्य धूल के अन्धकार से ढ़क गया। वह चन्द्रमा की तरह दिखायी देने लगा। ब्रह्मा डर से डगमगा उठे। जंगलों में जानवर परेशान हो गये। सुल्तान शत्रुओं को परास्त करते हुए मौज मस्ती करते हुए तिरहुत की सीमा में पहुँचा। बादशाह असलान अपनी शक्ति की सराहना कर रहा था। कीर्ति सिंह ने निर्भयता से प्रतिवाद किया और कहा कि मैं उसे गिरफ्तार कर लाऊँगा। कीर्ति सिंह का प्रण उनके आत्मविश्वास तथा दृढ़ता का परिचायक है। विष्णु, ब्रह्मा, शेषनाग, यमराज आदि यदि असलान की रक्षा के लिए आयें तो भी कीर्ति सिंह उसकी हत्या करके उसके रुधिर से पिता को तिलांजलि देगा। (चतुर्थ-पल्लव, पृ. 328-29) मध्याह्न काल में दोनों सेनाओं की मुठभेड़ हुई। कवि ने युद्ध का गत्यात्मक चित्रण किया है। यहाँ भी काव्यरूढ़ि का अनुसरण किया गया है। युद्ध को असाधारण सिद्ध करने के लिए विद्यापति द्रष्टा रूप में धर्मराज, इन्द्र, चन्द्र, सिद्ध और चारणों को आकाश में उपस्थित दिखाया है। युद्ध वर्णन में वीर रस की सुन्दर व्यंजना हुई है। युद्ध में मृत वीरों के रुधिर, माँस तथा उनको खाने के लिए गिद्धों, श्रृंगालों की उपस्थिति, चीरते-फाड़ते बेतालों का शोर वीभत्स रस को पुष्ट करते हैं। (वही, पृ. 336-37) पीठ दिखाकर भागने वाले असलान को कीर्ति सिंह

ने छोड़ दिया। चारों वेदों के झंकार के साथ बादशाह ने कीर्ति सिंह का राजतिलक कर दिया। अन्त में मंगल कामना है–लक्ष्मी को राजा कीर्ति सिंह चन्द्रमा और सूर्य के रहते हुए पुष्ट करें। कवि विद्यापति की भारती (कविता) जो माधुर्य की प्रसव स्थली है और श्रेष्ठ यश के विस्तार की शिक्षा देने वाली सखी है, क्रीड़ा करती रहे।

प्रस्तुत खण्डकाव्य का अंगीरस वीर रस है किन्तु उसमें सामाजिक यथार्थ, सांस्कृतिक द्वन्द्व, दो जातियों की जीवन प्राणाली का भी प्रभावकारी चित्रण किया गया है। ऐतिहासिक यथार्थ की दृष्टि से यह प्रामाणिक काव्य सिद्ध होता है।

कीर्तिलता की भाषा अवहट्ठ है। इसमें परवर्ती अपभ्रंश में देशीभाषा (तत्कालीन बिहारी हिन्दी) के तत्त्वों का पर्याप्त मिश्रण किया गया है। विद्यापति ने इस तथ्य को स्वयं स्वीकार किया है। काव्य में संस्कृत का भी प्रयोग है। संस्कृत शताब्दियों से कर्मकाण्ड की भाषा रही है। मांगलिक कार्य, प्रार्थना तथा धार्मिक अनुष्ठान संस्कृत में ही किये जाते हैं। विद्यापति ने आरम्भ में संस्कृत में मंगलाचरण की रचना की है। काव्य के अन्तर्गत अवहट्ठ भाषा में गद्य भी प्रयुक्त हुआ है। गद्य में लालित्य तथा प्रवाह लाने के लिए अलंकारों का भी प्रयोग है। वेश्याओं के चित्रण में गद्य का प्रयोग कविता से कम प्रभावशाली नहीं है। भाषा में तत्सम शब्दों को उच्चारण के अनुकूल अर्धतत्सम बनाकर ग्रहण किया गया। तत्सम शब्दों के प्रयोग से भी विद्यापति परहेज नहीं करते। कज्जल, कल्लोलिनी, सूक्ष्म प्रताप, सुन्दरी, मुख चन्द्रिका, अन्धकार आदि अनेक शब्द तत्सम हैं। तद्भवता अवहट्ठ का अपना वैशिष्ट्य है। अत: उसकी प्रधानता स्वाभाविक है। बाज़ार के दृश्य भी गद्य में ही प्रत्यक्ष है।

कीर्तिलता की काव्यभाषा

आदिकाल के प्रतिभाशाली कवि विद्यापति अपनी काव्य-रचना के उत्कर्ष के कारण हिन्दी साहित्य में अपनी विशिष्ट पहचान तो रखते ही हैं, भाषा के बहुआयामी प्रयोग के कारण भी हिन्दी आलोचकों का ध्यान अपनी ओर आकृष्ट करते हैं।

वह एक ओर भारतीय संस्कृति की संवाहक भाषा संस्कृत का पांडित्यपूर्ण व्यवहार करते हैं तो दूसरी ओर अपभ्रंश के विकसित रूप अवहट्ठ का काव्यात्मक प्रयोग करते हैं। पूर्ववर्ती भाषिक परिवर्तनों को आत्मसात करते हुए अपने स्वतन्त्र व्यक्तित्व को स्थापित करने के लिए सचेष्ट लोकभाषा हिन्दी के पूर्वी केन्द्र की बोली मैथिली को काव्यभाषा के रूप में प्रतिष्ठित करके विद्यापति ने हिन्दी बोलियों के लिए साहित्यिक द्वार का उद्घाटन किया। यद्यपि मध्यदेश में पश्चिम की ही भाषा साहित्यिक गरिमा पाती रही है, किन्तु पूर्वी क्षेत्र की बोलियाँ भी किसी न किसी

रूप में साहित्य में दख़ल देती रहीं हैं। अर्धमागधी जैनों की धर्मभाषा थी ही। पूर्ववर्ती सिद्धों ने चर्यागीतो में मागधी के मध्यकालीन उत्तरवर्ती रूप को खुलकर अपनाया। मागधी, जिसे संस्कृत नाटकों में निम्न श्रेणी के पात्रों के संवाद हेतु अधिकृत किया गया था, उसी से विकसित मैथिली को बिना किसी हीन भावना के विद्यापति ने राधा-कृष्ण के उत्कृष्ट प्रणय-गीतों का सृजन करके इतिहास की प्रचलित अवधारणा को बदल दिया। इस तथ्य को प्रमाणित भी कर दिया कि शताब्दियों से जिस भाषा को तिरस्कार भाव से देखा जा रहा था, उसमें कितनी भावप्रवणता एवं रचनात्मक शक्ति है। विद्यापति को इसका पूरा-पूरा ज्ञान था कि संस्कृत भाषा में धर्म-कर्म की चर्चा अच्छी तरह से सम्भव है। अपभ्रंश-अवहट्‌ठ में चरित काव्य खासतौर से वीर रस प्रधान रचना अधिक प्रभावशाली होगी। हृदय के उदार, प्रेम और उपालम्भ या यूँ कहिये चित्त का मर्म सहज सरल ग्राम्य भाषा में ही सार्थक एवं प्रभविष्णु अभिव्यक्ति पा सकते हैं। विद्यापति मूलत: चाहे संस्कृत या अवहट्‌ठ या मैथिली को काव्यरचना के लिए प्रयुक्त करते हैं; उनका समग्र भाषा ज्ञान उनकी भाषा की समृद्धि में सहयोगी बनता है। संस्कृत, अवहट्‌ठ को सबल बनाती है और अवहट्‌ठ, मैथिली को।

विद्यापति ने कीर्तिलता में संस्कृत और अवहट्‌ठ दो भाषाओं का प्रयोग किया है। अवहट्‌ठ के विषय में यह विदित है कि परवर्ती अपभ्रंश में देशी भाषा (मैथिली आदि) के शब्दों तथा व्याकरणिक प्रयोगों के समावेश से काव्यभाषा अवहट्‌ठ का निर्माण हुआ था। कीर्तिलता ऐतिहासिक काव्य है। इसमें कीर्ति सिंह के चरित्र का वर्णन है। तुलसी के रामचरितमानस में संस्कृत भाषा का जो प्रयोग हुआ है, उसे पण्डितों की चुनौती की प्रतिक्रिया मानना उचित नहीं है। इसे कवि का भाषागत पांडत्य-प्रदर्शन भी नहीं मानना चाहिए। इसे भाषा प्रयोग की परम्परा के अनुसरण का परिणाम मानना चाहिए। कविवर विद्यापति ने कीर्तिलता के आरम्भ में संस्कृत भाषा में पाँच श्लोकों की रचना की है। पाँचवें श्लोक में उसने कीर्ति सिंह से सम्बद्ध भव्य काव्य रचना का संकल्प लिया है–

श्रोतुर्ज्ञातुर्वदान्यस्य कीर्ति सिंह महीपतेः।
करोतु कवितुः काव्यं भव्यं विद्यापतिः कविः।

विद्यापति काव्य रचना के सन्दर्भ में कल्पना वैभव या आलंकारिक रचना विधान पर बल न देकर भाषा की रसमयता को महत्त्व देते हैं, वे कहते हैं कि–

बालचन्द विज्जावइ भासा।
दुहु नहिं लग्गइ दुज्जन हासा।

जह सुराग होसइ मझु भासा।
जो बुज्झहि सो करिह पसंसा।

(कीर्तिलता और अवहट्ठ भाषा, पृ. 228)

यदि भाषा सरस है तो वह प्रशंसनीय होती है, किन्तु इसके साथ यह शर्त है कि पाठक या श्रोता उसे समझ सकें। इसलिए विद्यापति की दृष्टि में भाषा की सरसता के साथ-साथ उसकी बोधगम्यता भी अपेक्षित है। यदि भाषा बोध से परे है तो सराहनीय नहीं हो सकती। विद्यापति अपनी काव्यभाषा के सन्दर्भ में एक संकेत और करते है; जो उनकी रचना में फलित हुआ है। उनका कहना है कि 'सक्कय वाणी बुधजन भावइ।' संस्कृत का प्रयोग वे इसलिए करते हैं कि वे बुध (प्रबुद्ध है) जनों को अपनी रचना शक्ति से परिचित कराना चाहते हैं। उनका दूसरा महत्त्वपूर्ण कथन है, 'देसिल वयना सब जन मिट्ठा, तं तैसन जम्पञों अवहट्ठा' विद्यापति जिस अवहट्ठ का प्रयोग करते हैं, उसमें देसिल वयना की मिठास है। कीर्तिलता की भाषा पर दृष्टिपात करने से ज्ञात होता है कि विद्यापति ने देशी भाषा में विकसित परसर्गों तथा व्याकरणिक रूपों को जितना अधिक व्यवहार किया है, उतना देशी शब्दों का नहीं।

ऐसे तत्सम शब्द, जिनका प्रयोग जनसाधारण की भाषा में होता है या हो सकता है, उनका समावेश कीर्तिलता में किया गया है, जैसे- जल, धूम, समर, कुल, नन्दन, पुरन्दर, दान, कुन्द, कुसुम, महिमण्डल, पंचसर, उद्धार, सम्मान, विधाता, उपवन, कनक, अंकुर, विवेक और कौतुक आदि।

कीर्तिलता में पद्य और गद्य दोनों का प्रयोग है। गद्य की भाषा में तत्समता की प्रवृत्ति अधिक है। विद्यापति ने गद्य के लेखन में संस्कृत परम्परा का ही अनुसरण किया है। इसमें पद्य की भाषा की अपेक्षा सामासिकता भी अधिक है। गद्य भाषा का एक नमूना दर्शनीय है–

तान्हि करो पुत्र युवराजन्हि मांझ पवित्र।
मर्यादा मंगलावास, कविता कालिदास, प्रबलरिपुबल
सुभट संकीर्ण समरसाहस दुर्निवार धनुर्विधावैदग्ध।

(कीर्तिलता और अवहट्ठ भाषा, पृ. 236)

प्रस्तुत गद्य की पहली पंक्ति अवहट्ठ की है जबकि शेष पंक्तियाँ संस्कृत की।

अनुकरण की अपूर्णता, प्रयत्नलाघव आदि अनेक कारणों से शब्दों की संरचना परिवर्तित होती रहती है। संस्कृत के बहुत से शब्द पालि, प्राकृत, अपभ्रंश युग में ध्वनि परिवर्तन के कारण नये रूप में ढल गये। शब्दों की नवीनतम आकृतियों को

महत्त्व देकर विद्यापति ने देशी भाषा की एक प्रमुख प्रवृत्ति को समाहित किया। कीर्तिलता की भाषा में तद्‌भव शब्दों की बहुलता है।

उदाहणार्थ–मित्त, विज्जावइ भासा, दुज्जन, णिच्चाइ, नाअर, महुअर, सक्कय, बुहअन, कित्तिलद्धं, धम्म, कम्म, सुअण, सत्ते, पुच्छ, राय, पखारिआ, अपभ्रंश की परिनिष्ठित रचनाओं में 'न' का प्रयोग नहीं मिलता है। विद्यापति, पूर्वी क्षेत्र विहार में रचना कर रहे थे। उन्होंने ब्रजभाषा से लेकर बिहारी तक में प्रचलित 'न' को काव्यभाषा में समाविष्ट करके अवहट्‌ठ के उस रूप को मान्यता दी, जो राजस्थान केन्द्र की भाषा का ही प्रतिनिधित्व नहीं करता, बल्कि सम्पूर्ण हिन्दी प्रदेश की प्रमुख सामान्य प्रवृत्तियों का प्रतिनिधित्व करता है। संस्कृत के बाद प्राकृतों की साहित्यिक प्रतिष्ठा हुई, किन्तु संस्कृत का प्रत्यक्ष या अप्रत्यक्ष रूप से प्रभाव बना रहा। प्राकृत में ऐसे अनेक शब्द है, जिन्हें संस्कृत से प्राकृत में ढाला गया है। लोक में इनके संस्कृत रूप भी विकल्प से चलते रहे हैं। विद्यापति ने ऐसे शब्दों को बेहिचक अपनाया है जो लोक में यथावत् प्रचलन में थे, जैसे-नदी, मूल-कटक, तल, पवन, देवता, जल, तिलक, गिरि, मास, रस, बालक, मित्र, लेख, तनु, जन्तु, मण्डल आदि। इससे जाहिर है कि हिन्दी अपने आरम्भिक काल से ही समन्वयकारी थी। अपने सांस्कृतिक दाय से जुड़ने की प्रक्रिया में विद्यापति ऐसे अनेक पारिभाषिक शब्दों का प्रयोग करते हैं, जिनका व्यवहार वास्तु तथा नागर व्यवस्था में होता है। उदाहरणार्थ-वज्रमणि, कांचन कलश, कृत्रिम नदी, चित्रशाली, खट्वा, प्रदीप-माणिक्य, चन्द्रकान्त शिला, मेखल, परिधा, गोपुर, वीथ और जालमंडित गवाक्ष आदि।

विद्यापति की प्रवृत्ति नितान्त ठेठ एवं देशज शब्दों के ग्रहण की नहीं है। विद्यापति के समय हिन्दी के साथ अरबी-फारसी के शब्दों का मेल-जोल व्यापक स्तर पर हो रहा था। विद्यापति शासन-प्रशासन से जुड़ी फारसी शब्दावली से सुपरिचित थे। उनके पारिभाषिक अर्थ की भी उन्हें अच्छी समझ थी। इसलिए कीर्तिलता में फारसी शब्दों का सटीक प्रयोग सम्भव हुआ है। इस सम्बन्ध में ध्यातव्य तथ्य यह है कि विद्यापति फारसी शब्दों के लोक उच्चारण को अधिक महत्त्व देते हैं। जैसे-ख़्वाजा के लिए षोजा, कलमा के लिए कलीमा, ख़ुदावर्द के ले खोदवरद, खुर्रमगाह के लिए षोमगाह, शीरीनी के लिए सेरणी, पाचपोश के लिए पापोस आदि प्रयोग द्रष्टव्य हैं। विद्यापति ने आवश्यकतानुसार शब्दों में तोड़-मरोड़ किया है। कुछ शब्दों को उन्होंने अवहट्‌ठ की द्वित्तपरक प्रवृत्ति में ढाला है। जैसे- पइज्जल, उन्जीर, वारिग्गह, और कुछ शब्दों को स्थानीय उच्चारण के अनुरूप ग्रहण किया है।

विद्यापति अपनी काव्यभाषा को भावव्यंजक बनाने के लिए उसे अलंकृत करते हैं। अलंकार भाषा का केवल सौन्दर्य संवर्धन नहीं करता, बल्कि कवि की कल्पना शक्ति को उजागर करते हुए उसकी काव्य प्रतिभा का साक्ष्य प्रस्तुत करता है। कीर्तिलता के आरम्भ में ही शार्दूल विक्रीडित छन्द में सरस्वती की वन्दना करते हुए कवि ने जिस तरह का अप्रस्तुत विधान किया है, वह उल्लेखनीय है। उसने सरस्वती को अर्थ बोध का द्वार, जिह्वा रूपी रंगस्थली की नर्तकी, तत्व को आलोकित करने वाली दीपशिखा, शृंगारादि रसों की लहरियों की मन्दाकिनी एवं कीर्ति की प्रिय सखी के रूप में स्मरण किया है–

द्वा: सर्वार्थ समागमस्य रसनारंगस्थली नर्तकी
तत्तवालोकनकज्जलाध्वजशिखा वैदग्ध विश्राम भू:
शृंगारादिरस प्रसाद लहरी स्वल्लोकल्लोलिनी
कल्पान्त स्थिर कीर्ति संभ्रमसखी सा भारती पातु व:।

(कीर्तिलता और अवहट्ठ भाषा, पृ. 225)

विद्यापति सरस्वती के जिन गुणों का ध्यान करते हैं, वे उसकी पारम्परिक प्रतिमा से अलग अपेक्षाकृत अधिक प्रभावशाली एवं काव्यात्मक हैं। विद्यापति रूपक विधान में सिद्धहस्त है। सूक्ष्म भावों की व्यंजना के लिए वे चाक्षुष बिम्ब की रचना सहज ही कर लेते हैं। कीर्तिलता की रचना हेतु जो संकल्प व्यक्त हुआ है, वह चाक्षुष बिम्ब का अच्छा दृष्टांत है।

कवि कहता है कि यदि अक्षररूपी खंभे गाड़कर उस पर मंच न बाँध दें तो त्रिभुवन क्षेत्र में उसकी कीर्तिलता किस तरह फैलेगी?

विद्यापति की मुख्य चिन्ता है, भाषा को रस पूर्ण बनाने की। आरम्भ में उन्होंने अलंकृत भाषा का विधान तो किया है, किन्तु अधिकांशत: वे सरल भाषा का प्रयोग करते हैं। थोड़े में बहुत कुछ कहने की कला विद्यापति के पास है। सामासिक सूक्तिपरक शैली कवि के अनुभव की प्रौढ़ता तथा भाषिक सर्जना की कलात्मकता दोनों को प्रमाणित करती है। वे कहते हैं कि जलदान के कारण बादल को जल्द कहते हैं। धूम का पुंज जलद नहीं होता–

जलदानेन हु जलओ नहु जलओ पुंजिओ धूमो।

विद्यापति की भाषा में कहीं-कहीं बड़ा मीठा व्यंग्य भी मिलता है। वे अपनी कविता की पाठकीय प्रतिक्रिया के विषय में कहते हैं कि जो मेरी कविता को 'बूझेगा' प्रशंसा करेगा, कविता की समझ रखने वाला यदि सज्जन है तो वह सराहना

करेगा ही। दुर्जन का मन मैला होता है। वह समझते हुए सराहना नहीं करता, बल्कि निन्दा करता है–

जइ सुरसा होइ महु भासा।
जो बुज्झिह सो करिह पसंसा।
महुअर बुज्झइ कुसुम रस कव्व कला छइल्ल।
सज्जन पर उँअआर मन दुज्जन नाम मइल्ल।।

(कीर्तिलता-प्रथम पल्लव, पंक्ति-17-18)

यहाँ 'छइल्ल' शब्द देशज है। इसका तात्पर्य है सहृदय। हेमचन्द्र ने लिखा है–

बम्म ते विरला केवि नर जे सव्वंग छइल्ल।
जे वंका ते वञ्चचर जे उज्जुअ ते वइल्ल।।

'छइल्ल' आंगिक सौन्दर्य के लिए भी प्रयुक्त होता है। 'छइल्ल' में वाँकपन तथा सीधापन दोनों हो, किन्तु वंचकता और बैलपन नहीं।

शब्द शिल्पी कवि एक-एक शब्द का शोधन करता है और उसके अर्थ वैशिष्ट्य की नयी सम्भावनाओं की तलाश करता है। कुछ शब्द रचना के लिए परिसर में अपने रूढ़ अर्थ से भिन्न नवीन अर्थ का आभास देते हैं। कीर्तिलता के प्रथम पल्लव में विद्यापति ने 'पुरुष' शब्द का प्रयोग उसके रूढ़ अर्थ से अलग करके किया है। यहाँ पुरुष, पौरुष अर्थात् साहस एवं वीरता से सम्पन्न व्यक्ति के लिए प्रयुक्त है। पुरुष मात्र पुंल्लिंगसूचक शब्द नहीं है, जिसका निर्धारण जन्मजात दैहिक संरचना से होता है। अपनी वीरता तथा संघर्ष से अपने को जिन्होंने 'पुरुष' प्रमाणित किया है, कवि ने उनके नामों तथा कर्मों का उल्लेख किया है–

पुरिस हुअउ बलिराए जासु कर कन्न पसारिअ।
पुरिस हुअउ रघुतनअ जेन्ने बले रावण मारिअ।।
पुरिस भगीरथ हुअउ जेन्ने णिअकुल उद्धरिअउ।
परसुराम पुनि पुरिस जेन्ने खत्तिअ खअ करिअउ।।

(कीर्तिलता-प्रथम पल्लव, पंक्ति-38-41)

विद्यापति की भाषा भावानुकूल गतिशील होती है। मन तथा तन की गति, भाषा में प्रयुक्त लघु पंक्तियों के विन्यास से व्यंजित होती हैं। कीर्ति सिंह अपने भाई के साथ भटक रहे हैं, कोई विश्वसनीय ठौर नहीं है। चित्त आकुल-व्याकुल है, कवि कीर्ति सिंह के लघु ठहराव को छन्द की लघु पंक्तियों से इस प्रकार चित्रित करता है–

पाञें चलु दुअओ कुमार
हरि हरि सबै सुमर
बहुल छाउँल पाटि पाँत रे
वसन पाञेल आँतरे आँतरे

(कीर्तिलता-द्वितीय पल्लव, 59-62)

दोनों कुमार पैदल चल रहे हैं। सभी लोग हरि स्मरण करते हैं। वे बहुत से बसे हुए और बहुत से निर्जन स्थानों को छोड़ते आगे बढ़ रहे हैं। बीच-बीच से ठहर जाते हैं। विद्यापति वस्तु वर्णन में सिद्धहस्त हैं। नगर का वर्णन करते हुए उन्होंने नगर की साज-सज्जा, उपवन, भीड़ और लोगों की जिज्ञासा आदि का जीवन्त चित्र खींचा है। उन्होंने विभिन्न प्रकार की हाटों से उठने वाली ध्वनियों के सामूहिक प्रभाव को निर्दिष्ट किया है। कर्णभेदी ध्वनि के लिए वे समुद्र का बिम्ब प्रस्तुत करते हैं–

कहन्ते होइअ झूठ, जनि गंभीर मुर्गारावर्त
कल्लोल कोलाहल।
कान भरन्ते मर्यादा छाँडि महार्णव ऊँठ।

यहाँ संस्कृत और अवहट्‌ठ का मिश्रित प्रयोग भी द्रष्टव्य है। भीड़ में शिष्टाचार एवं सामाजिक आचार स्वत: भंग हो जाता है। छुआछूत, ऊँच-नीच का भेदभाव चाहकर भी नहीं बरता जा सकता है। भीड़ में यात्रा करते हुए पुरुष के हाथ से दूसरे की स्त्री की कलाई की चूड़ियाँ टूट जाती हैं। दूसरे की स्त्री की कलाई पकड़ना तथा चूड़ियाँ तोड़ना लम्पटता का प्रतीक है, लेकिन भीड़ में यह दुराचार अनायास ही हो रहा है। जिस चांडाल को एक ब्राह्मण छूना नहीं पसन्द करता, उसी चांडाल की देह में ब्राह्मण की जनेऊ झूलती दिखायी देती है। वेश्याओं के पयोधर की टकराहट से यतियों (सन्यासियों) के हृदय चूर-चूर हो जाते हैं। जहाँ कविगण बाज़ारों का वर्णन करते समय केवल विक्रय के लिए आयी हुई वस्तुओं का ही परिगणनात्मक विवरण देते हैं, वहाँ विद्यापति एक संवेदनशील कवि के रूप में मानव संसर्ग जनित संवेदनाओं की रसात्मक व्यंजना करते हैं।

यात्रा हुतह पर स्त्रीक वलया भाँग। ब्रह्माण का यज्ञोपवीत।
चाण्डाल के आँग लूर, वेश्यान्हिं करो पयोधर।।
जती के हृदय चूर। धने सञ्चर घोल हाथि, बहुत।
वापुर चूरि जाथि। आवर्त विवर्त सेलहो नअर नहि नर समुद्र ओ।

(कीर्तिलता-द्वितीय पल्लव, 109-112)

कवि की कल्पना कितनी प्रभावशाली है? यह कहता है कि यह आवर्त-विवर्त का नगर नहीं बल्कि जनसमुद्र ही है।

विद्यापति की दृष्टि जौनपुर की वेश्याओं की ओर भी आकर्षित होती है। वे उनके दैहिक सौन्दर्य का वर्णन करते हुए उनके चरित्र को भी उद्‌घाटित करते हैं। कवि का निष्कर्ष है कि वेश्याओं की लज्जा कृत्रिम होती है, तारुण्य में भी कपटपूर्ण धन के निमित्त वे प्रेम करती है। लोभ से विनय और सौभाग्य की कामना करती हैं। गुणवानों को वहाँ कुछ नहीं मिलता, भुजंगों को ही गौरव मिलता है। वहाँ काम भी धूर्त की तरह रहता है। यहाँ भुजंग शब्द द्रष्टव्य है। लोकभाषा (अवधी आदि) में भुजंग काले साँप को कहते हैं। मध्यकाल में विट या वेश्यागामी को भुजंग कहा जाता था।

विद्यापति का ब्राह्मण-संस्कारी मन वेश्याओं की ओर देखने से भले ही सशंकित रहा हो, किन्तु उनका कवि मन वहाँ बलात् ठहर जाता है। उनके सौन्दर्य प्रसाधन तथा नेपथ्य सज्जा को देखकर विद्यापति मुग्ध हो जाते हैं और बड़ी ईमानदारी से कहते हैं कि सुन्दर नायिकाओं को देखकर इच्छा होती है कि तीसरे पुरुषार्थ (काम) के लिए शेष तीनों को छोड़ दिया जाय। किन्तु कवि का अतिशय संवेदनशील मन जब सजग होता है तो वे वेश्याओं के प्रति तिरस्कार को ही अंकित करते हैं। वेश्याओं के केश में बँधे हुए फूलों के लिए उन्होंने जो सादृश्य विधान किया है, उससे उनकी संस्कारी मानसिकता का ही संकेत मिलता है–

तान्हि केस कुसुम वस, जनु कज्जल कल्लोलिनी।
मुखचन्द्र चन्द्रिका करी अधओगति देखि अन्धकार
हँस...सिन्दूर रेखा निन्दन्ते पाप,
जनु पंचसर करो पहिल प्रताप।

(कीर्तिलता-द्वितीय पल्लव, 141-145)

ऐसा लगता है मानो मान्यजन के लज्जा के कारण मुखचन्द्र की चन्द्रिका की अधोगीत देखकर अन्धकार हँस रहा हो....सिन्दूर की अति सूक्ष्म रेखा पाप की निन्दा करती है। यह रेखा मानो कामदेव के प्रताप का प्रथम चिह्न है।

आकर्षण-विकर्षण, स्तुति और निन्दा की द्वन्द्वात्मकता का उपर्युक्त चित्र विद्यापति की सामाजिक, पारिवारिक एवं राजदरबारी चेतना के गहरे अन्तर्विरोध की अभिप्रेरणा से निर्मित है।

विद्यापति ने यदि एक ओर रूप-सौन्दर्य का बाज़ार देखा है तो दूसरी और सत्तापक्ष के सम्बद्ध मुस्लिमों की अहंकार प्रदर्शन भावना, धर्मनिष्ठा एवं धर्मभ्रष्टता

के दृश्यों को भी प्रत्यक्ष किया है। क्रोध से तप्त ताम्र की तरह बदन वाले, दाँत चबाने के कारण मुँह से गिरती हुई राल वाले, शराब के नशे में धन की बर्बादी करने वाले तुर्कों का उनकी बोली तथा आचरण के साथ कैसा जीवन्त चित्रण किया गया है–

अबे बे भणन्ता सरावा पिअन्ता।
कलीमा कहन्ता कलामे जिअन्ता
कसीदा कढ़न्ता मसीदा भरन्ता
कितेवा पढ़न्ता तुरुक्का अनन्ता।।
विनु कारणहि कोहाए वयन तातल तम कुण्डा
आडी डीठि निहार दवलि दाढ़ी थुक वहइ।।

वर्णों की मैत्री सातत्य कृदन्त का बहुवचनीय प्रयोग तथा शब्दों की लयात्मक योजना सब कुछ मिलकर क्रिया बिम्ब की सृष्टि करते हैं। मुसलमानों के रहन-सहन का वर्णन करते समय विद्यापति अरबी-फारसी के शब्दों का अपेक्षाकृत अधिक प्रयोग करते हैं। हिन्दुओं और मुसलमानों के सम्मिलित निवास में धर्म का परस्पर विरोधी आचरण कितना हास्यास्पद है। शाह के शासन में हिन्दू धर्मावलम्बियों पर कितना अत्याचार है, उसका यथार्थ चित्र विद्यापति अंकित करते हैं–

धरि आये वामन वरुआ
मंथा चढ़ावए गाइक चुडुआ
फोट चाट जनेऊ तोर
उपर चढ़ावए चाह घोर।

(द्वितीय पल्लव, 202-205)

हिन्दू गोट्टओ गिलिअ हल तुरुक देखि होअ मान।
अइसओ जसु परतापे रह चिर जीउउ सुरुतान।।

(द्वितीय पल्लव, 212-13)

हिन्दू-मुसलमानों का मिला-जुला वास है। कहीं बाँग होती है, कहीं वेदपाठ। कहीं बिस्मिल्ला कहकर हलाली होती है, कहीं बलि, कहीं ओझा, कही ख़्वाजा, कहीं नक्षत्र (व्रत, उपवास) कहीं रोजा। ये सब तो अपनी-अपनी जगह उचित हैं, किन्तु एक दूसरे के धर्म में हस्तक्षेप उचित नहीं। विद्यापति कहते हैं कि तुर्क, ब्राह्मण वटुक को पकड़ लाता है और उसके माथे पर गाय का शुरुआ रख देता है। तिलक पोंछकर जनेऊ तोड़ देता है। ऊपर घोड़ा चढ़ाना चाहता है। देवकुल तोड़कर मस्जिद बनाते हैं–

धोआ उरिधाने मदिरा साँध।
देउरि भाँग मसीद बाँध।।

तुर्कों का सम्मान होता है और लगता है हिन्दुओं को जैसे तुर्क लोग निगल जायेंगे। कवि के मन में पीड़ा है, इसलिए वह सीधी-सपाट भाषा में ही अपना अनुभव व्यक्त करता है। यहाँ 'गिलिअ' क्रिया का प्रयोग विशिष्ट है। यह आन्तरिक रोष तथा विरोध की व्यंजित करती है। मुँह से कोई कुछ नहीं कहता है, लेकिन आँखों से ऐसा घूरता है, जैसे सम्पूर्ण अस्तित्व को ही निगल जायेगा। सामान्य अभिधापरक शब्दों के बीच लाक्षणिक क्रिया का प्रयोग सम्पूर्ण स्थिति की गहरी व्यंजना करके सामान्य कथन को प्रभावशाली बना देता है।

अवहट्ठ की द्वित्वपरक शब्दावली में अद्भुत ओजस्विता होती है। भयानक वातावरण की सृष्टि में इसकी विशेष भूमिका है। वीररस की व्यंजना के लिए भी यह शब्दावली उपर्युक्त मानी जाती है। सेना के प्रस्थान का चित्रण करते हुए विद्यापति द्वित्वपरक शब्दों को महत्त्व देते हैं, चूँकि पूर्वी बोली में द्वित्वपरक शब्दावली का व्यवहार विरल है, इसलिए कवि इस नयी भाषिक प्रवृत्ति के प्रति भी सजग है। उदाहरणार्थ–

तवल शत वाज कत भेरि फुक्किया।
प्रलय घण सद्‌द हुअ इअर रव लुक्किआ।।
तुरुक कस हरख हँस तुरय असफालही।
मानधर मारि कर कड्‌ढि करवालही।।

(कीर्तिलता-तृतीय पल्लव, 71-74)

भाव परिवर्तन के साथ भाषा परिवर्तन भी हो जाता है। सुल्तान इब्राहीम शाह क्रुद्ध हुए, इसके लिए कवि कहता है कि सुल्तान गरम हुए। 'गरम होना' मुहावरा है। 'क्रोध' की तीव्रता किसी विशेषण के जरिए नहीं व्यक्त होती, बल्कि उसकी प्रतिक्रिया ही उसकी तीव्रता को व्यंजित करती है। शाह के गरम होते हुए रोल उछलने लगा। नौकार-चाकर दौड़ लगाने लगे। पदभार से पृथ्वी धँसने लगी। संसार गरम हो गया। सब ओर शंका बढ़ गयी। बड़ी दूर तक कोलाहल होने लगा, जैसे आज ही लंका उजड़ गयी हो। क्रोध तथा उत्साह की व्यंजना हेतु अतिशयोक्ति शैली मध्यकालीन कवियों की अतिप्रिय शैली है। कोलाहल, अस्त-व्यस्तता तथा चिन्ता की अभिव्यक्ति के लिए चिरपरिचित पौराणिक तथ्य की उत्प्रेक्षा सार्थक है–

तपत हुअउँ सुरतान रोल उँछल दरबारहिं।
जन परिजन संचरिअ धरणि धसमस पए भारहिं।।
तात भुवन भए गेल सन्त मन सबतहुँ संका।
बड़ा दूर बड़ हचड़ आज जनि उजड़ल लंका।।

विद्यापति वीररस की व्यंजना के लिए प्राय: उन्हीं रूढ़ियों का सहारा लेते हैं, जो मध्यकालीन वीरकाव्य में प्राय: दृष्टिगोचर हो जाती है। सेना के प्रयाण के साथ पर्वतों का चलायमान होना, पृथ्वी का धँसना, शेषनाग का हृदय कपित होना, धूल से सूर्य के रथ का मार्ग ढँक जाना आदि उस समय की भाषिक रूढ़ियाँ हैं।

विद्यापति के समय में युद्ध में हाथी-घोड़े आदि की सहायता ली जाती थी। कवि ने इन जानवरों की प्रकृति तथा युद्धकालीन दृश्य का बिम्बात्मक चित्रण किया है। मदमस्त हाथियों के दल निरन्तर चले जा रहे हैं। जिन जंजीरों में बँधे है, उन्हें झटकते चलते हैं। थूनी के समान पृथ्वी पर स्थित हाथी मेघ की तरह लगते हैं या कि अन्धकार के शिखर प्रतीत होते हैं जो दिग्विजय के लिए छोड़े गये हैं, जैसे गर्व सशरीर उपस्थित हो, देखने में भव्य। स्थूल के लिए सूक्ष्म भाव बिम्ब की योजना प्रौढ़ कवि की कल्पना से ही प्रसूत हो सकती है। चार-चार शब्दों का मधुभार छन्द त्वरित गति और विध्वंसक कर्म को मूर्त्त कर देता है–

अणवरत हाथि मयमत्त जाथि।।
भागन्ते गाछ चापन्ते काछ।।
तोरन्ते बोल, मारन्ते घोल
संगाम थेघ भूमट्ठि मेघ
अन्धार कूट दिग्विजय छूट
ससरीर गव्व देखन्ते भव्व

(कीर्तिलता, चतुर्थ पल्लव, 16-22)

युद्ध चाहे साधारण हो या असाधारण, कवि की रचना में उसका चित्र असाधारण ही होता है। युद्ध के द्रष्टा केवल मनुष्य ही नहीं देवी-देवता तक होते हैं। विद्यापति कहते हैं कि यह युद्ध देखने के लिए इन्द्र, चन्द्र, सुर, सिद्ध और चारणों से आकाश छा गया था, विद्याधरों से आकाश भर गया था।

युद्ध में नरसंहार का चित्रण रोंगटे खड़ा कर देता है। गिद्धों का रक्त और मांस में डूबना, प्रेत की मस्ती, वेतालों की चिल्लाहट, शृंगालों की फक्कार, भूतनियों की डकार आदि वर्णन पारस्परिक है। ध्वनि बिम्बों के द्वारा पूरे दृश्य की भयंकरता एवं

वीभत्सता को प्रत्यक्ष करती पंक्तियाँ, आनुप्रासिक वर्ण-विन्यास, छन्द की तीव्र गति अत्यन्त आकर्षक है। पंक्ति के अंत में कहीं एक वर्ण की, कहीं दो वर्ण की और कहीं तीन वर्ण की तुकान्तता दृष्टिगोचर होती है–उदाहरणार्थ–

अरुज्झाल अन्तावली जाल बद्धा।
वरसा वेग बूडन्त उड्डन्त गिद्धा।।
गआ णिकरन्तो णिवन्तो वमन्तो
सिआ सार फेक्कार रोलं करन्तो
वुभुष्खा वहू डाकिनी डक्करन्तो
वहुफ्फाल वेआल रोलं करन्तो।।

(चतुर्थ पल्लव, 197-201)

कवि विद्यापति की सर्जनात्मक उत्कृष्टता उनके समर्थ भाषिक विधान का ही प्रतिफल है। इसीलिए उसने अपनी कविता को माधुर्य की प्रसवस्थली और श्रेष्ठ यश के विस्तार की शिक्षा देने वाली सखी कहा है, जब तक यह संसार है, वह सदैव (पाठकों की वाणी पर) क्रीड़ा करती रहेगी–

माधुर्य प्रसवस्थली गुरुयशो विस्तार, शिक्षा सखी।
यावद्विश्वमिश्च खेलतकवेर्विद्यापते भारती।।

(चतुर्थ पल्लव, 2519)

सन्देशरासक (संनेह रासय या स्नेहरासक)

सन्देशरासक अब्दुल रहमान (अद्दमाण) रचित श्रृंगारिक काव्य है।
अद्दमाण को भारतीय सांस्कृतिक परम्परा का सम्यक् ज्ञान है। उसने अपने पूर्ववर्ती अनेक विद्वानों तथा अपभ्रंश, संस्कृत, प्राकृत और पैशाची के कवियों की वन्दना तथा स्मरण किया है। एक अन्य प्रसंग में उसने सदयवत्स कथा, नलचरित्र, भारत (महाभारत) रामायण का उल्लेख किया है।

काव्य-सृजन की भारतीय परिपाटी का ज्ञाता अद्दहमाण का काव्य कतिपय दृष्टियों से अत्यन्त महत्त्वपूर्ण है। सन्देशरासक की हस्तलिखित प्रति की एक टीका वि.स. 1465 की प्राप्त है। इस आधार पर यह कृति इसके पूर्व की अवश्य है। डॉ. कात्रे इसका समय 11वीं से 14वीं शताब्दी के बीच मानते हैं। मुनि जिनविजय के अनुसार वि.स. बारहवीं के उत्तरार्ध तथा तेरहवीं के पूर्वार्ध में इसकी रचना हुई। हजारीप्रसाद द्विवेदी को यह काव्य ग्यारहवीं शती का प्रतीत हुआ है। अद्दहमाण म्लेच्छ देश के मीर सेन जुलाहा के पुत्र थे। सम्पूर्ण रचना तीन प्रक्रमों में विभक्त है। पहले प्रक्रम के आरम्भ में मंगलाचरण, आत्मपरिचय, पूर्ववर्ती कवियों का स्मरण और अपने काव्य रचना के औचित्य पर प्रकाश डाला गया है। किसी कवि ने इतने विस्तार से शायद ही अपने काव्य-सृजन के औचित्य को सतर्क उजागर किया हो। उसने तथाकथित बड़े एवं प्रतिष्ठित रचनाकारों के होते हुए साधारण प्रतिभा के व्यक्ति को अपनी कवित्व-शक्ति को प्रदर्शित करने की प्रेरणा दी है। चतुर्मुख ब्रह्मा ने वेदों को प्रकाशित किया। क्या उसके बाद लोक-कवियों ने अपनी काव्य प्रतिभा का चमत्कार नहीं दिखाया। स्पष्ट है कि उसके बाद भी वाल्मीकि, व्यास, कालिदास, भारवि, माघ, स्वयंभू, पुष्पदन्त आदि अनेक कवि हुए। कवि ने संकेत करके ही छोड़ दिया है। उसके द्वारा प्रदत्त दृष्टान्तों से जाहिर होता है कि

उसकी पक्षधरता साधारण जन के रचनात्मक कौशल के महत्त्व प्रतिपादन की है। अद्दहमाण का कहना है कि यदि रात्रि में चन्द्रमा उदित होता है तो क्या तारे अपना प्रकाश न फैलायें? यदि कोयल तरुशिखर पर मधुर गीत गाती है तो क्या मुँडरे पर बैठा कौआ काँव-काँव करना छोड़ दे। यदि तीन लोकों में पवित्र गंगाजी सागर की ओर बहती है तो क्या अन्य नदियाँ सागर की ओर न बहें। यदि सरोवर में सुन्दर कमल खिलते हैं तो सामान्य जन के आँगन में लौकी न फूले। यदि भरत द्वारा निर्दिष्ट अनेक भाव-भंगिमाओं से नागरिक (अभिजात) युवतियाँ नाचती हैं तो क्या गाँव की औरतें ताली शब्द पर नृत्य न करें। निष्कर्ष यही है कि जिसके पास जितनी शक्ति है, उसके अनुसार उसे अपनी रचनात्मकता का प्रकाशन अवश्य करना चाहिए। कवि ने रसिक जन के लिए 'संनेह रासय' का सृजन किया है। उसने स्पष्ट उद्‌घोषणा की है कि बुद्धिमान लोग कुकवित्त में प्रवृत्त ही नहीं होंगे। कवि के मस्तिष्क में भाषा-भेद को लेकर भी शंका है। संस्कृत के कवियों तथा वैयाकरणों ने संस्कृत की श्रेष्ठता के समक्ष अपभ्रंश आदि को भ्रष्ट या च्युत भाषा माना। सामान्य जनभाषा की कविता का पारायण करना वे अपनी प्रतिष्ठा के विरुद्ध मानते थे। स्वयंभू ने भी देशीभाषा में काव्य-रचना करते हुए इसी तरह का संकेत किया है। जो लोग शिक्षित तथा अनपढ़ हैं उनका मूर्खता के कारण काव्य में प्रवेश होता ही नहीं। अत: कवि का कहना है कि जो न मूर्ख हैं न पण्डित हैं बल्कि मध्य के व्यक्ति हैं, उनके सामने इसे बार-बार पढ़ा जाये। अद्दहमाण ने पाठक के मध्यवर्ग का संकेत करके मौलिकता प्रदर्शित की है। कवि के द्वारा रचित छन्द है–

णहु रहइ वुहा कुकवित्तरेसि
अबुहत्तणि अबुहह णहु पवेसि।
जिण मुक्ख ण पंडिय मज्झयार,
तिह पुरउ पढिव्वउ सव्ववार।

(सन्देश रासक, 1-21)

अपने कवित्त विद्या के महात्म्य के विस्तार के लिए मनुष्य जन्म में एक कोली के द्वारा प्रकाशित कुतूहल, एवं सरल भाव से कथित 'संनेह रासउ' को बुधजन स्नेह करके सुनें। कवि बड़े दर्प से कहता है कि सन्देश रासक की रचना अति स्नेहपूर्वक की गयी है, यह प्रेम और श्रृंगार की भावनाओं से परिपूर्ण है, कर्णपुटों को अमृतमय स्वर की भाँति सुखद लगने वाला है। इसके अर्थ और लक्षणों को वह विचक्षण अपने भाव में लेख पाता है, या हृदयंगम कर पाता है जो सुरति संग में विदग्ध है। कवि ने अपनी कृति का नाम 'संनेह रासय' दिया है, अत: यह स्नेह रासक है।

अइणेहिण भासिउ, रइमइवासिउ,
सवणकुलियह अमियसरो।
लइ लिहइ वियक्खणु अत्थह लक्खणु,
सुरइसंगि जु विअड्ढ नरो।।

(सन्देश रासक, 1-23)

सन्देश रासक की कथा का आरम्भ द्वितीय प्रक्रम से होता है। विजयनगर की कोई सुन्दर रमणी जो भिंड (बर्रे) के समान कमरवाली है, हंसगामिनी, दीनानना, विरह की आग से श्यामला अश्रुप्रवाह करती हुई पथ निहार रही है। काव्य का आरम्भ बड़ा नाटकीय तथा कुतूहल जागृत करने वाला है। कवि आरम्भ में ही अनेक अनुभावों के द्वारा उसकी विरह-व्यथा की तीव्रता को अंकित कर देता है। विखरी लटोंवाली, जम्हाई लेती, उँगलियाँ तोड़ती, रोती-बिलखती, लम्बी साँसे लेती वह विरहिणी बड़ी तीव्रगति से जाते हुए एक पथिक को देखा। कथानक का पहला प्रस्थान बिन्दु तीव्र गति से पथिक के पास पहुँचने के प्रयास में नायिका के आभूषण बिखर जाते हैं, वस्त्र अस्त व्यस्त हो जाते हैं। कवि ने बड़ी सतर्कता से लज्जावती कुल वधू के सौन्दर्य की मोहर छवि उद्‌घाटित की है। पथिक के निकट पहुँची विरहिणी को देखकर पथिक स्तम्भित हो गया। उसके मानस में विस्मयकारी नायिका की जो रूप-छवि उभरी है उसका वर्णन परम्परागत नख-शिख वर्णन की परिपाटी के आधार पर किया गया है। पथिक मन ही मन उस प्रजापति को अरसिक, अंधा कहा जिसने ऐसी सुन्दर स्त्री की रचना करके अपने पास नहीं रख लिया। तीसरे दृश्य में पथिक के स्वनगर साम्बपुर का वर्णन किया गया है। इन नगर में वेदों की व्याख्या, रामायण तथा महाभारत का पाठ तथा अभिनय होता रहता है, यहाँ सभी लोग पण्डित हैं कोई मूर्ख नहीं है। नागरिक नर्तकियों के गीत तथा नृत्य सुनते एवं देखते हैं। कवि ने वेश्या-बाड़ा को कई छन्दों में चित्रण किया है, नर्तकियों के हाव-भाव से ही वहाँ का दृश्य मूर्त हो उठा है। इसके पश्चात् उद्यान के वृक्षों का नामोल्लेख है। कुल 105 वृक्षों का वर्णन है। पथिक तपन तीर्थ (मूलस्थान) को जा रहा है वहीं विरहिणी का पति भी गया है। मूलस्थान का नाम सुनते ही नायिका की व्यथा बढ़ गयी। वह पथिक के कहने पर सन्देश देना चाहती है किन्तु कतिपय कारणों से वह निष्ठुर मन से सन्देश देना उचित नहीं मानती। वह अपनी प्रेम-निष्ठा पर स्वयं के प्रश्नों से आक्रान्त है। जिसके वियोग में वह मरी नहीं अत: प्रिय को सन्देश देने में उसे लज्जा का अनुभव होता है। लज्जा के कारण यदि सन्देश न दे तो उसका हृदय फट जायेगा।

अंगों के दहन के भय से वह उच्छ्वास नहीं छोड़ती, जैसे प्रिय के द्वारा वह छोड़ दी गयी है, वैसे ही यमराज ने उसके प्राण छोड़ दिए हैं।

फिर–'पियविरहानल सन्तविअ जइ वच्चउं सुरलब्भो।
तुह छड्डिवि हियअट्ठियह तं परिवाडि ण होइ।।

(सन्देश रासक छन्द-75)

भारतीय नारी पति के रहते उसका साथ छोड़कर कहीं भी नहीं जाना चाहती है। भले ही वह परदेश में है किन्तु उसे उसने अपने हृदय में बसा रखा है। अपने सन्देश में वह कभी अपने पति के पौरुष को उत्तेजित करती है, कभी आक्रोश में उसे भला-बुरा कहती है, कभी वह अपने को कपालिनी और पति को कापालिक कहती है, कभी अपने को निशाचरी और पति को निशाचर कहती है। वह शिक्षित नारी है अत: छन्दों में अपना सन्देश देती है। सन्देश कथन में नायिका की स्वाभाविक दशा और आन्तरिक वेदना को व्यंजित करने का सफल प्रयास अद्दहमाण ने किया है। कहीं-कहीं ऊहात्मक तथा अतिरंजित वर्णन भी उपलब्ध है। कवि का तर्क है कि विस्तृत वार्ता को यदि कम शब्दों में कहना हो तो एक अतिरंजना भाव की तीव्रता एवं आवेग को व्यंजित कर सकती है। नायिका जब अनुभव करती है कि पथिक को जाने की जल्दी है, उसका सन्देश बहुत विस्तृत है तो वह अतिशयोक्ति का सहारा लेती है। नायिका कहती है–

सन्देसडउ सवित्थरउ हउँ कहणह असमत्थ।
भण पिय इक्कति बलियडइ वेवि समाणा हत्थ।।
संदेसडउ सवित्थरउ पर मइ कहणु न जाइ।
जो कालंगुलि मूँदडउ सो बाँहडी समाइ।।

सन्देश विस्तृत है किन्तु मैं कहने में असमर्थ हूँ, प्रिय से कहना कि एक ही वलय (कंगन) में दोनों हाथ समा जाते हैं, कनिष्ठिका उँगली की अँगूठी में मेरी बाँह समा जाती है। अतिशय दुर्बलता को अंकित करने के लिए इससे बेहतर और दृष्टांत क्या होगा? निरन्तर आँसुओं के गिरने से भी नायिका की विरहाग्नि शीतल नहीं होती, जब कि प्राकृतिक नियम है कि जल डालने से आग बुझ जाती है। कवि ने महाभारत के प्रसंग को दृष्टान्त रूप में रखकर अपने कथन को प्रमाणित करने का प्रयास किया है। सन्देशरासक की भूमिका में डॉ. विश्वनाथ त्रिपाठी का विचार है कि 'विरहिणी की उक्तियों में भंगिमा उसकी सहज भाव-तीव्रता के कारण है, उसमें प्रेषणीयता व्यापक और प्रगाढ़ संवेदना के कारण है, अलंकार योजना ओर नीरस उत्प्रेक्षाओं के

कारण नहीं। (सन्देशरासक-भूमिका, पृ. 132) अद्दहमाण विरह वर्णन में शास्त्रीय नियमों से आबद्ध होकर नहीं चलते हैं। उनका वर्णन आरम्भ से ही चरम अवस्था में पहुँचा हुआ प्रतीत होता है। उनमें अभिलाषा, चिन्ता, स्मृति, गुणकथन, उद्वेग, प्रलाप, उन्माद, जड़ता आदि अवस्थाएँ क्रमिक रूप में नहीं हैं, लेकिन उनकी अधिकांश स्थितियाँ मिल जाती हैं। अपने जन्म-स्थान के आसपास रोज़गार न मिलने के कारण तथा व्यापार, नौकरी आदि के द्वारा अधिक धनार्जन करने की दृष्टि से विवाहित पुरुष अपनी पत्नियों को छोड़कर परदेश चले जाते थे। पत्नियों को अकेले ही जीवन निर्वाह करना पड़ता था। संयुक्त परिवार में उनकी कुछ ज़रूरतें पूरी हो जाती थीं किन्तु दैहिक सुख, रति सुख के लिए वे तड़पती रहती थीं। सन्देश रासक की नायिका अपने पति की भर्त्सना करते हुए धन की लालच में उस छोड़कर जाने वाले अपने पति पर आक्रोश जाहिर करती है। पत्नी प्रेम और धन-प्रेम में उसके पति ने धन को चुना, इससे स्पष्ट है कि उसकी उपेक्षा की गयी। नायिका में कहीं-कहीं भावविह्वलता है और कहीं-कहीं सन्देश को प्रभावशाली बनाने की विशेष सजगता है। कवि ने उसकी वाक्-विदग्धता को भी अंकित किया है। ऐसे स्थलों पर कवि को अपना सर्जनात्मक कौशल प्रदर्शित करने का सुअवसर मिल गया है। उपमानों, दृष्टान्तों तथा रूपकों के माध्यम से विरह वर्णन को कलात्मक उत्कर्ष प्रदान किया गया है। कवि ने अपनी प्रामाणिक लोकानुभूति को कुछ प्रसंगों में नियोजित किया है। विरहिणी के मिजाज में नागरिकता और ग्राम्य प्रकृति का अद्भभुत सामंजस्य है। नायिका स्वर्णकार की कार्यप्रणाली का दृष्टान्त देती हुई कहती है कि सुनार की तरह मेरा हृदय पहले प्रिय की उत्कंठा पैदा करता है फिर विरह की आग में जलकर आशा के जल से सींच देता है। सुनारी क्रिया का यह लोक बिम्ब कवि की कलात्मकता का ही निदर्शन है। सुनार पहले सोने को कसौटी पर कसकर परखता है, फिर आग में तपाकर पानी में डाल देता है। नायिका का हृदय भी यही क्रिया करता है। रूपक के सहारे निर्मित यह बिम्ब नितान्त मौलिक है। गति की विह्वलता, शौक-श्रृंगार का त्याग, देह की अतिशय दुर्बलता को कारण सहित निर्दिष्ट किया गया है। मुक्तकों की रचना में नितान्त सहृदयता ही नहीं होती बल्कि बौद्धिकता भी होती है। तर्क की नियोजना में नायिका के स्थान पर कवि जैसे स्वयं उपस्थित हो जाता है। कवि नायिका से कहलाता है कि उत्तरायण में दिन बढ़ता है और दक्षिणायन में रात बढ़ती है, यह पूर्व नियोजित है किन्तु विरहायण में रात-दिन दोनों बहुत बड़े हो जाते हैं। यही नहीं प्रियतम तुम्हारे प्रवास से मुझे विरहाग्नि का फल मिला है, यह फल चिरंजीव

होने का वरदान है जिससे एक दिन संवत्सर के तुल्य लगता है। दुख के दिन बिताने कठिन होते हैं, रात्रि और भी दीर्घ हो जाती है। इसी तथ्य को सीधे न कहकर नायिका कलात्मक ढंग से कहती है। कामदेव के बाणों से घायल क्षत-विक्षत नायिका को नींद कैसे आ सकती है।

नायिका और पथिक दो ही पात्र हैं। दोनों के संवाद से कथा गतिशील हुई है। नायिका छन्द पर छन्द बोलती जाती है। बीच-बीच में पथिक जाने की अनुमति माँगता है या अपने सन्देश को शीघ्र कह देने का आग्रह करता है। कवि ने भावों तथा चेष्टाओं के साथ आंगिक दशाओं को इतने रोचक ढंग से उजागर किया है कि पूरी रचना में बराबर उत्कंठा बनी रहती है। कहीं-कहीं गहन संवेदनाएँ अंकित होती हैं कहीं-कहीं अलंकारों तथा बिम्बों के द्वारा काव्य-कौशल की अनोखी झलक मिलती है। पथिक नायिका को जितनी बार सम्बोधिक करता है, उसके किसी न किसी अंग के सौन्दर्य का ज़िक्र अवश्य करता है। उसने प्रसृताक्षि, कनकांगी, शशिवदनी आदि अनेक सम्बोधन प्रयुक्त किये हैं। पथिक ने विरहिणी से पूछा कि तुम्हारी वियोग-व्यथा कब से है? तब कवि को ऋतु वर्णन का अच्छा मौका मिल गया। ग्रीष्म ऋतु में उसका पति परदेश चला गया तब से आरम्भ करके वर्षा, शरद, हेमन्त, शिशिर, बसन्त ऋतुओं के परिप्रेक्ष्य में नायिका की विरह की पीड़ा को अंकित किया गया है। षड्ऋतु वर्णन सन्देशरासक के तृतीय प्रक्रम को आच्छादित किये हुए है। अत: इस पर स्वतन्त्र रूप से विचार अपेक्षित है।

रूप-सौन्दर्य : कवि ने नायिका के रूप-सौन्दर्य की अनुपम छवि को चित्रित किया है। अद्दहमाण ने ज़्यादातर पूर्व निर्धारित उपमानों का ही प्रयोग किया है। रूढ़ उपमानों के विधान में भी उसने अपने काव्य-चातुर्य का परिचय दिया है। द्वितीय प्रक्रम के आरम्भ में ही नायिका की अतिशय क्षीण कटि का चित्रण करने के लिए भिड़ (बर्र) (जो छोटा सा पीले रंग का कीड़ा होता है जिसके काटने पर सम्बन्धित अंग में सूजन आ जाती है) का उपमान प्रयुक्त है। बर्र के शरीर के दो भाग एक सूत्र से जुड़े रहते हैं। गति के लिए हंस और ग़ौर वर्ण के लिए कनक (सोने) के उपमानों का विधान किया गया है। साहित्य में नख-शिख वर्णन की एक बँधी-बँधाई परिपाटी है। कवि ने उसी का अनुसरण करते हुए शिख से नख तक विरहिणी के सौन्दर्य को आलोकित किया है। नायिका के बाल कुटिल और काले हैं। घुँघराले बाल भारतीय सौन्दर्यशास्त्र में उत्कृष्ट माने गये हैं, काले रंग के बाल ऐसे लगते हैं जैसे भौंरों का समूह हो। मुख निष्कलंक अमृतस्रावी चन्द्र के सदृश है। दीर्घ नेत्र कमल दल की तरह रक्ताभ हैं। दोनों कपोल (गाल) अनार (दाडिम) के पुष्प-समूह की तरह हैं,

बाहु युगल मृणाल नाल सदृश हैं। दोनों स्तन कठोर और नित्य उन्नत रहने के कारण दुष्ट और परस्पर मिले रहने के कारण सुजन की तरह हैं। कवि द्वारा दिया गया यह उपमान मौलिक तथा प्रभावकारी है। दुष्ट व्यक्ति अहंकार से अकड़कर (सिर उठाकर, तनकर) चलता है। इसीलिए नित्य उन्नत एवं कठोर स्तन दुष्ट की तरह कहे गये हैं। मिलन के क्षणों में ये अत्यन्त सुख देते हैं इसलिए ये सुजन (सज्जन) की तरह हैं। स्तन संवेदनशील अंग हैं। कवि ने बड़ी सावधानी से नायिका के नव यौवना होने की व्यंजना कर दी है। उसकी नाभि पर्वतीय नदी जो तीव्रगति से बहती है जिसमें आवर्तन होता है के समान है। उसकी कटि (कमर) मनुष्य के सुखों की भाँति तुच्छ है। मूर्त्त अंग की तुलना अमूर्त्त सुख से करकें कवि ने अपनी कल्पना-शक्ति का सार्थक उपयोग किया हैं। मूर्त्त के लिए अमूर्त्त उपमानों का प्रयोग हिन्दी के छायावादी काव्य में विशेष रूप से दृष्टिगत है। कदली (केले) के स्तम्भ की तरह चिकनी गोल उसकी जघाएँ है। चरणों की उँगलियाँ पद्मराग की तरह हैं। मृणाल के रेशे (तन्तु) की तरह उसकी रोमावली सुशोभित थी।

कवि रूपगत साम्य के अलावा प्रभावसाम्य पर आधारित उपमानों की योजना करके पाठकों के हृदय पर अपूर्व प्रभाव डालने में सक्षम है। नायिका की आंगिक चेष्टाओं, अनुभावों की प्रस्तुति से उसके अन्तर्मन की व्यथा प्रकाशित हो जाती है। पथिक ने जैसे खंभात का नाम लिया वह दीर्घ साँस लेकर हाथ की उँगलियाँ तोड़कर, गद्गद् वाणी में बोली और हवा के द्वारा प्रेरित केले के पौधे की तरह देर तक काँपती रही–

तोड़ि करंगुलि करुण सगग्गिर गिरपसरु
जालंधरिय समीरि मुंध थरहरिय चिरु।।

अद्दहमाण ने नायिका की दैहिक दुर्बलता, गति की लड़खड़ाहट, स्वर्णांगी की विरह ताप के कारण श्यामलता में परिणत देहयष्टि के लिए निशाचर का रूपक प्रदान किया है। रात-दिन चारपाई की पाटी पकड़कर एक हाथ के सहारे लेटी हुई नायिका के लिए कपालिनी का बिम्ब सृजित किया है। कवि ने वेश्याओं के सौन्दर्य तथा हाव-भाव की मुक्तता का भी प्रभावोत्पादक चित्र अंकित किया है। नर्तकी की चाल विशाल गज के सदृश है, वह मद विह्व होकर चलती है। उन्नत तथा पीन स्तनों वाली स्त्रियों के स्तनभार से क्षीण कटि टूट नहीं जाती, इस पर आश्चर्य होता है। सौन्दर्य के दोनों प्रतिमानों उन्नत स्तन और क्षीण कटि का यह चित्र कितना रोचक है। किसी सुन्दरी की हँसी के कारण दाँतों की चमक गाल (कपोल) में झलकती है

कवि उसके लिए उपमान प्रस्तुत करता है, जैसे चन्द्र में सूर्य प्रविष्ट हो गया है। मुख चन्द्र की तरह है, हँसी की शोभा सूर्य है। वेश्यालयों की कोई रमणी अपने विकट नितम्ब भार से लीलायित गति से चलती है। मधुर वाणी बोलती युवती के दाँत हीर पंक्ति के सदृश सुशोभित होते हैं। किसी की चढ़ी हुई भौहें ऐसी सुशोभित होती हैं, मानो अनंग ने कोप करके धनुष चढ़ाया है। किसी स्त्री के चमड़े के जूते की ध्वनि सारस के स्वर की तरह सुनाई देती है, जब कोई कोमल पंचम स्वर में गाती है तो ऐसा प्रतीत होता है देवताओं के सम्मुख तुम्बर ने अपना स्वर सजाया हो। (सन्देश रासक द्वितीय प्रक्रम छन्द 45-54) वेश्याओं के उन्मुक्त जीवन तथा गत्यात्मक सौन्दर्य का चित्रण कवि ने बेहिचक किया है। ऐसा लगता है कि सौन्दर्य की झाँकी एक-एक करके रील की तरह घूम रही है।

प्रकृति-चित्रण : सन्देश रासक में प्रकृति चित्रण षड्ऋतु वर्णन की परम्परा के अनुसार किया गया है। कालिदास ने ऋतु संहार में ऋतु वर्णन का व्यवस्थित चित्रण किया है। वर्ण रत्नाकार में छहों ऋतुओं के वर्णन सम्बन्धित कुछ नियमों को निर्दिष्ट किया गया है। प्रत्येक ऋतु में मुख्य रूप से क्या वर्णन होना चाहिए? उसकी सूची भी दी गयी है। सन्देश रासक के ऋतु वर्णन का का उद्देश्य विरहिणी के विरह व्यथा की व्यंजना करना ही है। प्रकृति चित्रण के साथ नायिका की मनोदशा के परिवर्तनों को अंकित करना, ऋतुओं की भयंकरता तथा उत्तेजकता के परिप्रेक्ष्य में नायिका की दशाओं का चित्रण कवि का विशेष अभिप्रेत है। ग्रीष्म ऋतु में नायिका का प्रियतम परदेश गया, उसी समय उसका सुख-समूह भी प्रणाम करके चला गया। वह पति को विदा करने बड़े ही विह्वल मन से घर वापस आयी थी। तपती हुई सूर्य किरणों को सहना कठिन था, यही नहीं मलय पवन भी उसके लिए दुसह था। नभतल यम की चंचल जिह्वा की तरह लहलहाता था, धरा तेज के भार से तड़तड़ करके चिटक जाती थी। ऐसी भयानक गर्मी में नायिकाओं के अंग जल जाते हैं। कवि ने ग्रीष्म ऋतु का स्वाभाविक वर्णन करते हुए नायिका पर उसके प्रभावों को उद्दीपन रूप में चित्रित किया है। फल से लदे हुए आम के वृक्ष, उन पर झूलते तोते की पंक्तियाँ सब कुछ नायिका को असहाय बनाते हैं। विरह ताप से मुक्त होने के लिए हरिचंदन का लेप, कमलदल का बिछावन सभी विरहिणी की देह को तपाते हैं। चन्द्रमा का जन्म विष के साथ हुआ है (समुद्र मन्थन में दोनों साथ निकले हैं) इसलिए चन्द्र किरणें भी जलाती हैं। ये वर्णन काव्य-रूढ़ि के प्रयोग के ही नूतन आयाम हैं। ग्रीष्म के बाद वर्षा ऋतु आयी, तपती हुई धरती जलधार से शीतल हो गयी परन्तु नायिका

पूर्ववत जलती रही। चारों ओर घोर अन्धकार, मेघ का घनघोर गर्जन, विद्युत की तड़क, आम्र वृक्ष पर बोलती कोयल की ध्वनि, सब कुछ उसके लिए असह्य है। कवि ने वर्षा के वर्णन में लोक जीवन के प्राकृतिक वातावरण को बड़ी संजीदगी से उजागर किया है। वर्षा के कारण सर्प अपने बिलों से बाहर आकर रास्ते अवरुद्ध कर देते हैं। मच्छरों के भय से गाएँ ऊँचे स्थल पर चढ़ जाती हैं। नायिका पथिक से प्रश्न करती है कि-

किं जुत्तं सुकुलग्गयाण मुत्तुण जंचि इह समए।
तडतडण तिब्ब-घण घडणसंकुले दइय वंचंति।।

क्या उच्च कुल में उत्पन्न व्यक्तियों के लिए तडतड शब्द करते हुए तीव्र घन घटसंकुल, इस समय में अपनी स्त्री को छोड़कर जाना उचित है? हिन्दू विवाह पद्धति में पति पत्नी की रक्षा और सहयोग का वचन देता है। वह घर की मर्यादा होती है, ऐसी डरावनी तथा कामोत्तेजक ऋतु में किसी कुलीन व्यक्ति का पत्नी को छोड़कर जाना क्या उचित है? दु:सह पावस में स्वप्न में प्रिय की झलक मिलती है किन्तु नींद खुलने पर यथापूर्व सूनापन ही रहता है। फिर तो ऐसा लगता है जैसे उसकी देह पत्थर की हो, प्रिय वियोग में पाप बन्ध से जटिल प्राण नहीं निकलते तो हृदय को ही फट जाना चाहिए था। इस तरह विलाप करती विरह गीत गाती, प्राकृत पढ़ती कुछ दिन बिताए। एक दिन सहसा आकाश में अगस्त तारा दिखायी दिया। कासा फूल गये, नदियों का जल स्वच्छ हो गया, जल के छीजन के साथ ही वह भी छीजने लगी। सारस सरस शब्द से उसे दुखों का स्मरण कराने लगे। जिनके पति साथ हैं वे रासलीला में मस्त होती जाती हैं, चन्दन चर्चित देहवाली वे मनोहर गीत गाती हैं, इसी ऋतु में दीपावली का त्योहार आता है। स्त्रियाँ दीपदान करती हैं, सजती हैं, सुगन्धित लेप लगाती हैं। अकेले विरहिणी उद्विग्नतापूर्वक आँसू बहाती है। नायिका स्मृति दशा से गुज़रती है। उसे आश्चर्य होता है कि ऐसी ऋतु में भी प्रियतम नहीं आया। वह पथिक से पूछती है 'क्या उस देश में निर्मल चन्द्रमा की ज्योत्स्ना नहीं होती, हंस कलरव नहीं करते, कोई राग ललित प्राकृत नहीं पढ़ता? कोई भावपूर्वक पंचम नहीं छेड़ता, प्रात: ओससिक्त पुष्प नहीं महकते? या मैं मान लूँ कि प्रिय अरसिक हो गया है जो शरद काल में घर का स्मरण नहीं करता। (संदेश रासक-छन्द. 183 तृतीय प्रक्रम) हेमंत आते-आते नायिका अपना आपा खो देती है, वह पति को घृष्ट, खल, कापालिक, शबर आदि सम्बोधन देकर अपना आक्रोश व्यक्त करती है। वह कहती है कि हे तस्कर! निर्दय! तुम्हारा स्मरण करती मुझे नींद

नहीं आयी। हे मूर्ख, खल! पापी! क्या मुझे मरी हुई जानकर ही आओगे। पति के प्रति पूर्ण निष्ठावान ग्राम्य नारियाँ नाराज़गी में पति को इस तरह गाली देने से नहीं चूकती हैं। कष्टपूर्वक हेमंत बीत जाता है, पतझड़ आ गया है, कुसुमवन झाड़-झंखाड हो गया है। नायिका ने प्रिय को लाने के लिए मनोदूत भेजा, किन्तु प्रिय स्वयं नहीं आया, मनोदूत को भी पकड़कर अपने पास रख लिया। अन्त में वसन्त की अति मादक और कामोत्तेजक ऋतु का आगमन हुआ। कवि ने वसन्त ऋतु में होने वाले प्राकृतिक वैभव का यथोचित वर्णन किया है। यह सुख और विलास की ऋतु है। पुष्प खिल गये। भ्रमर रस लोभ से काँटों तक चिन्ता नहीं करते। प्रेम मोह में अनुचित कार्यों की परवाह नहीं की जाती। प्रेम के लिए लोग जोखिम तक उठा लेते हैं। खिले हुए पलाश मयूरियों का हर्ष, मोरों का नृत्य, कोयलों का मधुर गीत, स्त्रियों के चर्चरी गीत नायिका के दिल में काम की तीव्र भावना जगाते हैं। अन्त में विरहिणी पथिक से निवेदन करके कि वह उसके द्वारा कही गयी कठोर बातें त्यागकर जो उचित हो वही प्रियतम से कहेगा। वह जैसे वापस लौटने को तत्पर हुई उसका पति आता हुआ दिखायी दिया। कवि भरत वाक्य के सदृश तथा लोककथाओं के समान मंगल कामना के साथ अपनी रचना का अंत करता है–

अइतुरिय इत्थंतरिय दिसि दक्खिण तिणिजाम दरसिय।
आसन्न पहावरिय दिट्ठु णाहु तिणि झत्ति हरसिय।
जेम अचिंतिउ कज्जु तसु सिद्धु खणद्धि महंतु।
तेम पठंत सुणंत यह जयउ अणाइ अणुंत।।

(सन्देश रासक-तृतीय प्रक्रम-छन्द.223)

काव्यरूप : सन्देश रासक रासो परम्परा का काव्य है। इसमें नाटकीयता तथा कथात्मकता का समन्वय है। संस्कृत में रासक को उपरूपक माना गया है। छन्दों की योजना ऐसी है कि उनका पूर्वापर क्षीण सम्बन्ध है तथा उनका स्वतन्त्र अर्थ भी है। अत: इसे क्षीण प्रबन्ध धर्मा काव्य माना जा सकता है। इसमें सन्देश की प्रधानता है इसलिए सन्देश काव्य भी है। यह रचना मेघदूत की परम्परा की है। सन्देश रासक में अडिला, मडिला, रासा, चउपइय, लंकोडय, पद्धडिया या वत्थु, कामिण, मोहण, दुवई, खणिज्ज, दोहा, चूडिल्लउ, फुल्लय, डोमिलय, रड्डा, छप्पय, खडहडय, गाहा, खंधय, मालिनी, नन्दिणि, भमरावली आदि छन्दों का प्रयोग है। कवि ने नायिका को कवयित्री के रूप में प्रस्तुत किया है वह अपना सन्देश छन्दों के माध्यम से देती है।

सन्देशरासक की भाषा : सन्देशरासक की भाषा परवर्ती अपभ्रंश अर्थात् अवहट्ठ है। कवि ने भावानुकूल शब्द-योजना की है। छन्द में लयात्मक गति लाने के लिए मूल शब्द में ध्वनि का अतिरिक्त संयोजन किया गया है–जैसे

अवहट्टय सक्कय, पाइयंमि पसाइयंमि भासाए।
लक्खणछन्दाहरणे सुकइत्त भूसियं जेहिं।

अवहट्ठ में य का संयोजन, संस्कृत का सक्कय में रूपान्तरण अनुस्वार को छोड़कर और कवियों की महत्ता के निरूपण के सन्दर्भ में यह कहना है कि उन्होंने कविता को विभूषित किया है। कवियों के प्रति आदर का भाव व्यक्त करने के लिए सुकवि तथा सुकवित्त शब्दों के प्रयोग हैं। शब्दों की अनुप्रासिक योजना भावानुभूति को मूर्त्त कर देती है। शरद ऋतु के वर्णन में प्रकृति के साथ नायिका की मनोदशा का बिम्ब-प्रतिबिम्ब भाव से चित्रण हुआ है। ध्वनि साम्य के कारण कविता प्रभावशाली हो गयी है–

सिज्झउ पहिय जलिहि झिज्झंतिहि,
खिज्जउ खज्जोयहिं खज्जंतिहि।
सारस सरसु रसहि किं सारसि,
मह चिर जिण्ण दुक्खु किं सारसि।

कवि ने उपमा, उत्प्रेक्षा आदि सादृश्यमूलक अलंकारों का प्रचुर संख्या में प्रयोग किया है, उसकी अलंकार योजना पांडित्य प्रदर्शन के लिए नहीं बल्कि भावों की प्रभावकारी व्यंजना के लिए है। अति परिचित उपमान का प्रयोग करते हुए कवि कहता है–

सुन्नारह जिम मह हियउ पिय उक्किंख करेइ।
विरह हुयासि दहेवि करि आसाजलि सिंचेइ।

नायिका की विह्वल गति, श्यामल देह, अतिशय दुर्बलता, बिखरे बाल को मूर्त्त करते हुए निशाचरी का रूपक-विधान किया है। इसी तरह दिन-रात चारपाई पर एक हाथ के ऊपर सिर रखकर पड़ी रहने वाली नायिका को कपालिनी के रूपक से अंकित किया गया है। कवि ने लोकोक्तियों का भी सुन्दर प्रयोग किया है–

जैसे–सिंगत्थ गइय उवाडयणि, पिक्ख हराविय णिअ सवण।

गर्दभी सींगों के लिए गयी, देखो अपने कान भी खो आयी है। कवि ने कतिपय स्थलों पर ध्वनि बिम्ब का भी प्रयोग किया है–वर्षा ऋतु के चित्रण में ध्वनि-बिम्ब से सम्पूर्ण डरावना दृश्य प्रत्यक्ष हो जाता है–

णहह मग्गि णहवल्लि तरल तडयडिवि तडक्कइ
दद्दुर रडणु रउद्दु कोवि सहवि ण सक्कइ।

नभ मार्ग में नभवल्ली (बिजली) तड़तड़ करके तड़कती है। दादुर की रौद्र रटन कोई भी सह नहीं सकता।

नव नायिका भावविभोर होकर अपने मन की कोमल भावना को व्यक्त करती है तो उसका छन्द गीतपरक हो जाता है। कवि इस तथ्य से अवगत है कि आत्मभिक्ति गीतात्मक होती है। भाषा की दृष्टि सन्देशरासक एक उत्कृष्ट काव्य सिद्ध होता है।

चन्दवरदाई रचित पृथ्वीराज रासो

चन्दवरदाई का जन्म 1148 ई. में लाहौर (सम्प्रति पाकिस्तान) में भट्ट जाति के जगात गोत्र में हुआ था। अन्य सूचना के अनुसार ये कलादी गोत्र से सम्बन्धित थे। इसी दिन पृथ्वीराज चौहान का भी जन्म हुआ था। ये पृथ्वीराज चौहान के सखा और राजकवि थे। ये पृथ्वीराज के पक्के सहयोगी थे। राजदरबार सन्धि विग्रह सभी स्थलों पर पृथ्वीराज के साथ चन्द रहा करते थे। इनकी मृत्यु संवत् 1249 में हुई। चन्दवरदाई पृथ्वीराज रासों का रचयिता है। वरदाई के स्थान पर 'बलद्दिय' शब्द का उल्लेख रासों में अनेक बार हुआ है। चन्द को देवी दुर्गा का वर प्राप्त था। नामवर सिंह ने इस सम्बन्ध में एक महत्त्वपूर्ण तथ्य की ओर संकेत किया है '(वरद्दिय) वस्तुत: बलीवर्द का तद्भव रूप है जो नरवृषभ की तरह आदरार्थ विरुद की तरह जोड़ा जाता है। इसकी पुष्टि उस प्रसंग से होती है जिसमें जयचन्द चंन्द के विरुद पर व्यंग्य करते हुए पूछता है 'क्यों दूबरो बरद्ध' (संक्षिप्त पृथ्वीराज रासो, पृ. 179) चन्द और पृथ्वीराज का जन्म एक ही दिन हुआ था और मृत्यु भी एक ही दिन हुई। जब गजनवी पृथ्वीराज को पकड़कर गजनी ले गया तो चन्दवरदाई भी उनके साथ गये। वहाँ पर उन्होंने मुहम्मद गजनवी को बताया था कि पृथ्वीराज शब्दबेधी बाण चलाते हैं, उनकी परीक्षा ली जा सकती है। गजनवी ने आदेश दे दिया। चन्द ने गजनवी की उपस्थिति का ऐसा शब्द-चित्र बनाकर कविता प्रस्तुत की कि पृथ्वीराज ने गजनी पर बाण का निशाना लगाकर उसे मौत के घाट उतार दिया। फिर कवि और आश्रयदाता ने दोनों एक दूसरे को तलवार से मार दिया। रासों के वृहद तथा मध्यम रूपान्तरों में इस घटना का उल्लेख मिलता है, यद्यपि इतिहासकार इस घटना को इतिहास सम्मत नहीं मानते हैं। उपर्युक्त कथनों से स्पष्ट है कि पृथ्वीराज तथा चन्दवरदाई में अति घनिष्ठता थी। युद्ध की परिस्थिति, अनुकूलता-प्रतिकूलता तथा तमाम गोपनीय सूचनाओं हेतु पृथ्वीराज चन्द पर निर्भर करते थे। कयमास वध

राजा के द्वारा गोपनीय तरीके से किया गया था। रात में जंगल से आकर पृथ्वीराज ने कर्नाटकी दासी में आसक्त कयमास की हत्या कर दी थी। दूसरे दिन पृथ्वीराज दरबार में उपस्थित मंत्रियों तथा अन्य सरदारों से कयमास का पता पूछने लगा। कोई भी व्यक्ति कयमास के विषय में बता नहीं पाया। पृथ्वीराज क्रोध से तमतमा रहा था। सभी दरबारी भयभीत होकर एक-एक करके हट गये। राजा के समक्ष केवल चन्द बैठा रहा। पृथ्वीराज ने चन्द को चुनौती दी, कवि चन्द तुम वरदायी (बलद्दिय) हो। कयमास के विषय में बताओ नहीं तो अपने को वरदायी मत कहो। गोपनीयता भंग करने पर उसे मृत्युदण्ड मिल सकता था और न बता पाने की स्थिति में भी उसके सम्मान पर ठेस पहुँच सकती थी। सरस्वती की कृपा से चन्द घटना का आत्म साक्षात्कार कर चुका था। उसने निडर होकर सबकुछ बता दिया और अन्त में यह भी कह दिया कि जो जैसा करता है, उसे वैसा फल मिलता है। कयमास ने गलत किया किन्तु पृथ्वीराज ने भी गलत किया। इतने बड़े वीर की हत्या करके उसने अपने भविष्य की ही हत्या कर डाली। संयोगिता के लिए तड़पने वाला पृथ्वीराज कर्नाटकी दासी से प्रेम करने के अपराध में महावीर कयमास को चुपके से मार दिया। इसके बाद उसके पराभव का ही सिलसिला आरम्भ हो गया। इस प्रसंग से चन्दवरदायी की निर्भीकता, नैत्यिक घटित होने वाले यथार्थ से अवगत रहने का प्रमाण मिलता है। कयमास की पत्नी को पति का शव दिलाने में भी चन्द की ही निर्भीक भूमिका है। प्रस्तुत महाकाव्य में चन्द का व्यक्तित्व कथानायक के समकक्ष उभरकर प्रस्तुत होता है। चन्द स्वयं महाकाव्य में एक अति सक्रिय पात्र के रूप में अपने आश्रयदाता का सहयोग करता है, वह घटनाओं का प्रत्यक्ष द्रष्टा प्रतीत होता है। राजा को प्रोत्साहित करने और सराहना करने की उसकी समयगत प्रतिबद्धता है। देशरक्षा का दायित्व राजाओं महाराजाओं के ही ज़िम्मे था, वे सामन्ती भोग वृत्ति तथा स्त्रियों के लिए परस्पर संघर्षरत रहकर अपनी शक्ति क्षीण कर रहे थे। अनावश्यक अहंकार की तुष्टि के लिए परस्पर युद्ध उनमें वैमनस्य का भाव उत्पन्न कर देता था। राष्ट्रीय दायित्व तथा श्रृंगारिक भाव के द्वन्द्व के बीच से कभी-कभी बड़ा जोखिम उठाकर राजा को राष्ट्रीय दायित्व का बोध चन्द ने कराया है। चन्द ने यमक का सहारा लेकर पृथ्वीराज को सचेत किया है। वह कहता है–

गोरी रत्तउ तुव ध्धरा तुं गोरी अनुरत्त।

गोरी अर्थात् मुहम्मद गोरी तुम्हारी पृथ्वी (राज्य) की धरती पर अनुरक्त है और तुम गोरी अर्थात् संयोगिता में आसक्त हो। डॉ. गणपति चन्द्र गुप्त ने चन्दवरदायी

के विषय में उचित ही कहा है 'यद्यपि इस काव्य का नायक पृथ्वीराज है किन्तु व्यक्तित्व की गंभीरता एवं चारित्रिक गरिमा की दृष्टि से उसकी अपेक्षा चन्द अधिक प्रभावशाली प्रतीत होते हैं, वे सम्राट के अधीन हैं किन्तु ऐसा औपचारिक रूप में ही है, सामान्यत: तो वे एक ऐसे फक्कड़, ओजस्वी, स्पष्ट वक्ता, गंभीर, दूरदर्शी एवं कल्पनाशील कवि के रूप में दिखायी देते हैं, जिनका हृदय और मस्तिष्क किसी की भी परतन्त्रता एवं अधीनता स्वीकार नहीं करता।' (हिन्दी साहित्य का वैज्ञानिक इतिहास-पृ.141) पृथ्वीराज का तो वह सहयोगी ही है किन्तु कन्नौज के राजा के राज्य-वैभव से भी विचलित नहीं होता बल्कि बाज़ारों, राजद्वार, सभा, राजमहल आदि का प्रभावशाली सौन्दर्य चित्रण करता है। उसे सबसे अधिक आकर्षण वहां दिखायी दिया जहाँ श्रेष्ठ कवियों का दरबार या मर्मज्ञ कवियों को देखकर उसे अपने जीवन की सार्थकता की अनुभूति हुई–

कवि देषत कवि कउ मन रत्तो।
न्याय नयर कन्वज्जि पहुत्तो।
कवि अग्गाहि अंगीक्रित हीनउ।
हेम बिना जिम भयउ दीनउ।।

ताम्बूलवाहक वेशधारी पृथ्वीराज को जयचन्द के समक्ष संयमित करने की चेष्टा चन्द ने की थी, क्योंकि उसे पृथ्वीराज का वीरोचित दर्पभरा स्वभाव ज्ञात था। चन्द ने पृथ्वीराज के स्वाभिमान, साहस का चित्रण बड़ी कुशलता से किया है। संयोगिता के पाणिग्रहण के पश्चात् वह सेनापतियों की उस सलाह को ठुकरा देता है जिसमें उससे कहा गया कि संयोगिता को लेकर दिल्ली प्रस्थान करिए, जयचन्द की विशाल सेना का मुकाबला हम लोग करते रहेंगे। पृथ्वीराज ने इस समय अपनी पूर्व उपलब्धियों का ज़िक्र करते हुए सामन्तों को फटकार दिया था।

मुहिं सरणहिं हींदु तुरक तिह सरणागत तुम करहु।
बूझिअइ न सूर सामंत ही इतउ बोझ अपन्न धरहु।।

पृथ्वीराज ने अपने जीवन में जहाँ भी चूक की, या अति आत्मविश्वास के कारण गलत निर्णय लिए, वहाँ चंद ने उनको सहेजने की चेष्टा की तथा उन चूकों के भावी दुष्परिणामों को भी निडर होकर बता दिया। कवि ने स्त्री-पात्रों संयोगिता, इच्छिनी, पद्मावती आदि का मनोयोग से सौन्दर्य चित्रण किया है किन्तु इसमें उनके क्षत्रियोचित त्याग तथा शौर्य का भी वर्णन किया है। संयोगिता पृथ्वीराज के लिए आत्महत्या तक करने को तत्पर है किन्तु जब उसे पता चलता है कि वह युद्ध से विमुख होकर उसके पास लौट रहा है तो वह कहती है–

'जिहि प्रिय तन अंगली फिरइ तिहिं प्रियजन कहा कज्ज' जिस प्रिय की ओर उँगली उठे अर्थात् लोग निन्दा करें, उस प्रियजन से क्या काम।'

पृथ्वीराज रासो की काव्यात्मक श्रेष्ठता से प्रभावित होकर मध्यकाल में अनेक अन्य रासो रचे गये। डॉ. माताप्रसाद गुप्त के अनुसार 'रासो सभी दृष्टियों से एक बहुत सफल महाकाव्य है, आकार-प्रकार में ही नहीं, वह उससे भी अधिक इसलिए महाकाव्य है कि वह हमारे राष्ट्रीय आदर्शों का सच्चा प्रतिनिधि है। उसके द्वारा हमारे राष्ट्रीय आदर्शों की जितनी सच्ची और सफल अभिव्यक्ति हुई है, कम ही ग्रन्थों में हुई होगी। शुद्ध काव्य ही दृष्टि से भी यह एक उत्कृष्ट रचना है।' (हिन्दी साहित्य-खण्ड2-पृ.121) षट् ऋतुओं में पृथ्वीराज और संयोगिता के संयोग और भोग का कवि ने बड़ा मादक चित्रण किया है। प्रकृति के यथार्थ रूप और पति-पत्नी की आसक्ति राग एवं आकर्षण के चित्र भावोत्तेजक हैं। प्रत्येक ऋतु में बाला का राग पृथ्वीराज को महल से जाने की अनुमति नहीं देता। शीत ऋतु से सम्बन्धित एक छन्द देखिए–

छीनं बासर दिच्छ निसया सीतं जनेतं वने
सज्जा सज्जर वास सथ वनितिया आनंग आनंगने।
बाला तंत निवृत्त पत्त नलिनी दीना न जीवच्छिने।
मा कांते हिमवन्त मंत गवने प्रमदा नि आलंबने।।

दिन क्षीण होकर श्वास (मात्र) हो गया है और रात दीर्घ हो गयी है। बस्तियों और वन में सब जगह शीत व्याप्त हो गयी है। शय्या की सज्जा में वनिता के साथ वास अनंगकारक (कामोद्दीपक) हो रहा है, बाला के प्राण नलिनी के समान हो गये हैं जिसके पत्ते झड़ गये हैं, वह दीना क्षणभर भी जी न सकेगी। इसलिए कांत हेमंत में गमन का विचार मत करो अन्यथा प्रमदा निरवलम्ब हो जायेगी।

प्रत्येक ऋतु की मादकता और अकेलेपन का भय तथा विरह की संम्भावित वेदना के तर्क से नवविवाहिता संयोगिता पृथ्वीराज को राज-काज के लिए अन्यत्र जाने नहीं देना चाहती। चन्दबरदाई की चिन्ता कितनी गहरी है। उसकी दृष्टि में व्यक्तिगत सुख भोग से अधिक राज्य की रक्षा महत्त्वपूर्ण है। वह कहता है–

भर अनंग अथ्यिय महिल, रति बढ्ढिय घटि सार।
विपरित दिन ढिल्लिय सहर नृपति अलुझ्झिय भार।।

ऋतुएँ आती हैं और चली जाती हैं। पृथ्वीराज काम से आक्रान्त महल में ही पड़ा रहता है। उसकी रति बढ़ गयी है, अत: उसका बल घट गया है, उधर दिल्ली शहर के दिन विपरीत हैं और इधर पृथ्वीराज काम-क्रीड़ा में उलझा हुआ है। जब राजा राज-काज से विरत रहेगा तो स्वेच्छाचारिता बढ़ ही जायेगी। शत्रु अलग आक्रमण की ताक में रहेंगे, कमज़ोरी का लाभ उठाकर वे कभी-भी आक्रमण कर सकते हैं।

पृथ्वीराज रासो का काव्य वैशिष्ट्य (आधार संक्षिप्त पृथ्वीराज रासो)

पृथ्वीराज रासो पृथ्वीराज चौहान के चरित को लेकर लिखा गया महाकाव्य है। इसमें पृथ्वीराज के जन्म से लेकर मृत्यु तक की घटनाओं का समावेश है। काव्यारम्भ में मंगलाचरण, पूर्व कवियों के प्रति कृतज्ञता, आत्म-नम्रता, दुर्जन निन्दा, सज्जन प्रशंसा ग्रन्थ लेख का उद्देश्य आदि प्रचलित काव्य-रूढ़ियों का निर्वाह करते हुए कहता है कि अनंगपाल के दो पुत्रियाँ थीं। एक विजयपाल के साथ दूसरी सोमेश के साथ ब्याही गयी। पृथ्वीराज जब माँ के गर्भ में आये उसका कवि ने इस प्रकार चित्रण किया–

कितिक दिवस अन्तरह। रहिय आधान रानि उर।।
दिन दिन कला बढंत। ज्यों बढंत भद्द धुर।
उद्दित आधान सुभ गातनह। जेम जलधि पुन्निम बढ़हि।।
हुलसन्त हीय जो प्रीय त्रिय। जिम सु जोति जनिता चढहि।

बालक जैसे-जैसे बढ़ता है, माँ के हृदय का उल्लास और देह का आलोक निखरता है। आगे कवि ने शिशु स्वभाव तथा क्रीड़ा का स्वाभाविक वर्णन किया है। कवि की रूचि विवाहों तथा युद्धों के वर्णन में अधिक है। सामन्ती युग में विवाह के लिए युद्ध होना राजाओं के अहंकार का ही परिणाम है। रासो में यद्यपि कई विवाहों का वर्णन है किन्तु इच्छिनी, पद्मावती तथा संयोगिता के विवाह तथा तत्सम्बन्धित युद्धों का अधिक विस्तार से एवं मनोयोग से चित्रण हुआ है। तीनों विवाहों की प्रकृति समान नहीं है इसलिए वर्णन की पुनरावृत्ति नहीं हुई है। इच्छिनी विवाह में वैदिक तथा लोकरीति का सम्यक् अनुपालन तथा आयोजन हुआ है। शशिव्रता का विवाह पूर्वरागजनित प्रेम तथा शशिव्रता के हरण के बाद होता है। संयोगिता पृथ्वीराज के प्रति आसक्त है, वह पिता की इच्छा के विरुद्ध पृथ्वीराज का वरण करती है और पृथ्वीराज सेना के साथ कन्नौज जाकर उसका अपहरण करता है और दिल्ली में

दोनों का विवाह सम्पन्न होता है। कन्नौज जाने के पहले राजा अपनी रानियों से अनुमति लेने गया। कवि को षट्ऋतु वर्णन के बहाने राजा और रानियों की भोग अभिलाषा का चित्रण करने का सुअवसर प्राप्त हो गया। प्रत्येक ऋतु का उद्दीपन नारी के वियोग की सम्भावना को किस स्तर तक उद्वेलित करेगा, उसकी पति की अनुपस्थिति में क्या दशा होगी, साथ-साथ प्रकृति के आचरण एवं यथार्थ का सुन्दर वर्णन किया गया है। बसन्त ऋतुराज है। आम बौर जाते हैं, कदम्ब में फुनगियाँ निकल आती हैं, भँवरे मकरन्द में मदमस्त हो जाते हैं, बहती सुगन्धित वायु विरह की आग को प्रज्वलित करने लगती हैं। रानी हाथ जोड़कर विनती करती है, यौवन दिन-दिन घट रहा है, हे कन्त! बसन्त में जाना क्या उचित है।

पय लग्गि प्रानपति बीनवो, नाह नेह मुझ चित्त धरहु।
दिन दिन अवद्धि जुव्वन घटय, नाह नेह बसन्त गम करहु।।

दूसरी रानी तीव्र ऊष्मा तथा विपत्तिकारक ग्रीष्म में गमन से रोकती है। रानी इन्द्रावती पावस ऋतु में जल वर्षा के प्रेम की उठती हिलोरों, फटते बादलों तथा जल आपूरित सरोवरों का वर्णन करते हुए राजा को गमन से वर्जित करती है। शरद् में निर्मल जल, स्वच्छ सरोवर, रात्रि में चाँदनी का प्रकाश कम कामोत्तेजक नहीं है, अत: राजा को हंसावती के भवन में रात्रि बिताना चाहिए। शिशिर में क्या नर-नारी मदमस्त नहीं होते बल्कि बिना संकोच के मनमानी बातें करते हैं। जैसे दूसरा बसन्त आता है, पृथ्वीराज चन्द के पास सलाह लेने जाते हैं। चन्द श्लेष अलंकार का विधान करते हुए कहता है–

रोष भरै उर कामिनी, होइ मलिन सिर अंग।
उहि रिति त्रिया न मानयी, सुनि चुहान चतुरंग।।

डॉ. नामवर सिंह ऋतु वर्णन की सराहना करते हुए कहते हैं कि 'रासो के ऋतु वर्णन की विशेषता इस बात में है कि वह आरोपित न होकर मानवीय क्रिया कलापों का अभिन्न अंग बनकर आया है।' पृथ्वीराज के साथ कन्नौज पहुँचकर कवि चन्द ने बड़े उल्लास तथा मनोयोग से नगर की शोभा का वर्णन किया है। जयचन्द के व्यंग्य करने पर वह अपने वाक् चातुर्य से राजा को चुप कर देता है। गंगा तट पर संयोगिता और पृथ्वीराज का प्रथम मिलन होता है। संयोगिता चित्र के मिलान से उसे पहचानती है। पृथ्वीराज ने संयोगिता को उपमानों की सुघड़ घटित प्रकृति-बिम्ब के रूप में देखा। कवि ने पारम्परिक उपमानों से नायक का साक्षात्कार कराया, उपमेय

को गायब कर दिया है। कुंजर के ऊपर सिंह, सिंह के ऊपर दो पर्वत, पर्वत के ऊपर भृंग, भृंग के ऊपर चन्द्रमा शोभित है। ससि के ऊपर तोता, तोते के ऊपर मृग, मृग के ऊपर, धनुष के साथ काम बैठा है। साँप, मयूर, पृथ्वी के ऊपर, हीरे के सदृश, स्वर्ण जड़ा है। कवि चन्द कहता है कि सुरभवन छोड़कर राजन आश्चर्यचकित हो गया, एक तरह से धोखा खा गया। प्रथम दर्शन से अभिभूत दोनों को सूझता ही नहीं कि क्या बातें करें और कहाँ से शुरू करें।

युद्ध में शौर्य प्रदर्शन-विवाहिताओं के संयोग में प्रथम-केलि और भोगलालसा के साथ ही कारुणिक दृश्यों के अंकन में भी चन्दवरदायी सिद्धहस्त है। जब गोरी पृथ्वीराज को पकड़ ले जाता है और उसे अमानवीय यातना देता है तो पृथ्वीराज अपने पूर्व कर्मों का स्मरण करता है। उसे लगता है कि यह सब उसके अत्याचारों का ही परिणाम है। दुखद मनोदशा में एक-एक करके पूर्व के सुखद क्षण प्रत्यक्ष होते हैं। उन सबका अभाव हृदय को मथ देता है। शोक सागर में डूबते हुए पृथ्वीराज के लिए चन्दवरदाई लघु जलयान के रूप में उपस्थित हुआ। उसने राजा की सराहना में कुछ पंक्तियाँ कहीं लेकिन राजा उसे पहचान नहीं पाता। आँखों से देख नहीं सकता था। दुर्दशा में वह चाहकर भी पुरस्कार नहीं दे सकता था। गला अवरुद्ध होने के कारण बोल नहीं सका, नेत्रों में आँसू छल-छला रहे थे। महाकाव्य यद्यपि दुखान्त है लेकिन गोरी जैसे आतयायी म्लेच्छ से पृथ्वी मुक्त हुई यही आनन्ददायी है। पृथ्वीराज और कविचन्द का आत्मोत्सर्ग सार्थक रहा है। नायक और कवि की ऐसी अनूठी संगति सम्पूर्ण भारतीय साहित्य में दुर्लभ है। चन्द के पुत्र जल्हण ने लिखा होगा-

मरन चंद वरदाइ राज पुनि सुनिग साहि हानि।
पुहपंजलि असमान, सी छोड़ी सुदेव तनि।।
मेछ अवद्धित धरनि, धरनि, सब तीय सोह सिग।
तिनहि तिनहि संजोति जोति जांतिहि संपामिग।।

अन्त में रासो के विषय में कवि की यह उक्ति सार्थक हो जाती है–

रासो अलंभ नवरस सरस, चंद छन्द किय अमिय सम।
श्रृंगार, वीर, करुना विभछ, भय, अद्भुत हसन्त सम।।

रासो में श्रृंगार, वीर, करुणा, वीभत्स, भय तथा अद्भुत एवं हास रसों का परिपाक हुआ है। रौद्र रस वीर का सहयोगी है अत: उसकी भी पर्याप्त व्यंजना की गयी है।

पृथ्वीराज रासो की भाषा : रासो की भाषा के विषय में विद्वानों में बड़ा मतभेद है। इसे कोई डिंगल कहता है, कोई पिंगल, तेसीतरी और ग्रियर्सन ने रासो की भाषा को पश्चिमी हिन्दी (ब्रज) की रचना बताया है (संक्षिप्त पृथ्वीराज रासो ह. प्र. द्विवेदी, नामवर सिंह, पृ. 200) रासो की भाषा डिंगल नहीं है बल्कि पिंगल है। पिंगल बज्रभाषा का ही पूर्वरूप है। संस्कृत, प्राकृत, अपभ्रंश आदि समकालीन काव्यभाषाओं के प्रभाव के कारण इसमें अनुस्वार तथा द्वित्व व्यंजनों का प्रचुर प्रयोग है। रासो के एक छन्द में आता है 'षट्भाषा पुरान च कुरान कथितं मया।' इस आधार पर इसमें संस्कृत, प्राकृत, अपभ्रंश, पिंगल, फारसी-अरबी डिंगल आदि उपस्थित मानी जा सकती है। शब्दावली के आधार पर यह कथन सच प्रतीत होता है। नामवर सिंह ने इसका विरोध किया है 'यों भी बड़ी मोटी बात है कि कोई काव्य एक निश्चित भाषा में लिखा जाता है, उसे दुनियाभर की भाषाओं का अजायबघर नहीं बनाया जाता। वस्तुत: पृथ्वीराज रासो में शैली भेद है, भाषा-भेद नहीं।' (संक्षिप्त पृथ्वीराज रासो, पृ. 201)

प्रेम और नारी अस्मिता का प्रगतिशील काव्य बीसलदेव रासो

नरपति नाल्ह द्वारा चौदहवीं सदी में रचित गीतपरक काव्य अपनी समकालीन कृतियों की तुलना में अपनी अलग पहचान रखता है। रासो में वीर रस का विधान नहीं है, यह आद्यन्त श्रृंगार रस से सम्बन्धित काव्य है, इससे उस भ्रम का निवारण हो जाता है जिसमें यह मान्यता चल पड़ी है कि रासो वीर रस प्रधान काव्य है। दाम्पत्य जीवन के यथार्थ वर्णन, नायिका राजमती के स्वाभिमान, साहस तथा सामन्ती मूल्यों के विरुद्ध आवाज उठाने की दृष्टि से यह रासो आदिकाल की एक विशिष्ट रचना सिद्ध होती है। नरपति श्री गणेश से प्रार्थना करते हुए कहता है 'भुवणइ देषउं रे रवि तलइ' सूर्य के नीचे का लोक देख सकूँ। इस कथन का आशय बड़ा व्यंजक है, कवि लोक के प्रखर और सम्यक् यथार्थ को प्रत्यक्ष करने की कवि-दृष्टि पाना चाहता है। अपने समय की तमाम आध्यात्मिक एवं साधनापरक रचनाओं की संवेदना से अलग लोक की संवेदना को अपने काव्य में व्यक्त .करने की क्षमता को विकसित करने की उसकी पूर्ण चेष्टा है। उसके भावों के अनुकूल शब्द-विन्यास में यदि कोई चूक होती है, या भावानुकूल शब्द सधता नहीं तो सरस्वती देवी कृपापूर्वक अक्षर जोड़ने में उसकी सहायता करें। वह पूर्ववर्ती या समकालीन कवियों द्वारा प्रस्तुत काव्य-वस्तु या भाषा व्यवहार का अनुकरण नहीं करना चाहता है क्योंकि 'जूठी' कविता निम्न कुलोत्पन्न कवि ही कहता है। बीसलदेव रासो का सरस्वती की स्तुति का छन्द इस प्रकार है–

हंस बाहणि देवी करि धरइ वीण।
जूठडउ कवित्त कहइ कुलहीण।
वर देज्यो माता सारदा।
भूलउ जी अक्षर आणि बहोड़ि।

तइं तूठी अक्षर जुडइ
नाल्ह बषाणइ बे कर जोड़ि।

(बीसलदेव रासो-छन्द.4)

शारदा की सन्तुष्टि से आश्वस्त कवि हंसगमिनी, मृगलोचिनी नारी जिसका पति नौकरी के लिए परदेश चला गया है, राजद्वार पर खड़ी होकर चारों दिशाओं में देखती है और सूखते हुए दिन बिताती है, ईश्वर से कहती है कि तूने नौकर की पत्नी क्यों बनाया। नाल्ह नौकर की समस्या और स्त्री चरित्र दोनों का वर्णन रसात्मक पद्धति से करने का संकल्प लेता है। आदिकाल में नौकर की बीबी की सचेष्ट होकर समस्या उठाने का साहस कवि का मौलिक प्रयास है। स्त्री के पास चाहे जितने गुण हों किन्तु यदि कोई अप्रिय बात उसके मुख से निकल जाती है तो मधुर सम्बन्धों का सर्वनाश हो जाता है।

राजा भोज ने अपनी कन्या राजमती का विवाह बीसलदेव चौहान से करने का निर्णय किया। ब्रह्म भट्ट को लग्न की सुपाड़ी लेकर भेजा गया। लग्न की सुपाड़ी पाकर बीसलदेव सपरिवार प्रसन्न हुआ। विवाह सम्यक् लोकरीति से सम्पन्न हुआ। कवि ने गणपति पूजा, बारात प्रस्थान, दूल्हे की वेश-भूषा, साज-सज्जा का वर्णन करने के पश्चात् राजा बीसलदेव को धारा नगरी में अवतरित करता है, राजमती अति प्रसन्न है, सखियाँ आरती उतार रही हैं। राजमती अपने होने वाले पति को पूर्ण चन्द्रमा, स्वर्ग के देवता और गोविन्द के रूप में देखती है। दूल्हे का तोरण आगमन, मातृ पूजन तथा पाणिग्रहण संस्कार सम्पन्न हुआ, मालव में अति उत्साह है। भोज ने माल, बूँदी अलीसर, सपादलक्ष देश, साँभर सर, नागर, बिछाल आदि अनेक स्थान दहेज में दिये। बीसलदेव राजस्थानी वेश-भूषा से सुसज्जित दुल्हन राजमती के सौन्दर्य को देखकर प्रसन्न हो गया। कवि ने राजमती को धार का दीपक कहकर सम्बोधित किया। कन्या को कुलदीपक कहना उसके प्रति सम्मान का प्रदर्शन है, राजा परमार कन्या को पाकर अपने को धन्य मान रहा है। राजा भोज द्वारा दिए गये दहेज, राजमती के अद्‌भुत सौन्दर्य आदि से बीसलदेव में हीनग्रन्थि बनती नज़र आती है। वह अपने प्रधान से एक ओर सृजनहार की कृपा की बात कहता है दूसरी ओर राजा भोज की चौरी पर चढ़कर लौटने का गर्व-प्रदर्शन करता है। उसे लगा कि राजमती सौन्दर्य की दृष्टि तथा मायके की सम्पन्नता तथा श्रेष्ठता की दृष्टि मुझसे बढ़-चढ़कर है। वर पक्ष का मनोभाव ऐसा होता है कि वह अपने को वधू पक्ष से उच्चतर दिखाने की चेष्टा करता है। सामन्ती मानसिकता के कारण राजा में

अतिरिक्त अहंकार तथा प्रदर्शन का भाव होना स्वाभाविक भी है। उसने राजमती से गर्वपूर्वक कहा कि मेरे समान कोई दूसरा राजा नहीं है, मेरे राज्य में नमक निकलता है, जैसलमेर जैसा थाना है। एक लाख घोडों पर पाखरें पड़ती हैं और अजमेर गढ़ में राज्य के लिए बैठना पड़ता है। राजमती यद्यपि बहुत विनम्र महिला है और भारतीय संस्कृति के अनुरूप आचरण में सिद्धहस्त है किन्तु पति का डींग हाँकना और अहंकार की बातों को वह शान्तभाव से स्वीकार नहीं करती। वह कहती है कि गर्व मत करो तुम्हारे सदृश बहुतेरे राजा हैं। एक उड़ीसा का राजा है जिसके राज्य में हीरे की खान से हीरा निकलता है। नवपरिणीता पत्नी प्रतिवाद करे, राजा को कैसे सहन हो सकता है। केवल बारह बरस की लड़की उड़ीसा और जगन्नाथ की बात कर रही है। राजा कहता है कि मैं आज से अन्न, जल छोड़ता हूँ, मुझे बताओ कि तुम अपने जन्म की बातें बताओ। राजमती ने अपने पूर्व जन्म का ज़िक्र करते हुए कहा कि-

जइ तूं पूंछइ धरह नरेश
वनषंड सेवती हिरणी कइ वेंस।
निरजला करती एकादसी
एक आहेडीय बनह मझारि
विंहु वाणे उरि आं हणी।
म्हांकउ काल घट्यउ जगन्नाथ दुआरि।

राजमती अपने पूर्व जन्म की घटना बताती है। 'मैं पूर्व जन्म में हिरणी थी, वन में एक शिकारी ने मुझे बाण मारा, मैंने मरणासन्न होकर जगन्नाथ का स्मरण किया, उनके कहने पर मैंने वर माँगा कि अगला जन्म पूरब देश में न हो। पूरब के लोग कुत्सित होते हैं, वे पान-फूल का भोग नहीं पाते। चावल का कण संचित करते हैं और भूसी खाते हैं, ग्वालियर के लोग चतुर होते हैं, स्त्रियाँ जैसलमेर की अच्छी होती हैं और पुरुष अजमेर के अच्छे होते हैं। मैंने मारवाड़ में विश्वसुन्दरी के रूप में जन्म की माँग की। कटि क्षीण, लोवड़ी (लोमपटी) का वस्त्र, ग़ौर वर्ण, दाड़िम (अनार के दाने) की तरह दाँत की इच्छा प्रकट की।'

पूर्व जन्म की बातें सामान्य जीव को स्मरण में नहीं रहतीं, राजमती के पूर्व जन्म का संस्कार इतना उत्तम था कि उसे उसका स्मरण है। आदिकाल में जैनों द्वारा अनेक काव्य रचे जा रहे थे जिनमें अनेक तपस्वी पात्रों में पूर्व जन्म की स्मृतियाँ सुरक्षित दिखायी गयी हैं। नरपति नाल्ह राजमती को ऐसी पुण्यात्मा के रूप

में प्रस्तुत करता है जो हिरणी जन्म में रहते हुए एकादशी व्रत करती थी। राजमती के सत्यकथन पर बीसलदेव रुष्ट हो गया, उसे लगा कि राजमती ने उसकी निन्दा कर दी, उसे अहसास हुआ कि शायद इसे हीरे की अधिक चाह है, उसने बारह वर्ष के लिए उससे अलग रहने की प्रतिज्ञा कर ली। राजमती अपने लघु अपराध जो वास्तव में कोई अपराध नहीं है, के लिए क्षमा याचना करती है। कवि ने कितना सुन्दर तर्क दिलवाया है। पग की पनही के लिए रोष कैसा, कीड़ी के लिए कटकी (सेना) कैसी। यहाँ लोकोक्तियों का प्रभावोत्पादक काव्यात्मक प्रयोग हुआ है। यदि जूती पैर को काट देती है तो क्या कोई रोष से उसे फेंक देता है या यदि कोई छोटा सा कीड़ा काट ले तो क्या कोई सेना लेकर आक्रमण करता है। छोटे से अपराध के लिए बारह वर्ष के लिए पत्नी-त्याग क्या उचित है? धनार्जन के लिए यदि नौकरी करने जा रहे हो तो ऊँट भेज दो, मैं अपने मायके से द्रव्य का भण्डार ला दूँ, हीरा और बहुमूल्य पत्थर लाऊँ। मालवा के साथ धार भी लाऊँ जिसकी मालगुजारी मिलती रहेगी।

राजा अपने संकल्प पर दृढ़ है। वह नौकरी हेतु प्रस्थान के लिए लाख मना करने पर मानने को तैयार नहीं। राजमती कितने तर्क देती है। धन और प्रेम में किसकी महत्ता अधिक है। नौकरी के लिए वही जाता है जो अत्यन्त ग़रीब होता है। जिसके घर में कुल्हड़ में नमक तक नहीं होता, जिसकी स्त्री अकुलीन कलहकारिणी होती है, या ऋण से दबे होने के कारण घर सुहाता नहीं या कोई वैराग्य लेकर योगी वेश में घर छोड़ देता है। राजा के लिए किसी भी चीज़ का अभाव नहीं है फिर नौकरी के लिए घर छोड़ने का क्या औचित्य है? यदि नौकरी के लिए जाना ही है तो मुझे भी साथ ले चलो, मैं सेविका की तरह तुम्हारे पाँव दबाऊँगी, तुम सोओगे तो मैं पहरा देती हुई तुम्हारी रक्षा में जागती रहूँगी। राजमती सही अर्थ में क्षत्राणी है, उसकी हिम्मत दाद देने लायक है। बीसलदेव राजमती के इस प्रस्ताव पर जो उत्तर देता है वह भी युग की प्रकृति का द्योतक है। वह कहता है कि भला कोई स्त्री लेकर नौकरी करने जाता है। तू पागल हो गयी है क्या? चन्द्रमा को किस प्रकार कूड़े से ढँका जा सकता है। मुहावरे का सार्थक प्रयोग तथा कथन की तीव्र व्यंजना दृष्टव्य है। राजमती इतनी सुन्दर है कि उसके सौन्दर्य तथा आभा को छिपाना सम्भव नहीं है। राजा लोग वचन के हीन हैं अर्थात् अपनी मर्यादा का अनुपालन नहीं करते। राजा के इस उत्तर पर राजमती कड़ी शर्त रखती है, या तो मुझे मार डालो या साथ ले चलो, एक तो यौवन दूसरे सन्तान हीन होना। अन्ततः वह योगिनी बनकर वनवास करने, काशी

में तप करने, केदार पर्वत पर चढ़कर या हिमालय में गल जाने, गंगा द्वार (गंगोत्री में कूद कर प्राण देनी की धमकी देती है।) इतना कहने पर भी जब राजा प्रवास का इरादा नहीं त्यागता तो पति को फटकार कर वह कहती है–

छंडी हो स्वामी म्हे थारी हो आस।
महला हो थारउ किसउ बेसास।
बांदी करि धणि नवि गिणी
म्हाकी सगा सुणीजा मांहे लोपी छै माम।
जीवत ही मूया बडइ
बालु हो धणी तुम्हारडा दाम।।

जिसका चित्त मलिन हो उसका क्या विश्वास किया जाये? तूने मुझे दासी के बराबर भी महत्त्व नहीं दिया, सगे-सम्बन्धियों में तुमने मेरा सम्मान समाप्त कर दिया। ऐसे में जीने से अच्छा मरना ही है। मरकर तुम्हारे बन्धन से छूट जाना ही अच्छा है। भावज मर्यादा से बाहर हटकर राजमती के अपूर्व एवं दैवी सौन्दर्य की सराहना करते हुए समझाती है पर सब कुछ व्यर्थ जाता है। राजमती पुन: कहती है तुमने राजा भोज की कन्या से विवाह किया है जो सोलह वर्ण के सोने की तरह खरी है, मेरा जीवन-मरण तुम्हारे चरणों में ही है। तू मर्यादा छोड़कर जा रहा है। सामन्ती मानसिकता से ग्रस्त राजा को भोग-विलास के लिए सम्पत्ति चाहिए, स्त्री चाहिए। स्त्री के सतीत्व मर्यादा तथा उत्सर्ग के भाव वह क्या समझे? राजमती तेवर बदलकर रोष से कहती है, हे चाकर! मर्यादा छोड़कर तू जा रहा है, जिस अर्थ, द्रव्य के लोभ में तुम नौकर बन रहे हो, वह राजसी मर्यादा के विरुद्ध है। अर्थ और द्रव्य तो गड़ा रह जाता है किन्तु जो इसका संचय करता है, यह उसको खा जाता है। धन का विरोध मानवीय मूल्यों का रक्षण प्रगतिशील काव्य का लक्षण है, आदिकालीन काव्य-प्रवृत्तयों से अलग नरपति नाल्ह द्वारा प्रस्तुत राजमती का यह कथन निश्चित ही रेखांकन योग्य है।

राजमती के तर्क एवं साहसिकता से विचलित बीसलदेव जवाब देता है कि कहीं पति को ऐसे मनाया जाता है। आकुलता से बोलने पर पीछे पछताना पड़ता है। तूने सास, देवर, जेठ तथा मेरा भी कहना नहीं माना। इसलिए मेरी तेरी यह अन्तिम भेंट है। इस छन्द में व्यक्त आरोप असत्य हैं क्योंकि ग्रन्थ में ऐसे प्रसंग नहीं आये हैं जिनसे यह प्रमाणित हो। सहेलियाँ राजमती को समझाती हैं, उसमें त्रुटि निकालने

का प्रयत्न करती हैं लेकिन राजमती सबको निरुत्तर कर देती है 'मूर्ख राजा मेरा मूल्य नहीं जानता' मैंने लाख त्रिया चरित्र किया सब व्यर्थ गया, वह राजा नरपाल नहीं महिषपाल (भैसों का रखवाला) है। राजमती ने ज्योतिषी से यात्रा की तिथि को बढ़ाकर बताने का आग्रह किया और पुरस्कार (रिश्वत) में एक मुद्रिका तथा सोने से मढ़ी सींगवाली कपिला गाय देने का वादा किया।

राजा के प्रस्थान के समय उसके ही कुशल-क्षेम की चिन्ता से वह ग्रस्त है। जाते-जाते उसे राजकीय व्यवहार का उपदेश देती है। काव्य पर लोक कथाओं का स्पष्ट प्रभाव है। बीसलदेव स्वयं राजा है क्या उसे राजकीय व्यवहार का ज्ञान नहीं है, लेकिन पत्नी सदाशयता में उसे उसका स्मरण कराती है, नौकर के रूप में राजा के साथ व्यवहार का स्वरूप अलग ही होता है। राजसभा में प्रधान अमात्य से वैर मत करना, नाई और साहनी को आदर देना, बाँदी के साथ हँसी-मज़ाक मत करना, यदि राजा गोष्ठी में बुलाए तो यत्न करके बोलना, कान राजा के पास तथा दृष्टि नीची रहे। राजनीति तलवार की धार है, मूर्ख लोग नहीं समझ पाते हैं, चोर, जुआरी तथा कलाल से हँसकर नहीं बोलना चाहिए, राजा से झूठी बात सच बनाकर नहीं कहना चाहिए।

बीसलदेव पति को विदा करके राजमती व्याकुल पड़ी है, उसे अपने वस्त्र की चिन्ता नहीं, पलंग छोड़कर धराशायी हो गयी है, ऐसा लगता है कि हरिणी के दिल में चोट लग गयी है, शरीर उघड़ा हुआ है। कवि ने बारहमासा प्रणाली से विरह का मार्मिक वर्णन किया है। नायक कार्तिक के महीने में गया इसलिए इसी माह से बारहमासा शुरू होता है। प्रेयसी मार्ग में ध्यान से देख रही है, भूख-व्यास उचट गयी, नींद उड़ गयी। मार्गशीष में दिन छोटा होने लगा, उसके पति ने कोई सन्देश नहीं भेजा, पौष में तो उसने सिर से स्नान करना बन्द कर दिया, लगता है कि वह वियोग में मर ही जायेगी, राजभवन बिल्कुल श्मशान लगने लगा। माघ मास में शीत से वनखण्ड दग्ध सा प्रतीत होने लगा, विरहिणी की देह भी जल रही है। वह कनक-काया पर हाथ फेरने के लिए पति के आगमन की इच्छा व्यक्त करती है। फागुन में वायु फर-फर करती है, पर उसका मूर्ख राजा प्रकृति के उद्दीपन से भावोद्दीपन को समझने में असमर्थ है। चैत में अन्य सहेलियाँ रंग-विरंगे वस्त्रों से सुसज्जित होकर होली खेलने का आमंत्रण देती हैं। उसे नौकर की स्त्री होने की गहरी पीड़ा है, वैशाख में धान्य (अन्न, खेती) कटने लगती है लेकिन उसका पति राजद्वार की सेवा में ही लगा रह जाता है। शुष्क होते पौधे की तरह विरह के ज्वर से सूखते देह को भी स्नेह

से सींचने की आवश्यकता है, मूर्ख राजा उसका सार समझता ही नहीं है। जेठ में देह और अधिक जलने लगी, मुँह सूखने लगा। आषाढ़ आया मेघ की गर्जना शुरू हो गयी। बादल मन्त्त गयन्द की तरह चलता दिखायी दे रहा है। सावन में रिमझिम तथा कजली गीत, पपीहे की पिउ-पिउ पुकार अनख पैदा करते हैं। भाद्रपद में धरती और आकाश का महामिलन होता है, मूर्ख राजा अकेली स्त्री की पीड़ा समझ ही नहीं पा रहा है। आश्विन में आने की आशा सँजोए विरहिणी ने महल की सफाई तथा सफ़ेदी कराई। गवाक्षों से रास्ता देखती है पर पति नहीं आया। वह विक्षिप्त की तरह इधर-उधर भटकती रहती है। कवि ने बारहमासा का अति प्रभावशाली तथा स्वाभाविक चित्रण किया है, बारहमासा तो एक तरह से परम्परा निर्वाह है किन्तु सबसे महत्त्वपूर्ण बात है कि राजमती अपने स्त्री होने की सामन्ती पीड़ा को निर्भीकता से अभिव्यक्त करती है। 'पउमचरिउ' में सीता ने भी स्त्री रूप में जन्म न होने के लिए घोर जैन साधना में प्रवृत्त हो जाती हैं। राजमती कहती है–

अस्त्रीय जनम काइं दीधउ महेस।
अवर जनम थारइ घणा रे नरेस।
रानि न सिरजीय रोझडी।
न सिरजीय धउलीय गाइ।
वनषंड की काली कोइली।
हउं बइसती अंबा नइ चंपा की डाल।
भषती द्राष बीज़ोरडी।
इणि दुषि झूरइ अबला बाल।।

(बीसलदेवरास छन्द-81)

हे, महेश तूने स्त्री जन्म क्यों दिया। हे नरेश! तुम्हारे पास और भी जन्म देने केसाधन थे, चाहते तो मुझे अरण्य की नील गाय बना देते, वन की धौली गाय भी बना सकते थे। यदि वन की काली कोयल बना देते तो मैं चम्पा की डालों पर बैठती अंगूर तथा बीजौरी खाती। मैं स्त्री रूप में निर्बल होकर दुखों को चुपचाप झेल रही हूँ। दुखों से मुक्त होने का मेरे पास स्वयं के प्रयत्न का कोई विकल्प ही नहीं है। हे विधाता! तुम मुझे यदि मानवी ही बनाना चाहते थे तो जाटनी बना देते। मैं अपने पति के साथ भिड़कर काम करती, अपनी स्वस्थ्य ऊँचे घोड़े के समान शरीर से काम में उसके आगे निकल जाती, अपने प्रियतम के आगे हँस-हँसकर बातें करती। (छन्द-82)

नारी-स्वातन्त्र्य की यह कामना किसी भी आदिकालीन श्रृंगारिक या वीर रसात्मक काव्य में परिलक्षित नहीं होती है। राजा के विलास की सामग्री रानी बनकर पूर्ण परतन्त्र जीवन के विरुद्ध आवाज बुलन्द करने का श्रेय राजमती को है जो नरपति नाल्ह की अद्वितीय सृष्टि है। कवि के समक्ष श्रमशील नारियों के अनेक प्रत्यक्ष साक्ष्य है जो अपेक्षाकृत स्वतन्त्र जीवन यापन करती हैं। उन पर राजरानी सदृश पाबन्दियाँ नहीं होती हैं। वे खेतों में अपने पति की बराबरी में भिड़कर काम करती हैं और मुक्त भाव से हँसती-बोलती हैं। राजमती का कथन है कि हे कि हे करतार! मुझे जाटनी क्यों न बनाया। मैं पति के साथ खेत में काम करके जीविका अर्जन करती। ऊँचे घोड़े की तरह पुष्ट देह से उससे भिड़कर उसके आगे बढ़ जाती। हँस-हँसकर प्रियतम से बातें करती–

आंजणी काइं नि सिरजीय करतार।
षेत्र कमावती स्यउं भरतार।
पहिरिणि आछी लोवडी
तुंग तुरीय जिम भीडती गात्र।
साईय लेती सामुही।
हँसि हँसि बूझती प्रीतणी बात।।

सामन्ती व्यवस्था में विलास वृत्ति की प्रधानता केवल पुरुषों में ही नहीं थीं, स्त्रियाँ भी उससे कुछ-न-कुछ प्रभावित थीं। नितान्त नवयुवती, नव परिणीता जो पति के साथ जीवन शुरू करते ही वियोग व्यथा से आक्रान्त हो गयी, उसके प्रति सहानुभूति प्रदर्शित करने वालों की कमी नहीं थी। एक अस्सी वर्ष की वृद्धा ने राजमती को गले लगाकर रुदन करते हुए प्रस्ताव रखा कि जब तक साँभरपति नहीं आते तेरे लिए अपूर्व जार (प्रेमी) की व्यवस्था कर दूँ। राजमती ने क्रोध से कुटनी की मरम्मत कर दी। राजमती ने पूरी निष्ठा के साथ मर्यादित तरीके से बारह महीने का समय व्यतीत किया। उससे पण्डित से अपने विवाह के साक्षी सूर्य, चाँद, धरती, आकाश, जल, वायु की दुहाई देते हुए उसे सन्देश ले जाने के लिए राजी किया। उसने स्वयं एक गुप्त लेख लिखा। पत्र पण्डित को हाथ में देकर सात सौ कोस दूर उड़ीसा भेज दिया। उसने मौखिक सन्देश भी दिया जिसमें अपनी कुलीनता, शील की श्रृंखला बँधी हुई, अपने यौवन की कठिनाई से सुरक्षा करना, यौवन का समुद्र की तरह उफान लेना आदि का ज़िक्र करती है। पण्डित से उसने अपने प्रिय की

कद-काठी, वर्ण, दैहिक संरचना के विषय में बताकर पहचान आसान कर दी। मार्ग का व्यय तथा अन्य ज़रूरी हिदायतों के साथ राजमती ने पण्डित को विदा किया। लेकिन ब्राह्मण भोजन-प्रेमी होता है कवि नरपति नाल्ह हास्य की दृष्टि से उसकी इस मानसिकता का स्पष्ट वर्णन करता है। सातवें महीने पण्डित उड़ीसा पहुँचा। जगन्नाथ जी का दर्शन करके राजद्वार पर पहुँचा। कवि ने संक्षेप में पौरि का चित्रण किया है। जब पण्डित ने राजा को पत्र दिया तो राजा का सन्देह पुन: उजागर हो गया। राजमती के चरित्र पर सन्देह करके ही उसने इतना बड़ा निर्णय लिया था। पण्डित कहता है–

पंडिया गोरडी तह किण पर दीठ।
मोती परोवती गउषि बईठि।
चित चोखइ मन ऊजलइ।
पग दुय अन्तर दीयउ रे संदेस।
जउ रे तूं अजन चालीयउ
तउ धण हीयडलउ फूटि मरेसि।।

हे पण्डित! तूने गोरी की कैसे देखा? पण्डित ने कहा 'गवाक्ष पर वह मोती पिरो रही थी, उसका चित्त अच्छा मन उज्ज्वल था। दो पग की दूरी से उसने सन्देश दिया।

चलते हुए बीसलदेव को उड़ीसा की रानी ने राजा की बहनों, भतीजियों से ब्याह का प्रलोभन दिया पर वह माना नहीं। राजा बीसलदेव ने योगी के द्वारा शीघ्र एक पत्र भेज दिया। राजमती की देह फड़कने लगती है, शुभ शकुन होता है। पत्र को उसने गले लगा लिया जैसे बछड़े से गाय मिली हो। अन्तत: बीसलदेव आ गया। दोनों का मिलन होता है। आलिंगन, चुम्बन के साथ मनुहार भी है। राजमती उसे देह-सुख से वंचित रहने की उलाहना देती है। काम क्रीड़ा के साथ ग्रन्थ समाप्त होता है। लोक कथा के सदृश कवि कहता है–जिस प्रकार राजा रानी से मिला, उसी प्रकार इस संसार में सभी वियोगी एक दूसरे से मिलें।

बीसलदेव रासो की भाषा

बीसलदेव रासो की भाषा पुरानी राजस्थानी-है। कवि ने प्रणय कथा का गायन अत्यन्त सरल, सुबोध तथा अकृत्रिम भाषा में किया है। उसने गीतात्मकता तथा वर्णनात्मकता दोनों का उचित निर्वाह किया है। कथानक गीतों में प्रवाहित होता हुआ अग्रसर होता है। छन्द की पूर्ति हेतु तथा पूर्व प्रसंग को उत्तर प्रसंग से जोड़ने

के लिए कुछ तथ्यों की पुनरावत्ति भी की गयी है। किन्तु अधिकांशत: कवि की उक्तियाँ चुस्त एवं सघन हैं। जिस तरह गीतात्मक प्रबन्ध की रचना लोककाव्य से प्रभावित है उसी तरह से उसकी भाषा की संरचना भी लोकोन्मुखी है। कवि ने संस्कृत के शब्दों (तत्सम) का प्रयोग बहुत कम किया है। लोक जीवन में जिन तत्सम शब्दों का व्यवहार स्वाभाविक रीति से होता है, उन्हीं को गीतों में विन्यस्त किया गया है, जैसे नन्दन, त्रिभुवन; उदर तिलक, नरपति, कर, सूर रवि आदि। संस्कृत लगभग सम्पूर्ण भारत की सांस्कृतिक भाषा के रूप में स्वीकृत रही है। स्तुति तथा प्रार्थना में प्राय: संस्कृत को ही माध्यम बनाया जाता है। कवि नरपति नाल्ह ने स्तुतिपरक छन्द की रचना में अन्य छन्दों की तुलना में तत्सम शब्दों का प्रयोग कुछ अधिक किया है। स्तुतिपरक तीसरे छन्द की प्रथम पंक्ति तो संस्कृत की भाषिक संरचना के बहुत समीप है–

हंस गमणि मृग लोयणी नारि

इसमें न का रूपान्तर राजस्थानी उच्चारण प्रकृति के अनुकूल ण में किया गया है।

हिन्दी तथा उसकी उपभाषाओं में तद्‌भव शब्दों का ही बाहुल्य है। बीसलदेव रासो की आधारभूत काव्यभाषा राजस्थानी है। उसमें तद्‌भव शब्दों की प्रचुरता है। इन शब्दों का स्वरूप आदिकालीन भाषा के ही अनुकूल है जैसे पंडिया, जोसिया, सुरभ, विवक्षण, पाय राय, भुआल, उछाह, घरि, समदिया, कउतिग, अपछरा, सहस, धजा, वंभण, दुरग, रातइ, कलस।

बीसलदेव में तत्सम शब्दों में ज़्यादातर बहुत हल्का परिवर्तन किया गया है। उनकी स्थिति एक तरह से अर्धतत्सम की है। आदिकालीन हिन्दी अपभ्रंश अवहट्‌ठ की अपेक्षा संस्कृत भाषा की और अधिक उन्मुख हो गयी थी अवहट्‌ठ तक ध्वनि परिवर्तन के कारण कुछ शब्दों की ऐसी आकृति बन गयी थी कि उनकी अर्थभेदक शक्ति क्षीण हो गयी इसीलिए संदिग्धता से बचने के लिए तत्सम शब्दों को अपनाया गया; उदाहरणार्थ-ऋतु>उउ>ऊ, ऊ ऋतु का बोधक नहीं हो सकता था। ऐ, औ को प्राय: अइ, अउ उच्चारण के समकक्ष रखकर ही शब्दों का स्वरूप गढ़ा गया है; जैसे–गउरिका<गउरी, चउरी<चौरी, कउतिग<कौतिक त्स तथा प्प का रूपान्तरंण छ में किया गया है–जैसे उछाह>उत्साह अप्सरा>अछरा।

नाल्ह ने ख के लिए ष का प्रयोग किया है–

मोनइ अणष लखइ हो स्त्रावण मास।
दुई दूष नाह किउ सहणा जाइ।।

श के स्थान पर स का ही प्रयोग है–

देस (देश) मालवइ हूवउ रे उछाह।

स का परिवर्तन कहीं-कहीं छ में भी हुआ है जेसे-तुलछी (तुलसी)

व का स्थान ब ध्वनि भी ग्रहण करती है जैसे-बिबाह

क्ष को सुरक्षित रखा गया है–जैसे अक्षर

दो स्वरों के मध्य आनेवाले क, ग, च, ज, त, द, प के लोप की प्रवृत्ति मध्यकालीन आर्यभाषाओं जैसी है, कहीं-कहीं अवशिष्ट स्वर के स्थान पर य श्रुति आ गयी है; जैसे

(गज)>गय

(राज)>राय

(भूपाल)>भुआल

(मदमस्त)>मइमत्त

(पण्डित)>पंडिय

(महीतल)>महीयल

पृथ्वीराज रासो की तरह बीसलदेव रासो की भाषा में द्वित्वपरकता तथा अनुस्वारान्त प्रवृत्ति का अभाव है। कवि ने राजस्थानी का माहौल केवल भाषा की उच्चारण प्रवृत्ति के आधार पर ही नहीं बल्कि वहाँ के स्थानीय शब्दों तथा मुहावरों के प्रयोग से भी निर्मित किया है। रावल, लोवडी, गूड़ी, हथलेवा, हेडा, षेहा, षाल, अवली, सवली, सावटू, जुहारण, दिहाउउ, डावड़ी, कूकसं, ऊलग आदि स्थानीय तथा देशज शब्दों की छटा बीसलदेव रासो में दृष्टव्य है। रासो में कुछ विदेशी शब्द भी व्यवहृत हैं जैसे कागल (कागज), कुलाह आदि।

अपनी काव्यभाषा की सम्प्रेषण क्षमता को बढ़ाने के लिए कवि ने यथा स्थान मुहावरों का भी व्यवहार किया है। देवताओं का मोहना, दीपक चलना, बिना जल की मछली, कुल्हड़ में नमक न होना, चाँद को कूड़े से ढकना, पग से ठेलना, जीभ का जला होना, सोलह बानी का सोना होना आदि मुहावरे भावों को सशक्त ढंग से सम्प्रेषणीय बनाते हैं।

जब राजमती बीसलदेव के साथ चलने का प्रस्ताव करती है तो राजा बौखला जाता है उस समय वह राजमती के लिए अज्ञता तथा 'मुग्धता' सूचक सारे पर्यायों

का प्रयोग कर देता है। गहिली, मुंधि, 'लागी छइ वाइ', भोली, बावली आदि विशेषण युग सन्दर्भ में राजमती के अचरज भरे प्रस्ताव की प्रतिक्रिया में राजा की ही मानसिक व्यग्रता को सूचित करते हैं। मुहावरे के आधार पर निर्मित बिम्ब 'चंद कूडइ किउं ढांकियउ जाइ' राजमती की कान्ति एवं सौन्दर्य की उत्कृष्टता तथा कथानायक की अक्षमता को मूर्त्त कर देता है। चोरों तथा डकैतों से घर की अत्यन्त मूल्यवान वस्तु को छिपाने के लिए उसे कूड़े से ढक दिया जाता है। किन्तु यदि किसी के घर में रूप का चाँद उग आये तो क्या उसे कूड़े के ढेर से छिपाना सम्भव होगा। इसी तरह रत्न भी तो अपनी चमक के कारण छिपाया नहीं जा सकता है। उमड़ता हुआ यौवन रति की तीव्र इच्छा का द्योतक है। 'जोवन' तथा 'बाँझ' दो शब्दों के प्रयोग अर्थ 'विचलन' के परिचायक हैं। 'जोवन' मूलत: कामोत्तेजना का आशय देता है 'मारने' की क्रिया काम के द्वारा ही सम्भव है–

जोवन मुरडीय मारिस्यइ
दोस किसउ जइ साधण बाँझ

अभी तो राजमती विवाहित होकर आयी है। प्रथम मिलन में ही अघट घटित हो गया है। फिर 'बाँझ' कहने का क्या औचित्य है? 'बाँझ' किसी विवाहिता स्त्री के लिए सबसे बड़ा दुर्भाग्य है। पति की अनुपस्थित में पुत्र का मुँह देखकर स्त्री दिन काटती है। शृंगार भाव वात्सल्य में परिणत हो जाता है किन्तु दुर्भाग्य है कि वह धन्या राजमती अभी 'बाँझ' है। 'बाँझ' के परम्परित अर्थ से विचलित नये अर्थ 'निपूती' का सोद्देश्य विधान किया गया है। पुत्र उत्पन्न करने की अक्षमता का द्योतक यह शब्द परम्परित अर्थ में प्रयुक्त नहीं है। कवि ने पारिभाषिक शब्दों में भी नये अर्थ का संधान किया है–

एह दिव कीया आंकरा
एह दिव सुर नर हूया छइ छार।

'दिव' सतीत्व परीक्षा के लिए नारी की छाती पर रखी जाने वाली आग है। जो नारी सतीत्व में खरी उतरती थी, उसका सतीत्व बल देवताओं तक को जला देने की क्षमता रखता था। श्री सीताराम शास्त्री ने 'दिव' का अर्थ आग किया है जिसे राजमती ने अपने पयोधरों पर धारण करके अपने पति को जला देना चाहती है किन्तु उसका पति उससे भयभीत नहीं होता। वास्तव में यौवन की उमंग तथा पुत्रविहीन स्थिति में जीवन यापन तथा सतीत्व रक्षण की कठिनाई की ओर जब रजमती ने राजा का ध्यान

आकर्षित किया तो उसके उत्तर में दिव धारण करने की बात कही गयी। इसीलिए राजा राजमती से हँसकर अपने विचार व्यक्त करने का आग्रह करती है। सतीत्व की परीक्षा की आग (यहाँ वियोग की आग) की उस क्षमता की ओर इशारा है जो सुर-नर सभी को जला देने की शक्ति रखती है। आगे चलकर जायसी ने नागमती के वियोग के सन्दर्भ में इसी विरह की आग का चित्रण किया है–

जेहि पंखी के निअर होइ
कहइ विरह की बात
सोयी पंखी जाइ जरि
तरुवर होइ निपात

कवि तथ्यों, स्थितियों तथा मनोभावों का चित्रण प्राय: अभिधात्मक शैली में ही करता है। उसके द्वारा रचित गीत की प्रत्येक पंक्ति प्राय: निहित आशय को बिना किसी अवरोध के पाठकों के मानस में अंकित कर देती है। लेकिन कतिपय स्थल ऐसे भी हैं जहाँ कवि शब्दों को ऐसे वातावरण तथा परिवेश में संयोजित करता है कि वे अपने परम्परित आशय की अपेक्षा कुछ अधिक अर्थ को अभिव्यंजित करने लगते हैं, जैसे–

चालियउ उलगाणउ छंडीय काणि।
अरथ दरब थारा जीव की हाणि।।
तइ बूडइ स्वामी म्हे बूडी।
तइ गयइ स्वामी ए घर जाइ।।
अरथ दरब गाड्या रहइ।
जेह नइ सिरिजियउ तेहीज षाइ।।

राजमती बीसलदेव से कहती है कि तुम नौकरी के लिए मर्यादा त्यागकर जा रहे हो। 'मर्यादा' शब्द यहाँ अर्थगर्भित है। इतना बड़ा राजा जिसके रूप, शौर्य एवं सम्पन्नता की विश्व ख्याति है, वह धन के लिए नौकरी करने जा रहा है। पमारी जाति की कन्या से जिसने विवाह किया है, जिसके रूप-सौन्दर्य की बराबरी करने वाली अन्य नारी इस जग में नहीं है उसकी रक्षा के दायित्व का त्याग करके, उसकी हल्की सी भूल पर रुष्ट होकर 'सेवकाई' जैसी हीन स्थिति को स्वीकार करने का संकल्प मर्यादाहीनता नहीं तो और क्या है? 'स्वामी पुरुष भला अछइगढ़ अजमेरि' अजमेर के पुरुष अपनी वीरता एवं बुद्धिमत्ता के लिए विख्यात माने गये हैं जबकि पूर्वी नरेश

उनकी तुलना में तुच्छ हैं। एक श्रेष्ठ कुल जाति का पुरुष एक हीन व्यक्ति के यहाँ चाकरी करे, क्या यह मर्यादाहीनता नहीं है। अपनी मर्यादा से भ्रष्ट व्यक्ति के अर्थ-द्रव्य की इच्छा से जीवन की हानि हो सकती है। रानी राजमती रूपगविता तो है ही किन्तु उसमें विनम्रता की भी पराकाष्ठा है। उसने राजा की झूठी प्रशंसा न करने तथा सच्चाई का बयान करने का अपराध अवश्य किया था किन्तु उस छोटे से अपराध के लिए बारह वर्ष का परित्याग कितना बड़ा दण्ड है। कवि ने दो दृष्टान्तों के द्वारा राजमती की चूक, वाक्चातुर्य तथा प्रेमनिष्ठा को व्यंजित करने का उपक्रम किया है–

पगरी पाणही स्यउं किसउ रोस
कीडी ऊपर कटकी किसी।

पैर की जूती पर कैसा रोष? क्या कीड़ी के ऊपर सेना लेकर आक्रमण किया जाता है। परिणीता पत्नी जो चरणों की दासी होती है, सामाजिक स्थिति श्रेष्ठ होते हुए भी सामन्ती समाज में जिसे कीड़े-मकोड़े जैसी बदतर स्थिति में जीना पड़ता है उस अबला पर सेना से आक्रमण करना कितना उचित है? नारी-पुरुष का सम्बन्ध मछली और जल की तरह है। मछली जल के बिना जीवित नहीं रह सकती है किन्तु यदि जल में मछली न रहे तो जल का क्या बिगड़ता है। मछली और जल का बिम्ब इस सम्बन्ध को सार्थक ढंग से उजागर करता है–

स्वामी जलह विहूणा किउ जीयइ माछ।

कवि ने रासो में कतिपय स्थलों पर हीरा के साथ पाथरी शब्द का प्रयोग किया है। हीरा अतिशय मूल्यवान पदार्थ भले ही हो किन्तु है तो वह मूलतः पत्थर ही। 'पाथरी' कहने से हीरे के प्रति जो तुच्छताबोध है वह सहज ही व्यक्त हो जाता है।

कवि मूल भाव की अभिव्यक्ति को प्रखर बनाने के लिए उपमानों की अपेक्षा दृष्टान्तों की योजना विशेष रूप से करता है। वह छन्द की बनावट के अनुसार वाक्य में कम से कम शब्दों के द्वारा अधिक से अधिक भाव-सम्पृक्त करने की चेष्टा करता है; उदाहरण के लिए–

दव का दाधा हो कूपल लेइ।
जीभ का दाधा न पाल्हवइ।।

दावाग्नि से जला हुआ नयी कोपलें लेता है। इस वाक्य में 'वृक्ष' शब्द के प्रयोग की आवश्यकता नहीं है क्योंकि कोपलें लेने क्रिया से ही संज्ञा के स्थान पर वृक्ष की स्थिति स्वयं सिद्ध है। जीभ का जला हुआ फिर से हरा-भरा नहीं होता। जीभ

में जलाने का गुण नहीं है। जलाने की क्षमता वाणी में हो सकती है। 'जीभ' शब्द यहाँ वाक् के अर्थ में प्रयुक्त है। कतिपय भाषाओं में जिह्वा और भाषा पर्यायवाची हैं। कम पंक्तियों में अधिक भाव भरने की अपनी काव्य दृष्टि के कारण नाल्ह भाव की एक इकाई के रूप में 'वाक्य' को ही महत्त्व देता है। हर वाक्य भाव या विचार की दृष्टि से दूसरे वाक्य से ऊपरी तौर पर असम्बद्ध दिखायी देता है। परवर्ती कवि सूरदास आदि की तरह छन्द (पद) के आरम्भ में प्रथम पंक्ति में केन्द्रीय भाव की अभिव्यक्ति करके नाल्ह अन्य पंक्तियों में उसका विस्तार नहीं करता बल्कि विशुद्ध वर्णनात्मक स्थलों को छोड़कर मार्मिक स्थलों पर एक ही छन्द में कई मूल भावों या केन्द्रीय भाव को समायोजित कर लेता है। गीतों के माध्यम से प्रबन्ध रचना का यह शिल्प भाषिक सर्जना की दृष्टि से अनोखा है–

साधण बोलइ सुणि राव का पूत।
ऊलग जाण कउ परउ कुसूत।
बेटी ब्याही राजा भोज की
सोलहउ सोनउ काई करइ छार।
मरण जीवण स्वामी पग तलइ।
कनक कचोलइ उरि धरइ भार।
हेडाउ का तुरिय जिउ।
हाथ न फेरइ सउ सउ बार।।

धन्या राजमती कहती है हे राजपुत्र! सुनो, नौकरी के लिए जाने में अनेक कठिनाइयाँ हैं। नौकरी की कठिनाइयों में राजा भोज के साथ उसके द्वारा ब्याह किया जाना सामान्यत: शामिल नहीं किया जा सकता है। तू क्यों सोलह वानी के खरे सोने को राख कर देना चाहता है। जिसका मरना-जीना स्वामी के ही पग तले होना चाहिए जो कनक कटोरी को अपने हृदय पर धारण करती है। जैसे व्यापारी घोड़े के समूह में किसी एक घोड़े पर जल्दी-जल्दी हाथ नहीं फेरता वैसे तू भी राजमती का प्यार से संस्पर्श नहीं कर सकेगा। प्रत्येक कथन अपने अन्दर व्यंग्य को छुपाये है। पमार जाति की कन्या का राजा भोज के साथ ब्याह करना पारिवारिक एवं सामाजिक गौरव की व्यंजना के लिए है, सोलह बानी का सोना राजमती के रूप और गुण की सम्पूर्णता तथा श्रेष्ठता को व्यंजित करता है। 'कनक कचोलइ' नायिका के पूर्ण यौवन का द्योतक है। स्वामी के पग-तल में मरने जीने की स्थिति भारतीय पतिव्रता नारी का

विवशता पूर्ण आदर्श है। जटिल बिम्ब विधान, व्यर्थ की आलंकारिकता तथा दूरारूढ़ प्रतीक विधान के बिना अत्यन्त सीधे सरल कथन में विविध अर्थ व्यंजनाओं के द्वारा कवि ने गीति-काव्य की ऋजुता प्रवाहमयता तथा कथा काव्य की वर्णन धर्मिता की एक साथ रक्षा की है।

कवि नरपति नाल्ह सरल बिम्ब-विधान में सिद्धहस्त है। राजा को विदा करके पण्डित आता है तो राजमती को जिस दशा में देखता है, उसका समूर्त्तन कवि ने बड़ी कुशलता से किया है। राजमती की नाड़ी में जीवन के लक्षण नहीं हैं। पलंग से नीचे वह ज़मीन पर पड़ी है, वह न तो वस्त्र सम्हालती है और न पानी पीती है। लगता है कि हरिणी के हृदय पर घात किया गया है। उसका विकल शरीर उघड़ा हुआ है। राजमती के विरह की पराकाष्ठा दिखाने के लिए कवि मरणावस्था के समीप का चित्र खींच देता है जबकि विरह की दशाओं में इसकी स्थिति अंतिम है।

कवि ने भाषा की अभिव्यक्ति क्षमता बढ़ाने के लिए ज़्यादातर सादृश्यमूलक अलंकारों का प्रयोग किया है। उपमा, उत्प्रेक्षा, दृष्टान्त उसके प्रिय अलंकार हैं। उपमा अलंकार का एक उदाहरण दृष्टव्य है–

साधण कुरलइ मोर जिउं

कवि ने घने काले बादलों की चाल को हाथी की मदमस्त चाल से उपमित किया है और वर्षा के लिए हाथी के मस्तक से स्रवित होते मद का उपमान चुना है–

माता रे मइगल जेउं पग देइ

भादौं के महीने में चारों ओर जल भरा हुआ है, कवि उसके लिए उत्प्रेक्षा का विधान करता है। वह कहता है कि लगता है कि सागर ही उलट पड़ा है। बादल को नायक तथा धरती को नायिका मानकर रूपकातिशयोक्ति के माध्यम से दोनों के मिलन का चित्रण कवि की काव्यात्मक कल्पना का दृष्टान्त तो है ही, इस तरह का चित्रण काव्य-रूढ़ि भी प्रतीत होता है–

जाणि कि सायर ऊलट्यउ
निसि अंधारिय बीज षिवाइ।
बादल धरती स्यउं मिल्या।

नरपति नाल्ह नायिका की रूप-छवि का चित्रण अलग-अलग प्रसंगों में भिन्न ढंग से करते हैं। दुल्हन के वेश में राजमती के राजस्थानी पहनावे के साथ सिर की

राखडी, कान के झिलमिलाते कुण्डल का सौन्दर्य चित्रण प्रभावात्मक ढंग से किया गया है। अद्भुत रूप देखकर राजा का उल्लसित होकर मात्र इतना कहना कि- 'त्रिभुवन मोहियउ जाति पमारि', उसकी आन्तरिक मुग्धता का द्योतक है। राजमती के आंगिक सौन्दर्य के लिए ज़्यादातर रूढ़ उपमान ही गृहीत हैं, जैसे हाथ के लिए कोमल पद्म, अंगुली के लिए मूँगफली, दाँत के लिए दाड़िम (अनार) और कमर के लिए चीता, शरीर की ग़ौर वर्णता के लिए कनक काया; स्तनों के लिए सोने की कटोरी, कोमलता के लिए कदली गर्भ आदि।

नाल्ह ने वियोग की पीड़ा से व्यथित विरह की आग से श्यामली हुई राजमती के लिए हेम की कुप्पी पर मोम के आवरण का बिम्ब प्रस्तुत किया है–

हेम को कूपली मइण की मूद।
साधण ऊभी रे मत्त गइंद।

कवि ने रूढ़ उपमानों का चमत्कारिक विधान भी किया है। नायिका का मुख चन्द्रमा की तरह है। सास उसे छत के ऊपर से घर के अन्दर बुलाती है क्योंकि उसे डर है कि कहीं राहु उसे निगल न जाय–

सासू कहइ बहू घर माहे आवि।
चंदरइ भोलइ गिलेसी राह।।

विरह व्यथित नायिका की दशा का अतिरंजित चित्रण मुक्तक काव्य की प्राचीन परिपाटी है। प्राकृत-अपभ्रंश तथा हिन्दी के काव्य में ऊहा के माध्यम से नायिका के दौर्बल्य व्यंजित करने का प्रयत्न परिलक्षित होता है। राजमती सन्देश वाहक ब्राह्मण से कहती है–

राजमती करइ वीनती।
पंडिया कहिज्यो म्हारइ प्रीय नइ जाइ
डावां हाथ कइ मूंदडउ।
ढलकि करि आवइ हो जीमणी बाँह।

राजमती के बाएं हाथ की अँगुली की अँगुठी अतिशय दुर्बलता के कारण दाहिने हाथ की कलाई में आ जाती है। बारह वर्षों के बाद बीसलदेव लौटकर घर आया है। उसके मन में नायिका से मिलन की जितनी तीव्र प्यास है, उतनी नायिका में नहीं है। वह राजमती से ऐसे मिलता है जैसे कुछ हुआ ही नहीं किन्तु राजमती को बारह वर्ष

की दारुण पीड़ा भूल ही नहीं पाती है। आकर्षण-विकर्षण के बीच की मानसिकता को कवि ने अनुभावों के द्वारा व्यंजित करने का सार्थक प्रयास किया है। क्रिया की लड़ियाँ पिरोकर कवि ने राजमती के हर्ष तथा अमर्ष को एक साथ मूर्त्त कर दिया है–

मुलकइ हसइ आलिंगन देइ।
पलिंग न बइसइ अनइ पान न लेइ।
ऊभीय देइ उलंभडा
आँगुली तोडइ छइ मोडइ छइ बाँह।
नाह भरोसउ ना करू
तइं तउ बार बरिस किंउं मेल्हीय नाह।।

राजमती मुस्काती है, हँसती है, आलिंगन देती है किन्तु पलंग पर न तो बैठती है और न पान लेती है। वह खड़े-खड़े उलाहना देती है। हे नाथ! तू उँगली तोड़ता हैं, बाँहें मोड़ता है। तूने तो बारह वर्ष के लिए मुझे छोड़ दिया था। तेरा क्या भरोसा है। पलंग पर बैठकर पान को स्वीकार करना नायिका की रत्यर्थ स्वीकृति का व्यंजक चित्र है। नायक द्वारा उँगली तोड़ना तथा बांहे मरोड़ना छेड़छाड़ का अनुभाविक संकेत है। सामन्ती परिवेश में लोक कवि नरपति नाल्ह का यह मर्यादित चित्रण उसके सार्थक एवं सतर्क भाषा-प्रयोग के माध्यम से सम्भव हुआ है।

बीसलदेव रासो की भाषा की व्याकरणिक संरचना

रासो की भाषा की सर्जनात्मक संरचना के विश्लेषण के पश्चात् उसकी व्याकरणिक संरचना पर दृष्टिपात करना अपेक्षित है। बीसलदेव रासो की भाषा पुरानी राजस्थानी है। पीछे संकेत किया जा चुका है कि कवि ने तत्सम शब्दों की अपेक्षा तद्‌भव तथा देशज शब्दों को अपनी कृति में अधिक महत्त्व दिया है। संज्ञा पदों के प्रयोग में हिन्दी प्रदेश की बोलियों तथा भाषाओं का अलगाव स्थानीय शब्दों के कारण निर्मित होता है। ऊलग, गूड़ी, लोवणी, अवली, सवली, पोटलीय, सावटू, सउड़ आदि अनेक शब्द इसी तरह के हैं। वैसे अधिकांश शब्द ऐसे हैं जो हिन्दी की अधिकांश मुख्य बोलियों में यथावत देखे जा सकते हैं। सर्वनामों की प्रकृति एवं संरचना भी राजस्थानी पद्धति की है जैसे थारइ, म्हाका, म्हानूं म्हा, म्हे, म्हारा, मोनइ, था (तुम) लेकिन कई सर्वनाम ऐसे भी हैं जो खड़ी बोली, ब्रज तथा अवधी से बहुत भिन्न नहीं है जैसे- तूं, तू, तुम्हे, तोहि, तुझ, तुम्हार, तईं, मो, मुझ, हूँ, मईं, मैंने, सा, ए, किम, किणि, किस,

आपणइ आदि। आवृत्ति सूचक विशेषण दूजइ, त्रीजइ ब्रज के बहुत सम्मान हैं।

नरपति नाल्ह के समय तक हिन्दी भाषा के प्रत्येक क्षेत्र में निर्विभक्तिकता को व्यापक स्वीकृति मिल चुकी थी। कारकीय अर्थ को प्रकट करने के लिए परसर्गों का व्यापक प्रयोग शुरू हो गया था। रासो में कुछ विभक्तिक अवशेषों को छोड़कर सभी कारकों में परसर्ग जोड़े गये हैं। कर्त्ताकारकीय ने का रूपान्तर, नू आदि रूपों में हुआ है। जैसा आज भी राजस्थानी उपभाषा में 'ने' परसर्ग कर्ता के अलावा कर्म, करण आदि कई कारकों में अपना महत्त्व बनाये हुए है वैसे ही बीसलदेवरासो में नइ का प्रयोग करण के अर्थ में दृष्टिगत किया जा सकता है–

कइ म्हानू तूठउ सिरजणहार

रासो में 'नइ' का प्रयोग 'और' के लिए कई स्थलों पर हुआ है, जैसे–

सोना की चउरी नइ मोंतियां की माल

नयी का कर्मकारकीय प्रयोग अधोलिखित पंक्ति में द्रष्टव्य है–

जाणि करि रोहिणी तप्पइ सूर
भुवण नइ देषउं रे रबि तलइ।।

कर्त्ता तथा कर्म में 'उ' विभक्ति चिह्न भी अवशिष्ट है–एक दन्तउ। करणवाची पर सर्गों में सहु, सिउं, से, सउं, स्यउं उल्लेखनीय हैं। बीसलदेव रासो में षष्ठी विभक्ति का 'ह' अवशिष्ट हैं, जैसे-सुरह, चितह। अन्य नये परसर्गों में का, की, कइ, रा, री आदि प्रयुक्त मिलते हैं। 'ह' का प्रयोग पंचमी (अपादान) के अर्थ में भी में इ, ए पुराने विभक्तिक चिह्नों के अलावा मांहे, मंझारि आदि परसर्गों का प्रयोग दृष्टव्य है; जैसे–

मुखि राज दुवारि
काने हो कुण्डल, पगे हो पाइल

बीसलदेव रासो में शब्दों को दो ही लिंगों में रखा गया है–पुल्लिंग और स्त्रीलिंग। अकारन्त शब्द मुख्यत: पुल्लिंग है; तत्सम या अर्धतत्सम आकारान्त शब्द स्त्रीलिंग है, जैसे- 'शारदा, सोना, किन्तु ज़्यादातर खड़ी बोली के पुल्लिंग सूचक हैं जैसे पंडिया, जोसिया, राजा, भतीजा, षंडा आदि। ई, इ मुख्य स्त्री प्रत्यय है, जैसे-बेटी, कामणि।

एकवचन से बहुवचन बनाने के लिए आँ या याँ प्रयुक्त है जैसे- सुमाणसाँ, चहु

आणां कुलि तिलक णिगार

कतिपय स्थलों पर एकवचन तथा बहुवचन के अन्तर को अनदेखा कर दिया गया है

जाइ सषी करउ आरती
सात सषी मिलि कलस बन्दाइ

प्रथम पंक्ति में सषी (सखी) का प्रयोग एकवचन में है तथा दूसरी पंक्ति में बहुवचन में। इस तरह की आवृत्ति कई स्थलों पर मिलती है जैसे–

फरहरइं चिहुं दिसि वाजइ छइ बाइ

इस पंक्ति में 'दिसि' एकवचन सूचक शब्द होते हुए भी बहुवचन के लिए प्रयुक्त है।

बीसलदेव रासो में क्रिया के अनेक प्राचीन प्रयोग उपलब्ध होते हैं। वर्तमान निश्चयार्थ (अपूर्ण) की रचना अधिकांशत: कृदन्तीय तद्भव रूपों से हुई है जैसे-

कर जोड़ी नरपति भणइ (प्रथम पुरुष)
भुवणइ देषउं
चउथि करउं तुझ पारणउ

वर्तमान कृदन्त एकवचनीयता तथा बहुवचनीय तां दोनों प्रयोग दृष्टव्य है–जैसे सासू असीसत बन्दियइ।

म्हाकी काग उडावतां थाकिय जीमणी बांह।

वर्तमान पूर्ण की रचना मुख्य क्रिया तथा सहायक के संयुक्त विधान से की गयी है, जैसे–गोरडी वइठी छइ, तोही लागो छइ वाइ।

भूतकाल की रचना मुख्यत: कृदन्तीय है। खड़ी बोली की तरह भूतकृदन्त 'या' है जैसे–

भीतरि सांचर्या दूअनय राइ
मांडिया मंदिर घर कविलास

भूत-कृदन्तों की आवृत्ति की दृष्टि से देखा जाय तो उसकी प्रकृति ब्रजभाषा के अधिक समीप निश्चित होती है। 'यउ' या 'उ' के प्रयोग अधिक है, जैसे–

बादल छायउ चंद जेउं
घरि आवियउ बीसल चहुआण
पग दुय अन्तर दीयउ रे संदेस

दीयउ, करउ कालान्तर में ब्रज क्षेत्र में दियो, कियो में परिवर्तित हो गये। भूतकालिक 'ह' प्रत्यय का प्रयोग भी प्राचीन राजस्थानी तथा अवधी की रचनाओं में मिलता है, जैसे–'दीन्ही सोपारीय नइ हरषिय राय'। दीन्हा, दीन्ही, (ह के लोप से) दीनों आदि के व्यवहार आज भी ब्रज तथा अवधी में दृष्टिगत होते हैं। भूत काल में दीधा, दाधा (धा) के प्रयोग अवधी की आरम्भिक रचनाओं के समान हैं जैसे– 'दीधा मोती अरथ भण्डार'। इससे यही सिद्ध होता है कि किसी भी केन्द्र पर रची जाने वाली कृति भाषिक दृष्टि से समान रूढ़ियों को स्वीकार करती थी। स्थानीय रंग के साथ ही उनका भाषिक स्वरूप लगभग सम्पूर्ण हिन्दी प्रदेश की भाषिक प्रकृति का प्रतिनिधित्व करता था।

बीसलदेव रासो में भविष्यकालिक क्रिया संस्कृत परम्परा से सम्बद्ध है। ज़्यादातर स्य प्रत्ययों का प्रयोग भविष्यकाल में हुआ है। छिटपुट 'ह' के भी प्रयोग दिखायी देते हैं, जैसे–चंदरह भोलइ गिलेसी राह

जणह आज मिलेस्यइ सही सइंभरि राइ।

भविष्यकालिक 'ग' का प्रयोग हुआ तो है किन्तु अत्यन्त विरल है–तेतलइ ल्यउंगी म्हाकउ प्रीय समझावि। आज्ञार्थ में 'करउ, पठाइ, विध्यर्थ में पषालिज्यो, देज्यो, प्रेरणार्थक पाठव्यउ आदि प्रयोग उल्लेखनीय हैं। अपभ्रंश के अनेक पूर्वकालिक प्रत्ययों में से 'इ' प्रत्यय को ही ग्रहण किया गया है, जैसे- जाणि करि, कहीं-कहीं य का भी विधान है जैसे-छंडीय। संज्ञार्थक क्रिया की रचना खड़ी बोली जैसी है–पुजावण व जाण आदि।

'आज्ञार्थ तथा विधिलिंग में विशेष अन्तर नहीं है। प्राकृत-अपभ्रंश परम्परा से आगत दिज्जइ', करिज्जइ रासो में देज्यो, करिज्यो बन गये हैं–

उदाहरणार्थ–

1. बेटि कहिज्यो राजा भोज की।

2. आणिज्यो नागर चतुर सुजाण।

इ प्रत्यय भी आज्ञार्थ तथा इच्छार्थ को सूचित करता है–

भूलइ जी अक्षर आणि बहोडि।

वर्तमानकालिक 'उ' हिन्दी की अधिकांश बोलियों में आज्ञार्थ के लिए प्रयुक्त होता है। नरपित नाल्ह ने अपनी कृति में इस प्रत्यय को इसी अर्थ में प्रयुक्त किया है–'जाइ सषी करउ आरती।'

रासो में संयुक्त क्रियाओं का भी प्रचुर प्रयोग दृष्टिगत होता है। दोहरी पूर्वकालिक

क्रिया-रूपों की बहुलता हैं जैसे- 'जाणि करि तोरणि उग्या सूर, या चंदन सीप भरी लियइ।'

मुख्य क्रिया के साथ सहायक क्रिया के संयोजन का भी विधान है जैसे-बइठउ छइ, दीपइ छइ।

निष्कर्ष रूप में कहा जा सकता है कि लोक कवि नरपित नाल्ह भाषा प्रयोग की दृष्टि से आदिकाल का सशक्त कवि प्रमाणित होता है। उसकी काव्य संवेदना भी अन्य कवियों की तुलना में अलग तथा विशिष्ट है।

खड़ी बोली (देहलवी) का काव्य तथा उसके रचनाकार अमीर ख़ुसरो

अमीर खुसरो के पूर्वज हजारा तुर्क थे और उनके मूल कबीले की हजारये लाचीन संज्ञा थी। लाचीन तुर्की शब्द है जिसका अर्थ है गुलाम। खुसरो का जन्म-स्थान पटियाली जनपद-एटा (उ.प्र.) माना जाता है किन्तु कुछ अन्य सूचनाओं तथा निर्णयों के अनुसार वे दिल्ली में अपने नाना के यहाँ पैदा हुए थे। सन् 1976 में पाकिस्तान के एक लेखक मुमताज ने एक पुस्तक लिखी, जिसमें उन्होंने खुसरो का जन्म-स्थान दिल्ली सिद्ध किया। 1982 में यह पुस्तक भारत में भी छपी, पुस्तक का नाम है–'अमीर खुसरो देहलवी-हयात और शायरी' खुसरो का जन्म 1253-54 ई. में हुआ था, उस समय पटियाली में अधिकांशत-जंगल था। पटियाली में किला बाद में बनाया गया था। खुसरो की ख्याति ईरान तक पहुँची थी, वहाँ उन्हें खुसरो देहलवी कहा गया है। खुसरो के नाना रावल एमादुल मुल्क मूलत: राजपूत थे, वह सद्य:-मुस्लिम बने थे। उनके घर की रीति-रिवाज पूरी तरह हिन्दुओं की जैसी थीं। कहा जाता है कि पैदा होने के बाद उनके नाना कपड़े में लपेटकर उन्हें एक सन्त के पास ले गये जो निजामुद्दीन औलिया ही रहे होंगे। खुसरो को उन्होंने ईरान के प्रसिद्ध कवि खाकानी से भी बड़ा कवि होने का आशीर्वाद दिया था। खुसरो बड़े होने पर अयोध्या, पटियाली, लखनौती, मुलतान गये लेकिन मातृभूमि दिल्ली के आकर्षण से शीघ्र लौट आये। खुसरो का दिल्ली से विशेष लगाव था। दिल्ली की उन्होंने सराहना भी ख़ूब की है। इन्हीं कारणों से विद्वानों का अनुमान है कि खुसरो दिल्ली में ही पैदा हुए थे। खुसरो की मातृभाषा भी देहलवी थी, जिसे हिन्दवी कहा गया है जो मूलत: खड़ी बोली है। लखनौती (अवध) क्षेत्र में कुछ समय रहने के कारण अवधी भी सीख ली थी। खुसरो के बचपन का नाम अबुल हसन था। जलालुद्दीन खिलजी ने इनकी कविता से ख़ुश होकर इन्हें अमीर का खिताब दिया। तभी से ये

'मलिक्कुशोअरा अमीर खुसरो' कहे जाने लगे। खुसरो के पिता का नाम सैफुद्दीन था जो अनपढ़ थे किन्तु उन्होंने खुसरो की शिक्षा की उचित व्यवस्था की थी। खुसरो कुल तीन भाई थे, खुसरो सभी भाइयों में अधिक प्रतिभाशाली थे। काजी असुदुद्दीन के साथ रहकर खुसरो ने सुलेख लिखना सीखा। तत्कालीन विद्वान ख़्वाजा इज्जद्दीन (अजीज) द्वारा दिए गये बेतरतीब शब्दों को जोड़कर इन्होंने फारसी की कविता रच दी। निजामुद्दीन औलिया ने खुसरो को दीक्षा दी थी। 20 वर्ष की अवस्था में ही इन्हें काव्य के क्षेत्र में ख्याति मिल गयी थी। खुसरो फारसी, तुर्की, अरबी, संस्कृत, खड़ी बोली के ज्ञाता थे। अमीर खुसरो को तोताए हिन्द कहा जाता है। इनके समय भारत-ईरानी, भारत-तुर्की, भारत-अरबी संस्कृतियों के मिलन से पारस्परिक संस्कृति में नवीनता आयी। सन्तों सूफियों तथा बुद्धिजीवियों ने इसे आगे चलकर विकसित किया। अमीर खुसरो संगीत, शायरी तथा जनकाव्य में विशेष योगदान किया। ईरानी तथा हिन्दुस्थानी साजों के मेल से खुसरो ने सितार का आविष्कार किया। उन्होंने हिन्दी पहेलियाँ, मुकरियाँ तथा लोकगीतों की रचनाएँ कीं। खुसरो के रंग-रंग में हिन्दुस्तान बसा हुआ है। यहाँ के मौसम, यहाँ चिड़ियों के वे बड़े प्रशंसक रहे हैं।

अमीर खुसरो को हिन्दवी पर बड़ा गर्व था। उन्होंने स्वयं कहा है–च मन तूतिए-हिन्दुम अर रास्त पुर्सी। जे मन हिन्दुई पुर्स, ता नाज गोयम।। मैं हिन्दुस्तान का तूती हूँ, अगर तुम वास्तव में मुझसे कुछ पूछना चाहते हो तो हिन्दवी में पूछो जिसमें मैं कुछ अद्‌भुत बातें बता सकूँ। अपने गुरु हजरत निजामुद्दीन की मृत्यु पर खुसरो ने दोहा कहा था जो बहुत प्रसिद्ध है–

गोरी सोवै सेज पर मुख पर डारे केस।
चल खुसरो घर आपने रैन भई चहु देस।।

गुरु के देहान्त के छह महीने बाद खुसरो का भी देहान्त 1325 ई. में हो गया। खुसरो के नाम से अनेक गज़लें, दोहे, मुकरियाँ, ढकोसले, दो सखून, गीत, कव्वाली, फारसी हिन्दी मिश्रित छन्द प्रसिद्ध हैं। लोक परम्परा में उनकी रचनाओं की व्यापक मान्यता रही। उनकी रचनाओं की मूल भाषा लोक व्यवहार के कारण परिवर्तित होती चली गयी, यहाँ तक उनका आदिकालीन स्वरूप सुरक्षित नहीं रह सका। भोलानाथ तिवारी, ब्रजरत्न दास, ने खुसरो के काव्य पर विचार किया है।

खुसरो की पहेलियाँ दो प्रकार की हैं। पहले प्रकार की पहेलियों में प्रश्न के साथ उत्तर भी दिया गया है, दूसरे प्रकार की पहेलियों में उत्तर नहीं दिया गया है। पहले को अन्तर्लिपिका तथा दूसरे को बहिर्लिपिका कहा गया है–दोनों के उदाहरण हैं–

1. एक नार वो दांत दतीली, पतली, दुबली छैल छबीली।
   जब वो तिरिया को लागै भूख, सूखे हरे चबावै रूख।
   जे कोई बतावै वाकि बलिहारी, खुसरो कहे की बारे की आरी।। (आरी)
2. एक गुणी ने यह गुन कीना
   हरियर पिजरे में दे दीना
   देखा जादूगर का हाल।
   डारे हरा निकाले लाल (पान)

मुकरी– हास-परिहास की शैली में एक सखी दूसरी से पूछती है, प्रथम उत्तर को नकारकर दूसरा उत्तर दिया जाता है। अति रोचकता के कारण इसकी परम्परा लोकप्रिय रही है। आधुनिक काल में भारतेन्दु ने राजनीतिक सन्दर्भ में मुकरियों का प्रयोग किया है। अमीर खुसरो की एक मुकरी है–

सगरी रैन मोहे संग जागा, भोर भई तो बिछुरन भागा।
उसके बिछड़े फारत हिया ऐ सखि साजन, न सखि दीया।।

दो सखुन में दो वस्तुओं से सम्बन्धित प्रश्न पूछा जाता है किन्तु दोनों का उत्तर एक ही होता है–जैसे पान सड़ा क्यों? घोड़ा अड़ा क्यों- फेरा न गया

ढकोसला : यह तुकबन्दी है। इसमें भिन्न-भिन्न शब्दों को जोड़कर सार्थक रूप प्रदान किया जाता है; जैसे–

खीर पकाई जतन से चरखा दिया चला।
कुत्ता आया खा गया, तू बैठी ढोल बजा।
ला, पानी पिला।

गीत : लोक जीवन के अनेक मार्मिक प्रसंगों को केन्द्र में रखकर खुसरो ने गीत लिखे हैं। गीतों में बेटी की विदाई, लोकरीति, प्रकृति के साथ ही प्रेम की गहन संवेदना, हिन्दुत्व का भाव तथा सूफियाना रंग दोनों की मिली-जुली अभिव्यक्ति हुई है।

छाप तिलक सब छीनी रे मोसे नैना मिलाइके
प्रेम भरी का मदवा पिलाइके मतवारी कर लीन्हीं रे मोसे नैना मिलाइके

हजरत ख़्वाजा के संग होली खेलने का अद्‌भुत वर्णन है। आजकल मुसलमान होली के रंग से बहुत बचने की चेष्टा करते हैं। खुसरो के प्रेम गीतों में पूरी तन्मयता तथा समर्पण का भाव है। कहीं-कहीं प्रेम में सामाजिक बन्धनों के तोड़ने का भी ज़िक्र है। लोक लाज, घूँघट की ओट प्रिय से दूरी बनाता है। प्रेमिका कहती है–

"जो मैं जानती बिसरत है सैय्याँ, घूँघटा में आग लगा देती। मैं लाज के बन्धन तोड़ सखी पिया प्यार को अपने मना लेती।" बहन और भाई के साथ पिता के भेद-पूर्ण आचरण का प्रभावशाली विरोध खुसरो के गीतों में देखा जा सकता है–'काहे को ब्याहे बिदेस' गीत में लड़की कहती है–भैया को दियो बाबुल महले-दो महले हमको दिया परदेस, अरे लखिय बाबुल मोरे काहे को ब्याहे बिदेस।। लड़की अपने को पिता के खूँटे की गाय, बेल की कलियाँ, पिजड़े की चिड़ियाँ कहती है। लड़की की विदाई का गीत हृदय विदारक है। निजाम को सम्बोधित करके भी कई गीत रचे गये हैं।

अमीर खुसरो के दोहों तथा गज़लों में प्रेम का आध्यात्मिक स्वरूप व्यक्त हुआ है। गुरु निजामुद्दीन औलिया की मृत्यु पर लिखे गये दोहे में भी रहस्यवाद है–

गोरी सोवै सेज पर मुख डारे केस।
खुसरो चल घर आपने रैन भई चहुँ देस।

आत्मा रूपी गोरी मुँह पर बालों को बिखराकर शय्या पर सो रही है। हे खुसरो! अब संसार में क्या रह गया है। जब गुरु रूप आत्मा का प्रकाश चला गया तो संसार में अन्धकार ही शेष है, अत: तू भी अपने पिया (परमात्मा) के घर चलो। अँधेरी रात में जीवन यात्रा व्यर्थ ही रहती है।

सूफी काव्य में अधिकांशत: परमात्मा को स्त्री रूप में देखा गया है तथा साधक को पुरुष रूप में। खुसरो ने भारतीय प्रेम-साधना के प्रभाव से अपने अनेक दोहों में परमात्मा को प्रेमी तथा आत्मा को प्रेमिका माना है। खुसरो दोहो में लौकिक प्रेम को ही उदात्त स्तर पर प्रतिष्ठित करते हैं। उदाहरण के लिए कुछ दोहे उद्धृत हैं–

खुसरो बाजी प्रेम की, मैं खेलू पिय के संग।
जीत गयी तो पिया मोरे हारी पी के संग।

प्रेम की बाजी ऐसी है जिसमें प्रिय की आत्मीयता हारने तथा जीतने दोनों ही परिस्थितियों में मिलती है। प्रेयसी प्रिय पर एकाधिकार चाहती है इसीलिए वह प्रिय को अपनी पलकों में ढ़ककर रखना चाहती है। वह स्वयं किसी अन्य पर निगाह नहीं डालेगी और न अपने साजन को डालने देगी–

आ साजन मोरे नयनन में, सो पलक ढाँप तोहे दूँ
न मैं देखूँ औरन को, न तोहे देखन दूँ।

प्रेम का पत्र बाचना बहुत कठिन है, कोई प्रेमानुभूत व्यक्ति ही उसे पढ़कर समझ सकता है वेद-शास्त्र, कुरान पढ़कर चाहे जितना ज्ञानी हो लिया जाये प्रेम की पाती, प्रेमी ही पढ़ सकता है–

खुसरो पाती प्रेम की विरला वाँचे कोय।
वेद कुरान पोथी पढ़े प्रेम बिना का होय।

विरहिणी की तड़प और जल को व्यक्त करते हुए खुसरो कहते हैं कि दीपक केवल रात में जलता है परन्तु विरहिणी का दिल रात-दिन जलता है–

साजन ये मत जानिए तोहे बिछड़त मोहे चैन।
दिया जलते है रात में और जिया जलत बिन रैन।।

खुसरो आदिकाल के ऐसे कवि (शायर) है जो राज दरबार तथा लोक जीवन दोनों में बराबर रमते हैं। वीर रस की अतिरंजित काव्य-चेतना इन्हें अधिक आकर्षित नहीं कर सकी। सूफी भावों को भारतीय काव्य परम्परा की भाव-संवेदना से मिलाकर इन्होंने भारतीय संस्कृति की समन्वित चेतना को उजागर किया। इन्हें खड़ी बोली (दहेलवी) का प्रथम रचनाकार माना जाता है। खुसरो के कई दोहों के भावों के समरूप कबीर ने भी दोहों की रचना की है।

खुसरो की काव्यभाषा फारसी, खड़ी बोली, ब्रजभाषा (जो अवधी से बहुत भिन्न नहीं है) है। अमीर खुसरो ने फारसी , हिन्दी मिश्रित कविताएँ भी लिखीं। खुसरो की रचनाओं की सर्वप्रथम सूचना श्प्रिंगर ने दी। 1854 में इन्होंने एक लेख लिखा था। मौलाना अमीर अब्बीस ने जवाहरे खुसरवी नाम से 1918 में अलीगढ़ से खुसरो की रचनाओं को प्रकाशित किया। संवत 2030 में नागरी प्रचारिणी से ब्रजरत्न दास द्वारा सम्पादित रचना 'खुसरो की हिन्दी कविता' प्रकाशित हुई है। खुसरो की फारसी भाषा में लिखित पुस्तकें अधिकांशत: अपने आश्रयदाता बादशाहों के विषय में रची गयी हैं, इनमें उस समय के इतिहास पर तथा ऐतिहासिक तिथियों पर अच्छा प्रकाश डाला गया है। खुसरो की पहली रचना है 'किरान-उस-सादेन' जिसका रचनाकाल 1289 ई. है। इसमें बुगरा खाँ, उसके बेटे कैकुबाद, मंगोलो के प्रति कवि की घृणा का भाव, तत्कालीन शाही दरबारों, इमारतों आदि का विवेचन है। खालिकबारी-अरबी-फारसी और हिन्दी का पद्यमय पर्याय वाची शब्दकोश है।

मिफता-उल-फुटूह : 1219 ई. में रचित इस कृति में जलालुद्दीन खिलजी के विषय में विस्तार से प्रकाश डाला गया है। उसके सैन्य अभियान तथा विजयों का

भी वर्णन किया गया है।

खाजइन-उल-फुतूह : इसका दूसरा नाम है तारीख़-ए-अलाई। इसमें अलाउद्दीन खिलजी के शासन काल तथा गुज़रात, चित्तौड़, मालवा, वारंगल आदि विजयों को अंकित किया गया है। मलिक काफूर की दक्कन अभियान का भी वर्णन है।

आशिक़ा : गुज़रात के राजकरन की पुत्री देवलरानी और अलाउद्दीन के पुत्र खिज्रखा की प्रेम कथा वर्णित है।

नूप सिपिहर : इसमें हिन्दुस्तान तथा उसके निवासियों के विषय में कहा गया है। मुबारक शाह के भवन, जलवायु, सब्जियों तथा फलों का भी वर्णन उपलब्ध है। इसमें सामाजिक जीवन का चित्र प्रत्यक्ष किया गया है।

तुगलक नामा : यह भी ऐतिहासिक रचना है। यह खुसरो की अन्तिम रचना है। इसमें खुसरोशाह के विरुद्ध गयासुद्दीन तुगलक की विजय को दर्शाया गया है।

हस्त-बिहिश्त : (आठ परादीस या स्वर्ग) 1302 में रची गयी काव्य-कृति है। इसमें सात राजकुमारियों द्वारा बताई गयी लोककथाओं की प्रस्तुति है। स्वर्ग का वर्णन इस्लामी अवधारणा एवं मान्यता के अनुसार किया गया है।